Der große ADAC-Ratgeber

Garten

Gräser, Farne, Bodendecker

Der große ADAC-Ratgeber

Garten

Gräser, Farne, Bodendecker

EIN
ADAC
BUCH

AUTOREN:
Karin Greiner, Dr. Angelika Weber,
Monika Bartels-Eder, Dr. Thomas Hagen, Karin Heimberger,
unter Mitarbeit von Eva Ott

ZEICHNUNGEN:
Ruth Fritzsche

**Dieses Buch entstand in Zusammenarbeit zwischen
dem ADAC Verlag, München, und dem Verlagshaus Stuttgart**

Projektleitung: Michael Dultz, Rudolf Radler
Redaktionsleitung: Siegrid Kroeber, Mariele Radmacher-Martens
Textredaktion:
Annette Baldszuhn, Dr. Helga Hofmann, Ulrike Pichler
Bildbeschaffung: Ingrid Jost, Silvestris Fotoservice, Kastl
Korrektorat: René Rilz
Herstellung: Dieter Lidl, Hans-Joachim Preußer
Produktionskoordination: John C. Bergener, Hans-Joachim Preußer
Graphische Gestaltung: Günter Stahl
Layout: Dieter Lidl, Günter Stahl
Titelgestaltung: Graupner & Partner, München
Satz und Litho: Libro, Johannes Witt GmbH & Co KG, Kriftel
Druck und Bindearbeiten: Mohndruck Graphische Betriebe GmbH, Gütersloh

Gedruckt auf »BRO-MM plus«
der Papierfabrik Scheufelen, Lenningen
Hergestellt aus 100% chlorfrei gebleichtem Zellstoff (TCF)

Printed in Germany

Bildnachweis siehe Seite 240

Die Daten und Fakten dieses Ratgebers wurden mit äußerster Sorgfalt recherchiert und geprüft. Da viele Informationen aber Veränderungen unterworfen sind, kann leider keine absolute Gewähr für die dauerhafte Richtigkeit übernommen werden.

Einige der beschriebenen Pflanzen sind mehr oder weniger stark giftig. Beim Umgang mit ihnen ist daher Vorsicht geboten, und es ist vor allem darauf zu achten, daß Kinder oder Haustiere keinesfalls Teile dieser Pflanzen essen.

Verletzungen bei der Gartenarbeit, insbesondere offene Wunden, bedürfen der fachkundigen Behandlung durch einen Arzt.

Bei der Verwendung von Düngern und Pflanzenschutzmitteln sind die Gebrauchsanweisungen streng zu befolgen.

ISBN 3-87003-672-9

Inhalt

Harmonien in Grün

Schlichte, doch vielseitige Gartenpflanzen 8
Die grüne Gartenzier 10
Wissenswertes zur Botanik 16
Phantasievolle Gestaltung 25

Ästhetik durch Gleichförmigkeit

Rasen 30
Grüne Gartenteppiche mit Tradition 32
Schaffung dauerhafter Rasenflächen 38
Rasenpflege 46
Abhilfe bei Problemen 51

Naturnahe Pflanzenoasen

Blumenwiesen 54
Wiesen in der Natur 56
Vorausschauende Planung 61
Anlegen und Pflegen einer Blumenwiese 65

Schwingende Eleganz

Ziergräser für verschiedene Gartenbereiche 76
Vielseitige Gräser 78
Der passende Standort 83
Pflanzen und Pflegen 85

Hauben aus grünem Pelz – Dachbegrünung 90

Filigrane Schattenkünstler

Farne für den Garten 96
Blütenloser Gartenschmuck 98
Grundlagen für dauerhafte Schönheit 102
Vermehrung von Farnen 105

Teppiche in Grün und Bunt

Bodendecker und Heidekräuter 108
Bodendeckende Pflanzen 110
Der Heidegarten 125

Gewächse mit Charme

Gräser, Farne und Bodendecker von A–Z 132

Register 230
Adressen 240

Harmonien in Grün

Schlichte, doch vielseitige Gartenpflanzen

Statt mit prunkenden Blüten stellen sich Farne und Bodendecker mit grazilen Formen sowie sanften, nuancenreichen Tönen im Garten zur Schau.

Die Farbe Grün ist in der Pflanzenwelt allgegenwärtig. Sie wird deshalb leicht für selbstverständlich gehalten und damit unterschätzt. Den wahren Stellenwert des Grüns, das die Natur in unzähligen Nuancen hervorbringt, erkennt man vor allem bei Gewächsen, die mit anderen Farbtönen eher geizen. Farne, Gräser und Bodendecker verstehen es meisterhaft, mit ihren grünen Gewändern für Harmonie in der bunten Gartengesellschaft zu sorgen. Durch ihr dezentes Auftreten, sei es in großer Schar oder allein, wird die Pflanzenpracht im Garten zu einem Fest für das Auge.

Die grüne Gartenzier

Tip

Es gilt als erwiesen, daß die Farbe Grün eine ausgleichende und beruhigende Wirkung auf das Gemüt des Menschen hat. Wer seinen Garten vor allem als Oase der Ruhe und Entspannung nutzen möchte, sollte daher eher sparsam mit anderen Farben umgehen und vorwiegend Grün einsetzen, indem er reichlich Farne, Gräser und Bodendecker pflanzt.

Farbintensive Prachtstauden, bunte Sommerblumen und edle Rosen sind für viele der Inbegriff eines schönen Gartens. Mit Gräsern, Farnen und Bodendeckern wird hingegen die Vorstellung von bescheidenem Grün verbunden, das zwar vorhanden ist, aber keine besondere Aufmerksamkeit erregt. Gerade hierin liegt jedoch die Bedeutung dieser Pflanzengruppen. Ihr Grün bleibt stets unaufdringlich, vermittelt zwischen verschiedenen Gartenbereichen und schafft optische Ruhepole.

Welche Rolle die „grünen" Pflanzen bei der Gartengestaltung spielen, wurde lange Zeit nicht gebührend wahrgenommen. Gräser, Farne und Bodendecker führten in der Geschichte der Gartenkultur vielfach ein echtes Schattendasein, und man verwendete sie nur für wenige Zwecke, etwa für kurzgeschorene Rasenflächen.

Erst in den letzten Jahrzehnten hielten stattliche wie filigrane Ziergräser, geheimnisumwitterte Farne und variationsreiche Bodendecker Einzug in die Gärten – nun nicht mehr als bloße Flächendecker oder Lückenbüßer, sondern als Pflanzen mit besonderer, eigener Ausdruckskraft. Nicht zuletzt besann man sich auch ihrer Fähigkeit, selbst ungünstige Standorte mit Leben zu erfüllen, und nutzt sie seither in immer neuer Zusammenstellung als attraktive Begrüner für schwierige Stellen.

Mit Bodendeckern läßt sich ein abwechslungsreich strukturierter Teppich in abgestuften Grüntönen weben.

Mit Fruchtständen, die Wattebällchen ähneln, überziehen Wollgräser oft weite Moorflächen.

Gräser, bedeutende Kosmopoliten

Hinter dem schlichten Begriff Gräser verbirgt sich die beträchtliche Fülle von weltweit 8000–9000 Arten, die diese Pflanzengruppe zu einer der größten machen. Die immens hohe Artenzahl begründet sich u. a. darauf, daß sich Gräser an die unterschiedlichsten Lebensbedingungen anzupassen vermochten und dabei im Lauf der Erdgeschichte überaus vielfältige Formen entwickelten. Das Spektrum reicht dabei von übermannshohen und derben Gewächsen wie etwa dem Pfahlrohr *(Arundo donax)* bis zu handspannenkleinen, zierlichen Pflänzchen wie der Schattensegge *(Carex umbrosa).*

Gräser trifft man nahezu in allen Vegetationsbereichen der Erde an: In Hochgebirgsregionen bis hinauf zur Schneegrenze trotzt z. B. der Gletscherschwingel *(Festuca glacialis)* allen Widernissen, in Sumpf- und Moorgebieten können etwa Wollgräser *(Eriophorum)* gedeihen, auf Dünensand weiß sich u. a. das Blaugrüne Schillergras *(Koeleria glauca)* zu behaupten. Oft beweisen Gräser sogar eine derartige Durchsetzungskraft, daß sie bestandsbildend werden. Man denke nur an die Prärien Amerikas, die Savannen Afrikas oder die Steppengebiete Eurasiens, die nicht zu Unrecht als „Meere aus Gras" bezeichnet werden.

Abgesehen von ihrer Bedeutung in der Pflanzenwelt, spielten und spielen diese bemerkenswert leistungsfähigen Gewächse eine entscheidende Rolle: Gräser stellen überall auf der Welt eine wesentliche Nahrungsgrundlage für Mensch und Tier dar. Weidegänger wie Hirsche, Zebras, Antilopen oder Känguruhs schätzen den schier unerschöpflichen, weil immer wieder nachwachsenden Gräservorrat ebenso wie die verschiedensten Völker aller Erdteile.

Erst die Nutzung von Gräsern im Rahmen von Ackerbau und Viehzucht eröffnete dem Menschen die Möglichkeit, seßhaft zu werden und Hochkulturen zu entwickeln. Auch heute noch bilden bestimmte Gräser, nämlich das Getreide, die wichtigste Voraussetzung zur Ernährung der Weltbevölkerung. Während in

Die italienische Fayence (15. Jh.) von Andrea della Robbia stellt die Getreideernte dar.

Ostasien Reis *(Oryza sativa)* das Hauptnahrungsmittel ist, leben die Menschen in Afrika hauptsächlich von Hirse *(Panicum)*, in Amerika baut man dagegen überwiegend Mais *(Zea mays)* und Weizen (*Triticum aestivum* und andere Arten) an. In weiten Teilen Europas, aber ebenfalls Asiens und Amerikas wird traditionell ein vielfältiger Getreideanbau betrieben. Und es ist wiederum ein Gras, das vielfach zum Süßen der Speisen dient: das bis zu 7 m hohe Zuckerrohr *(Saccharum officinarum)*.

Doch auch über die Ernährung hinaus werden die verschiedensten Gräser vom Menschen genutzt. So dient etwa das Schilf *(Phragmites australis)* als Flecht- und Dachdeckmaterial, aus Bambussen werden allerlei Gebrauchsgegenstände gefertigt, von Musikinstrumenten über Möbel bis hin zu kompletten Häusern, ja sogar Bekleidung und Schiffsmasten stellt man daraus her.

Die Auszeichnung, das Material für das älteste Papier der Menschheit geliefert zu

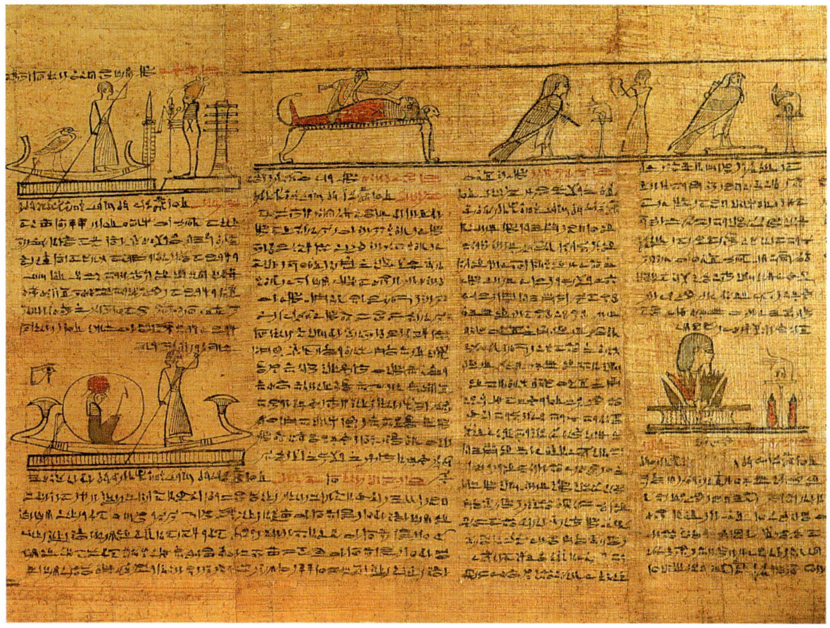

Schon vor langer Zeit wurden auf Papyrus wichtige Ereignisse festgehalten, wie ein Totenbuch aus der Ptolemäerzeit (2./1. Jh. v. Chr.) beweist.

haben, kommt dem Papyrus *(Cyperus papyrus)* zu. Bereits viele Jahrhunderte vor Christi Geburt, zur Zeit der ersten ägyptischen Pharaonen, gewann man aus dem Mark dieses Grases Streifenblätter, die dauerhaft Schriftzeichen tragen konnten und zu einzigartigen Quellen der Geschichtsforschung wurden.

In der Gartengestaltung hingegen beschränkte sich die Verwendung von Gräsern über Jahrhunderte hinweg weitgehend auf die Schaffung ebenmäßiger Rasenflächen. Wer kennt nicht die imponierenden formalen Gartenanlagen europäischer Schlösser, etwa Versailles bei Paris oder Nymphenburg in München, wo große Bereiche von exakt geschorenen grünen Rasenflächen eingenommen werden. Ihre Schlichtheit verbirgt den enormen Pflegeaufwand, der hinter einer so ordentlichen Pflanzendecke steht. Trotzdem war und ist es noch immer Ziel unzähliger Gartenbesitzer, solch einen Rasen auch auf dem eigenen Grundstück zu verwirklichen.

Der hohe Schmuckwert von Ziergräsern für den Garten wurde erst zu Beginn dieses Jahrhunderts richtig entdeckt. Die Begeisterung für farbenprächtige Blumen und exotische Pflanzenkleinodien war wohl zu dieser Zeit schon ein wenig abgeflaut, so daß man sich neuen Reizen zuwandte, von denen Gräser nicht wenige zu bieten haben. Während

Tip

Will man den Garten oder Teile davon in eine „wilde“ Graslandschaft verwandeln, bieten sich dazu vor allem robuste Gräser wie Schmielen, Schwingel oder Schilfgras an. Dem Beispiel der Natur folgend, kann man solche Pflanzungen mit Zwiebel- und Knollengewächsen sowie mit niedrigen Sträuchern ergänzen.

Tip

Im Garten wachsende Bambusse liefern zwar keinerlei eßbare Sprosse, doch kann man ihre Halme für exotisch anmutende Trockengestecke verwenden. Mit etwas Geschick lassen sich auch kunstvolle Gefäße oder andere Ziergegenstände daraus fertigen.

Filigrane Gräserrispen und -ähren verleihen allen Blumensträußen Schwung und Eleganz.

Tip

Ähnlich wie als Gartenschmuck wurden Gräser auch in der Floristik lange Zeit verkannt. Dabei ergeben die Blüten- und Fruchtstände vieler Arten einen schönen duftigen Schmuck oder eignen sich als lockerndes Beiwerk für Sträuße und Gestecke.

anfangs auffällige, fremdländische Arten wie Pampasgras *(Cortaderia selloana)* oder China-Schilf *(Miscanthus)* im Mittelpunkt des Interesses standen, gelangten nach und nach auch einheimische und bescheidenere Gräser in die Gärten. Schließlich nahmen sich zudem Züchter dieser Pflanzengruppe an und sorgten für eine erhebliche Erweiterung des Sortiments. Insbesondere den Bemühungen des berühmten Potsdamer Staudengärtners Karl Foerster (1874–1970) ist es zu verdanken, daß Gräser heute bei der Gartengestaltung große Beachtung finden.

Die Mondraute, ein heute streng geschützter Farn, galt wegen ihrer geheimnisvoll halbmondförmigen Fiedern früher als ein Zaubermittel.

Farne, faszinierende Schattengewächse

Erste Farne entwickelten sich bereits im Erdaltertum, vor mehr als 350 Millionen Jahren. Ab dem Karbonzeitalter beherrschten sie in Form riesiger Wälder zusammen mit Bärlapp- und Schachtelhalmgewächsen für einige Millionen Jahre die Vegetation der Erde. Die Überreste dieser urzeitlichen Pflanzendecke werden heute als fossile Brennstoffe genutzt. Durch Versteinerungen weiß man, daß sich die größten Vertreter, sog. Baumfarne, damals bis zu 30 m hoch gen Himmel erhoben. Zwar wesentlich kleinere, doch immer noch stattliche Relikte dieser längst vergangenen Zeiten sind z. B. die bis 15 m hohen Exemplare der Gattung *Dicksonia* in Australien und Polynesien.

Die Fortpflanzungsweise der Farne blieb lange Zeit im dunkeln. Erst Mitte des 19. Jh., nach der Erfindung leistungsfähiger Mikroskope, wurden die winzigen Sporen, aus denen zunächst ein von der eigentlichen Farnpflanze unabhängiges Gebilde heranwächst (siehe Seite 22 f.), von den Botanikern entdeckt. Bis dahin gaben die geheimnisvollen Gewächse immer wieder Anlaß zu zahlreichen teils abenteuerlichen oder mystisch verklärten Spekulationen.

Einer Theorie zufolge waren die angeblichen Farnsamen nur am Vorabend des Johannistags (23. Juni) zu entdecken. Ebenso wie sie dem Elfenkönig Oberon Unsichtbarkeit verliehen hatten, sollte dies auch mit dem glücklichen Finder geschehen. Allerdings mußte er sich auf heftigen Widerstand des Elfenkönigs gefaßt machen, der keineswegs gewillt war, sein Geheimnis mit jemandem zu teilen.

Die Verwendung der Farne im Garten zögerte sich wahrscheinlich deshalb so lange hinaus, weil man die Pflanzen, deren Vermehrung man sich nicht erklären konnte, als Symbole für das Unheimliche oder als teuflischen Zauber ansah. Die rätselhaften Gewächse sorgten zwar im tiefen Wald für düster-magische Stimmung, im Garten wurden sie jedoch, wenn sie von selbst dort auftauchten, allenfalls geduldet.

Mit Hilfe von Versteinerungen konnte man den uralten Stammbaum der Farne erforschen.

In der zweiten Hälfte des 19. Jh. avancierten Farne dann aber in England zu den beliebtesten Zimmerpflanzen und hielten verstreut auch bereits Einzug in die Gärten. Ausgelöst durch die zufällige Entdeckung des englischen Arztes und Hobbybotanikers Nathaniel Ward, daß Farne in Minigewächshäusern prächtig gedeihen, brach ein regelrechter Farnboom aus. Im London des beginnenden Industrie-

Vom Frauenfarn, einer weitverbreiteten heimischen Waldpflanze, wurden zahllose Sorten gezüchtet.

zeitalters führten Rauch und Ruß in der Luft nämlich dazu, daß fast jedes Grün rasch verkümmerte. So war es kein Wunder, daß die Idee begeistert aufgegriffen wurde, wenig lichtbedürftige Farne in Glaskästen zu pflanzen, wo hohe Luftfeuchtigkeit und Abschirmung gegenüber Schadstoffen ihr üppiges Wachstum förderten.

Wie bei Modeerscheinungen üblich, suchte man nach immer neuen Varianten, um die Farnleidenschaft zu befriedigen. Neben der Kultur von vielerlei Wildformen wurden auch unzählige Sorten gezüchtet, was z. B. beim Frauenfarn *(Athyrium filix-femina)* in weit über 200 verschiedenen Spielarten gipfelte.

Mit Beginn des Ersten Weltkriegs verlor die Zeiterscheinung jedoch ihren Reiz, und die vielseitigen Grünpflanzen verschwanden aus Zimmern und Gärten. Wiederum war es vor allem Karl Foerster, der sich ab Mitte dieses Jahrhunderts für die Züchtung und Verbreitung der Farne stark machte. Zusammen mit den Ziergräsern erlebten sie in der Gartenkultur eine Renaissance und überzeugen seitdem immer mehr Gartenbesitzer durch ihre einzigartige Schönheit, gepaart mit den Vorzügen geringen Lichtanspruchs und niedrigen Pflegebedarfs.

Bodendecker, problemlose Pflanzendecken

In freier Natur trifft man auf nur wenige Flekken Erde, die nicht in irgendeiner Weise von Pflanzen bedeckt sind. Wo besonders schwierige Lebensbedingungen herrschen, z. B. im dichten Wald oder auf blankem Fels, können sich oft nur sog. niedere Gewächse wie Moose oder Flechten durchsetzen. Sonst aber erobern vor allem Samenpflanzen der unterschiedlichsten Arten die verschiedenen Standorte und breiten ihre belaubten Triebe über den Untergrund aus. Generell bestimmen dabei sowohl die Standortbedingungen als auch die im Boden vorhandenen Samen und das Durchsetzungsvermögen der einzelnen Pflanzen am jeweiligen Ort, welche Arten sich in welcher Zusammensetzung behaupten. Die lebende Bodendecke wird jeweils noch ergänzt durch Gewächse aus der näheren Umgebung, die sich mittels verschiedener Verbreitungsmechanismen ansiedeln.

Vielfach setzt sich eine Pflanzendecke aus Gewächsen mit sehr unterschiedlichen Wuchsformen zusammen, aus schlanken, hochwüchsigen ebenso wie aus breit ausladenden oder flach dem Boden aufliegenden. Je raumgreifender die Bedeckung des Untergrunds durch eine Pflanze ausfällt, desto mehr unmittelbarer Lebensraum steht ihr zur Verfügung. Kann

Tip

Die Ernte der staubfeinen Farnsporen gestaltet sich oft ziemlich schwierig, da sie einerseits aktiv aus ihren Behältern herausgeschleudert, andererseits vom kleinsten Windstoß verblasen werden. Man legt die Wedel deshalb schon vor der endgültigen Reife zwischen Papier und fängt damit die Sporen auf (siehe Seite 107).

Tip

Über die umfangreichsten Farnsortimente verfügen noch heute vor allem englische Gärtnereien. Manche Betriebe bieten einen Versandhandel per Post an und halten dazu ausführliche Kataloge bereit. Die Adressen findet man in den Anzeigenteilen einschlägiger Gartenfachzeitschriften.

Moose und Flechten können sich sogar auf dem lichtarmen Waldboden behaupten.

Tip

Wer mit offenen Augen durch die Naturlandschaft wandert, wird leicht feststellen, welche Bodendeckerarten an welchen Standorten besonders gut gedeihen. Diese Erkenntnisse kann man als Anregungen aufgreifen und bei der Gestaltung des eigenen Gartens umsetzen.

Tip

Abwechslung beugt Langeweile vor. Daher ist es gerade bei den Bodendeckern angebracht, verschiedene Arten miteinander zu kombinieren. Eine einheitlich angelegte Bodendecke wiederum kann einzelne Pflanzen, die inmitten oder im Hintergrund des Teppichs stehen, optisch hervorheben.

Immergrün gilt wegen seines beständigen Laubschmucks als Symbol für das ewige Leben.

sich eine Art daher durch kriechende, dicht mit Blättern besetzte Triebe, durch lange, am Boden liegende Zweige oder auf andere Weise über eine verhältnismäßig große Fläche ausbreiten, verschafft sie sich einen beträchtlichen Überlebensvorteil. Der Gärtner macht sich die Eigenschaften solcher Pflanzen für seine Zwecke zunutze. Mit ihrer Ansiedelung lassen sich auf sehr einfache Art brachliegende Bereiche im Garten, oft auch ausgesprochen schwierige Standorte, begrünen.

Zu den sog. Bodendeckern oder Bodenbedeckern im gärtnerischen Sinn zählen Stauden, Gehölze, ja selbst Farne und einjährige Pflanzen. Gemeinsam sind ihnen eine dichte, ausladende Wuchsform und üppiges Laubwerk. Viele Vertreter dieser Gruppe, z. B. Immergrün *(Vinca)* oder Schaumblüte *(Tiarella)*, tragen das ganze Jahr über ihr grünes Laubkleid, andere, wie manche Storchschnabelarten *(Geranium)*, verlieren es im Herbst; einige Stauden, etwa die Indische Erdbeere *(Duchesnea indica)*, ziehen den Winter über sogar vollkommen ein.

Der Prachtstorchschnabel bedeckt den Boden nicht ganzjährig, prunkt aber mit üppigem Flor.

Die anfänglich rein blauen Blüten des Blauroten Steinsamens färben sich allmählich rot.

Ebenso vielseitig geben sich die Bodendekker, was ihren Zierwert anbelangt. Während manche, etwa der Beifuß *(Artemisia)*, in erster Linie durch ihr hübsches Laub auffallen, überziehen andere, z. B. der Blaurote Steinsame *(Buglossoides purpurocaerulea)*, ihr Blattwerk mit unzähligen Blüten oder schmücken sich mit lebhaft gefärbten oder markant geformten Früchten, wie sie etwa Gewöhnliche Mahonie *(Mahonia aquifolium)* oder Böschungsmyrte *(Lonicera pileata)* präsentieren.

Bodendecker werden von alters her in Gärten der ganzen Welt gehegt, seit langer Zeit sogar auch in Form von Teppichen gezogen. Schon der römische Schriftsteller und Naturwissenschaftler Plinius der Ältere (23–79 n. Chr.) berichtete davon. Wahrscheinlich verwendete man damals die Römische Kamille

(Chamaemelum nobile) zur Anlage ausgedehnter Pflanzenrasen.

In den stark der Natur entfremdeten Gärten des Barocks, wo sich sämtliche Gewächse einer strengen Ordnung zu unterwerfen hatten, dienten Bodendecker als lebende „Auslegeware" zwischen kunstvollen Hecken- und Blütenornamenten. Mit Ysander *(Pachysandra terminalis)*, Immergrün *(Vinca)* und Gewöhnlichem Efeu *(Hedera helix)* flocht man Matten unter Gehölzen, mit Thymian *(Thymus)*, Poleiminze *(Mentha pulegium)* und wiederum der Römischen Kamille wurden bunte Pflanzendecken nach dem Vorbild lebhaft gemusterter indischer Seidenstoffe oder kostbarer Fliesen angelegt.

Ihren eigentlichen Siegeszug feierten die Bodendecker aber erst mit dem Aufkommen öffentlicher Grünflächen. Dort lassen sich mit ihnen auf ausgedehnten Arealen schmucke Teppiche gestalten, die den oft als zu eintönig mißbilligten Rasen ersetzen. Städte und Gemeinden können mit Bodendeckern zudem erhebliche Kosten einsparen, weil diese, einmal eingewachsen, kaum noch Pflege erfordern. Nach diesem Vorbild wurden Bodendekker allmählich auch im Hausgarten genutzt. Die Pflanzen lassen sich überaus vielseitig einsetzen und beweisen ihre Stärken vor allem bei der Begrünung von Problemflächen wie Hanglagen oder schwer zugänglichen Ecken.

Bodendeckende Zwergmispeln wirken immer, zur Fruchtzeit aber ganz besonders attraktiv.

Mit Ziergräsern, Farnen und Bodendeckern, dazu weiteren ausgewählten Stauden und Gehölzen, läßt sich ein kleiner, größtenteils schattiger Innenhof in eine abwechslungsreiche Oase verwandeln. Eine mit duftender Römischer Kamille bepflanzte Rasenbank sowie Kübelpflanzen in prächtigem Flor sorgen für anregende Akzente.

Tip

Wer den Aufwand für Pflegearbeiten im Garten reduzieren möchte, ist mit Bodendeckern gut beraten. Insbesondere Arten wie Teppichjohanniskraut, Römische Kamille oder verschiedene Buschbambusse, die sich sogar mähen lassen, sparen viel Zeit und Mühen.

Wissenswertes zur Botanik

Gräser, Farne und Bodendecker heben sich nicht nur aus historischer Sicht von der großen Schar der übrigen Gewächse ab. Die Faszination, die von diesen Pflanzen ausgeht, beruht in weiten Zügen auf etlichen botanischen Besonderheiten. Ihre Eigenarten, was Gestalt, optische Wirkung und Verwendung anbelangt, liegen u.a. in einem speziellen Lebensrhythmus, im Aufbau des Pflanzenkörpers und nicht zuletzt in der Fortpflanzungsweise.

Tip

Häufig verraten die botanischen Artnamen etwas über bestimmte Eigenschaften der Pflanzen. So läßt z. B. der Bestandteil *pratensis* darauf schließen, daß die betreffende Art bevorzugt auf Wiesen wächst, während *sylvaticum* stets auf Waldstandorte hinweist. Auch die geographische Verbreitung kann im Artnamen ausgedrückt werden, etwa durch *europaea* für Europa oder *sinensis* für China.

Botanische Namen

Dem schwedischen Naturforscher Carl von Linné (1707–1778) und seiner Einführung der noch heute weltweit praktizierten sog. binären Nomenklatur ist zu verdanken, daß alle Pflanzen- und Tierarten dieser Erde allgemeingültig benannt werden können. Im Pflanzenreich erhält jedes Gewächs eine latinisierte Benennung. Der erste, immer groß geschriebene Namensteil bezeichnet die Gattung, der zweite, klein geschriebene, legt eindeutig die Art fest. So umfaßt beispielsweise der Begriff *Woodsia* die Gesamtheit der Wimperfarne, das nachstehende Wort *alpina* kennzeichnet die Art präzise als Alpenwimperfarn. Diese wissenschaftlichen Namen werden meist kursiv geschrieben, um sie vom üblichen Schriftbild deutlich abzusetzen.

Im Bedarfsfall können die Arten noch weiter in Unterarten (*subspecies*, abgekürzt ssp.), Varietäten (*varietas*, abgekürzt var.) oder selten auch Formen (*forma*, abgekürzt f.) unterteilt werden, was auf abweichende Eigenschaften der Art aufmerksam macht. In solchen Fällen wird ein dritter Namensteil nach dem entsprechenden Kürzel an den Artnamen angehängt. So bezeichnet etwa *Arrhenatherum elatius* ssp. *elatius* den Glatthafer, *Arrhenatherum elatius* ssp. *bulbosum* hingegen den Knollenglatthafer.

Hybriden wie das Gartensandrohr entstehen durch Kreuzung zweier verschiedener Arten.

Nicht immer kann man vom Namen einer Pflanze auf deren Herkunft schließen. Beim Waldstorchschnabel deuten zwar die deutsche wie die botanische Benennung auf „Wald", trotzdem wächst die Art vorwiegend auf Wiesen und in Gebüschen.

Pflanzen, die aus einer Kreuzung zweier verschiedener Arten hervorgegangen sind, nennt man Hybriden. Um ihre Abstammung kenntlich werden zu lassen, verbindet man beide Artnamen durch ein x bzw. fügt dem Gattungsnamen nach diesem Zeichen einen neuen, latinisierten Zusatz an. So handelt es sich z. B. beim Gartensandrohr *Calamagrostis* x *acutiflora* um ein Gras, das aus der Paarung von *Calamagrostis arundinacea* mit *Calamagrostis epigejos* entstand.

Durch züchterische Bemühungen können bestimmte Merkmale einer Art, etwa Wuchsform, Blattgestalt oder Blütenfarbe, zu besonderer Ausprägung gelangen. Sind die Veränderungen gegenüber der reinen Art stabil, so spricht man von Sorten. Deren Bezeichnungen werden in einfachen Anführungszeichen hinter den Artnamen gesetzt und stets groß geschrieben. *Dryopteris filix-mas* 'Furcans' ist

z. B. eine Sorte des Wurmfarns, deren Fiedern und Wedelenden im Unterschied zu denen der reinen Art mehrfach gabelig verzweigt sind.

Gräser

Die gemeinhin als Gräser bezeichneten Gewächse werden botanisch in drei große Pflanzenfamilien, die Süßgräser (*Poaceae*, früher *Gramineae*), die Sauer-, Ried- oder Halbgräser *(Cyperaceae)* und die Binsengewächse *(Juncaceae)* eingeteilt. In der Mehrzahl handelt es sich um ausdauernde, den Stauden zuzuordnende Pflanzen, aber auch ein- bis zweijährige Arten wie das Hasenschwanzgras *(Lagurus ovatus)* finden sich darunter.

Allein mit Gräsern in unterschiedlichsten Formen lassen sich interessante Gartenbilder schaffen.

Unter einem Gras stellt man sich gewöhnlich eine aus vielen schlanken Halmen aufgebaute Pflanze vor. Diese meist sehr dünnen, doch erstaunlich widerstandsfähigen Halme, also die oberirdischen Triebe, sind charakteristisch für alle Arten der drei Gräserfamilien. Ihre Festigkeit und Elastizität wird durch eine raffinierte Bauweise erzielt. In den Halmwänden verlaufen feine Leitungsgefäße, in denen der Wasser- und Nährstofftransport erfolgt. Sie sind zusätzlich von speziellem Festigungsgewebe umgeben, in das der Holzstoff Lignin eingelagert ist. Dank dieser Konstruktion können Grashalme, relativ gesehen, ungleich stärkeren Zug- und Biegebelastungen standhalten als etwa ein Bauwerk aus Stahlbeton.

Über diese Gemeinsamkeit hinaus gibt es jedoch eine Vielzahl von typischen Merkmalen, anhand derer sich die einzelnen Gräserfamilien unterscheiden lassen, etwa Stengelquerschnitt, Blütenhülle und Blattform.

Süßgräser

Bei einem Gras, dessen Stengel hohl, im Querschnitt rund und der Länge nach durch meist deutlich verdickte Knoten gegliedert ist und dessen Blätter zweizeilig stehen, d. h. nur nach zwei Richtungen vom Halm abgehen, kann man in der Regel darauf schließen, ein Süßgras vor sich zu haben. Neben typischen heimischen Wiesengräsern wie Glatthafer (*Arrhenatherum elatius* ssp. *elatius*), Knäuelgras *(Dactylis glomerata)* oder Wiesenlieschgras *(Phleum pratense)* gehören auch solch exotische Gewächse wie Bambusse oder China-Schilfarten *(Miscanthus)* zu dieser großen Pflanzenfamilie.

Ein Süßgrashalm wird unterteilt durch meist gut sichtbare Verdickungen, die man Knoten, in der Fachsprache Nodien nennt, diejenigen Stellen, an denen die Blätter dem Sproß entspringen. Die Halmabschnitte zwischen den einzelnen Knoten bezeichnet man als Internodien oder Knotenzwischenräume.

Süßgräser vertragen eine Mahd übrigens deshalb problemlos, weil sie in ihren verdick-

Das Wiesenlieschgras, ein Süßgras, ist in Wiesen und Weiden häufig anzutreffen.

China-Schilf, das nicht selten übermannshoch wird, gehört zu den mächtigsten Süßgräsern.

ten Knoten über ein fortwährend zu Wachstum befähigtes Gewebe, ein sog. Meristem, verfügen. Es sorgt nach dem Abschneiden der Halme dafür, daß sie von unten her wieder nachwachsen. Wird ein Grasbüschel umgetreten, können sich die Halme auch dank dieses speziellen Gewebes rasch wieder aufrichten, indem nämlich ihre dem Boden zugewandte Seite schneller wächst als die obenliegende und so die Halme in die Vertikale bringt.

Der Halm ist eng umhüllt von den Blattscheiden, den jeweils untersten Abschnitten der Laubblätter. Meist sind sie an einer Seite offen, bei einigen wenigen Arten auch zu einer Röhre zusammengewachsen. Weiter oben gehen sie in die Blattspreite über, die häufig allein für das eigentliche Blatt gehalten wird. An der Übergangsstelle ist in den meisten Fällen ein dünnes, durchscheinendes Blatthäutchen, die sog. Ligula, ausgebildet.

Wie alle Gräser haben es auch die Süßgräser nicht nötig, mit auffällig gefärbten Blütenblättern oder verschwenderischem Duft um die Gunst von Insekten zu buhlen, da sie durch den Wind bestäubt werden. Verständlich daher, daß ihre Blüten auf die wesentlichsten Bestandteile, die Geschlechtsorgane und eine zuverlässige Schutzhülle, reduziert sind. Die Blütenhülle wird gewöhnlich von einer derben Deckspelze und einer zarteren Vorspelze gebildet, zu denen sich außen herum stets noch weitere Hüllspelzen, meist zwei, gesellen.

Bei vielen Arten tragen die Deckspelzen mehr oder weniger lange, borstenförmige Auswüchse, die als Grannen bezeichnet werden und ein bedeutsames Unterscheidungsmerkmal der Arten darstellen. Besonders ausgeprägt sind solche Grannen beispielsweise bei der Tauben Trespe *(Bromus sterilis)* und der Mähnengerste *(Hordeum jubatum)*. An den Hüllspelzen kommen Grannen eher selten vor, allerdings sind deren Spitzen oftmals grannenähnlich verlängert.

Im Innern der Grasblüte finden sich, umgeben von zwei Schwellkörpern, der Fruchtknoten mit zwei oder drei langen, fedrig zerteilten Narben sowie die Staubblätter, die aber zur Reifezeit weit aus der Blüte hinausragen.

Beim Süßgras treibt aus einem Wurzelbüschel ein durch Knoten gegliederter Halm, der teilweise von Blattscheiden umhüllt ist. Ein Häutchen trennt davon die Blattspreiten. Der Halm gipfelt in einer Ähre ①, aus deren Einzelblüten die Staubgefäße hervorragen. Weitere typische Blütenstände von Süßgräsern sind Rispen ②, ③ und ④ sowie Ährenrispen ⑤. Einige Blüten tragen Grannen ⑥.

Die Gesamtheit von Blütenorganen und Hüllspelzen wird als Ährchen bezeichnet. Nicht immer umfaßt ein Ährchen nur eine Blüte, es gibt auch zwei-, drei- oder vielblütige Formen. Die Ährchen ihrerseits sind zu mehreren in charakteristischen Blütenständen angeordnet, wobei man drei Grundformen unterscheiden kann:

Sitzen die Ährchen ungestielt oder überaus dicht mit nur sehr kurz verästelten Stielen an der Blütenstandachse, spricht man von echten Ähren bzw. Scheinähren. Eine bekannte Süßgrasart mit ährigem Blütenstand ist das Deutsche Weidelgras *(Lolium perenne)*.

Häufiger kommen lockere, luftig wirkende Blütenstände vor. Bei Trauben stehen die einzelnen Ährchen auf mehr oder weniger langen Stielen an der Mittelachse, bei Rispen sind die Stiele zudem noch ein- bis vielfach verzweigt. Als Beispiele für traubige Blütenstände können Zwenkenarten *(Brachypodium)*, für rispige Blütenstände Trespenarten *(Bromus)* angeführt werden.

Komplexere Gebilde sind Fingerähren und Ährentrauben, die sich aus mehreren ährenähnlichen Zweigen zusammensetzen, wie z. B. beim Süßwasserseilgras *(Spartina pectinata)*.

Aus den Blüten entwickeln sich nach Bestäubung durch den Wind und erfolgreicher Befruchtung Samen. Sie bleiben meist von den Spelzen umhüllt und bilden botanisch gesehen einen besonderen Typ von Nußfrucht. Jeder kennt die charakteristischen Gräserfrüchte in Form von Getreidekörnern, wie sie z. B. Hafer *(Avena)*, Gerste *(Hordeum)* oder Weizen *(Triticum)* liefern.

Sauer-, Ried- oder Halbgräser

Zu den Hauptmerkmalen dieser Gräserfamilie gehören ein dreikantiger bis tief rinnig eingeschnittener Stengel, der zum einen stets mit Mark gefüllt, zum andern nicht durch deutliche Knoten gegliedert ist, sowie eine dreizeilige Beblätterung. Darunter versteht man, daß die Blätter abwechselnd nach drei Seiten vom Halm abgehen. Die linealischen Blattspreiten sind häufig rinnenförmig oder auch zweifach längs gefaltet, der untere Teil eines jeden Blatts ist in der Regel zu einer röhrigen Blattscheide verwachsen.

Der Blütenbau der Sauergräser ähnelt dem der Süßgräser, allerdings wird jede Blüte von nur einem Deckblatt, einer kahnförmigen Spelze, eingehüllt. Bisweilen finden sich in den Ährchenblüten sowohl männliche wie weibliche Organe, etwa bei den Simsen *(Scirpus)*, vielfach aber lassen sich rein weibliche und rein männliche Ährchen unterscheiden, so z. B. bei den Seggen *(Carex)*. Einige wenige Arten tragen die Ährchen einzeln am Ende der Halme, meist jedoch sind sie zu Ähren, Rispen oder Köpfchen zusammengefaßt, die sich aus der Achsel eines Tragblatts entwikkeln. Fast immer stehen dabei Blüten beiderlei Geschlechts an derselben Pflanze, entweder zusammen in einem gemeinsamen Blütenstand oder aber getrennt in unterschiedlichen. Die daraus entstehenden Früchte sind Nußfrüchte wie die der Süßgräser, von harten, trockenen Schalen eingeschlossene Samen.

Die Halme von Sauergräsern wie der Seesimse sind nicht durch Knoten gegliedert.

Binsengewächse

Feuchtgebiete gehören zu den bevorzugten Lebensräumen der Binsengewächse, doch gibt es auch einige Ausnahmen, z. B. die – für die Gartenkultur allerdings belanglose – Vielblütige Hainsimse *(Luzula multiflora)*, die an ausgesprochen trockenen Standorten gedeiht. Während die eigentlichen Binsen *(Juncus)* durch fehlende oder stengelähnliche Blätter gekennzeichnet sind, besitzen Hainsimsen *(Luzula)*, die zweite große Gattung in dieser Pflanzenfamilie, zwar flache, grasähnliche Blätter, doch unterscheiden sich diese durch ihre meist dichten, randständigen Wimpern deutlich von denen der Süßgräser.

Binsenblüten bestehen aus einer sechsstrahligen Hülle, von trockenhäutigen Spelzen gebildet, in deren Mitte ein dreinarbiger Fruchtknoten und entweder drei oder sechs

Tip

Wenig Anlaß zur Freude besteht, wenn ein Bambus zur Blüte kommt, da dies häufig das Absterben der ganzen Pflanze einleitet. Es ist ein bislang noch ungelöstes Rätsel, warum nach oft jahrzehntelanger Blütenlosigkeit bestimmte Arten plötzlich weltweit zur gleichen Zeit zu blühen beginnen. Beim Kauf von Bambussen ist es daher ratsam, sich nach zuletzt aufgetretenen Blütephasen der einzelnen Arten zu erkundigen und seine Exemplare entsprechend auszuwählen.

Unscheinbar wirken die Blüten des Hellgrünen Schirmbambus.

Ein Grashorst besteht aus vielen zentral entspringenden Halmen.

Über Ausläufer treiben Halme in Abständen hervor.

Die goldbraunen Blütenstände der Flatterbinse scheinen den Halmen seitlich zu entspringen.

Mit ihren recht üppigen Blütenständen mutet die Schneehainsimse fast wie eine Blütenstaude an.

Staubblätter sitzen. Typisch sind die dolden- oder rispenartig aufgebauten Blütenstände, auch Spirren genannt. Sie werden von einem oder mehreren Hüllblättern getragen. Bei Binsen überragt das steif aufrecht stehende Tragblatt häufig den Blütenstand, den es dabei zur Seite drängt. Dadurch wirkt es wie eine Verlängerung des Stengels. Die typische Fruchtform der Binsengewächse ist eine Kapsel, die bei der Reife aufspringt und die Samen entläßt.

Verschiedene Wuchsformen

Die Art und Weise, wie Gräser sich entfalten und ausbreiten, spielt vor allem bei der Artenzusammenstellung für eine Rasenfläche eine wichtige Rolle. Zwei grundsätzliche Wuchsformen können unterschieden werden: zum einen die horstbildende, zum andern die ausläufertreibende. Neben diesen beiden Formen kommen aber auch alle erdenklichen Übergänge vor.

Man muß wissen, daß sich Gräser in der Regel nur unmittelbar an der Halmbasis verzweigen können. Sie tun dies nicht selten im Übermaß, wodurch zahlreiche sehr dicht neben- und übereinanderstehende Seitentriebe heranwachsen und einen geschlossenen Horst bilden. Derartige Gräser, etwa China-Schilf *(Miscanthus)* oder Riesenperlgras *(Melica altissima)*, stellen sich deshalb als kompakte Büsche dar, bei denen die Halme ausschließlich von einem Punkt auszugehen scheinen.

Insbesondere viele der mehrjährigen Arten haben andererseits die Strategie entwickelt, ihre Seitentriebe, die von einem oft lediglich aus wenigen Halmen bestehenden Hauptteil ausgehen, zu Kriechtrieben umzufunktionieren und sie dicht über oder unter der Erde auszubreiten. Diese Ausläufer werden häufig auch als Stolonen bezeichnet. Da sie sich an den Knoten neu bewurzeln und austreiben, entstehen mit der Zeit weitläufige, zusammenhängende Rasen. Ausläufertreibende Arten, z. B. Wasserschwaden *(Glyceria maxima)* oder Nickendes Perlgras *(Melica nutans)*, wachsen daher eher flächig, wobei die Halme dem Boden an vielen Stellen mehr oder weniger gebündelt entsprießen.

Gruppe der Farne

Im Unterschied zu Blütenpflanzen vermehren sich Farne durch Sporen. Zusammen mit den Schachtelhalm- und Bärlappgewächsen bilden sie im System der Pflanzen die Abteilung der erdgeschichtlich schon sehr alten Gefäß-Sporenpflanzen. Farne sind in der Regel ausdauernde Gewächse und werden daher botanisch zur großen Gruppe der Stauden gezählt. Wie eingangs bereits erwähnt, blieb das Geheimnis ihrer Fortpflanzung lange Zeit ungelöst

Im Zwielicht unter Baumkronen, wo nur wenig gedeiht, entfalten Farne ihre filigranen Trichter.

(siehe Seite 12). Doch noch heute, da die Zusammenhänge bekannt sind, geben sie immer wieder Anlaß zur Verwunderung. Sind diese Pflanzen in den Jungstadien auch kaum unterscheidbar, überraschen sie nach dem Entrollen ihrer bischofsstabähnlichen jungen Wedel mit einer unglaublichen Formenvielfalt.

Vielfalt der Farnformen

Einige Arten unter den Farnen sind derart spezialisiert, daß sie untrennbar mit dem Lebensraum Wasser verbunden sind. Hierzu gehören Kleefarne *(Marsileaceae)*, Schwimmfarngewächse *(Salviniaceae)* und Algenfarngewächse *(Azollaceae)*. Alle übrigen Farne aber leben an Land. Ihr gemeinsamer Bauplan erfährt besonders in der Gestalt ihrer den Blättern der Blütenpflanzen vergleichbaren Organe, den Wedeln, allerlei Abwandlungen.

Deutlich lassen sich vier Wedelformen unterscheiden, die meist auch zur Charakterisierung der einzelnen Arten herangezogen werden. Die einfache Wedelform ist ungeteilt und weist eine klar hervortretende Mittelrippe auf, wie es bei der heimischen Hirschzunge *(Phyllitis scolopendrium)* gut zu erkennen ist. Eine bereits abgewandelte Form ist der einfach gefiederte Wedel. Dabei ist die Blattspreite links und rechts der Mittelrippe in einfache Fiederreihen aufgegliedert. Als typisch für diesen Wedeltyp können die Rippenfarne *(Blechnum)* genannt werden. Wohl am häufigsten aber trifft man auf doppelt gefiederte Wedel, wie sie z. B. der heimische Wurmfarn *(Dryopteris filix-mas)*, einer der beliebtesten Gartenfarne, präsentiert. Bei dieser Art ist gut zu erkennen, daß jede der Fiedern im Aufbau ihrerseits einem einfach gefiederten Wedel entspricht. Wird die Wedelspreite nach demselben Prinzip noch weiter unterteilt, gelangt man zur stark abgeleiteten Form eines drei-

Die Wedel der Steinfeder sind einfach gefiedert, die Fiederchen sitzen direkt an der Mittelrippe.

Tip

Viele wichtige Rasengräser vereinen horstigen und ausläufertreibenden Wuchs in sich. Das Rote Straußgras beispielsweise bildet eine dichte, feine Grasnarbe aus und ist daher unentbehrlicher Bestandteil eines gepflegten Rasens.

Tip

Botanische Gärten kultivieren in ihren Freilandanlagen und Gewächshäusern oft eine Vielzahl herrlicher Farne. Bei einem Besuch dort kann man sich von der reichen Formenfülle dieser Pflanzengruppe überzeugen und entdeckt möglicherweise Arten, die gut in den eigenen Garten passen würden.

Wedelformen von Farnen (von links nach rechts): einfacher, ungeteilter Wedel, einfach gefiederter Wedel, doppelt oder zweifach gefiederter Wedel, dreifach gefiederter Wedel.

fach gefiederten Wedels, die in einigen Gattungen, etwa beim Himalaja-Frauenhaarfarn *(Adiantum venustum)* oder beim Bergblasenfarn *(Cystopteris montana)*, verbreitet auftritt.

Nur bestimmte Wedel eines Farns entwickeln die zur Fortpflanzung notwendigen Sporenkapseln (siehe Seite 23). Man nennt sie fruchtbar oder fertil, im Gegensatz zu den unfruchtbaren, den steril bleibenden Blättern ohne Sporen. Doch nicht bei jeder Art lassen sich fruchtbare und unfruchtbare Wedel leicht auseinanderhalten. Bei Frauenfarnen *(Athyrium)* und Streifenfarnen *(Asplenium)* etwa weisen höchstens geringe Größendifferenzen auf diesen Unterschied hin. Deutlich hingegen heben sich z. B. die fertilen Wedel des Königsfarns *(Osmunda regalis)* von den übrigen ab. Sie stehen straff aufrecht und sind an ihren oberen Fiedern dicht mit Sporenkapseln besetzt. Wenn sie sich zur Reifezeit braun färben, ähneln sie verwelkten Blütenständen.

Des weiteren stellen Form und Anordnung der Sporenhäufchen, auch Sporenlager oder Sori (Einzahl: Sorus) genannt, wichtige Artmerkmale dar. Sie finden sich meist geschützt auf der Blattunterseite, wo sie regelmäßige Muster bilden. Während z. B. die nierenförmigen Sori des Wurmfarns *(Dryopteris filix-mas)* gleichmäßig über die ganze Fläche der Fiederblättchen verteilt sind, reihen sich die langgestreckten Sori der Hirschzunge *(Phyllitis scolopendrium)* in parallelen Reihen schräg zur Mittelrippe hin auf.

Jeder Sporenbehälter enthält etliche braune Kapseln, die bis zur Reife die Sporen einschließen.

Fruchtbare Wedel erkennt man gewöhnlich nicht an ihrer Form, sondern an den meist braun gefärbten Sporenbehältern auf ihren Unterseiten.

Entwicklungszyklus der Farne

Jeder Farn macht in seinem Leben einen sog. Generationswechsel durch. Nur für kurze Zeit existiert er als Gametophyt, was nichts anderes bedeutet als Geschlechtszellen ausbildende Pflanze. Diesem kaum wahrnehmbaren Dasein folgt meist schon nach wenigen Wochen der Lebensabschnitt als stattliche grüne Farnpflanze, die man aus der Natur kennt. Botaniker bezeichnen den Farn in dieser lange andauernden Phase auch als Sporophyt, da er nunmehr Sporen produziert, winzige, ungeschlechtlich entstandene Fortpflanzungseinheiten. Um den Generationswechsel verstehen zu können, muß man die Entwicklung von der Spore zur Farnpflanze genauer verfolgen.

An fruchtbaren Farnwedeln, gleichsam den „Blüten“ der Farnpflanzen, erkennt man deut-

Tip

Es liegt in der Natur der Farne, daß sie nur an luftfeuchten Standorten gedeihen, denn für ihren Entwicklungszyklus sind sie auf die Hilfe von Feuchtigkeit und Wassertropfen angewiesen. Aus diesem Grund sollte man Farne nur an entsprechende Plätze pflanzen und braucht sich nicht zu wundern, wenn sie sich an einer trockenen und sonnigen Stelle nicht von selbst vermehren.

lich Sporenbehälter. Meist sind diese Gebilde, die gewöhnlich an der Wedelunterseite entstehen, auffallend gefärbt. In den Behältern sitzen mehrere Sporenkapseln, die ihrerseits eine große Zahl winziger, staubfeiner Sporen einschließen. Vielfach sind die Sporenbehälter von einem häutigen Auswuchs der Blattoberfläche, dem sog. Schleier, bedeckt und somit gut geschützt. Bei der Reife schrumpft der Schleier, die Sporenkapseln platzen auf und schleudern ihren Inhalt heraus.

Die Verbreitung der staubfeinen Sporen geschieht durch den Wind. Fällt eine Spore auf ausreichend feuchten Boden, keimt sie zunächst zu einem kleinen Zellfaden aus, der sich mit der Zeit zu einem nieren- bis herzförmigen Vorkeim weiterentwickelt. Dieses in der Fachsprache Prothallium genannte Gebilde wird kaum größer als 1 cm und ist hauchdünn. Mit Hilfe von Saughaaren oder Rhizoiden, wurzelähnlichen Organen, verankert es sich im Boden. Nach einigen Wochen entstehen an dem zarten „Blättchen" Fortpflanzungsorgane. Während die weiblichen Organe, die sog. Archegonien, sich am eingebuchteten Ende des Vorkeims befinden, sitzen die Antheridien, die männlichen Organe, am eher zugespitzten Ende. Die von den Antheridien produzierten begeißelten Geschlechtszellen, die sog. Spermatozoiden, schwimmen auf einem dünnen Wasserfilm aktiv zu den Archegonien hin, in denen sie auf die Eizellen treffen. Ist eine Befruchtung erfolgt, setzen sofort Zellteilungen ein und lassen einen Sporophyten entstehen. Während die junge Farnpflanze heranwächst und dabei erste Wurzeln und Wedel bildet, stirbt der Vorkeim ab. Zeigen sich dann an den Wedeln erste Sporenhäufchen, ist der Entwicklungszyklus des Farns durchlaufen.

Gruppe der Bodendecker

So vielgestaltig sich die Pflanzengruppen der bodendeckenden Arten zeigen, so groß sind auch die Unterschiede in deren botanischen Merkmalen. Eine Eigenschaft aber haben alle gemeinsam: den bodendeckenden Wuchs. Die Fähigkeit, Bodenteppiche zu bilden, findet man sowohl bei Gehölzen und Stauden als auch bei Ein- oder Zweijährigen. Die Pflanzen wenden zur Ausbreitung vollkommen verschiedene Strategien an.

Ausläuferbildung

Die Seitensprosse einer Sproßachse können zahlreiche Umwandlungen erfahren. Wenn sich ihre Internodien, d. h. die Abschnitte zwischen zwei Knoten, den Blattansätzen, strecken und waagrecht ausbreiten, entstehen Ausläufer. Diese bewurzeln sich an den Knoten und treiben neu aus. Auf diese Weise entwickelt sich eine mit der Mutterpflanze verbundene Tochterpflanze. Derartige Ausläufer können z. B. wie bei der Indischen Erdbeere *(Duchesnea indica)* oberirdisch oder wie bei der Enzianbleiwurz *(Ceratostigma plumbaginoides)* im Boden verlaufen.

Unterirdische Ausläufer dürfen nicht mit kriechenden Rhizomen verwechselt werden, obwohl beide die gleiche Funktion haben. Letztere sind abgewandelte, verdickte Sproßachsen, die meist waagrecht oder schräg in der Erde liegend wachsen. Sie dienen vornehmlich der Speicherung von Reservestoffen, sorgen jedoch auch für die Ausbreitung der Pflanze, indem sie aus den Achseln ihrer schuppenförmigen Niederblätter neue Triebe zur Oberfläche schieben. Dank eines solchen kriechenden Rhizoms gelingt es beispielsweise der Haselwurz *(Asarum europaeum)*, mit ihren nierenförmigen, dunkelgrünen Blättern eine erhebliche Bodenfläche zu bedecken.

Je nach den Abständen, in denen die Tochterpflanzen an den Ausläufern entstehen, bil-

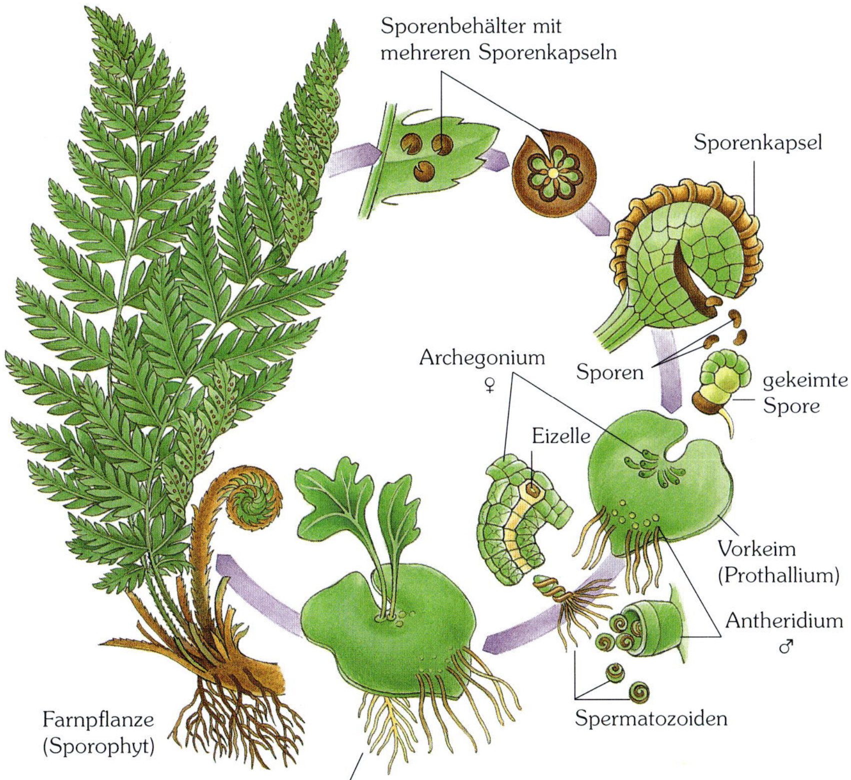

Lebenszyklus einer Farnpflanze (im Uhrzeigersinn oben beginnend): Die zu mehreren in Sporenbehältern an der Unterseite der Wedel sitzenden Sporenkapseln platzen auf und entlassen staubfeine Sporen, die sich zu einem nieren- bis herzförmigen Vorkeim entwickeln. Auf ihm findet die Befruchtung statt: Begeißelte männliche Geschlechtszellen schwimmen auf einem Wasserfilm zu den weiblichen Eizellen und vereinigen sich mit ihnen. Aus den befruchteten Eizellen wächst dann ein neuer Farn heran.

Tip

Ausläufertreibende Arten gehören zu den Gewächsen, die sich leicht vegetativ vermehren lassen. Trennt man eine Tochterpflanze ab, so entwickelt sie sich rasch zu einem eigenständigen Exemplar.

Der blaue Blütenteppich des Kriechenden Günsels wird vom lindgrünen Pfennigkraut durchsponnen.

den sich entweder lückige Kolonien wie beim Kriechenden Günsel *(Ajuga reptans)* oder außerordentlich dichte Pflanzenteppiche wie bei den Elfenblumen, vor allem bei *Epimedium* x *perralchicum* und *Epimedium pinnatum* ssp. *colchicum*.

Niederliegende Triebe

Viele Bodendecker besitzen niederliegende Triebe, die sich ganz eng der Erdoberfläche anschmiegen. Bei manchen Arten wie etwa der Römischen Kamille *(Chamaemelum nobile)* schlagen die Triebe an den Stellen, mit denen sie dem Boden aufliegen, Wurzeln und verankern die Staude somit fest im Erdreich. Hingegen lassen sich die flachen Polster der Hornkrautarten *(Cerastium)* mit Ausnahme des Hauptsprosses vom Untergrund hochheben, denn sie bewurzeln sich nicht.

Die Sprosse können mitunter sehr weit kriechen und bilden oft zusätzlich dichte Verzweigungen aus, was diesen Pflanzen den Titel Teppichbildner verliehen hat. Bleiben die Bodendecken stärker umgrenzt, können sie auch als Matten bezeichnet werden, noch kleinflächiger nennt man sie Polster. Diese das Aussehen der Gewächse beschreibenden Namen sind jedoch keinesfalls auf eine Wuchsform mit niederliegenden Trieben beschränkt, sondern können ebenso auf Pflanzen mit jeder anderen Art zu wachsen angewendet werden.

Einige Arten, z. B. Blauroter Steinsame *(Buglossoides purpurocaerulea)* oder Goldnessel *(Lamiastrum galeobdolon)*, lassen ihre jungen Triebe zunächst bogig überhängen und bedecken allein dadurch schon eine gewisse Fläche. Treffen ihre Triebe auf den Boden auf, entwickeln sich an dieser Stelle entweder Wurzeln, oder die Sprosse kriechen, flach dem Untergrund aufliegend, weiter. Auf dieselbe Weise vermögen auch viele Gehölze dem Untergrund eine dichte Pflanzendecke aufzulegen.

Die Pflanzenmatten des Hornkrauts überwallen eine Trockenmauer, ohne darauf zu wurzeln.

Bodendecker breiten sich auf verschiedene Weise flächig aus (von oben nach unten): durch oberirdische Ausläufer wie beim Kriechenden Günsel, kriechende Rhizome wie bei der Haselwurz, mattenartigen Wuchs wie beim Sternmoos oder niederliegende Triebe wie beim Polsterphlox.

Phantasievolle Gestaltung

Mit Gräsern, Farnen und Bodendeckern stehen drei äußerst facettenreiche Pflanzengruppen zur Auswahl, die sich in jedem Bereich des Gartens einsetzen lassen. Ob als hübscher Lückenfüller, als anspruchsloses Schattengewächs oder gar als Hauptattraktion des Gartens – für jede Art läßt sich ein passender Platz finden und umgekehrt: für jeden Platz eine geeignete Art. Besonders abwechslungsreich wird ein Arrangement, wenn man alle drei Pflanzengruppen miteinander kombiniert. Sie harmonieren wunderschön und ergänzen einander selbst bei schwierigen Standortbedingungen. Nur einige wenige Beispiele sollen nachfolgend verdeutlichen, wie vielseitig man Gräser, Farne und Bodendecker bei der Gartengestaltung verwenden kann.

Mit aparten Formen in edlem Grün runden Farne und Gräser eine Uferbepflanzung ab.

Passend für jeden Garten

Neben Bäumen und Sträuchern, Blütenstauden und Sommerblumen sowie Zwiebel- und Knollenpflanzen sollten Farne, Gräser und Bodendecker in keinem Garten fehlen. Die Einsatzmöglichkeiten dieser Gewächse richten sich natürlich nicht zuletzt nach dem vorherrschenden Stil des Gartens oder Gartenteils, sei er nun streng formal oder eher naturnah gehalten. Gezielt verwendet, vermögen die weitgehend grünen Pflanzen der blühenden Flora noch mehr Glanz zu verleihen, setzen teilweise aber auch reizvolle Kontrapunkte oder werden selbst zu augenfälligen Solisten.

In einem formal gestalteten Garten unterstreichen einheitliche, abgezirkelte Rasenflächen sowie geschickt plazierte Gehölze und Kübelpflanzen die strenge Linienführung. Leben erhält der Garten durch die farblich ausgewogene Umrahmung aus prächtig blühenden Bodendeckern und Stauden im Wechsel mit schwungvollen Gräsern und Farnen.

Formaler Garten

Ein „Muß" im formalen Garten sind mehr oder weniger ausgedehnte Rasenflächen, die ihm Weite und Ruhe geben. Die klare, schlichte Grünfläche schafft zudem einen beabsichtigten, spannungsreichen Gegensatz zu allen übrigen Pflanzungen. Darüber hinaus bildet sie einen dezenten Hintergrund für den eher spektakulären Anblick exakt geformter Gestaltungselemente. Die Basis eines jeden Rasengrüns sind eine ganze Reihe altbewährter, robuster Gräserarten (siehe Seite 43). Ihre Verwandten, die Ziergräser (siehe Seite 76 ff.), können dazu einen interessanten Kontrast schaffen.

Farne tragen mit ihren ausladenden, filigran erscheinenden Wedeln dazu bei, dem Garten ein leicht romantisches Flair zu verleihen. Da die Urweltpflanzen sich harmonisch in jede bestehende Vegetation einfügen und

Sommerliches Gartenparadies:
Durch eine geschickte Verteilung der Nutz- und Zierflächen wird ein Garten zum wahren Paradies. Gezielt sind hier Gräser, Farne und Bodendecker (in der Skizze grau) eingesetzt. Die Untermalung für dekorative, von Bodendeckern eingefaßte Staudenbeete bildet ein feiner ① Zierrasen. Ein ② Strapazierrasen federt dagegen die Schritte bei Spiel und Sport ab. Fröhliche Farbtupfer und reichlich Nahrung für Nützlinge liefert eine ③ Wiese, in der auch ④ Obstbäume Platz finden. Ziergräser wie ⑤ China-Schilf, ⑥ Purpurfederborstengras, ⑦ Blauschwingel, ⑧ Rasenschmiele, ⑨ Gartensandrohr und ⑩ Silberährengras lokkern mit gefälligem Schwung und ruhigen Tönen bunte Staudenpflanzungen auf. Farne, bescheidenere Gräser und Bodendecker wie ⑪ Elfenblume, ⑫ Waldhainsimse, ⑬ Waldstorchschnabel, ⑭ Schleierfrauenmantel, ⑮ Gefleckte Taubnessel, ⑯ Steinsame, ⑰ Hirschzunge, ⑱ Königsfarn, ⑲ Rüsselfarn, ⑳ Glanzschildfarn, ㉑ Zwergmispeln, dazwischen Blütenstauden wie ㉒ Prachtspieren und ㉓ Silberkerze, schließen einen lauschigen Sitzplatz nach außen hin ab.

Tip

Trockene Halme von Gräsern oder grasartigen Pflanzen wirken im Winter in zugefrorenen Gewässern wie Strohhalme: Sie lassen lebenswichtigen Sauerstoff auch unter die Eisdecke gelangen. Man sollte im Wasser stehende Gräser deshalb erst im Frühjahr einkürzen.

Tip

Auch Wassergärten weisen eine jeweils eigene Stilrichtung auf. Aus dem reichhaltigen Angebot an Ziergräsern kann man für formale Becken eher exotisch wirkende Gewächse wählen, für den Naturteich sollte man dagegen heimische Arten bevorzugen. Farne hingegen vermögen sich als stets unaufdringliche, dezente Begleiter jedem Stil unterzuordnen.

dabei vorwiegend für neue Aspekte unter den Formen sorgen, passen sie fast ohne Einschränkung zu einer formalen Stilrichtung. Unübertroffen wirkt eine Kombination mit Stein, seien es Bodenbeläge, Mauern, Findlinge oder Skulpturen. Doch auch den Schatten von Schnitthecken oder anderen Gehölzen erfüllen Farne mit ornamentalem Grün.

Als Bodendecker werden in der Regel solche Arten verwendet, deren Ausbreitung gut unter Kontrolle zu halten ist, so etwa Silberbeifuß *(Artemisia schmidtiana)* oder Sternmoos *(Sagina subulata)*. Mit ihnen lassen sich beispielsweise die Randbereiche von Rasenflächen umranken und gefällige Übergänge zu Gehwegen schaffen. Indem man verschiedene Arten nebeneinanderpflanzt, können auch geometrische Flächenmuster angelegt werden. Auf diese Weise avancieren die Bodendecker zu Schmuckstücken des Gartens.

Naturgarten

Als Gegenteil des formalen Gartens kann der Naturgarten gelten. Was woanders ordentlich in Form gebracht und im Zaum gehalten wird, darf sich hier ungestört entfalten. Statt einer einheitlichen Rasenfläche trifft man auf bunte Blumenwiesen (siehe Seite 54 ff.), in denen die Gräser bis zur Samenreife heranwachsen können. Ziergräser, etwa Hainsimsen *(Luzula)* oder Perlgräser *(Melica)*, werden geschickt mit Stauden oder Sommerblumen kombiniert, bei deren Auswahl man bevorzugt zu heimischen Arten greift. Im lichten Schatten von Laub- und Nadelbäumen dürfen sich Farne und schattenverträgliche Bodendecker ausbreiten. Dabei sollte keinesfalls zu dicht gepflanzt werden, damit genügend Platz für Wildkräuter bleibt, die sich von selbst ansiedeln bzw. aussamen.

Grashalme, Farnwedel und Matten aus Bodendekkern bilden einen hübschen Rahmen für Gewässer.

Wassergarten

Zahlreiche Grasarten sind untrennbar mit dem Element Wasser verbunden und finden in der Sumpf- und Flachwasserzone von Teichen und Bächen ideale Lebensbedingungen, so z. B. Simsen *(Scirpus)* oder Binsen *(Juncus)*. Ihre vertrockneten Halme schmücken die Ufer selbst im Winter und helfen dabei, unter der Eisschicht eingeschlossene Lebewesen mit Sauerstoff zu versorgen.

Durch trockene Grashalme, die aus einer Eisdecke ragen, gelangt Sauerstoff ins Wasser.

Schattige Uferabschnitte bieten Farnen ideale Bedingungen, allen voran dem Sumpffarn *(Thelypteris palustris)*. Schließlich ist die Luftfeuchtigkeit in unmittelbarer Wassernähe stets deutlich höher als in der Umgebung, was diese Schattenpflanzen außerordentlich zu schätzen wissen.

Bodendecker wie das Pfennigkraut *(Lysimachia nummularia)* können hervorragend als Bindeglieder zwischen Gewässer und anderen Gartenabschnitten eingesetzt werden, indem man sie z. B. entlang von Wegplatten pflanzt.

Steingarten

Um die besondere Struktur eines Steingartens zur Geltung kommen zu lassen, werden bevor-

Das Goldmoos-Sedum überzieht mit seinen goldgelben Blütchen moosähnlich steinige Böden.

zugt kleinwüchsige Gräser wie Schneesegge *(Carex baldensis)* oder Grünes Kopfgras *(Sesleria heufflerianа)* zu dessen Gestaltung verwendet. Im Schatten größerer Steine kann ihr Grün von Wedeln des Schriftfarns *(Ceterach officinarum)*, des Gesägten Tüpfelfarns *(Polypodium interjectum)* und vieler anderer Farnarten aufgegriffen werden.

Kleine, polsterbildende Bodendecker, z. B. Thymian *(Thymus)* oder manche Fetthennenarten *(Sedum)*, sind an diesem Standort in ihrem Element und können zu farbenfrohen Blütenteppichen arrangiert werden.

Verbindende Übergänge

Unübertroffen sind Farne, Gräser und Bodendecker in ihrer Funktion, verschiedene Gartenbereiche miteinander zu verknüpfen. Dabei ist nicht nur an das verbindende Grün einer Rasenfläche gedacht, vielmehr vermögen bereits recht kleine Gruppen dieser Gewächse einen optischen Zusammenhalt einzelner Gartenabschnitte herzustellen. Als gelungen kann eine Gartengestaltung immer dann gelten, wenn der Garten abwechslungsreich gegliedert ist, um den Ansprüchen von Pflanzen, Menschen und Tieren Genüge zu leisten, und sämtliche Übergänge dabei fließend und harmonisch wirken.

Dominierende Gartenelemente wie Sitzplätze, Terrassen, Teiche oder größere Gehölzgruppen gilt es daher geschickt in die umgebende Pflanzenwelt einzubetten. Je nach ihrer Lage kommen dabei schattenverträgliche Farne oder aber sonnenliebende Bodendecker überzeugend zum Einsatz. Neben Ruheplätzen schätzt man hohe Ziergräser, durch deren Halme der Wind mit sanftem Rauschen streicht. Bambushaine können hier exotisches Flair beisteuern. Ausführlicher wird auf die unzähligen Gestaltungsmöglichkeiten in den folgenden Kapiteln eingegangen.

Mit leuchtendem Grün schafft der Straußfarn einen verbindenden Übergang zwischen dem kräftigen Rosa der Rhododendronblüten und dem Blau des Hasenglöckchens.

Grüner Schmuck zur Winterzeit

Erst im Winter, wenn sämtliche einjährigen Gewächse sowie die oberirdischen Teile der meisten Stauden absterben und viele Gehölze ihre Blätter verlieren, wird deutlich, welch beruhigende, ausgleichende und überspielende Wirkung ihr Grün in den wärmeren Monaten des Jahres ausübte. Gräser, Farne und immergrüne Bodendecker können dabei helfen, dem Garten auch in dieser tristen Jahreszeit ein nach wie vor ansprechendes Aussehen zu verleihen.

Zwar trocknen Halme und Blütenstände der Gräser im Herbst überwiegend ein, doch stellen diese bizarren Gebilde bei Frost und bei Schnee eine unnachahmliche Zierde dar. Unter den Farnen gibt es hingegen einige winterharte Arten, die ihre grünen Wedel selbst bei Frost behalten und für den Garten daher als kleine Kostbarkeiten gelten können. Bleiben schließlich die immergrünen Bodendeckerarten zu erwähnen, die im Herbst oft nochmals regelrecht auftrumpfen, wenn sie sich feurig verfärben oder mit auffallenden Früchten schmücken, bevor sie in die wohlverdiente Winterruhe übergehen.

Tip

Erlaubt es die Größe des Geländes, sollte man einige „wilde" Bereiche in die formale Gliederung eines Gartens integrieren und dadurch spannungsreiche, die strenge Gestaltung auflockernde Akzente setzen.

Tip

Abgeschiedene Sitzplätze in schattigen Bereichen erhalten mit einer Umrahmung aus Farnen einen romantischen, verwunschenen Charakter. Man kann dafür sogar nicht winterharte Arten wie den Schmalen Ilex-Farn oder den Schwertfarn *(Nephrolepis exaltata)* in Schalen und Töpfen verwenden. In der kalten Jahreszeit lassen diese sich problemlos in ein Winterquartier räumen.

Tip

Begrüßt auch im Winter ein grüner Vorgarten die Besucher, so wird bereits vor der Haustür eine anheimelnde Atmosphäre vermittelt. Mit immergrünen Bodendeckern und dazwischen aufragenden hohen Gräsern läßt sich eine entsprechende Pflanzung schaffen.

Ästhetik durch Gleichförmigkeit

Rasen

Mit Ebenmaß in Form und Farbe verleihen Rasenflächen jedem Garten Beschaulichkeit und breiten darin einen angenehm weichen Teppich aus.

Rasengrün, das sich gleich einem samtigen Teppich über weite Flächen ausbreitet oder sich wie ein schmales Band durch den Garten zieht, beruhigt die Sinne des Betrachters und lädt zum Ausruhen oder Spielen ein. Gleichförmig in Struktur und Farbe, schafft es einen sanften Ausgleich zwischen verschiedenen Gartenbereichen und läßt die Schönheit und Lebendigkeit bunter Stauden und Sommerblumen noch prächtiger erscheinen. Für Bäume und Sträucher stellt ein Rasen eine wirkungsvolle Untermalung dar, die im Herbst einen guten Kontrast zum sich verfärbenden Laub bildet.

Grüne Gartenteppiche mit Tradition

Tip

Rasen aus Kamille oder Thymian sind zwar nur bedingt trittfest, verströmen jedoch einen würzigen Duft. Ebenso eignen sich niedrigwüchsige Bodendecker wie Hornkraut, Gundermann oder Goldmoos-Sedum als Rasenersatz. Gezielt eingesetzt, können sie auch zur Auflockerung klassischer Rasenflächen beitragen.

Mit solchen bunten Teppichen aus Thymianarten läßt sich ein farbenfroher Rasen gestalten.

Rasengräser durchwurzeln nur eine dünne Bodenschicht.

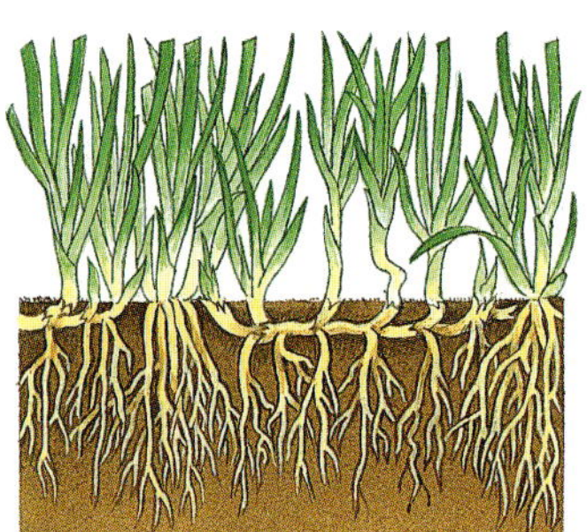

Einheitliche und ruhig wirkende Grünflächen kennt man in der Gartenkultur bereits seit sehr langer Zeit. Aus alten Dokumenten geht hervor, daß man den Kontrast einer gleichförmigen Fläche zu lebhaften, reich strukturierten Elementen im Garten schon vor über 2000 Jahren zu schätzen wußte. Historiker sind sogar der Ansicht, daß die grünen Bereiche den spiegelnden Wasserflächen arabischer Gärten entsprechen.

Mit Rasen, also gepflegten Pflanzenteppichen aus kurzgeschorenen Gräsern, hatten die damaligen Grünflächen allerdings noch wenig gemein. Aufzeichnungen belegen, daß zunächst vor allem Römische Kamille *(Chamaemelum nobile)* und Spanisches Kleegras *(Onobrychis viciifolia)* für einheitliches Grün im Garten sorgten.

Bald schon begann allerdings der unaufhaltsame Aufstieg von Gräsern zu idealen Rasenpflanzen, da man erkannte, wie wuchsfreudig und äußerst schnittverträglich sie sind. Durch Ausläuferbildung bzw. kompakte Horstform entwickeln verschiedene Arten dichte Grasnarben, in den Halmen ist ein spezielles, zur Zellteilung befähigtes Gewebe selbst bei häufigem Mähen für ein stetiges Nachwachsen verantwortlich (siehe Seite 17 f.). Vor allem in Großbritannien wurde die Fertigkeit der Rasenanlage und -pflege zur Kunstform erhoben, die im sprichwörtlichen „englischen Rasen" ihre Vollendung erfuhr.

Rasen bietet jedoch mehr als pure Ästhetik für das Auge, läßt sich seine ebene, weiche Fläche doch hervorragend zum Spielen und Ausruhen nutzen. Natürlich muß ein Sportrasen, auf dem herumgetobt oder Fußball gespielt wird, anderen Anforderungen genügen als ein reiner Zierrasen. Aufgrund der lan-

Statt ausgedehnter Pflanzenrasen bediente man sich in der Renaissance gleichförmig angelegter Flächen, um deutliche Kontraste zu setzen.

gen Historie der Rasenkultur kann man heute erfreulicherweise auf einen reichen Erfahrungsschatz zurückgreifen und für jede denkbare Gartensituation eine passende Gräserauswahl treffen.

Zierrasen

Während lange Zeit ein gepflegter, makellos grüner Rasen als Inbegriff eines schönen Gartens galt, geht der Trend heutzutage vielfach zu naturnahen Anlagen mit eher bunten Wiesen. In Anbetracht der Fläche, die jährlich zugebaut und betoniert wird, sind Naturgärten mit mehr oder weniger ausgedehnten Wiesen tatsächlich als bedeutende Refugien für verschiedene heimische Tier- und auch Pflanzenarten anzusehen.

Mit einem samtenen Rasenteppich zu Füßen rückt jede Beetbepflanzung nachdrücklich ins Licht.

Kaum jemand vermag jedoch die Schönheit eines samtigen, saftig grünen Rasenvelours zu leugnen, der dem Auge Weite und Erholung vermittelt. Besonders im formal angelegten Garten bildet exakt umrissenes Grün einen herrlichen Gegensatz zu Blumenbeeten, Gehölzgruppen und Wegen. Zudem wird die Wirkung einzelner Zierelemente, etwa von Plastiken oder Wasserspielen, perfekt unterstrichen.

Doch nicht nur in klassischen Gartenanlagen spielt Zierrasen eine wichtige Rolle, auch in anderen Gärten bietet er sich für viele Gestaltungsmöglichkeiten an. So sorgt das einheitliche Grün z. B. in Hausnähe oder im Anschluß an eine Terrasse für optische Ruhe und schafft schmeichelnde Übergänge zu bunten Gartenteilen. Durch abwechslungsreich bepflanzte Gartenwinkel kann man die geringe Bedeutung des Einheitsrasens als Lebensraum wenigstens teilweise ausgleichen. Und wieder ist es der augenfällige Kontrast zwischen verschiedenen Gestaltungselementen, der spannungsreiche Beziehungen entstehen und keine Langeweile aufkommen läßt.

Zierende Grasmischungen

Wie schon sein Name verrät, kommt es beim Zierrasen, der in besonders feinhalmiger Ausführung auch Teppich-, Luxus- oder Exquisitrasen genannt wird, vor allem auf schönes Aussehen an, während seine Trittfestigkeit eine eher untergeordnete Rolle einnimmt. Dementsprechend sollen ihn vor allem Gräser mit dekorativem, gleichmäßigem Wuchsbild weben.

Von den vielen Grasarten genügen allerdings nur wenige den Ansprüchen, die in einem Zierrasen an sie gestellt werden. Feinblättrige Straußgrasarten *(Agrostis)* zeigen sich bei ausreichender Bodenfeuchtigkeit und guter Nährstoffversorgung äußerst konkurrenzstark, bei schlechten Standortbedingungen leidet ihre Schönheit jedoch erheblich. Neben ausläufertreibenden Arten wie dem zartgrünen Hundsstraußgras *(Agrostis canina)* oder dem blaugrün gefärbten Weißen Straußgras *(Agrostis stolonifera)* zeichnet sich das überwiegend horstbildende, sattgrüne Rote Straußgras *(Agrostis capillaris)* durch besonders dichte Narbenbildung bei zugleich geringeren Bodenansprüchen aus.

Um die Anfälligkeit der trockenheitsempfindlichen Straußgrasarten aufzufangen, werden sie stets mit dem Ausläufertreibenden Rotschwingel *(Festuca rubra)* und dem Horstrotschwingel *(Festuca nigrescens)* kombiniert. Diese sind sehr strapazierfähig und vertragen Kälte sowie Trockenheit ausnehmend gut. Hinzu kommt, daß sie sich mit ihren schmalen Blättern problemlos in den schmückenden Rasen einfügen.

Gebrauchs- oder Spielrasen

Im Gegensatz zum sorgsam gehegten Zierrasen, der vorwiegend nur mit den Augen „betreten" wird, soll ein Gebrauchs- oder Spielrasen vor allem einer dauerhaften Trittbelastung standhalten. Eine spezielle Zusammensetzung der Grasarten sorgt dafür, daß Spiel und Spaß das Rasengrün nicht beeinträchtigen.

Die Robustheit der Grasarten spiegelt sich in der gröberen Struktur wider, die solch ein Rasen aufweist. Trotzdem bleibt bei gründlicher Pflege ein ansprechender, gleichmäßiger

Tip

Aufgrund der klimatischen Verhältnisse wird sich auf dem europäischen Festland in den seltensten Fällen ein typisch „englischer Rasen" verwirklichen lassen. Seine nur aus zwei oder drei Grasarten gebildete, ebenmäßige Narbe erfordert nämlich ein ganz bestimmtes Klima. Da auch ein immenser Pflegeaufwand zu leisten ist, sollte es vielen Gartenbesitzern leichtfallen, auf die grüne Perfektion zu verzichten.

Tip

Zierrasen sollte man nur auf Flächen mit einer gewissen Größe anlegen, sonst steht der hohe Pflegeaufwand in ungünstiger Relation zum Nutzen. Zudem lassen Kleinstflächen den Effekt der räumlichen Weite vermissen. Je nach Situation empfiehlt sich daher ein mindestens 10 m² großes Areal.

Tip

Die Tatsache, daß nur ein hohes Maß an Pflege dauerhafte Schönheit garantiert, gehört zu den wichtigsten Abwägungspunkten für oder wider einen Zierrasen. Gartenbesitzer, die wenig Zeit erübrigen können oder wollen, sind daher mit pflegeleichteren Alternativen, z. B. Bodendeckern oder einer Blumenwiese, sicherlich besser beraten.

Tip

Führt ein vielbegangener Pfad durch die Rasenfläche, empfiehlt es sich, einen Weg aus Trittplatten anzulegen. Auf diese Weise lassen sich Bodenverdichtungen und damit verbundene Auffälligkeiten in der Rasenstruktur verhindern. Selbstverständlich können Trittplatten in jeder Art von Rasen Verwendung finden. Beim Mähen gibt es keine Probleme, wenn die Trittsteine etwas tiefer als die umgebenden Rasensoden verlegt werden.

Tip

Zwiebeln oder Knollen werden am besten im Herbst an den gewünschten Stellen im Rasen eingesetzt. Zu kleinen, unregelmäßigen Tuffs gruppiert, wirken diese Blütenpflanzen meist hübscher, als wenn man sie gleichmäßig über die ganze Fläche verteilt.

Duldet man Löwenzahn, Gänseblümchen und andere „Einwanderer", entsteht ein Kräuterrasen.

Teppich erhalten. Dabei stehen einem Spielrasen auch vereinzelte Blütenköpfchen gut. Weithin verpönte Unkräuter wie Gänseblümchen *(Bellis perennis)* und Weißklee *(Trifolium repens)* oder Löwenzahn *(Taraxacum officinale)* verleihen dem Rasen einen Hauch liebenswerter Fröhlichkeit und können, solange sie nicht überhandnehmen, unbesorgt geduldet werden.

Mit Hilfe von Zwiebel- und Knollenpflanzen lassen sich zu bestimmten Zeiten ganz gezielt Farbtupfer in den Rasen zaubern. Zu den Arten, die sich problemlos inmitten einer geschlossenen Rasenfläche zu behaupten vermögen, gehören Krokusse *(Crocus)*, Narzissen *(Narcissus)*, Schneeglanz *(Chionodoxa)*, Schneeglöckchen *(Galanthus)*, Traubenhyazinthen *(Muscari)* und Zeitlosen *(Colchicum)*. Um ihre Blütenzierde jedes Jahr neu genießen zu können, sollte man das Mähen allerdings so lange hinauszögern, bis ihre Blätter vollständig vergilbt sind. Bis dahin produzieren diese nämlich wichtige Reservestoffe, die – eingelagert in die Speicherorgane, die Zwiebeln oder Knollen – den Pflanzen ein Überwintern und Vermehren ermöglichen.

Attraktive und zugleich robuste Grasmischungen

Das so schnellwüchsige Deutsche Weidelgras *(Lolium perenne)* bildet büschelige Horste, die äußerst strapazierfähig sind. Dies und seine Widerstandskraft gegen sommerliche Trok-

Wohlgepflegte Zierrasen lassen sich am schonendsten auf einem Weg aus Trittplatten durchschreiten.

Pflanzlöcher für Blumenzwiebeln hebt man im Rasen am besten mit dem Zwiebelpflanzer aus.

kenheit und Hitze sind der Grund, warum das Gras jeder Spielrasen-Samenmischung beigegeben wird, auch wenn es in langen, kalten Wintern oberirdisch teilweise abstirbt. Durch Mischung mit den ebenfalls robusten, doch zuverlässig wintergrünen Arten Wiesenrispengras *(Poa pratensis)* und Horstrotschwingel *(Festuca nigrescens)* lassen sich winterbedingte Rasenlücken vermeiden. Seltener sind der sehr kälte- und trockenheitsresistente Schafschwingel *(Festuca ovina)* sowie das genügsame Rote Straußgras *(Agrostis capillaris)* beigemengt. Deren feine Beblätterung lockert die Rasenfläche etwas auf und läßt sie edler erscheinen.

Strapazierrasen

Fast schon legendär ist der nur 5 mm kurze Tennisrasen von Wimbledon, auf dem sich alljährlich die Weltelite der Tennisspieler in ihrem Können mißt. Das ganze Jahr über wird dieses Grün äußerst intensiv gepflegt – mit dem einzigen Ziel vor Augen, den Spielern in den zwei Turnierwochen eine perfekte, samtig weiche Fläche zu offerieren.

Im eigenen Garten werden die Ansprüche zwar deutlich geringer ausfallen, doch steht bei Anlage eines Strapazierrasens der Wunsch nach einer idealen Sportfläche meist im Vordergrund. Freizeitbeschäftigungen wie Fußball, Golf, Kricket oder Bowling erfordern eine ebene Fläche, die den Spielablauf nicht beeinträchtigt. Gleichzeitig muß solch ein Rasen aber außerordentlich belastbar sein, um die Aktivitäten der Spieler vertragen zu können. Nicht immer ziehen nur Sportler den Rasen in Mitleidenschaft, auch Kinderspielplätze, vor allem im Bereich einer Rutsche oder Schaukel, sind enormen Trittbelastungen ausgesetzt.

Da ein Strapazierrasen eher nützlich als schön ist, sollte man sich bei der Planung genau überlegen, wie groß er sein muß und an welcher Stelle des Gartens er nur wenig stört. Meistens empfiehlt es sich, den „Sportplatz" in gewisser Entfernung vom Haus anzulegen. Dafür spricht auch, daß fehlgeschossene Bälle dann nicht so leicht zu Scheibenbruch führen.

Widerstandsfähige Grasmischungen

Neben der Trittbelastung muß ein Strapazierrasen auch sehr kurzen und häufigen Schnitt vertragen. Grasarten, die diese Voraussetzungen optimal erfüllen, sind Wiesenrispengras *(Poa pratensis)* und Deutsches Weidelgras *(Lolium perenne)*. Letzteres wird dem Saatgut stets in einem kleinen Anteil beigemischt, da die vielfachen Belastungen seinen Wuchs derart fördern, daß es andernfalls allzuleicht dominant werden könnte. Den Horstrotschwingel *(Festuca nigrescens)* setzt man nur in geringen Prozentanteilen zu. Er weist eine feine Beblätterung auf, jedoch besitzt er eine ausgezeichnete Trockenheitsresistenz. Hingegen fügt man das derbe Kammgras *(Cynosurus cristatus)* wegen seiner auch den Winter über anhaltenden schönen grünen Farbe gern bei. Besonders auf kalkreichen Böden kann es seine hohe Widerstandsfähigkeit voll ausspielen.

Tip

Im Spieleifer werden liebevoll gepflegte Blumenbeete oder Staudenrabatten oftmals übersehen und ungewollt in das Spielfeld einbezogen. Um sich den Ärger über niedergedrückte und abgebrochene Pflanzen zu ersparen, sollte man derartige Zierpflanzungen besser in sicherer Entfernung von einem Spielrasen anlegen oder aber durch Hecken bzw. andere Gehölzgruppen schützen.

Im Frühjahr verwandeln Gartenkrokusse den Rasen in ein prachtvoll buntes Blütenmeer.

Ein Garten für die ganze Familie:
Kinder stellen an einen Garten ganz andere Anforderungen als Erwachsene. Sie brauchen Platz zum Toben, Gelegenheit zum Erkunden der Natur und reichlich Material zum Erfinden neuer Spiele. Um den Belastungen standzuhalten, sollte ein Garten daher praktisch gegliedert und robust ausgestattet werden. Ein ① Kräuterrasen, in dem Trittspuren nicht so schnell auffallen, wird mit ② Hütte und ③ Sandkiste zum Abenteuerspielplatz. Ein ④ Baumhaus, eine ⑤ Schaukel und ein ⑥ Kletterseil lassen Kinderherzen noch höher schlagen. Damit auch der dekorative Teil des Gartens nicht zu kurz kommt und das frohe Lärmen der Kinder nicht das Sonnenbad auf der Terrasse stört, zieht sich rund um das Haus ein ⑦ Zierrasen. Dieser wird eingefaßt von Rabatten aus ⑧ Türkenmohn, ⑨ Bartiris, ⑩ Schafgarbe sowie anderen Stauden und zum Spielbereich hin abgegrenzt durch widerstandsfähige Blütensträucher wie ⑪ Fingerstrauch, ⑫ Weigelie, ⑬ Japanischen Blumenhartriegel, ⑭ Chinesischen Flieder und ⑮ Japanischen Schneeball. Über einen ⑯ Pflasterweg gelangt man zu einem ⑰ Zweitsitzplatz, von dem aus die Sprößlinge stets im Blickfeld sind.

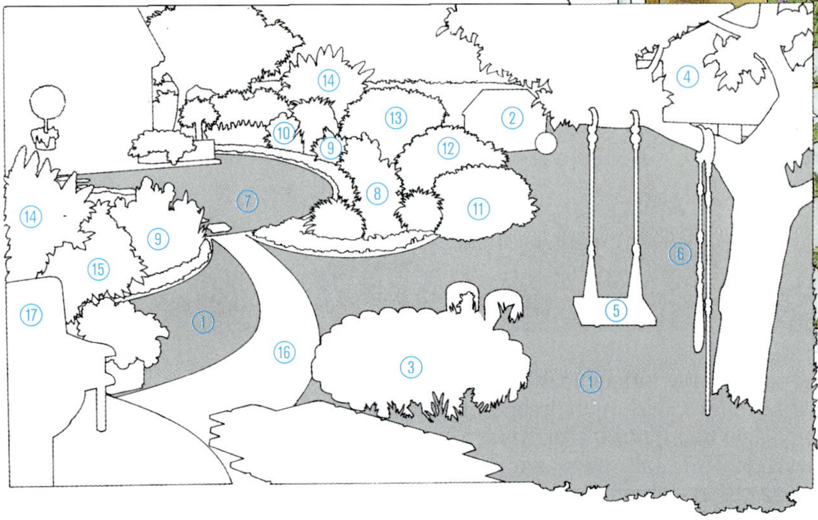

Schaffung dauerhafter Rasenflächen

Ein Rasen, so kleinflächig er auch sein mag, gehört zur Grundausstattung eines jeden Gartens. Verständlich daher, daß dieser lebende Bodenbelag auf Dauerhaftigkeit angelegt sein sollte. Schon mancher Gartenbesitzer mußte jedoch die Erfahrung machen, daß seine Rasenfläche trotz aller Bemühungen nicht von beständiger Schönheit blieb.

Rasen ist ein sehr beliebter Bodenbelag.

Je sandiger ein Boden ist, desto schlechter speichert er Wasser.

Sucht man nach den Ursachen des Kümmerwuchses, stellt sich oftmals heraus, daß bereits bei der Anlage des Grüns entscheidende Fehler begangen wurden. Schlechte Standortvoraussetzungen, falsche Saatgutmischungen und mangelnde Kenntnisse der notwendigen Arbeitsschritte machen den Gräsern ein Gedeihen häufig schwer oder sogar unmöglich. Geschwächte Pflanzen wiederum zeigen sich anfällig gegenüber Schädlingen und Krankheiten, so daß die Aussicht, jemals einen gesunden Rasen zu erhalten, schwindet. Ehe man sich jahrelang mit der Pflege eines kranken Rasens quält, ist es besser, die Grünfläche buchstäblich von Grund auf neu, dann aber richtig zu planen und anzulegen.

Vorarbeiten

Bevor mit der Anlage eines Rasens begonnen wird, ist es in jedem Fall ratsam, die Standortgegebenheiten, also Bodenbeschaffenheit, Geländeverlauf und die Lichtverhältnisse, genauestens zu untersuchen. Sofern Maßnahmen zur Verbesserung der Bedingungen erforderlich sind, sollten diese möglichst sorgfältig getroffen werden, denn eine optimale Vorbereitung der Aussaat- bzw. Auslegefläche ist die beste Gewähr für gutes Anwachsen und Gedeihen der Rasengräser.

Standortuntersuchung

Der Boden ist ein komplexes, dynamisches Gebilde, das sich aus verschiedenen Komponenten zusammensetzt. Außer Wasser und Luft enthält er einen großen Anteil mineralischer und einen geringeren Anteil organischer Substanz. Die Beschaffenheit des mineralischen Anteils gibt über die Bodenart Auskunft. Ein Sandboden, auch als leichter Boden bezeichnet, besteht hauptsächlich aus relativ groben Körnchen, ist mit wenig Mühe zu bearbeiten, trocknet aber rasch aus. Das Gegenstück dazu stellt ein überwiegend aus sehr feinen Partikeln aufgebauter Tonboden dar, der zwar Wasser und Nährstoffe gut speichern kann, doch sich nur mit Kraftaufwand bearbeiten läßt und daher schwerer Boden genannt wird. Zwischen beiden Extremen liegen die mittelschweren Lehm- und Schluffböden. Im ersten Fall sind grobe bis feine Bodenteilchen in etwa gleichem Maß vorhanden, im zweiten überwiegend mittelgrobe Partikel.

Da schwere, tonreiche Böden sehr rasch vernässen, sollte man sie mit Lockerungsmitteln verbessern.

Entscheidenden Einfluß auf das Wachstum der Rasengräser üben die Wasserspeicherfähigkeit und der Nährstoffgehalt des Bodens aus. Während reine Sandböden sehr karg, d. h. arm an Nährstoffen sind und wegen ihrer geringen Wasserspeicherkapazität leicht austrocknen, sammelt sich in einem Tonboden schnell Staunässe an. Positiv wirkt dagegen dessen hoher Gehalt an für die Wurzeln verfügbaren Nährstoffen. Entsprechend ihrer mittleren Körnigkeit nehmen Lehm- und Schluffböden, was diese wichtigen Wachstumsfaktoren betrifft, eine Zwischenstellung ein und vereinen sowohl Vor- wie auch Nachteile der beiden anderen Bodenarten in sich.

Neben dieser mineralischen Komponente spielt auch der Humusgehalt des Bodens eine wichtige Rolle. Er bildet zusammen mit Wurzeln und Bodenlebewesen den organischen Anteil. Humus wertet jede Bodenart auf, sorgt er doch für gute Durchlüftung sowie hohe Wasser- und Nährstoffspeicherfähigkeit.

Informationen über die Zusammensetzung und die wichtigsten Eigenschaften seines Gartenbodens kann man durch eine chemische Bodenanalyse bekommen. Zu diesem Zweck besorgt man sich entweder ein handelsübliches Testset und führt die Untersuchungen selbst durch, oder man schickt eine Bodenprobe an eine der staatlichen Untersuchungsanstalten oder ein privates Labor. Deren Adressen sind gewöhnlich den Branchen-Fernsprechbüchern oder auch Gartenzeitschriften zu entnehmen. Vielfach kann man entsprechende Analysen auch schon bei größeren Fachgeschäften durchführen lassen.

Mit käuflichen Testsets läßt sich in der Regel außerdem der pH-Wert oder Säuregrad des Bodens ermitteln. Dieser Wert ist ein Maß für die chemische Reaktion, er gibt Auskunft darüber, ob mehr Säuren oder mehr Basen vorhanden sind. Bei einer Gesamtskala von 0 bis 14 zeigt pH 7 chemische Neutralität an, niedrigere Werte bedeuten saures, höhere Werte basisches Milieu. Extreme pH-Werte sowohl im basischen wie im sauren Bereich erschweren das Pflanzenwachstum erheblich.

Natürlich gehören auch die Lichtverhältnisse zu den wichtigen Standortmerkmalen, die beachtet werden müssen. Rasengräser sind jedoch diesbezüglich relativ anspruchslos, sie gedeihen in sonnigen Lagen ebensogut wie in lichtem Schatten. Problematisch wird es allerdings bei starker Beschattung und gleichzeitiger Wurzelkonkurrenz von Bäumen sowie in südseitigen Hanglagen, wo die Gräser leicht vertrocknen. Durch eine entsprechende Artenzusammenstellung läßt sich die Eignung eines Rasens in gewissem Maß an verschiedene Belichtungsbedingungen anpassen. So bietet der Fachhandel z. B. spezielle Saatmischungen für schattige Flächen an, in denen u. a. weniger lichtbedürftige, aber nicht besonders schnittverträgliche Gräser wie das Hainrispengras *(Poa nemoralis)* vertreten sind. Trotzdem

Zur Begrünung schattiger Flächen ist ein spezieller Schattenrasen erforderlich.

sollte man keine Wunder erwarten – in tiefem Schatten und bei gleichzeitiger Konkurrenz durch Baumwurzeln kann selbst ein sog. Schattenrasen nicht zu einem dichten Teppich heranwachsen.

Bodenvorbereitung

Wie hoch der Aufwand für eine Rasenanlage sein wird, hängt vor allem von der Vorgeschichte der künftigen Grünfläche ab. Es kann sich um ein ehemaliges Acker- oder Weidegebiet handeln, um ein Gelände, das früher Gehölzbestände trug, oder um langjähriges Brachland. In den meisten Fällen jedoch ist es die nach einem Hausbau verbliebene Grundstücksfläche, die begrünt werden soll. Stets gilt es, zunächst störende Bestandteile wie Bauschutt, größere Steine, Baumstümpfe oder Wurzeln aufzuspüren und sorgfältig zu entfernen, bevor mit der eigentlichen Bodenvorbereitung begonnen wird. Alte Pflanzendecken müssen mitsamt ihren Wurzeln abgetragen werden. Die größten Probleme bereitet dabei Brachland, denn dort siedelnde Arten besitzen häufig sehr tief reichende Wurzeln und halten sich trotz intensiver Bekämpfung oft noch jahrelang im Rasen.

Nachdem aller Unrat sowie Unkräuter entfernt worden sind, lockert man den Boden bis in tiefere Erdschichten hinein. Wenn nämlich auch die unter dem meist humosen und dunkel gefärbten Mutterboden liegende Schicht, der vorwiegend mineralische und vielfach hel-

Tip

Einen ungefähren Anhaltspunkt für die Bestimmung der Bodenart gibt die sog. Fingerprobe. Einige Zentimeter unter der Oberfläche entnommenes Substrat wird dazu zwischen den angefeuchteten Fingerkuppen gerieben. Bei sandigem Boden spürt man deutlich die Einzelkörner, während schluffig-lehmiger Boden sich samtartig anfühlt. Stark tonhaltiger Boden hingegen läßt sich zwischen den Fingern zu Röllchen formen.

Tip

Da sich die Bodenverhältnisse im Garten sogar kleinräumig voneinander unterscheiden können, sollte man bei einer Bodenanalyse immer eine Mischprobe untersuchen. Dazu werden an 10 bis 20 verschiedenen Stellen der zu begrünenden Fläche kleinere Bodenmengen aus bis zu 10 cm Tiefe entnommen und gut miteinander vermischt. Zur Analyse sind insgesamt etwa 500 g Erde erforderlich, die man in einen Kunststoffbeutel füllt.

Tip

Ausgereifter Mutterboden ist zu wertvoll, um ihn bei Baumaßnahmen einfach abzutransportieren. Diese nährstoffreiche oberste Schicht des Bodens sollte daher vor Baubeginn sorgfältig abgetragen und in einer Ecke des Grundstücks gelagert werden. Eine Einsaat mit Gründüngungspflanzen verhindert eine Austrocknung.

Tip

Gründüngungspflanzen muß man vor der Rasenaussaat wieder vollständig aus dem Boden entfernen, andernfalls breiten sie sich als schwer zu bekämpfende Unkräuter im Rasen aus.

Tip

Neigt sich ein Hang zum Haus hin, kann naturgemäß kein Gefälle in die entgegengesetzte Richtung geschaffen werden. Unter solchen Bedingungen ist es daher unumgänglich, an der tiefsten Stelle der zum Haus hin führenden Fläche einen Dränagegraben anzulegen, damit überschüssiges Wasser hierüber abfließen kann.

ler getönte Unterboden, aufgebrochen wird, können Niederschläge besser versickern, und es tritt keine Staunässe auf. Um jedoch die gewachsene Struktur beizubehalten und das Bodenleben nicht übermäßig zu stören, sollten bei den erforderlichen Maßnahmen die Schichten möglichst nicht miteinander vermischt oder gar umgekehrt werden.

Während sich kleinere Flächen bis zu 100 m^2 gut mit Spaten und/oder Grabegabel bearbeiten lassen, empfiehlt sich auf größeren Flächen der Einsatz einer Motorfräse.

Statt einer mechanischen Bodenbearbeitung kann man sich auch der Möglichkeit einer biologischen Lockerung mittels Pflanzenwurzeln bedienen (siehe unten). Bei ausgesprochen schwerem und stark verdichtetem Untergrund ist es empfehlenswert, beide Methoden nacheinander anzuwenden.

Bodenverbesserung

Rasengräser gedeihen am besten auf einem humosen, sandigen Lehmboden mit einem pH-Wert zwischen 5,5 und 7. Bei Abweichungen von diesen optimalen Verhältnissen sollte man den Säuregrad entsprechend regulieren.

Leichte Sandböden halten Wasser und Nährstoffe besser, wenn man gut verrottetes organisches Material wie Komposterde oder Tonminerale (Bentonit) einarbeitet. Ein ähnlicher Effekt läßt sich durch Zumischen von toniger oder schluffiger Erde erzielen.

Umgekehrt muß bei schweren Böden die Durchlässigkeit und Durchlüftung erhöht werden. Dies geschieht mittels scharfem Sand und Humuserde, die man ebenfalls gründlich untermischen sollte.

Eher selten kommt es vor, daß der pH-Wert von den zuträglichen Werten abweicht. In diesen Fällen sorgen Gesteinsmehl- oder Kalkgaben für eine Erhöhung des pH-Werts, während Nadelkompost oder Rindenhumus ansäuernd wirken, d.h. den pH-Wert senken. Hat die Untersuchung der Bodennährstoffe bei einer Bodenanalyse (siehe Seite 39) ergeben, daß manche Elemente in zu geringen Konzentrationen vorliegen, ist eine Vordüngung mit einem mineralischen Rasenvolldünger möglich, wie er speziell zu diesem Zweck angeboten wird. Ähnlich einem organischen Dünger wirkt er als Nährstoffdepot und gibt die Nährsalze erst allmählich frei.

Nach sorgfältiger Aufbereitung des Oberbodens zieht man ihn mit einem Rechen möglichst glatt und tritt ihn leicht fest. Für größere Flächen empfiehlt sich hierfür die Verwendung einer Walze.

Viele Vorteile vereint eine Gründüngung in sich, trotzdem wird sie wegen ihres entscheidenden Nachteils, der Langwierigkeit der Prozedur, eher selten angewendet. Typische Gründüngerpflanzen sind Bitterlupinen *(Lupinus)*, Inkarnatklee *(Trifolium incarnatum)*, Bienenfreund *(Phacelia tanacetifolia)*, Wicken *(Vicia)* oder Kapuzinerkresse *(Tropaeolum majus)* sowie Mischungen dieser Arten. Sie sorgen mit ihren langen Wurzeln einerseits für eine gute Lockerung des Bodens, reichern ihn z.T. dank der Knöllchenbakterien, die mit einigen dieser Pflanzen eine Lebensgemeinschaft bilden, mit Stickstoff an und unterdrücken aufkommende Wildkräuter.

Durch eine Gründüngung mit Kapuzinerkresse wird der Boden gut für eine Rasenanlage vorbereitet.

Dränage

Bei schwer durchlässigen Böden, insbesondere Tonböden, muß künstlich dafür gesorgt werden, daß das Wasser abfließen kann. Andernfalls wird sich darauf kein Rasen von befriedigender Qualität entwickeln. Als wirksame Methode hat sich die Anlage von Dränagegräben bewährt. Im Abstand von 1 bis 8 m, abhängig vom Grad der Bodenundurchlässigkeit, werden schmale, 35–50 cm tiefe Gräben ausgehoben und bis knapp oben hin mit Kies aufgefüllt. Zuletzt wird eine 10–20 cm hohe Substratschicht über dem Kies aufgebracht. Um größere Flächen sachgemäß zu dränieren, sollte man Fachleute hinzuziehen, da in den Gräben dann Rohre verlegt und diese an das öffentliche Kanalnetz angeschlossen werden müssen.

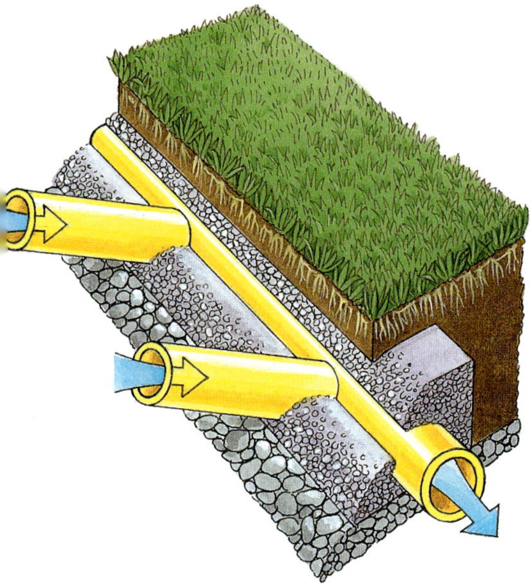

Bei schwer durchlässigen Böden wird mit Sammelrohren, die in ein kiesumfüttertes Abflußrohr münden, überschüssige Nässe schnell abgeleitet.

Grobplanierung

Rasen erfordert eine absolut ebene Fläche. Kleine Unregelmäßigkeiten im Bodenhorizont würden, bedingt durch die Gleichförmigkeit des Grüns, stark auffallen und außerdem das Mähen behindern. Deshalb schließt sich direkt an die Bodenverbesserung und erste grobe Oberflächenglättung als nächster Schritt das Einebnen der Fläche an.

Hilfsmittel wie Wasserwaage, mehrere Markierungspflöcke, eine lange Holzlatte und Richtschnüre vereinfachen es, das Erdreich entsprechend zu verteilen. Damit sich eventuell stauendes Wasser nicht gerade am Haus sammelt, muß man dafür sorgen, daß ein leichtes Gefälle vom Gebäude weg entsteht.

Als Anhaltspunkt dient die höchste Niveaulinie an Haus oder Terrasse. Fehlt es dort an einer geraden Kante, etwa dem Terrassenbelag oder einem ums Haus laufenden Kiesstreifen, gibt man sich eine Ausgangslinie vor, indem man an entsprechender Stelle in gewünschter Höhe eine Schnur straff spannt.

Damit die Rasenfläche später eben wird, muß bei der Grobplanierung sorgfältig gearbeitet werden.

Tip

Besteht ein Boden zu mehr als der Hälfte aus organischem Material, kann sich dies für einen Rasen auch recht negativ auswirken. Es wird von den Bodenorganismen relativ rasch abgebaut, und der Boden sinkt dann oft ein, häufig sogar unregelmäßig.

Bodenvorbereitung zur Rasenanlage

Der Boden wird mit einer Sternfräse, einer Grabegabel oder auch mit einem Motorgerät gründlich gelockert.

Nachdem Unkraut und Steine beseitigt sind, zerkrümelt man die Erdoberfläche möglichst fein mit dem Rechen.

Die oberste Bodenschicht wird danach mit einer Walze oder mit Trittbrettern leicht verfestigt und geglättet.

Zuletzt zerkrümelt man dann die Oberfläche nochmals mit einem Rechen und arbeitet eventuell Düngemittel ein.

Tip

Um eine möglichst gleichmäßige Verfestigung der Bodenoberfläche zu erzielen, sollte man die Arbeitsschritte in zwei Richtungen, und zwar im rechten Winkel zueinander, durchführen.

Tip

Niemals sollte man aus Bequemlichkeit nur eine einzige Grasart oder -sorte zur Anlage einer Rasenfläche verwenden. Auch wenn ein Rasen kaum als Biotop anzusehen ist, gilt hier doch ebenfalls der Grundsatz, daß eine gewisse Artenvielfalt für Stabilität und Gesundheit der Pflanzen sorgen kann.

Das als überaus robust und auch sehr trittfest geltende Deutsche Weidelgras ist Bestandteil fast aller Rasentypen.

Von dieser aus legt man in immer gleichen Abständen von 1 bis 2 m mit Hilfe eingeschlagener Pflöcke ein Raster über die gesamte künftige Rasenfläche. Sodann erhält jeder Pflock mittels Richtlatte und Wasserwaage eine Höhenmarkierung. Parallel zu der Ausgangslinie verlaufende Pflockreihen werden jeweils auf exakt derselben Höhe angezeichnet; von Reihe zu Reihe muß die Markierung dann ein wenig tiefer angesetzt werden, um das erforderliche Gefälle zu erzielen.

Ist das Raster vollständig festgelegt, spannt man zwischen den Pflöcken auf Höhe der Markierungen Richtschnüre, die nunmehr das angestrebte Bodenniveau anzeigen. Jetzt geht es daran, die Erde entsprechend dieser Vorgabe zu verteilen. Anschließend sollte man dem Boden unbedingt Zeit geben, damit er sich setzen und seine Struktur festigen kann und sich auch das Bodenleben wieder regeneriert. Erst nach einer Wartezeit von zwei bis drei Wochen gleicht man eventuell aufgetretene Unregelmäßigkeiten nochmals aus und zupft aufkeimende Unkräuter aus.

Feinplanierung

Vor Beginn der Aussaat muß man den Boden etwas verdichten, damit er nicht beim ersten Regenguß fortgeschwemmt wird. Zur Durchführung dieses Arbeitsschritts sind untergeschnallte Trittbretter oder leichte Walzen die passenden Geräte.

Das Festigen der Oberfläche sollte äußerst maßvoll und keinesfalls bei Regenwetter erfolgen, denn sonst wird der Untergrund zu stark verdichtet, was sich negativ auf das Keimen und Wachsen der Saat auswirken würde.

Zuletzt wird noch die Oberfläche feinkrümelig gerecht, dann ist der Boden optimal auf die Aussaat bzw. das Ausbringen von Fertigrasen vorbereitet.

Anlage des Rasens

Bei der eigentlichen Anlage des Rasens sollte man genauso sorgfältig vorgehen wie bei den Vorarbeiten, damit besten Wuchsergebnissen nichts im Weg steht. Als Alternative zur herkömmlichen Rasenansaat, die etwas Geduld erfordert, kann man den grünen Teppich auch mit vorgezogenen Grasnarben realisieren. Aus Amerika stammt der Trend zur schnellen Begrünung durch „Rasen von der Rolle", der zweifelsohne einige Vorteile in sich birgt.

Das richtige Saatgut

Jedes Gras weist ein individuelles Spektrum von Eigenschaften auf. Während das eine

Die dünne, aber dicht vernetzte Wurzelschicht der Gräser hält selbst große Rasensoden zusammen.

besonders belastbar ist, zeigt sich ein anderes äußerst trockenheitsresistent und schnittverträglich, wieder ein anderes zeichnet sich durch auffallend schönen Wuchs oder eine ungewöhnliche Blattfarbe aus. Erst durch Kombination verschiedener Arten läßt sich eine Rasenfläche anlegen, die speziell auf die Gegebenheiten des Gartens und die Bedürfnisse seiner Benutzer abgestimmt ist.

So verwundert es nicht, daß die Vorzüge des vielseitigen Horstrotschwingels *(Festuca nigrescens)* einen Zierrasen ebenso bereichern können wie einen Spiel- oder Strapazierrasen. Wichtig ist nämlich nicht nur, welche Grasarten im Saatgut enthalten sind, sondern überdies, welchen prozentualen Anteil sie an der Gesamtmischung haben. Bei hochwertigen Saatmischungen wird stets auch die mengenmäßige Zusammensetzung aus den verschiedenen Arten sehr genau angegeben. Damit läßt sich überprüfen, ob das Produkt tatsächlich für den jeweiligen Standort und Zweck geeignet ist.

Im Fachhandel findet man meist mehrere Saatgutmischungen angeboten, die den häufigsten Anforderungen gemäß zusammengestellt wurden. Zudem erfährt das Angebot immer wieder Bereicherung durch neue Sorten einzelner Grasarten, die im Hinblick auf bestimmte Eigenschaften herausselektiert wurden. Man sollte sich von einem Fachmann das für die vorgesehenen Verhältnisse am besten geeignete Samengemenge empfehlen lassen.

Falls die fertig erhältlichen Gräsermischungen den individuellen Wünschen bzw. den Erfordernissen des Standorts nicht entsprechen, lohnt es sich oft, eine eigene Artenauswahl zusammenzustellen. Dabei sollte man

Wichtige Rasengräser

Pflanzenart	Wuchsform	Blätter	Belastbarkeit	Trockenheitsverträglichkeit	Rasentyp
Agrostis canina Hundsstraußgras	Ausläufer	fein	gering	gering bis mittel	Zierrasen, Spielrasen
Agrostis capillaris Rotes Straußgras	Ausläufer, Horst	fein	gering	gering	Zierrasen, Spielrasen
Agrostis stolonifera Weißes Straußgras	Ausläufer	fein	gering	gering	Zierrasen, Spielrasen
Cynosurus cristatus Kammgras	Horst	breit	hoch	mittel bis gering	Strapazierrasen
Festuca nigrescens Horstrotschwingel	Horst	fein	mittel	hoch	alle Rasentypen
Festuca ovina Schafschwingel	Horst	mittel bis breit	gering	hoch	Spielrasen
Festuca rubra Ausläufertreibender Rotschwingel	Ausläufer	fein	gering	hoch	Zierrasen, Spielrasen
Lolium perenne Deutsches Weidelgras	Ausläufer, Horst	mittel bis breit	sehr hoch	hoch	Spielrasen, Strapazierrasen
Poa pratensis Wiesenrispengras	Ausläufer	breit	hoch	hoch	Spielrasen, Strapazierrasen

sich ebenfalls im Fachhandel eingehend beraten lassen. Die Tabelle oben stellt eine Auswahl wichtiger Rasengräser vor und gibt Aufschluß über ihre wesentlichen Merkmale und Verwendungsmöglichkeiten.

Aussaat

Als Aussaattermine für Rasengräser haben sich die Monate April bis Mai sowie September bewährt. In diesen Jahreszeiten entsprechen Temperatur und Feuchtigkeit des Bodens gewöhnlich in etwa den optimalen Keimungsbedingungen der Gräser. Man wählt am besten einen bedeckten, windstillen Tag, an dem der Boden an der Oberfläche etwas abgetrocknet, knapp darunter jedoch noch gut feucht ist. Um von Anfang an einen dichten, gleichmäßigen Wuchs zu erzielen, sollte man eher zuviel als zuwenig Saatgut verwenden. Erfahrungen haben gezeigt, daß, abhängig von der jeweiligen Grasmischung, 20–50 g Grassamen pro Quadratmeter als Richtwert dienen können.

Um eine Vorstellung davon zu bekommen, was diese Zahlen in der Praxis bedeuten, sollte man anfangs eine Portion Saatgut genau auswiegen und gleichmäßig auf ein abgestecktes Bodenareal von einem Quadratmeter ausbringen. Entsprechend dieser Verteilungsdichte wird nun die ganze Fläche angesät.

So leicht die Arbeit des Sämanns beim traditionellen Ausbringen der Saat von Hand auch wirken mag, so erfordert es doch einige Geschicklichkeit und Erfahrung, das Saatgut auf diese Weise gleichmäßig zu verteilen. Weit verbreitet ist der Trick, die feinkörnigen Samen mit Sand zu vermischen. Ein einheitliches Ausstreuen wird dadurch wesentlich erleichtert. Bessere Ergebnisse erzielt man jedoch mit einem Streuwagen, der wie alle selten gebrauchten Geräte im Fachhandel ausgeliehen werden kann. In jedem Fall sollten die Samen unmittelbar vor dem Ausbringen nochmals gründlich gemischt werden.

Mit einem Streuwagen lassen sich Rasensamen bequem und sehr gleichmäßig ausbringen.

Tip

Die ausschließliche Verwendung von Markensaatgut bewahrt vor Enttäuschungen, was Wuchskraft und Schönheit der Rasengräser anbelangt. Billigware hingegen enthält oftmals nur zweitklassige, schlecht keimende Samen.

Tip

Bei der Aussaat, sei es per Hand oder mit dem Streuwagen, sollte man stets systematisch vorgehen, um zu vermeiden, daß an manchen Stellen doppelt gesät wird, während andere womöglich leer ausgehen. Eine Beimengung von Sand zum Saatgut erweist sich hierbei als äußerst vorteilhaft, weil der Sand auf dem meist dunkleren Boden leichter zu erkennen ist als die winzigen Samenkörner.

Tip

Für eine ebenmäßige Aussaat per Hand kann man sich der schon beim Planieren des Bodens benutzten Pflöcke und Richtschnüre bedienen: Man markiert damit Streifen von 1 bis 2 m Breite, mißt deren Länge und bringt darauf genau die berechnete und abgewogene Saatgutmenge aus.

Tip

Damit sich schon bei der Aussaat exakte Rasenkanten ergeben, kann man an den Rändern der Saatfläche Folienstreifen, Bretter oder Pappkarton schablonenartig auslegen.

Tip

Es ist günstiger, die Saat einige Male kräftig zu wässern als häufiger und dabei jedesmal nur spärlich. Deshalb läßt man den Rasensprenger besser alle ein bis zwei Tage jeweils so lange laufen, bis der Boden mit Nässe vollgesogen ist, statt ihn mehrmals täglich lediglich kurz anzudrehen. Die Beregnungsdauer muß entsprechend dem Feuchtigkeitsgehalt des Bodens und der Witterung abgeschätzt werden.

Tip

Damit ein Walzenmäher rasenschonend arbeitet, müssen seine Messer frisch geschärft sein.

Tip

An Nahtstellen zwischen den Rasensoden besteht die Gefahr, daß die Grasnarbe nicht vollständig zusammenwächst und sich Kahlstellen im Grün bilden. Daher sollte man die Rasenstücke sorgfältig aneinanderfügen und Kreuzfugen vermeiden, indem man die Rasenplatten wie Ziegelsteine mit versetzten Ansatzstellen verlegt.

Mit einem Walzenmäher, dessen Messer geschärft sind, läßt sich junger Rasen schonend einkürzen.

Ist das Saatgut ausgewogen über die vorbereitete Fläche verteilt, wird es mit Hilfe einer Harke behutsam in den Boden eingearbeitet. Man drückt dabei die Zinken des Werkzeugs in kurzen Abständen hintereinander sanft in die Erde, so daß die Samenkörner gerade 0,5–1 cm tief in das Substrat gelangen. Anschließendes nochmaliges Festigen des Bodens mittels Trittbrettern oder einer leichten Walze ist erwägenswert, aber nicht unbedingt nötig.

Den Ausschlag für einen befriedigenden Keimungserfolg gibt eine gute Durchfeuchtung des Bodens. Ideal wäre es, wenn es bald nach der Aussaat leicht regnete. Fällt kein ausreichender Niederschlag, muß gewässert werden, am besten mit Hilfe eines handelsüblichen Rasensprengers. Seine feinen Wassertropfen schwemmen das Saatgut nicht fort, was bei Verwendung eines Gartenschlauchs unvermeidlich wäre. Die Bewässerung muß man natürlich, je nach Witterungsverlauf, mehrfach wiederholen.

Pflege des gekeimten Rasens

Abhängig von den Witterungsbedingungen sprießt schon wenige Tage oder aber erst einige Wochen nach der Aussaat zartes Grün. Haben die Halme eine Wuchshöhe von etwa 8 cm erreicht, sollte man den jungen Rasen erstmals mähen. Dadurch wird die Bildung weiterer Blätter angeregt, und noch verspätet keimende Samen bekommen genügend Licht ab. Ideal wäre eine Sensenmahd, jedoch läßt sich durchaus ein – möglichst handbetriebener – Walzenmäher einsetzen (siehe Seite 46), mit dem man den Aufwuchs schonend auf 3–4 cm Länge kürzt. Behutsam wird das Mähgut dann mit einer speziell für diese Zwecke geeigneten Gummiharke entfernt. Erweist sich der Boden noch als sehr locker, kann man mit einer leichten Walze die Oberfläche etwas verdichten und dabei gleichzeitig die Graspflänzchen andrücken, so daß sie gut einwurzeln können.

Weiterhin sind fleißiges Beregnen und erneute schonende Schnitte nötig, damit der Rasen rasch heranwächst und sich die Gräser zu einer dichten Narbe schließen. Dünger sollte man in der ersten Zeit nicht ausbringen, da die jungen Graspflanzen zum einen genügend Nahrung im Boden vorfinden, zum andern durch die Düngesalze leicht Schaden nehmen können. Ein Betreten der neuen Rasenfläche ist anfangs so weit wie möglich zu vermeiden. Erst nach einigen Monaten, wenn die Gräser zu einem robusten Teppich zusammengewachsen sind, kann man dem Rasen diese Strapaze zumuten.

Rasenplatten

Besonders in Regionen mit sehr warmem oder kaltem Klima und somit ungünstigen Keimungsbedingungen hat sich die Rasenanlage mit bereits fertigen Rasenstücken durchgesetzt. Darüber hinaus kommt diese Methode vor allem dann zum Einsatz, wenn es gilt, Schadstellen im Rasen rasch auszubessern oder ganze Flächen umzusetzen.

Will man im eigenen Garten einen Rasen verlagern, kann man Rasenplatten herausschneiden und an anderer Stelle neu verlegen. Um gleichförmige Platten zu erhalten, wird die Grasnarbe an Ort und Stelle zunächst in 30–40 cm breite Streifen und diese wiederum in etwa 40 cm breite Teilstücke zerschnitten.

Rasensoden müssen ganz glatte Ränder aufweisen, damit man sie auf Stoß aneinanderfügen kann.

Für gerade Schnittkanten sorgt ein flach dem Rasen aufgelegtes Brett, an dem man mit einem speziellen Kantenstecher entlangfährt oder die Narbe mit einem scharfen Spatenblatt durchtrennt. Um eine gute Angriffsfläche für den Spaten zu bekommen und die Rasenplatte als Ganzes aufnehmen zu können, entfernt man neben der ersten Sode ein keilförmiges Bodenstück. Der Spaten wird nun in 2–3 cm Bodentiefe so weit unter die Rasenplatte geschoben, bis diese komplett abgehoben werden kann. Im Fachhandel gibt es eigens zu diesem Zweck spezielle Grassodenspaten.

Die Rasenplatten sollten möglichst rasch wieder verlegt werden. Deshalb muß die neu zu bepflanzende Fläche zu diesem Zeitpunkt bereits genauso wie zur Ansaat eines Rasens vorbereitet sein, wobei man die Höhe der

Rollrasen verlegen

Die erste Rollrasenbahn legt man bündig an einer Kante oder entlang der Randmarkierung aus.

Folgende Bahnen werden auf Stoß angeschlossen, die schmalen Stoßkanten dabei jeweils versetzt.

Die Bahnen drückt man mit dem Rücken des Rechens fest, an den Stoßkanten besonders sorgfältig.

Mit einer Walze läßt sich die gesamte Rollrasenauflage gründlich dem Boden andrücken.

Rasensoden natürlich berücksichtigen muß. Zur kurzen Zwischenlagerung stapelt man sie auf einer harten Unterlage, z. B. auf ausgelegten Bodenplatten oder breiten Brettern, übereinander, und zwar stets Gras auf Gras und Erde auf Erde.

Rollrasen

Die Entwicklung des „Rasens von der Rolle" ist wohl in erster Linie in der Notwendigkeit der schnellen Begrünung von Sportflächen oder öffentlichen Parkanlagen zu suchen. Heute, in einer Zeit, in der kaum jemand noch die Geduld zur aufwendigen Rasenansaat aufbringen will, findet der Rollrasen ebenfalls im privaten Bereich immer mehr Anhänger. Doch obwohl er rasch und leicht zu verlegen ist, erspart er nicht eine sorgfältige Bodenvorbereitung.

Der Rollrasen, manchmal auch als Fertigrasen bezeichnet, ist gleichsam die Erweiterung der Rasenplatten. Seine Stücke weisen eine Länge von bis zu 240 cm und eine Breite von etwa 40 cm auf. 12 bis 15 Monate lang wird er in Rasenschulen angezogen, bevor er, handlich aufgerollt oder manchmal auch in aufeinandergestapelten Soden, an die Kunden abgegeben wird. Neben der Möglichkeit, von einem Tag auf den anderen zu einer üppigen Grünfläche zu kommen, bietet ein solcher Fertigrasen noch weitere Vorteile. Abgesehen von Frostperioden kann man ihn zu jeder Jahreszeit verlegen. Zudem darf er sofort vorsichtig betreten werden. Diesen Vorzügen stehen jedoch vergleichsweise hohe Anschaffungskosten gegenüber.

In seiner Transportform, also zu kompakten Rollen gewickelt oder auch streifenweise gestapelt, ist ein Rollrasen nur kurze Zeit lagerfähig. Daher empfiehlt es sich, den Boden bereits vor dem Kauf der Rasensoden so vorzubereiten, daß diese sofort darauf ausgelegt werden können.

Legt man die Rasenstücke auf feuchtem Boden aus, wurzeln sie leichter ein. Begonnen wird mit der Arbeit an einer geraden Kante. Nachdem man die erste Bahn ausgebracht hat, schließt man die nächsten mit versetzten Stoßkanten an. Ist die Fläche vollständig bedeckt, werden die Ränder mit Hilfe eines Kantenstechers oder eines scharfen Spatens in Form geschnitten. Um die Soden in festen Kontakt mit dem Untergrund zu bringen, geht man anschließend mit einer Walze über die Fläche oder drückt den Rasen mit einem Rechenrücken oder Spaten leicht an. Zum Schluß wird kräftig gewässert.

Rasenwege durch ausgedehnte Beete verlegt man am einfachsten mit Bahnen von Rollrasen.

Tip

Rollrasen ist in verschiedenen Qualitäten erhältlich. Er sollte entsprechend den Standortverhältnissen und Nutzungsabsichten ausgewählt werden.

Tip

Für eine vorübergehende Aufbewahrung von Fertigrasen kommt nur ein schattiger Platz in Frage, wo die Rollen – möglichst auf Pflastersteinen – vollständig ausgebreitet werden. Unerläßlich ist zudem ein ständiges Feuchthalten der Soden.

Tip

Bei der Bodenvorbereitung für die Verlegung von Rollrasen muß die Stärke der Soden von etwa 2 cm berücksichtigt werden, damit später an den Rasenkanten ein niveaugleicher Abschluß mit der Umgebung besteht.

Tip

Der erste Schnitt kann bei einem Fertigrasen ein bis zwei Wochen nach der Verlegung erfolgen. Bezüglich der Düngung sollte man sich an die Empfehlungen der Rasenschule halten.

Rasenpflege

Tip

Man sollte sich stets bei den Behörden erkundigen, wann das Scheren des Rasens mit welchem Mäher erlaubt ist. Normalerweise dürfen Geräte, die einen Geräuschpegel von 60 Dezibel überschreiten, nur an Werktagen zwischen 7 und 19 Uhr betrieben werden.

Tip

Pflege und Wartung verlängern die Lebensdauer und Funktionstüchtigkeit eines Rasenmähers. Zu den regelmäßigen Arbeiten sollten die Reinigung nach dem Rasenschnitt und das anschließende Einsprühen mit einem Pflegemittel ebenso gehören wie das Nachschärfen der Messer.

Tip

Aus Gründen der eigenen Sicherheit ist es ratsam, beim Erwerb eines Rasenmähers auf das Zeichen für „Geprüfte Sicherheit" zu achten. Elektromäher sollten außerdem über eine Kabelführung und -aufwicklung sowie eine Schutzschaltung verfügen.

Tip

Alle Arbeiten am Mähgerät, auch das Entleeren des Grasfangsacks, dürfen nur bei abgeschaltetem Motor ausgeführt werden.

Tip

Während heißer, trockener Witterungsperioden im Sommer wirkt es sich günstig aus, wenn man den Rasen etwas weniger stark trimmt. Bei verbleibenden 5–6 cm Wuchshöhe verdorren die Gräser nicht so leicht.

Im Lauf der Zeit wuchsen die Ansprüche an das einheitliche Rasengrün, parallel dazu wurden die Pflegemaßnahmen immer ausgetüftelter. Heutzutage stehen dem Gärtner vielfältige Hilfsmittel zur Verfügung, um Zeit und Aufwand für die Rasenpflege auf ein notwendiges Mindestmaß zu reduzieren.

Mähgeräte

Alle typischen Rasengräser erreichen in der freien Natur eine Wuchshöhe von mindestens 20 bis etwa 70 cm. Demgegenüber steht der Wunsch des Gartenbesitzers nach einem kurzgeschorenen, exakten Rasen. Zur Verwirklichung dieser Vorstellungen sind die richtigen Werkzeuge erforderlich. Bevor die moderne Technik in den Garten einzog, wurde ein Rasen ausschließlich durch Mahd mit der Sense kurz gehalten. Heute verstehen sich nur noch wenige Menschen auf diese Fertigkeit, haben doch mechanische oder elektrische Rasenmäher die Sense weitgehend verdrängt. Schließlich erleichtern diese Geräte das Mähen wesentlich.

Unter den Rasenmähern können prinzipiell zweierlei Funktionstypen unterschieden werden: zum einen die Sichel-, zum andern die Walzen- oder Spindelmäher. Es gibt sie jeweils mit verschiedener Schnittbreite, und stets ist die Schnitthöhe verstellbar. Ein Sichelmäher arbeitet mit einem oder mehreren Messern, die um eine senkrechte Achse parallel zum Boden angeordnet sind. Ein Elektro- oder Kraftstoffmotor bringt das Gerät vorwärts und gleichzeitig die Messer zum Rotieren, die dabei die Grashalme kappen. Solche Modelle eignen sich besonders für Gebrauchs- und Sportrasenflächen ab 500 m².

Damit ein Rasenmäher gut funktioniert, sollte man alle beweglichen Teile gelegentlich ölen.

Die meisten Handmäher arbeiten dagegen nach dem Prinzip eines Walzen- oder Spindelmähers. Hier sind die Messer in Form eines Zylinders auf einer rotierenden Spindel montiert. Beim Mähen werden die beweglichen Schneiden gegen ein feststehendes Messer geführt und trennen die Grashalme dadurch so schonend wie mit einer Schere ab. Motorbetriebene Walzenmäher findet man nur wenige im Handel, die weitaus meisten müssen mit Muskelkraft in Gang gesetzt werden. Walzenmäher empfehlen sich speziell für Zierrasen unter 500 m², daneben aber auch zur ersten Mahd neu angesäter Rasen.

Die Entscheidung, ob man einen handbetriebenen oder motorisierten Mäher anschafft, ist nicht nur eine Kostenfrage, sondern wird überdies durch die Größe des Rasens und die Faktoren Lärm und Abgase entscheidend beeinflußt. Eine Sonderstellung nimmt der Elektromäher ein. Er ist zwar deutlich leiser als ein Benzinmäher und zudem völlig abgasfrei, doch kann er nur betrieben werden, wenn eine Steckdose in der Nähe ist. Außerdem wird sein Aktionsradius durch die Kabellänge beschränkt. Von Akkumulatoren (kurz Akkus genannt) versorgte Modelle bieten den Vorteil, daß man unabhängig von einem Stromnetz und unbehindert durch Kabel arbeiten kann. Jedoch sollte der Akku eine der Rasenfläche angemessene Kapazität aufweisen. Für verwinkelte Gärten, in denen beim Mähen viele Hindernisse umfahren werden müssen, ist von einem Elektromäher, ausgenommen einem mit Akkubetrieb, daher abzuraten. Statt dessen bieten sich hier gute Einsatzmöglichkeiten für die jüngste Entwicklung unter den Mähgeräten, den Luftkissenmäher, der ohne Räder auskommt und sehr leicht zu führen ist. Er ist mit Benzin- und mit Elektromotor erhältlich und funktioniert wie ein Sichelmäher.

Als Zubehör wird zu den meisten Mähern ein Fangsack aus starrem Kunststoff oder Gewebe angeboten, in dem sich das abgeschnittene Mähgut automatisch ansammelt. Einerseits erspart dies das Zusammenrechen nach der Mahd, andererseits ist der Mäher dadurch etwas unhandlicher, und man muß während der Arbeit öfter anhalten, um den vollen Behälter zu entleeren.

Mähen

Je höher der Rasen steht, um so schwieriger wird der Schnitt mit dem Mäher. Während der Vegetationsperiode muß man das Grün daher mehr oder weniger regelmäßig scheren. Zierrasen wird dabei in der Regel auf 2–3 cm Wuchshöhe, Spiel- und Strapazierrasen auf 3–5 cm eingekürzt. Die Schnitthäufigkeit sollte sich immer an der Wachstumsgeschwindigkeit der Gräser orientieren. Der erste Schnitt im Jahr ist, je nach Witterungsverlauf, gewöhnlich im März erforderlich, der letzte etwa im Oktober. Am besten mäht man an niederschlagsfreien Tagen, und zwar am Vormittag, wenn der Tau abgetrocknet ist und die Grashalme straff nach oben stehen, oder aber in den frühen Abendstunden. Regennasse Rasengräser erschweren nicht nur die Arbeit, sondern lassen sich überdies nicht sauber abschneiden; schlaffe Halme können ebenfalls nicht gut von den Messern erfaßt werden.

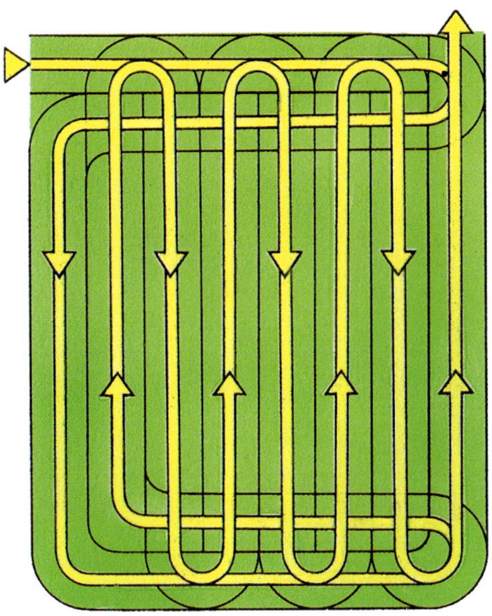

Folgt man beim Mähen diesem Verfahrensschema, werden alle Rasenbereiche gleichmäßig erfaßt.

Das Mähgut recht man ganz zum Schluß ab, sofern es nicht ohnehin schon vom Gerät aufgefangen wurde. Es eignet sich zum Mulchen oder, in kleineren Mengen, auch zum Kompostieren, wofür es jedoch am besten noch einige Stunden auf der Rasenfläche anwelken sollte. Weniger empfehlenswert ist es, das abgeschnittene Gras auf dem Rasen verrotten zu lassen, da nicht alle Böden die Fähigkeit zum schnellen Abbau organischer Substanzen besitzen und sich allzu leicht Pilzkrankheiten ausbreiten können. Ähnlich verhält es sich mit Herbstlaub, das auf den Rasen fällt. Auch dieses sollte man möglichst rasch entfernen.

Eine besonders gleichförmige Fläche erreicht man, wenn man mit der Mahd in der Mitte des Rasens beginnt und den Mäher in einem immer breiter werdenden Karree so herumführt, daß alle Gräser auf einer Hälfte des Rasens stets nur in eine Richtung abgeschnitten werden. Beim abwechselnden Auf- und Abführen des Rasenmähers ergibt sich hingegen ein Streifeneffekt, der aber bewußt als Gestaltungselement eingesetzt werden kann.

Wichtig ist ein gut durchdachtes Mähschema vor allem bei der Arbeit mit einem Elektromäher, denn schnell passiert es, daß dessen scharfe Messer das auf dem Rasen liegende Kabel durchtrennen. Um dies zu vermeiden, beginnt man mit dem Mähen nahe der Steckdose und bewegt sich nach und nach davon weg. Niemals darf man zum Kabel hin mähen.

Mähkanten

Während das Mähen größerer Flächen dank der modernen Geräte nur noch wenig Aufwand erfordert, ist das präzise Bearbeiten der Rasenkanten eine diffizilere Angelegenheit. Mit dem mühsamen Kappen der Grashalme im Knien, wie es einst üblich war, hat diese Arbeit heute jedoch nichts mehr gemein. Handbetriebene oder elektrische, meist von einem Akku versorgte Kantenschneider, z. B. ein sog. Halbmondtrimmer, eine Rasenschere oder ein Trimmer mit Nylonfaden, lassen in Rekordzeit saubere Kanten entstehen.

Eine Möglichkeit, diese trotzdem oft als lästig angesehene Tätigkeit zu umgehen, schaffen Kantenbefestigungen aus Pflastersteinen oder Steinplatten. Sie werden niveaugleich mit der Erdoberfläche angelegt, so daß man mit dem Mäher einfach über den Rand des Rasens hinausfahren kann und nachträgliches Kürzen der Kanten entfällt.

In jüngster Zeit werden auch wieder häufiger dekorative Randziegel oder kunstvoll verzierte Beetbegrenzungen aus Metall angeboten, die, senkrecht in den Boden gesteckt, schon allein für sich eine Zierde darstellen. Allerdings läßt sich der Rasen dann oft nicht bis ganz zum Rand scheren, man muß also wiederum Feinarbeit leisten.

Düngung

Durch das laufende Schneiden und anschließende Abrechen des Schnittguts werden dem Boden und damit auch den Gräsern ständig Nährstoffe entzogen. Eine Düngerzufuhr von außen ist daher unumgänglich.

Ein Abschluß der Rasenfläche mit Palisaden (oben), Platten (Mitte) oder Kiesstreifen (unten) sieht nicht nur attraktiv aus, sondern erleichtert auch die Pflege.

Tip

Zu lang gewordenes Gras sollte man nicht auf einmal kürzen, sondern durch mehrere Mähgänge wieder auf die gewünschte Höhe bringen. Hochgewachsene Halme werden vom Rasenmäher nämlich nicht sauber abgeschnitten.

Tip

Um Verletzungen durch aufgeschleuderte Steine oder ähnliches zu vermeiden, sollte man beim Mähen hochschaftige Stiefel oder derbe Hosen und festes Schuhwerk tragen.

Unterirdische Bewässerungsanlage

Soll ein Rasen stets sattgrün und gepflegt erscheinen, muß er regelmäßig mit Feuchtigkeit versorgt werden, was besonders während länger anhaltender Trockenperioden viel Zeit beansprucht. Nicht selten wünscht man sich dann eine automatische Bewässerungsanlage, vor allem, wenn eine sehr große Grünfläche zu beregnen ist.

Dieses Problem ist heute technisch einfach zu lösen. Durch die Installation einer unterirdisch verlegten Wasserleitung und einer über die Fläche verteilten Anzahl von Regnerdüsen, die entweder rundum, halbkreis- oder auch viertelkreisförmig das Wasser versprühen, kann man auf Knopfdruck den gesamten Rasen bewässern. Noch praktischer wird die Vorrichtung durch automatisch ein- und ausfahrende Düsenköpfe, die außerhalb der Betriebszeit nahezu unsichtbar bleiben.

Damit die Anlage sicher bedient werden kann und zuverlässig funktioniert, sollte man sie von einem Fachbetrieb einbauen lassen. Insbesondere die unter der Erde verlegten Rohre müssen vor Beschädigung geschützt werden, überirdische Zuleitungen gilt es frostsicher anzubringen, kurz: Rohrbrüche sind durch entsprechende Sicherungsvorkehrungen möglichst auszuschließen. Es empfiehlt sich, auch ein Rückschlagventil am Haupthahn der Hauswasserleitung zu installieren.

Vor allem kommt es auf eine sorgfältige Planung der Anlage an, bei der man die mit der Ausführung betrauten Fachleute unbedingt zu Rate ziehen sollte. Je nach Funktionsweise und Reichweite der Regnerdüsen ist eine unterschiedliche Anzahl von Auslaßdüsen erforderlich. Man plaziert sie so, daß sich die von ihnen beregneten Flächen um etwa die Hälfte ihres Radius überlagern. Dadurch stellt man sicher, daß der Rasen gleichmäßig benetzt wird, denn die am Boden auftreffende Wassermenge nimmt mit zunehmender Entfernung von der Düse ab.

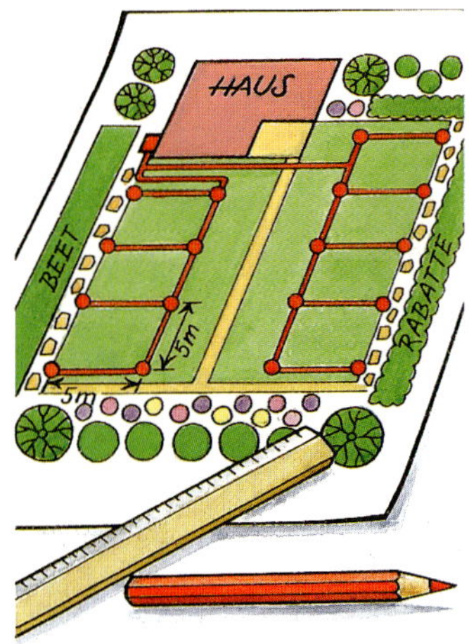

Eine Bewässerungsanlage will sehr sorgfältig geplant sein.

Am besten zeichnet man einen maßstabgetreuen Plan des Gartens und trägt über den gesamten Bereich mit einem Zirkel die entsprechenden Beregnungsflächen der Düsen derart überlappend ein. Dadurch ergeben sich automatisch die Standorte der einzelnen Düsen, die dann untereinander mit einem Leitungsnetz verbunden werden müssen. Die Pläne dieses Leitungsnetzes sollte man sehr sorgfältig aufbewahren, damit auch noch nach Jahren bei eventuellen Problemen der Verlauf der Rohre ganz rasch erkannt werden kann.

Tip

Um die Düngemittel gleichmäßig ausbringen zu können, empfiehlt es sich, einen Streuwagen zu verwenden und wie beim Mähen nach einem gewissen Schema vorzugehen (siehe Seite 47). Auf diese Weise vermeidet man Verbrennungen der Gräser durch konzentrierte Düngesalze ebenso wie unregelmäßiges Wachstum.

Tip

Durch einen kleinen Test läßt sich feststellen, ob der Rasen ausreichend gewässert wurde: Nach einer ein- bis zweistündigen Beregnung gräbt man ein 15–20 cm tiefes Loch. Der Grund dieses Lochs sollte naß sein, sonst muß länger bewässert werden.

Für den Hausgarten hat es sich bewährt, zwei- bis dreimal pro Jahr mineralische oder organische Langzeitdünger auszubringen, die in ihrer Zusammensetzung speziell auf die Bedürfnisse des Rasens abgestimmt sind. Damit den Gräsern bereits zu Beginn der Wachstumsperiode ausreichend Nährstoffe zur Verfügung stehen, sollte die erste Düngung im Frühjahr, noch vor dem Neuaustrieb, erfolgen. Weitere können bei Bedarf während der Sommermonate und zum Herbstanfang vorgenommen werden. Es ist allerdings ratsam, ab dem Hochsommer nur noch stickstoffarmen Dünger einzusetzen, da die Pflanzen ansonsten krankheitsanfällig werden. Nach dem Düngen muß man den Rasen etwa eine Stunde lang beregnen.

Als organische Dünger kann man auch ausgereiften Kompost, gut verrotteten Stallmist, Hornspäne oder Knochen- und Blutmehle verwenden. Man streut sie in dünner Schicht über den Rasen aus und harkt sie anschließend zwischen die Gräser ein. Sie werden von Mikroorganismen erst nach und nach abgebaut, wodurch ihre Nährstoffe den Pflanzen über einen längeren Zeitraum hinweg zur Verfügung stehen.

Bewässerung

Die Schönheit eines Rasens hängt wesentlich von seiner Wasserversorgung ab. Besonders

Bei Trockenheit sind zur Wasserversorgung des Rasens pro Woche mindestens 25 l/m² erforderlich.

im Hochsommer führt Wassermangel rasch zu einem Zusammenrollen der Blätter und zum Verlust ihrer frischgrünen Farbe. Diesem unerfreulichen Anblick kann nur ausreichendes Bewässern vorbeugen. Dabei gibt es keine feste Regel, wie oft und wie lange zu beregnen ist, denn dies hängt immer von den jeweiligen Bodeneigenschaften und den verwendeten Grasarten ab.

Der Handel bietet mehrere Varianten von automatischen Beregnern an, die eine feine Verteilung des Wassers garantieren. Über ihre Leistung und Funktionsweise sollte man sich vor dem Kauf eingehend beraten lassen.

Belüftung

Es liegt in der Natur der Dinge, daß selbst der gepflegteste Rasen sich durch Beanspruchung verdichtet und im Lauf der Zeit verfilzt. Als Folge werden die Durchlüftung und der Wasserhaushalt des Bodens beeinträchtigt, und das wiederum fördert Krankheiten der Rasengräser und Vernässung des Substrats.

Mit der Methode des Aerifizierens (siehe unten) erzielt man bei der Lockerung und Durchlüftung verdichteter Böden beste Ergebnisse. Wenn es dagegen darum geht, schädliche Filzdecken von mehr als 2 cm Dicke zu entfernen, kann das Vertikutieren wahre Wunder vollbringen. Vor Beginn der Behandlung schneidet man den Rasen kurz. Nur so kommt der Vertikutierer, ein hand- oder motorbetriebenes Gerät, das wie ein Rasenmäher über die Fläche geschoben wird, voll zur Wirkung. Seine vielen scharfen Messer durchschneiden in kurzen Abständen senkrecht den dichten Rasenfilz. Solcherart kleingehackt, kann der Filz anschließend problemlos abgeharkt und kompostiert werden. Die für die verfilzte Grasnarbe belüftende Wirkung läßt sich noch verstärken, indem man die während der Behandlung entstehenden Schlitze im Boden nachfolgend mit Sand auffüllt.

Ausbessern von Schadstellen

Krankheiten, Düngefehler, extreme Trockenheit oder Überbelastung des Rasens können zu unschönen Kahlstellen im Grün führen, die das einheitliche Bild entschieden stören. Abhilfe bringt hier entweder eine Neuaussaat oder ein Flicken mit bereits fertigen, im Handel erworbenen Rasensoden.

Beim Vertikutieren wird der sehr dichte Filz aus abgestorbenen Pflanzenteilen zerschnitten.

Tip

<u>Vertikutieren</u> sollte man <u>nur dann</u>, <u>wenn der Rasenfilz dicker als 2 cm</u> ist. Dünnere Schichten wirken sich nämlich eher positiv auf die Gräser aus, da sie die Pflanzen vor dem Austrocknen schützen und durch ihre Verrottung außerdem mit Nährstoffen versorgen.

Aerifizieren

Um sich allzeit einer dichten, sattgrünen Rasenfläche erfreuen zu können, sollte man den Graspflanzen beste Voraussetzungen zu gesundem, kräftigem Wachstum bieten. Neben ausreichender Bewässerung, ausgewogener Nährstoffversorgung und regelmäßigem Mähen erweist sich eine gelegentliche Belüftung des Rasens als überaus zweckdienlich. Damit die dichtgedrängt stehenden Gräser nämlich ihre volle Wuchsleistung erbringen können, muß reichlich Luft zu ihren Wurzeln gelangen. Eine gute Durchlüftung des Bodens beugt aber auch einer Vernässung des Substrats vor und verhindert zudem unerwünschte Moosbildung.

Insbesondere bei schweren und durch häufiges Begehen verdichteten Böden empfiehlt sich deshalb ein Aerifizieren, eine Belüftung. Dabei werden auf der gesamten Rasenfläche in gleichmäßigen Abständen von etwa 10–15 cm Löcher durch die Grasnarbe in den Boden getrieben. Diese Maßnahme sollte man alle zwei bis drei Jahre durchführen, am besten im Herbst, nachdem man das Gras möglichst kurz gemäht hat. Ist der Rasen stark strapaziert, empfiehlt sich jährliches Aerifizieren.

Bei kleinen Flächen oder relativ lockerem Boden genügt es, die Löcher mit einer Grabegabel hineinzutreiben. Man sticht dazu die Zinken senkrecht in den Boden und bewegt die Gabel dann jeweils ein kleines Stück vor und zurück, um die Löcher etwas zu vergrößern. Wirkungsvoller ist der Einsatz einer sog. Hohlzinkengabel, an deren Schaft dünne Metallzylinder angebracht sind. Damit lassen sich stabförmige Erdstücke ausstechen, zurück bleiben Luftkanäle. Die herausgehobenen Erdkerne recht man ab und gibt sie zum Kompost. Man kann sie auch fein zerkrümeln und nach dem Sanden gleichmäßig wieder über den Rasen harken.

Durch das Aerifizieren wird der Rasenboden gründlich belüftet.

Anschließend an das Aerifizieren sollten die entstandenen Luftkanäle mit Sand gefüllt werden, um deren belüftende Wirkung länger aufrechtzuerhalten. Dazu streut man feinen Sand etwa 1 cm hoch aus und bürstet ihn mit einem harten Straßen- oder Fächerbesen in die Löcher.

Mit den fahrbaren Aerifizierungsgeräten, bei denen auf einer Walze viele Stacheln oder Hohlzinken angebracht sind, läßt sich die zeit- und kraftaufwendige Arbeit sehr erleichtern, insbesondere bei ausgedehnten Rasenflächen. Es gibt sowohl handbetriebene Stachelwalzen oder Rasenkultivatoren als auch motorbetriebene Aerifizierungsmaschinen. Solche Geräte kann man sich im Fachhandel vielfach ausleihen.

Kahlstellen ausbessern

Die beschädigte Stelle wird rechteckig abgesteckt und die Sode mit dem Spaten abgestochen.

Dann hebt man die Sodenplatte vom Boden ab, indem man mit dem Spatenblatt darunterfährt.

Die Sodenplatte wird gewendet und angedrückt, die Kahlstelle mit Humuserde gefüllt.

Über der vorbereiteten Stelle streut man die Rasensaat aus und gießt gut an.

Langwieriger, doch deutlich kostengünstiger ist die erste Methode. Bei einer Neuaussaat gräbt man, nachdem man die abgestorbenen Pflanzenreste vollständig entfernt hat, den Boden leicht um und arbeitet dabei etwas Komposterde ein. Wichtig ist, daß die so behandelte Stelle wieder auf das Niveau des umgebenden Rasens gebracht wird. Die Oberfläche klopft man mit einem Brettchen fest und bestreut sie mit Grassamen. Als Saatgut wählt man entweder die gleiche Mischung, die auch vorher für den übrigen Rasen verwendet wurde, oder aber eine spezielle Reparaturmischung, die im Fachhandel angeboten wird – natürlich jeweils in einer der Fläche entsprechenden Menge (siehe Seite 43). Um die Feuchtigkeit im Boden zu halten, deckt man die neu ausgesäten Samen am besten mit einer leichten Strohschicht ab. Bis sich die Gräser gut entwickelt haben, sollte diese Stelle nun regelmäßig kontrolliert und gewässert werden.

Statt oder ergänzend zu einer Nachsaat können Schadstellen auch mit Soden ausgebessert werden. Dafür kommen entweder an anderer Stelle im Garten entbehrliche, selbst abgestochene Rasenstücke oder aber käuflich erworbene Rollrasenpartien in Frage. Ebenso ist eine Kombination beider Methoden möglich (siehe oben).

Buckel und Senken ausgleichen

Die Rasennarbe wird mit einem scharfen Spaten oder Kantenstecher kreuzweise zerschnitten.

Danach löst man die Grasnarbe vorsichtig vom Boden und schlägt die Ecken zurück.

Die überschüssige Erde wird bis zum gewünschten Niveau entfernt bzw. fehlende ersetzt.

Dann klappt man die Grasnarbe wieder zurück, drückt sie sorgfältig an oder tritt sie fest.

Abhilfe bei Problemen

Trotz Verwendung besten Saatmaterials und optimaler Bodenvorbereitung bei der Anlage des Rasens können verschiedene Faktoren dazu führen, daß sich Schädlinge darin einnisten oder Krankheiten an den Gräsern auftreten. Stellt man erste Anzeichen eines Befalls fest, gilt es möglichst schnell dessen Ursache zu erkennen, damit entsprechende Gegenmaßnahmen getroffen werden können. Da nämlich ein Rasen kein stabiles Ökosystem ist, können Schädlinge und Krankheiten rasch überhandnehmen und sich ausbreiten.

Unkräuter und Moos

Galten in früheren Jahren die chemischen Unkrautvernichtungsmittel als unschlagbare Waffen gegen unerwünschten Wildwuchs, setzt man heute bei dessen Bekämpfung wieder mehr auf „Handarbeit". Betrachtet man ein sog. Unkraut einmal näher, wird man vielleicht feststellen, daß solch ein buntes Blütenköpfchen durchaus eine Bereicherung für den Rasen darstellen kann, und auf das Jäten eventuell verzichten. Selbstverständlich gilt dies nicht für einen perfekten Zierrasen, dessen Wirkung größtenteils auf seinem exakten Grün beruht. Hier müssen aufkommende Wildkräuter möglichst bald und vollständig entfernt werden, damit sie sich nicht ausbreiten. Als hilfreich haben sich für diesen Zweck Unkrautstecher, wie sie im Fachhandel erhältlich sind, oder lange, zweizinkige Gabeln erwiesen, mit denen man selbst tiefreichende Pfahlwurzeln vollständig aus der Erde bekommt.

Tritt gehäuft Moos im Rasen auf, so ist dies als Warnsignal zu werten, denn Moos wächst nur bei viel Feuchtigkeit. Wenn ein ungünstiger Standort als Ursache ausgeschlossen werden kann, ist meist ein verdichteter, schlecht durchlüfteter Boden für die Moosbildung verantwortlich. In diesem Fall muß man die Belüftung des Rasens verbessern (siehe dazu Seite 49) und die Moospflanzen abharken.

Schädlinge

Wühlmäuse und Maulwürfe, die sich im Garten ansiedeln, können einer Rasenfläche ziemlich zusetzen. Während die Wühltätigkeit eines Maulwurfs vor allem optische Beeinträchtigungen mit sich bringt, führt das im Wurzelbereich der Gräser verlaufende Gangsystem der Wühlmäuse bisweilen sogar zum Absterben der Pflanzen, zumal die Nager auch die Wurzeln abfressen. Eine Bekämpfung dieser Tiere erweist sich meist als sehr zeit- und nervenraubend. Gegen Wühlmäuse kann man Fallen aufstellen, der Maulwurf darf hingegen nicht getötet, sondern nur vertrieben werden, denn er steht unter Naturschutz. Örtliche Naturschutzorganisationen (Adressen siehe Branchen-Fernsprechbuch) stehen Gartenbesitzern bei dem Problem, die lästigen Wühler loszuwerden, häufig mit Rat zur Seite.

Durch den Fraß von Wiesenschnakenlarven beginnt der Rasen zu kümmern, später stirbt er teilweise ab.

Wird der Rasen insbesondere im Hochsommer stellenweise gelb- oder braunfleckig, können die an den Gräsern nagenden Larven der Wiesenschnaken die Ursache darstellen. Bisweilen bekommt man diese graubraunen, wurmartigen Larven sogar zu Gesicht. Ähnlichen Schaden richten auch Erdraupen, die Raupen verschiedener Eulenfalterarten, an, ebenso wie die sog. Drahtwürmer, die Larven der Schnellkäfer. Hat man mit diesen Schädlingen Probleme, sollte man den Rasen vorbeugend vom Frühsommer bis Frühherbst in kurzen Abständen sehr niedrig mähen, um die erwachsenen Insekten bei der Eiablage zu stören. Bei stärkerem Befall kann man den Rasen gründlich wässern und anschließend einen Tag lang mit einer Folie abdecken. Die dann an die Oberfläche wandernden Larven werden abgesammelt und vernichtet.

Krankheiten

Besonders gefürchtet sind Pilzerkrankungen des Rasens, da sie sich oft hartnäckig im Grün halten können. Ähnlich wie bei üppig wachsendem Moos liegt der Grund für einen Pilzbefall häufig in ungünstigen Wuchsbedingungen für die Gräser. Dementsprechend schaffen

Tip

Tritt trotz regelmäßigen Vertikutierens und Entfernens des Moosbelags immer wieder verstärkt Moos im Rasen auf, kann ein zu saurer Boden die Ursache dafür sein. In diesem Fall sollte man den pH-Wert des Bodens prüfen (siehe Seite 39) und ihn gegebenenfalls durch Kalkgaben anheben.

Tip

Ameisen schaffen vor allem bei sandigen Böden Feinmaterial an die Oberfläche und unterwühlen die Grasnarbe. Solche Ameisennester sollte man regelmäßig auseinanderrechen. Durch die stetige Störung lassen sich die Tiere meist zum Abwandern bewegen.

Tip

Halbierte Kartoffeln, die mit der Schnittfläche nach unten auf den Rasen gelegt werden, locken Drahtwürmer an. Auf diese Weise kann man die Schädlinge leicht absammeln und vernichten.

Die harten, glänzenden, 2–3 cm langen sog. Drahtwürmer fressen an den Graswurzeln, so daß die Pflanzen verwelken.

Hexenringe sollten stets alsbald ausgestochen werden.

Braunrote Pusteln kennzeichnen einen Befall durch Rostpilze.

Tip

Um Pilzkrankheiten nicht weiter zu verbreiten, sollten sämtliche Geräte, die man zur Bearbeitung befallener Flächen benutzt hat, hinterher sorgfältig gereinigt, eventuell sogar mit Spiritus desinfiziert werden.

auch hier Maßnahmen zur besseren Belüftung des Bodens (siehe Seite 49) sowie eine ausgewogene Nährstoffversorgung Abhilfe. Bei ständig wiederkehrender bzw. anhaltender Staunässe ist unter Umständen die Anlage einer Dränage (siehe Seite 40 f.) zu erwägen. Um einen Pilzbefall wirksam einzudämmen, sind die vom Pilz befallenen Gräser nach dem Mähen sorgfältig abzuharken, das Mähgut muß unbedingt vernichtet bzw. zu einer kommunalen Kompostieranlage gebracht werden.

Folgende Pilzkrankheiten treten in Rasenflächen häufiger auf:

Hexenringe

Die auffälligen, aus dem Boden sprießenden Ringe aus lauter Hutpilzen zeichnen den Rand eines Pilzgeflechts nach, das sich unterirdisch kreisförmig ausbreitet. Der Pilz entzieht auf dieser Fläche über sein dichtes Fadengeflecht den Gräsern Nährstoffe und bringt den Rasen dadurch oft zum Absterben. Betroffene Stellen muß man großflächig ausstechen, den Boden austauschen und neu mit Rasen bestücken.

Schneeschimmel erkennt man an einem weißlichen Schimmelbelag zwischen den Grashalmen.

Schneeschimmel

Vor allem in milden Wintern und im zeitigen Frühjahr kommt es an Stellen, wo lange Schnee lag, zu gelbbraunen Rasenflecken. Das absterbende Gras weist bodennah einen weißlichen, wattigen Schimmelbelag auf, hervorgerufen durch verschiedene *Fusarium*-Pilze. Abhilfe ist lediglich durch Abtrag und Neuanlage der betroffenen Bereiche möglich, besser beugt man dem Schaden durch eine ausgewogene Düngung vor. Insbesondere ab dem Hochsommer sollte nur noch stickstoffarm gedüngt werden.

Rost

Rostpilze befallen Rasengräser bevorzugt im Sommer und Herbst. Die Auswirkungen sind als gelbe, rötliche oder braune Flecken und Pusteln auf den Grashalmen und -blättern zu erkennen. Da eine Bekämpfung der Pilze schwierig ist, gilt es, durch eine sorgsame Pflege des Rasens Vorsorge zu treffen, also regelmäßig zu mähen und zu belüften sowie angemessen zu düngen.

Seltener können auch noch andere Pilzkrankheiten den Rasen verunstalten, etwa das sog. Herbstrot, bei dem die Gräser rosafarbene bis rote Verfärbungen aufweisen, oder die Talerfleckenkrankheit, kenntlich an etwa markstückgroßen, gelbbraunen Flecken im Grün. Diesen Krankheiten beugt man durch eine sorgfältige Pflege des Rasens vor.

Abiotische Schäden

Nicht immer sind Schädlinge oder Krankheiten Ursache eines unansehnlichen Rasens. Ebenso können unsachgemäße Anlage, falsche Artenauswahl, ungünstige Standortbedingungen oder eine Überalterung des Rasens das Kümmern des Grüns bewirken. In einem solchen Fall hilft oft nur noch eine Neuanlage.

Daneben kommt es nicht selten durch Düngefehler zu erheblichen Schäden. Wird das Düngemittel ungleichmäßig auf dem Rasen verstreut, wachsen einige Bereiche stärker und zeigen eine intensivere Grünfärbung als andere – das harmonische, einheitliche Bild ist zerstört. Eine gründliche Bewässerung insbesondere der zu stark gedüngten Flächen fördert eine schnellere Regeneration. In schlimmen Fällen kann Überdüngung sogar zum Absterben größerer Stellen führen, dann nämlich, wenn die Gräser durch eine zu hohe Düngerkonzentration bei intensiver Sonneneinstrahlung, verbunden mit extremer Trokkenheit, regelrecht verbrennen. Solche Stellen müssen neu mit Rasen belegt werden, den überdüngten Boden sollte man vorher jedoch unbedingt abtragen und ersetzen.

Zu hoch dosierter oder ungleichmäßig ausgebrachter Dünger verursacht Verbrennungen.

Häufiger auftretende Schäden in Rasenflächen

Schadbild	Ursache	Abhilfe	Vorbeugende Maßnahmen
Rasen stark von Unkräutern durchsetzt	schlechte Nährstoffversorgung; zu seltenes Mähen; zu dünne Aussaat von Rasengräsern	angemessen düngen; Unkräuter sorgfältig ausstechen, bei extremem Unkrautwuchs Rasen teilweise ausbessern oder großflächige Neuanlage; an Kahlstellen nachsäen	häufig mähen, damit Unkräuter keine Samen ansetzen können und im Wuchs geschwächt werden; regelmäßig düngen; bei Neuanlage dicht säen
Rasen von Moos durchsetzt	schlechte Nährstoffversorgung; zuviel Schatten; stauende Nässe; zu saurer Boden	vertikutieren und aerifizieren; angemessen düngen; in extremen Fällen Rasen ausbessern oder neu anlegen, vorher Boden dränieren; pH-Wert des Bodens anheben	Saatmischung auf Standort abstimmen; Boden vor Anlage dränieren und/oder verbessern; regelmäßig aerifizieren
schlüpfrige, gallertartige oder schleimige, grüne bis schwärzliche Flecken, vor allem an schattigen Stellen oder in Senken	Algen- oder Flechtenbefall aufgrund von verdichtetem, nassem und schlecht belüftetem Boden	Algen- und Flechtenmatten sorgfältig abharken; Rasen aerifizieren; im Randbereich stark schattenwerfende Äste entfernen; Senken, in denen sich Wasser sammelt, einebnen	bei Anlage auf gute Dränage achten; regelmäßig vertikutieren und aerifizieren
kümmerlicher Graswuchs, verfilzte Matten am Boden	filziger Belag aus abgestorbenen Grashalmen, unter dem die Gräser ersticken	Filzbelag sorgfältig abharken; vertikutieren	Mähgut stets gründlich entfernen
Rasen stellenweise blaßgelb; kahle Stellen mit verhärtetem Boden, oft schütter von Unkraut überzogen	stark verdichteter Boden	Stellen aerifizieren; in extremen Fällen partiell Boden abtragen, Untergrund lockern und Rasen neu anlegen	bei Neuanlage gesamte Fläche gründlich lockern, Lockerungsmittel einarbeiten; vielbegangene Stellen mit Trittsteinen oder Rasengittersteinen ausstatten
Rasen dörrt schnell aus, wird gelb- bis blaßbraun und strohig	zu geringe Bewässerung bei trockener Witterung; zu rasch austrocknender Boden	regelmäßige, durchdringende Beregnung; im Hochsommer nicht zu kurz mähen	leichten Boden mit Humus und/oder Lehm anreichern; automatische Bewässerungsanlage installieren
gelbe oder braune Flecken, Grasnarbe stirbt teilweise ab, rundum jedoch besonders üppiger Graswuchs von tiefgrüner Farbe	Verbrennungen durch zu hoch dosierte Düngemittel; unregelmäßig ausgebrachter Dünger; Urin von Haustieren	Schadstellen öfter gründlich bewässern, um überschüssigen Dünger auszuschwemmen; bei extremer Schädigung Rasen ausbessern, dabei Boden etwa 20 cm tief austauschen	exakt nach Bedarf dosierte Düngemittel gleichmäßig nach Schema ausbringen; bei feuchter Witterung düngen, sonst anschließend beregnen; Haustiere fernhalten bzw. betroffene Stellen sofort reichlich gießen
Rasen verfärbt sich gelb; macht einen ungepflegten Eindruck; Grashalme mit braunen Schnittkanten	zu niedrig gemäht; mit stumpfen Messern gemäht	gründlich bewässern; die Schnitthöhe des Rasenmähers höher einstellen; Messer nachschärfen	Rasen der Grasmischung gemäß einkürzen; Häufigkeit des Mähens dem Wachstum anpassen, jeweils nicht mehr als ein Drittel der Wuchshöhe abscheren; Mähwerkzeuge regelmäßig warten und pflegen
Rasen verfärbt sich trotz häufiger Bewässerung gelb	unsachgemäße Bewässerung; zu geringe Wassergaben verursachen extrem flaches Wurzelwachstum	weniger häufig, dafür jedoch ausgiebig beregnen; Boden dabei bis in 15 cm Tiefe gründlich durchfeuchten	nur bei anhaltender Trockenheit, wenn Gras zu welken beginnt, beregnen; stets durchdringend wässern
unregelmäßige, kleine Erdhäufchen zwischen den Gräsern; punktuell gelb verfärbter Rasen	Regenwürmer oder Ameisen; unter den Erdhäufchen erstickt das Gras	Erdhäufchen regelmäßig mit Fächerbesen auseinanderkehren	Vorbeugung nicht möglich
Rasenfläche von großen, lockeren Erdhaufen durchsetzt	Maulwürfe	Erdhaufen einebnen, Erde weiträumig verteilen; Vergrämungsmittel einsetzen	Vorbeugung nicht möglich
wellig aufgeworfene Erhebungen unter der Grasnarbe; flache Erdhaufen; Rasen stellenweise abgestorben	Wühlmäuse	Vergrämungsmittel und/oder Fallen einsetzen	kaum Vorbeugung möglich; Tiere durch Lockflanzen ablenken, z. B. Topinambur *(Helianthus tuberosus)*
braune Flecken, an denen die Grasnarbe abgestorben ist und sich abheben läßt	Wurzelschädlinge wie Larven der Wiesenschnaken, Erdraupen, Drahtwürmer oder Engerlinge	Schädlinge absammeln; Schadstellen eventuell ausbessern	Rasen sorgfältig pflegen, um die Widerstandskraft der Gräser zu fördern; natürliche Feinde der Schädlinge, vor allem Vögel, anlocken, z. B. mit Nistkästen, dornenreicher Hecke oder Tränke

Naturnahe Pflanzenoasen

Blumenwiesen

Von Blumen wie dem Rotklee durchzogene Wiesen schmeicheln nicht nur dem Auge, sondern sind Lebensraum für unzählige Insekten und andere Tiere.

Beim Anblick einer Blumenwiese werden Erinnerungen an unbeschwerte Kindertage wach, in denen man aus farbenfrohen Blüten Kränze wand und zwischen wiegenden Halmen Grashüpfer beobachtete. Was liegt da näher, als sich eine Wiese zum Träumen in den eigenen Garten zu holen? Im Gegensatz zum allzeit ruhigen Grün streng geschorener Rasenflächen bieten Blumenwiesen vom Frühjahr bis zum Herbst mannigfaltige Aspekte und stellen einen wichtigen Lebensraum für eine Vielzahl von Tieren dar. Zur Verwirklichung eines solchen Paradieses vor der Haustür sind sorgfältige Überlegungen hinsichtlich Standort und Wiesentyp sowie reichlich Geduld vonnöten.

Wiesen in der Natur

Landläufig versteht man unter einer Wiese eine Gemeinschaft krautiger Pflanzen, die sich vorwiegend aus Gräsern, aber auch aus Stauden und Einjährigen zusammensetzt. Zu ihrer Erhaltung ist eine regelmäßige Pflege, das Mähen oder die Mahd, notwendig. Der Botaniker dagegen spricht bei solchen gehölzfreien, von grasartigen Gewächsen beherrschten Pflanzendecken von Grasfluren oder Rasengesellschaften, womit der nicht zu übersehende Anteil der Gräser in diesen Vegetationstypen zum Ausdruck gebracht wird. Rasen im botanischen Sinn ist denn auch nicht mit dem im Garten kultivierten Grasteppich gleichzusetzen. Wiesen hingegen umfassen in der Fachsprache allein solche Bestände, die weitgehend vom feuchten Element beeinflußt werden, z. B. sog. Salzwiesen im Spülsaumbereich der Meeresküsten.

Eine Augenweide in Weiß und Blau: In verschwenderischer Fülle blühen hier Wiesenmargerite und Wiesensalbei nebeneinander.

Bedeutsame Grasfluren der Erde sind zum einen die Savannen der Tropen, zum andern die Prärien oder Steppen der subpolaren und gemäßigten Zonen. Daneben kennt man vielerlei andere von Gräsern geprägte Lebensgemeinschaften. Allerdings sind sie vorwiegend dem Einfluß des Menschen zu verdanken, der im Lauf der Geschichte die natürliche Vegetation einschneidend verändert hat, bedingt vor allem durch Ackerbau und Viehzucht. Es entstanden Flächen beachtlichen Ausmaßes, auf denen zwischen Gräsern Blumen ihre Kelche entfalten und zahlreiche Tiere einen Lebensraum finden. Derartige Pflanzenteppiche sind im folgenden gemeint, wenn von Wiesen die Rede ist.

Eine Blumenwiese setzt sich aus vielerlei Blumen und Gräsern zusammen, deren Wurzeln die oberste Bodenschicht weitreichend ausfüllen.

Lebensräume mit Seltenheitswert

Durch die fortschreitende Intensivierung der Landwirtschaft und infolge der Massentierhaltung finden sich auf freier Flur heute kaum noch bunte Blumenwiesen. Neben Äckern überwiegen vor allem Weiden, auf denen in erster Linie Futtergräser mit hohem Nährwert wachsen. Die Blumen sind aus diesen Produktionsflächen weitgehend verschwunden, abgesehen von einigen wenigen allerorts verbreiteten Arten wie etwa dem Löwenzahn *(Taraxacum officinale)*, der Wiesenmargerite *(Leucanthemum vulgare)* oder dem Wiesenkerbel *(Anthriscus sylvestris)*.

Die Flächen, die für eine agrarische Nutzung nicht lohnend oder durch Naturschutz in ihrem ursprünglichen Charakter erhalten

Mit seinen grazilen weißen Blütenschirmen prägt der Wiesenkerbel das Bild sommerlicher Wiesen.

geblieben sind, werden immer geringer. Auf ihnen kann man jedoch noch Blumenwiesen antreffen, die diesen Namen tatsächlich verdienen. Keine dieser Wiesen gleicht dabei einer anderen, vielmehr entspricht das Pflanzenbild in seiner individuellen Zusammensetzung den jeweils kleinräumig dort herrschenden Lebensbedingungen.

Dennoch ähneln sich an vergleichbaren Standorten die Wiesen mehr oder weniger stark. An feuchten Stellen beispielsweise werden sich immer wieder dieselben Arten, etwa

Leuchtende Akzente setzt die Kartäusernelke in trockene Magerwiesen auf Kalkböden.

die Kuckuckslichtnelke *(Lychnis flos-cuculi)*, durchsetzen, die der Wiese dann jeweils ein unverkennbares Gesicht verleihen. Entsprechend den Wachstumsbedingungen und der sich entwickelnden Pflanzengemeinschaft lassen sich deshalb verschiedene Wiesentypen unterscheiden, z. B. Feuchtwiesen, Trockenwiesen, Bergwiesen oder auch die schon erwähnten Salzwiesen der Meeresküsten.

Diese Klassifizierung der Wiesen hat für den Gärtner insofern Bedeutung, als sie klarlegt, daß sich nicht jede beliebige Kombination von Arten im Garten ansiedeln läßt. Vielmehr muß man sehr genau die Standortverhältnisse berücksichtigen, also zuerst Belichtung, Bodenqualität und Wasserversorgung prüfen, um entscheiden zu können, welcher Wiesentyp für die gegebene Situation der richtige ist.

Beständig bleibt eine Wiese im Garten jedoch nur unter der Obhut des Gärtners erhalten. Dies ist nicht weiter verwunderlich, wenn man die Entstehung und Entwicklung natürlicher Wiesen kennt.

Die Entstehung von Wiesen

Ganz selbstverständlich fügen sich Wiesen und Weiden heute in das Landschaftsbild Mitteleuropas ein, sie stellen ebenso einen Bestandteil der gegliederten Kulturlandschaft dar wie Wälder und Auen. Allerdings war das nicht immer so. Fast überall in den gemäßigten Breiten entwickelt sich nämlich, wird die Vegetation sich selbst überlassen, als dauerhaftes Endstadium ein Wald. Wiesen dagegen kann man als „Kunstprodukte" des Menschen bezeichnen, entstanden sie doch vor langer Zeit dort, wo der Wald dem Menschen und seiner Landwirtschaft weichen mußte. Natürliche Wiesen gibt es nur wenige, etwa im Gebirge oberhalb der Baumgrenze oder auf salzhaltigen Küstenböden, die für Gehölze unverträglich sind.

Einst bedeckten geschlossene Wälder den mitteleuropäischen Boden, das damals noch vergleichsweise spärliche Vieh wurde zum Weiden in den Wald getrieben. Doch mit der vermehrten Haltung von Nutztieren wie Kühen und Schafen mußten ergiebigere und zugänglichere Weidegründe geschaffen werden. Der Mensch holzte den Wald ab – Gräser und Kräuter breiteten sich aus, da sie jetzt genügend Licht und Raum zum Wachsen vorfanden. Eine regelmäßige Beweidung verhinderte, daß die Gehölze wieder Fuß fassen konnten. Es bildeten sich vor allem Magerwiesen aus – mit speziell an die dort herrschen-

Tip

So verbreitete Pflanzen wie Löwenzahn oder Gänseblümchen stellen sich über kurz oder lang in jedem Garten von selbst ein. Wem nur an bunten Farbtupfen in seiner Grünfläche gelegen ist, braucht nichts weiter zu tun, als abzuwarten. Mit den Jahren entwickelt sich dann eine zwar nicht besonders artenreiche, doch immerhin recht farbenfrohe Gesellschaft.

Tip

Mit dem Rückgang natürlicher Wiesenflächen geraten auch viele Pflanzen- und Tierarten in Bedrängnis, z. B. Trollblume, Echte Schlüsselblume, Wiesenpieper oder Apollofalter. Eine Wiese im Garten ist zwar kein ebenbürtiger Ersatz für diese Lebensräume, stellt aber zumindest einen kleinen Beitrag zum Artenschutz dar.

Tip

Bei der Abwägung der Vor- und Nachteile für den eigenen Garten hilft ein Vergleich von Blumenwiese und Rasen.

Blumenwiese:
- **große Vielfalt an Pflanzen und Tieren**
- **abwechslungsreicher, bunter Anblick**
- **wenig, doch gezielte Pflege nötig**
- **empfindlich gegen Betreten**

Rasen:
- **als Gebrauchs- und Strapazierrasen (siehe Seite 33 ff.) belastbar und vielseitig zu nutzen**
- **arm an Pflanzen- und Tierarten**
- **einheitlicher, monotoner Anblick**
- **regelmäßiger, hoher Pflegeaufwand nötig**

Je nach Standort zeigen Wiesen sehr unterschiedliche Gesichter: Die Salzwiese an der Nordseeküste (links) wird vom Strandflieder beherrscht, die farbenprächtige Bergwiese in den Alpen (rechts) wartet mit vielen Kräutern auf.

den Standortbedingungen angepaßten Pflanzenarten.

Wachsende Viehbestände und nunmehr auch ganzjährige Stallhaltung führten schließlich zu intensiv genutzten Mähwiesen und Weideflächen sowie zusätzlichem Futterpflanzenanbau. Durch Düngung suchte man den Ertrag der Magerwiesen zu steigern. Das künstlich erhöhte Nährstoffangebot hatte zur Folge, daß raschwüchsige, konkurrenzstarke Gewächse in den Wiesen überhandnahmen und die bisherigen Arten verdrängten. Dabei konnten sich aber nur solche Pflanzen behaupten, die selbst nach häufiger Mahd bzw. bei fortgesetztem Niedergetretenwerden ihre Wachstumskraft nicht einbüßten. Anstelle von Trespen *(Bromus)*, Zittergräsern *(Briza)* und Wiesensalbei (*Salvia pratensis* ssp. *pratensis*) ergriffen jetzt der Glatthafer (*Arrhenatherum elatius* ssp. *elatius*), das Wiesenlieschgras *(Phleum pratense)* und der Rotklee *(Trifolium pratense)* Besitz von den Bodenflächen.

So entstand das sog. Kulturgrünland: recht artenarme Wiesen auf nährstoffreichem Untergrund. Heute nimmt dieser Wiesentyp in Deutschland etwa 20% der Gesamtfläche ein und bildet die Grundlage für Vieh- und Milchwirtschaft.

Nicht überall jedoch wandelten sich die einstigen Magerrasen derart einschneidend um; mancherorts blieben sie erhalten, andernorts entwickelten sich daraus durch eine weniger intensive Bearbeitung neue Wiesentypen, etwa die zur Gewinnung von Stalleinstreu nur einmal pro Jahr gemähten Streuwiesen. Sie werden jeweils gekennzeichnet durch eine charakteristische Pflanzenzusammensetzung, dementsprechend unterscheiden sie sich in ihrem Aussehen.

Eine Streuwiese wird nur einmal im Jahr gemäht.

Unterschiedliche Wiesentypen

Freie Wiesenflächen sind, im Gegensatz zu bewaldetem Boden, relativ ungeschützt und gravierenden Schwankungen in Besonnung,

Temperaturverlauf und Feuchtigkeitsangebot unterworfen. Die Bodenqualität, der Nährstoffgehalt und der Einfluß von Mahd oder Beweidung bestimmen die individuelle Zusammensetzung der Kräuterdecke. Jede Abweichung, sei es auch nur bei einem dieser Faktoren, hat eine Veränderung des Artenspektrums zur Folge. Demgemäß sollte man danach trachten, den für die im eigenen Garten vorhandenen Standortbedingungen geeigneten Typ von Wiese anzulegen.

Im Gegensatz zum Botaniker, der eine ungleich feinere Klassifizierung der Rasengesellschaften vornimmt, reicht für den Gärtner eine grobe Unterscheidung einiger grundlegender Typen aus. In der Gartenpraxis spricht man von Fettwiese, Magerwiese und Feuchtwiese, außerdem von Kräuterrasen, der eine kurz gehaltene Variante der Fettwiese ist.

Fettwiesen

Fett- oder Frischwiesen gehören zu den heute häufigsten Wiesentypen. Sie wachsen auf fetten, also nährstoffreichen, mittel- bis tiefgründigen Lehmböden, wie sie in den meisten Gärten und bäuerlichen Weiden durch Düngung, Kompostierung, Mulchen usw. vorhanden sind. Hier dominieren starkwüchsige Gräser wie beispielsweise der Glatthafer (*Arrhenatherum elatius* ssp. *elatius*), nach dem diese Pflanzengesellschaften auch als Glatthaferwiesen bezeichnet werden.

Ursprünglich herrschte in Fettwiesen ein Gleichgewicht von hochwertigen Futtergräsern und vielen verschiedenen Wiesenkräutern. Mit zunehmendem Einsatz von Mineraldüngern und Unkrautvernichtungsmitteln verringerte sich jedoch die Pflanzenvielfalt allmählich auf Kosten leistungsstarker Futtergräser, und lediglich die robustesten Wiesenblumen, etwa Löwenzahn (*Taraxacum officinale*), Rotklee (*Trifolium pratense*), Wiesenmargerite (*Leucanthemum vulgare*) oder Echter Kümmel (*Carum carvi*), konnten sich hier behaupten.

Fettwiesen bringen in der Landwirtschaft mindestens zwei- bis dreimal im Jahr Heuertrag – man nennt sie daher mehrschürig – und werden zudem oft beweidet. Für maximale Wuchsleistung ist reichliche Nachdüngung erforderlich. Im Garten hingegen kann, ja sollte man sogar auf Düngergaben verzichten, um die Artenvielfalt zumindest zu erhalten oder besser noch zu erhöhen.

Kräuterrasen

Eine Variante der Fettwiese ist der Kräuterrasen, in dem neben starkwüchsigen Gräsern auch Kräuter wie Gänseblümchen (*Bellis perennis*), Wiesenschaumkraut (*Cardamine pratensis*), Kriechender Günsel (*Ajuga reptans*) oder Gänsefingerkraut (*Potentilla anserina*) gedeihen. Er entwickelt sich gewöhnlich von ganz allein, wenn man Rasenflächen sich selbst überläßt und die anfliegenden „Unkräuter" nicht jätet.

Der Kräuterrasen wirkt charmanter und heiterer als das makellose, strenge Grün eines

Die Wiesenglockenblume mit ihren zarten blauvioletten Blütenkelchen gedeiht auf Fettwiesen.

In jedem Kräuterrasen findet man das ungemein durchsetzungsstarke Gänseblümchen.

Tip

Durch die Anlage einer Blumenwiese holt man sich nicht nur beschaulich schönes, sondern auch nutzbringendes Leben in den Garten. Die Larven so mancher Nützlingsinsekten wie Marienkäfer oder Florfliegen, die erstaunliche Mengen an Blattläusen und anderen Schädlingen vertilgen können, werden durch die heimischen Kräuter angezogen.

Tip

Häufiges Betreten bekommt vor allem hohen Blumenwiesen schlecht. Der Sport- und Spielbereich, der Zugang zu einem Gemüsebeet oder der Platz zum Wäscheaufhängen sollten daher ausgespart und besser mit einem Strapazierrasen begrünt werden.

Tip

Fettwiesen bieten im Frühsommer vor dem ersten Schnitt den reizvollsten Anblick, was man bei der Gesamtgestaltung des Gartens berücksichtigen sollte. Die Farbenpracht kommt besonders gut zur Geltung, wenn der Betrachter dann nicht durch andere Blütenattraktionen abgelenkt wird.

Tip

Ein Kräuterrasen stellt die ideale Grünfläche für Gärten dar, in denen Kinder spielen, da er zum einen strapazierfähig, zum andern aber auch ansprechend bunt und abwechslungsreich ist.

Zierrasens. Das Gras hält man durch häufiges Mähen kurz, damit die Narbe nicht verfilzt und die Kräuter nicht überwuchert und letztlich verdrängt werden. Im Gegensatz zu den hohen Blumenwiesen kann dieser Wiesentyp ohne weiteres betreten werden und eignet sich daher als ideale Spiel-, Erholungs- und Nutzgartenwiese.

Magerwiesen

Ist der Untergrund mager, d. h. nährstoffarm, können sich Magerwiesen in ihren verschiedenen Ausprägungen entwickeln. Eine ausgesprochen hohe Zahl von Pflanzenarten gibt sich auf solchen Flächen ein buntes Stelldichein. Diese Wiesentypen trifft man vielfach auf flachgründigen, oft steinigen oder sandigen Böden an, wo das Wasser schnell versickern kann und kaum Nährstoffe vorhanden sind.

Magerwiesen existieren sowohl auf kalkhaltigen, basischen wie auf kalkarmen, sauren Böden. Erstere werden je nach Wasserversorgung auch Trocken- oder Halbtrockenrasen genannt. Diese auffallend artenreichen Gesellschaften gedeihen vor allem auf den Kalkböden der Juragebirge, wo sie noch heute als Weide für Wanderschafherden dienen. Weit weniger Pflanzenarten beherbergen die Magerwiesen auf sauren, meist sandigen Böden. So herrscht z. B. auf den Binnendünen der deutschen Küsten eindeutig eine Art vor, das Silbergras *(Corynephorus canescens)*, nach dem man diesen Typ Wiese auch benennt.

Artenreiche Magerwiesen zeigen sich erstmals im Frühjahr und nochmals im Hochsommer von ihrer schönsten Seite. Die von mannigfaltigen bunten Blumen geschmückte Flur lockt eine Vielzahl von Schmetterlingen, Käfern, Heuschrecken und Spinnen an. Dominierende Pflanzen sind beispielsweise die Kar-

Das Wiesenschaumkraut siedelt sich auf genügend feuchten Gartenböden oft von selbst an.

Auf feuchten Wiesen kündigen die goldgelben Blüten der Sumpfdotterblume den Frühling an.

täusernelke *(Dianthus carthusianorum)*, der Gewöhnliche Odermennig *(Agrimonia eupatoria)* oder der Wiesensalbei (*Salvia pratensis* ssp. *pratensis*).

Die humusreichen, ständig mit Dünger versorgten Böden der meisten Hausgärten sind normalerweise zu fett, als daß sich die Pflanzen einer Magerwiese ohne weiteres darauf ansiedeln ließen. Für eine dauerhafte Anlage muß man das Erdreich deshalb abtragen, austauschen und/oder abmagern (siehe Seite 66f.). Hat man jedoch ohnehin einen kargen Untergrund zur Verfügung, sollte man die Gelegenheit nutzen und den vielfach schon bedrohten Pflanzenarten mit einer Magerwiese ein Stück Lebensraum gewähren, vielleicht sogar noch ein Steppenbeet und eine Trockenmauer damit kombinieren.

Feuchtwiesen

Auf wasserstauenden Böden und an Standorten mit hohem Grundwasserspiegel herrschen besondere, von der Nässe geprägte Verhältnisse, an die sich die Pflanzen der Feuchtwiesen hervorragend angepaßt haben. Auch hier richtet sich die Artenzusammensetzung im Einzelfall nach dem Nährstoffangebot. So unterscheidet man nährstoffarme Pfeifengraswiesen, benannt nach dem darin überwiegenden Pfeifengras *(Molinia caerulea)*, von nährstoffreicheren, nur einmal pro Jahr gemähten Streuwiesen. Letztere wirken durch eine breite Blumenpalette sehr farbenfroh.

In beiden Typen von Feuchtwiesen dominieren Kräuter wie das Wiesenschaumkraut *(Cardamine pratensis)*, verschiedene Hahnenfußarten *(Ranunculus)*, die Sumpfdotterblume *(Caltha palustris)* und die Kuckuckslichtnelke *(Lychnis flos-cuculi)*, daneben Binsen *(Juncus)*, Seggen *(Carex)* sowie die Rasenschmiele *(Deschampsia cespitosa)*.

Tip

Ein entscheidendes Kriterium für die Auswahl des Wiesentyps ist auch der pH-Wert des Bodens. Man kann ihn im Rahmen einer chemischen Bodenanalyse feststellen lassen oder mit Hilfe handelsüblicher Testsets selbst ermitteln (siehe auch Seite 39).

Tip

Um die Abmagerung eines Bodens zu beschleunigen, kann man vorab eine Gründüngungsmischung aus starkzehrenden Arten wie Kapuzinerkresse, Bienenfreund und Sonnenblumen aussäen. Im Herbst werden die Pflanzen dann nicht eingehackt, sondern im Gegenteil samt Wurzelwerk vollständig abgeräumt, um die dem Boden entzogenen Nährstoffe zu entfernen.

Tip

Feuchte oder nasse Gartenecken bereiten oft gestalterische Probleme. Dort läßt sich jedoch gut eine Feuchtwiese anlegen. Auch unbegehbare Bereiche am Ufer des Gartenteichs bieten sich für eine naturnahe Kulisse mit heimischen Feuchtpflanzen an.

Vorausschauende Planung

Mit der stetigen Zunahme ausgedehnter Siedlungen wuchs der Wunsch des Menschen nach einer grünen Oase vor seiner Haustür. Es entstanden Gärten ohne eigentlichen Nutzen, nur zur Zierde, Beschaulichkeit und Freizeitgestaltung. Aus englischen Parkanlagen kam der Trend zu sog. Landschaftsgärten. Exotische, schöne Ziergehölze, prachtvolle Blumenzüchtungen und makelloser, dichter Rasen zogen in die Gärten ein. Für jeden Belang wurden ruhig wirkende, gleichmäßig grüne Rasentypen wie Sport-, Schatten- oder Zierrasen entwickelt.

Ein Kompromiß zwischen Natur und Gartennutzung sind Blumeninseln in einer Rasenfläche.

So dekorativ und praktisch diese Grünflächen für weite Gartenbereiche auch sein mögen, es wächst doch die nostalgische Sehnsucht nach Naturgärten, in denen sich bunte Wiesenblumen, zarte Gräser und heimische Insekten frei entfalten und vermehren können. Sich für eine Blumenwiese im Garten zu entscheiden heißt aber nicht, auf nutzbare Rasenflächen verzichten zu müssen. In den meisten Gärten lassen sich für beide Formen, Rasen und Wiese, jeweils geeignete Bereiche finden.

Der Wunsch, eine natürlich wirkende Blumenwiese im Garten anzulegen, ist verständlich und im Hinblick auf den Naturschutz durchaus löblich, doch müssen vorab einige wichtige Überlegungen angestellt werden. Keineswegs ist eine Wiese ein simpler Ersatz für einen pflegeintensiven, makellosen Zierrasen; Anlage und Erhalt stellen vielmehr hohe Ansprüche an das Wissen des Gartenbesitzers. Eine Wildblumenwiese unterscheidet sich von einem Rasen grundsätzlich, sowohl was die Nutzung anbelangt als auch in Düngung und Pflege.

Gartenteile, die für Spiel, Sport und Freizeitgestaltung vorgesehen sind, eignen sich nicht zur Schaffung einer Wiese. Dort muß man auf die Vorzüge eines strapazierfähigen Rasens zurückgreifen. Für Wiesen bieten sich vor allem Gartenbereiche an, die kaum betreten werden, vielleicht auch etwas abgelegen sind. Besonders malerisch wirkt eine Gras- und Blumenflur unter großen Obstbäumen, nach dem Vorbild alter Streuobstbestände.

Wo für eine größere Wiese kein Raum bleibt, kann man an einen Kompromiß zwischen Nutzrasen und Zierwiese denken. Dabei läßt man Wiesenpflanzen streifenweise oder inselartig inmitten oder am Rand einer Rasenfläche wachsen und spart diese Flächen von der intensiven Pflege aus. Als Wiesentyp eignet sich hierfür allerdings fast ausschließlich die Fettwiese.

Selten bedacht wird eine Variante, bei der man trockene, oft problematisch zu begrünende Flächen mit Magerwiesen bedeckt, z. B. Böschungen, Hänge oder auch Bereiche

Unter alten Obstbäumen findet man oft blumenübersäte Wiesen.

Tip

Damit man durch eine Blumenwiese hindurchspazieren und sie unmittelbar betrachten kann, empfiehlt es sich, durch Mahd schmale, unbefestigte Wege darin anzulegen. Hält man die Streifen wie Nutzrasen ständig kurz, lassen sie sich betreten, ohne dabei Schaden zu nehmen.

Ein gemähter Pfad durch einen Kräuterrasen schont die Blumen.

Zur Begrünung steiler Böschungen bietet sich als hübsche Alternative eine Blumenwiese an.

Tip

Statt den Boden bei Garageneinfahrten vollständig mit Platten oder Teer zu versiegeln, kann man zumindest an den Randstreifen, mit Rasengittersteinen sogar auf der ganzen Einfahrt, Pflanzen der Magerwiesen ansiedeln. So erhält man eine ansprechende, abwechslungsreiche Fläche.

Tip

Statt mit Stein oder Holz kann man Rasen und Wiese auch durch einen Grünstreifen voneinander trennen, auf dem man den Bewuchs besonders kurz hält. Die hoch stehende, blühende Wiese wird dadurch optisch zusätzlich hervorgehoben.

neben Treppen, Einfahrten und Zugängen. Dort sind häufig die entsprechenden Standortbedingungen vorhanden, nämlich starke Besonnung, Trockenheit und karger Untergrund.

Einbinden von Wiesen in den Garten

Eine Blumenwiese wächst in freier Natur niemals auf einem scharf umrissenen Areal, sie verwebt sich an ihren Rändern stets mehr oder weniger mit den umgebenden Pflanzengesellschaften. So sollte sie auch im Garten keinen fest eingegrenzten Abschnitt darstellen, sondern sich harmonisch mit den anderen Bereichen wie Rasen, Hecken, Gehölzgruppen, Beeten, Gewässern oder Steingärten verbinden.

Aus praktischen Gründen wird man im Garten jedoch oft nicht umhinkommen, eine Wiese durch geeignete Maßnahmen in den ihr zugedachten Grenzen zu halten. Die innerhalb der Wiese erwünschte Selbstaussaat und Weiterverbreitung der Pflanzen macht nämlich vor Blumenbeeten oder Zierrasen nicht halt. Deshalb muß man an gewissen Stellen für eine wirksame Abgrenzung sorgen.

Rasen – Wiese

Die Trennlinie zwischen Rasen und Blumenwiese kann z. B. aus einer gestochenen Rasenkante, einem Plattenweg, Pflastersteinen, Holzbalken oder ähnlichem bestehen. Dabei wird sich kaum verhindern lassen, daß einzelne robuste Wildkräuter durch Ausläufer oder Samenflug in eine benachbarte Rasenfläche eindringen. Doch die Konkurrenz der wuchsfreudigen Rasengräser und der ständige Schnitt werden dafür sorgen, daß sich dort nur wenige Arten, etwa das Gänseblümchen *(Bellis perennis)*, auf Dauer etablieren. Läßt man solche „Einwanderer" gewähren, entwickelt sich mit den Jahren ein Kräuterrasen

Wird dem Kriechenden Günsel kein Einhalt geboten, wandert er mit Ausläufern in einen Rasen ein.

(siehe Seite 59 f.). Stören dagegen die fröhlichen Farbtupfer, bleibt nichts anderes übrig, als sie immer wieder einzeln auszustechen.

Beet – Wiese

Staudenbeete können zwar einerseits einer Wiese einen deutlichen Abschluß verleihen, andererseits müssen sie regelmäßig von unerwünschten „Grenzgängern" befreit werden. Vorbeugend sollte man die Wiese nicht bis direkt an das Beet heranwachsen lassen, sondern dazwischen durch stetiges Hacken und Jäten ein 20–30 cm breites Band Boden von jeglichem Bewuchs freihalten. Alternativ kann man auch einen befestigten Weg anlegen oder aber einen ungefähr 50 cm breiten Grünstreifen sehr häufig mähen.

Unbedeckte Stellen im Beet werden dennoch von vielen Wiesenkräutern rasch in Besitz genommen. Handelt es sich um hübsch blühende Kräuter wie z. B. Wiesenmargeriten *(Leucanthemum vulgare)* oder Glockenblumen

(Campanula), kann man sie – vor allem in Wildstaudenbeeten – gewähren lassen. Unerwünschte, ausbreitungsstarke Pflanzen wie Hahnenfußarten *(Ranunculus)* oder Vogelmiere *(Stellaria media)* müssen dagegen stetig ausgezupft werden.

Ganz ohne Übergang kann man ein Beet mit heimischen Wildstauden und eine Wiese miteinander verschmelzen lassen. Schleierfrauenmantel *(Alchemilla mollis)*, Fingerhutarten *(Digitalis)*, hohe Storchschnabelarten *(Geranium)*, Schwarze Königskerze *(Verbascum nigrum)* und andere Großstauden können, in Gruppen gepflanzt, dabei Blickpunkte bilden, die von niedrigeren Stauden umspielt werden. Ein Austausch mit den Wiesenpflanzen darf in diesem Fall ungehindert stattfinden, so daß die Grenzen zwischen Beet und Wiese im Lauf der Zeit verschwimmen.

Der füllige Schleierfrauenmantel schafft einen sehr harmonischen Übergang, trennt eine Wiese aber doch deutlich vom Beet.

Gehölzrand – Wiese

Zieht sich eine Wiese bis zu einem Gehölzbereich, muß man kaum bauliche Maßnahmen zur Trennung ergreifen, etwa Pflasterwege anlegen oder Holzschwellen errichten. Mangels Licht bleiben die meisten Wiesenpflanzen unter Bäumen oder Sträuchern ohnehin relativ schwachwüchsig und vermögen sich nicht durchzusetzen. Ganz ohne menschliches Zutun wird ihnen außerdem von

Unter einem noch kahlen Baum breiten sich Buschwindröschen und Hohler Lerchensporn aus.

Tip

Starkwüchsige, dichtbuschige und den Boden gut überdeckende Beetstauden können ihrerseits eine natürliche Barriere zur Wiese setzen. Arten wie Großblumiger Ziest *(Stachys grandiflora)*, Goldruten *(Solidago)* und Goldfelberich *(Lysimachia punctata)* oder aber Bodendecker, z. B. Elfenblumen, und Ziergräser wie China-Schilf schützen das Beet vor allzu großer Einwanderung von Wiesengewächsen.

Tip

Das farbliche Bild einer Blumenwiese verändert sich im Lauf der Jahreszeiten, blütenarme Phasen wechseln mit blütenreichen. Im Frühling herrscht oft Gelb vor, die Sommerblüher präsentieren sich bunter, während die herbstliche Wiese bräunlich, rötlich, silbrig und weiß schimmert. Mit einer geschickten Auswahl der angrenzenden Pflanzen kann man die Farben der Wiese harmonisch unterstreichen, Gegenpole setzen oder Lücken in der Blütenfolge schließen.

Tip

Stößt eine Blumenwiese an einen vollschattigen Gartenbereich, kann mit Farnen ein hübscher Übergang geschaffen werden. Deren ornamentale Wedel bilden einen interessanten Kontrast zu den feinen Wiesengräsern. Eine Mahd ist im Schatten nicht notwendig, da die eventuell einwandernden Wiesenkräuter hier niedrig bleiben.

den Gräsern und Kräutern des Gehölz- und Gehölzrandbereichs Einhalt geboten, die sich ihrerseits nicht in der Wiese behaupten können.

Pflanzt man schattenverträgliche Arten, die für Gehölzsäume typisch sind, wie Buschwindröschen *(Anemone nemorosa)*, Gewöhnliche Akelei *(Aquilegia vulgaris)* und Amstelraute *(Thalictrum aquilegifolium)* dazu, ergibt sich ein besonders harmonischer Übergang. Unter Laubgehölzen finden auch frühlingsblühende Zwiebelblumen einen ungestörten Platz. Die schwachwüchsige Saumvegetation zwischen Gehölz und Wiese wird entweder gar nicht oder nur einmal im Herbst gemäht.

Der richtige Standort

Die Stelle, an der die Blumenwiese angelegt wird, muß vor allem im Hinblick auf Sonneneinstrahlung und Untergrund sorgfältig ausgewählt werden. Grundsätzlich benötigen alle Wiesentypen reichlich Sonne, wenn sich eine größere Artenvielfalt und eine bunte Farbpalette der Blumen einstellen sollen, denn die meisten Wiesenblüten entwickeln sich nur bei intensiver Belichtung und Wärme bis zur Samenreife. Kleinere schattige Wiesenpartien können jedoch mit einer geschickten Pflanzenauswahl überbrückt werden.

Abhängig von der vorhandenen Bodenqualität, der Feuchtigkeit und vorherigen Nutzung kann sich auf einer vorgesehenen Fläche auf Dauer lediglich ein individuell angepaßter Wiesentyp durchsetzen. Mit dem Ausstreuen einer beliebigen Packung Wiesenblumensamen ist es deshalb nicht getan. Selbst nach anfänglichem Erblühen werden die meisten Arten schnell wieder verschwinden. Um mit seinen Bemühungen Erfolg zu haben, muß der Boden vorher genau geprüft werden. Am besten geschieht dies über eine Bodenanalyse (siehe Seite 39).

Anhaltspunkte für die Bodenqualität liefern aber auch sog. Leit- oder Zeigerpflanzen (siehe Tabelle Seite 70 f.). Arten, die sich spontan auf einer Brachfläche einstellen oder sich unter anderen Gartengewächsen durchsetzen, kann man als Indikatoren für bestimmte Bodenverhältnisse werten. So zeigt z. B. der Löwenzahn *(Taraxacum officinale)* nährstoffreichen, frischen, tiefgründigen Boden an, die Rundblättrige Glockenblume *(Campanula rotundifolia)* hingegen mageren, vorwiegend trockenen, flachgründigen Untergrund.

Kennt man die Bodenverhältnisse im eigenen Garten dann genau, hat man prinzipiell zwei Möglichkeiten, zu einer dauerhaft schönen Blumenwiese zu gelangen. Die einfachste Lösung ist es, eine Pflanzengesellschaft anzusiedeln, die dem vorhandenen Boden angepaßt ist. Wählt man den anderen Weg und verändert die Standortbedingungen entsprechend dem gewünschten Wiesentyp, gestaltet sich dies mitunter sehr aufwendig, insbesondere wenn für eine Magerwiese nährstoffreicher in kargen Untergrund verwandelt oder feuchtes Gelände trockengelegt werden soll. Bei alledem kann man nicht einmal sicher sein, daß die Maßnahmen den erhofften Erfolg bringen. Schon deshalb empfiehlt es sich in aller Regel, den Wiesentyp anzulegen, der den vorhandenen Standortbedingungen entspricht, zumal es heute für sämtliche Gartensituationen die passenden Saatmischungen im Fachhandel gibt.

Die Rundblättrige Glockenblume weist auf einen kargen, vorwiegend trockenen Boden hin.

Blumenwiesen sind wichtige Lebensräume für Kleingetier.

Anlegen und Pflegen einer Blumenwiese

Um den Garten mit einer Blumenwiese zu bereichern, kann man verschiedene Wege einschlagen. Bei unbebauten Grundstücken bietet sich die Möglichkeit, die Wiese auf einer Brachfläche zu etablieren. Bei bereits eingewachsenen Gärten steht man vor der Frage, ob man einen Teilbereich grundlegend umgestalten oder einen Rasen nach und nach zur Wiese werden lassen soll. In jedem Fall aber ist es nicht damit getan, eine Wiese einfach anzulegen. Soll sie ihren Charakter auf Dauer behalten, muß sie vielmehr regelmäßig sorgfältig gepflegt werden.

Auf Brachflächen in der Natur entstehen ganz von allein üppige Blumenwiesen.

Neuanlage

Auch für die Neuanlage einer Blumenwiese gibt es mehrere Methoden. Auf Brachflächen kann sich eine Wiese von allein entwickeln, wenn man das Areal nur mehr oder weniger sich selbst überläßt. Der Boden enthält in der Regel genügend Samen, die lediglich darauf warten, ihr Grün hervorbringen zu dürfen. Um auf diese Weise zu einer bunten Blumenwiese zu kommen, ist jedoch eine gehörige Portion Geduld vonnöten, denn erst nach vielen Jahren behutsamen Mähens bildet sich eine dauerhafte Wiesengesellschaft heraus. Da man aber kaum Einfluß auf die Pflanzenzusammensetzung ausübt, erweist sich eine solche Wiese als absolut standortgerecht.

Kaum jemand möchte allerdings die natürliche Entwicklung einer Brache zur Wiese abwarten, vielmehr werden meist ein schneller Erfolg und baldige Blütenpracht angestrebt. Wichtigste Voraussetzung dafür ist eine sorgfältige Bodenvorbereitung. Je nach vorhandenem Boden und erwünschtem Wiesentyp werden unterschiedliche Maßnahmen nötig. Stark verdichteter Boden, wie er oft auf Neubaugrundstücken vorkommt, muß zunächst durch Fräsen oder Umgraben gründlich aufgelockert werden (siehe Seite 39 f.). Dabei entfernt man gleich große Steine, die später beim Mähen stören würden. Auch ausdauernde, starkwüchsige Wildkräuter wie Quecken *(Agropyron repens)* oder Disteln (*Carduus*, *Cirsium* u. a.) beseitigt man.

Danach wird der Boden mit einem groben Rechen etwas eingeebnet und fein zerkrümelt. Die Bodenoberfläche muß aber nicht so plan sein wie bei der Anlage eines Rasens, soll sie doch natürlich wirken und durch kleine Erhe-

Fettwiesen mit Wiesenmargeriten, Wiesenglockenblumen, Rotklee und Hahnenfuß lassen sich auf den meisten Gartenböden ohne weiteres anlegen.

Bodenvorbereitung für eine Wiesenanlage

Zunächst lockert man die obere Bodenschicht sehr gründlich und mischt dabei eventuell gleich die Zuschlagstoffe unter.

Die Bodenoberfläche wird mit dem Rechen zerkrümelt und geglättet; dabei kann man sanfte Hügel und Senken modellieren.

Ganz zum Schluß wird Sand und/oder feiner Kies zur Saatvorbereitung ausgestreut und mit einem Fächerbesen verteilt.

Tip

Anders als beim Rasen sind bei einer Wiese flache Erhebungen und sanfte Mulden erwünscht. Man kann sie, sofern nicht schon vorhanden, bei der Neuanlage einer Wiese künstlich erstellen, indem man das Erdreich mit dem Rechen unregelmäßig verteilt. Allerdings sollten die Unebenheiten später eine Mahd nicht unnötig erschweren, weshalb die Geländemodellierung nur in sehr weichen Bahnen verlaufen darf.

Tip

Um Kräutern und Gräsern das Aussamen zu ermöglichen, darf nicht zu früh gemäht werden. Der richtige Zeitpunkt für die Mahd ist gekommen, wenn die Fruchtstände trocken erscheinen und beim Anstoßen oder sachten Zerreiben zwischen den Fingern ihre Samen freigeben.

Tip

Gute Samenmischungen erkennt man daran, daß das Mischungsverhältnis von Kräutern und Gräsern genau auf der Packung angegeben ist. Die Artenauswahl sollte weitgehend den natürlichen Wiesenverhältnissen entsprechen.

bungen und Mulden vielen Arten einen abwechslungsreichen Lebensraum bieten. Zuletzt bringt man eine dünne, etwa 2 cm hohe Schicht Sand und/oder feinen Kies auf.

Ähnlich grundlegende Vorarbeiten sind notwendig, wenn ein zuvor anderweitig genutzter Gartenteil, etwa ein Beet, in eine Wiese umgewandelt werden soll. Sämtlicher Bewuchs wird zunächst gründlich entfernt und der Boden tiefreichend gelockert. Will man auf dieser Fläche dann einen den Standortbedingungen entsprechenden Wiesentyp anlegen, z.B. eine Fettwiese auf nährstoffreichem, frischem Lehmboden, erübrigen sich

Wenn der Untergrund abgedichtet wird, lassen sich sogar auf trockenem Boden Feuchtwiesen anlegen.

weitere Maßnahmen. Anders stellt sich die Situation dar, wenn Bodenqualität und angestrebter Wiesentyp nicht zusammenpassen.

Um eine Magerwiese auf nährstoffreichem Boden anzusiedeln, muß man die Erde mit reichlich Sand und feinem Kies vermengen. Dies bewirkt, daß der Untergrund gleichzeitig wasserdurchlässiger und trockener wird. Bei sehr fettem Boden sollte man sogar einen Teil der Krume abtragen und durch sand- oder kiesreichen mageren Boden ersetzen.

Soll eine Feuchtwiese auf trockenem Boden angelegt werden, gilt es, den Untergrund mit einer wasserstauenden Schicht zu versehen. Dazu bringt man in etwa 50 cm Tiefe eine Tonschicht aus und mischt der Erde toniges Substrat bei.

Will man einen Halbtrocken- oder Trockenrasen auf einem feuchten Standort etablieren, müssen weitgehende Maßnahmen zur Trokkenlegung des Bodens ergriffen werden. Dazu fräst man den Untergrund tiefreichend, bringt in etwa 30 cm Tiefe eine 10–20 cm mächtige Dränageschicht aus grobem Kies ein und lokkert die Erde mit reichlich Sand und feinem Kies auf.

Um eine Fettwiese auf nährstoffarmem, trockenem Untergrund erzielen zu können, sind üppige Gaben abgelagerten Komposts notwendig.

Vom Rasen zur Wiese

Ist auf der für eine Magerwiese vorgesehenen Fläche bereits eine Pflanzendecke vorhanden, sei es ein gepflegter Rasen oder eine Fettwiese, sehen die Bodenvorbereitungen etwas anders aus. Die strapazierfähigen Rasengräser ebenso wie die Hochleistungsgräser der Wirtschaftswiesen sind äußerst konkurrenzstark und lassen die meisten Wiesenkräuter nicht hochkommen. Deshalb muß man in einem solchen Fall die Grasnarbe zusammen mit der gut gedüngten Humusschicht entweder völlig abtragen und dann die Wiese neu ansäen oder aber die Fläche langsam – über Jahre hinweg – abmagern.

Zum Abmagern empfiehlt es sich, Gras und „Unkraut" zunächst ungehindert wachsen zu lassen und nur etwa alle drei bis vier Wochen mit einer Schnitthöhe von 8 bis 10 cm zu mähen. Das Schnittgut muß selbstverständlich entfernt werden, damit es nicht bei dessen Verrottung zu einem neuen Nährstoffeintrag kommt. Der hohe Wuchs führt zu einer ungünstigen gegenseitigen Beschattung der Rasengräser und läßt Lücken in der vormals geschlossenen Narbe entstehen.

Diese Zwischenräume werden nach und nach durch anfliegende oder aber gezielt ausgesäte Wildkräutersamen aufgefüllt. Um die Keimbedingungen für sie zu verbessern, kann man die Grasnarbe nach dem Mähen mit einem Vertikutierer (siehe Seite 49) oder einem Rechen zusätzlich aufkratzen. In den folgenden Frühsommern wird etwa fünf Wochen lang gar nicht gemäht, damit die nun blühenden Kräuter Samen ausbilden können. Im Lauf der Zeit verringert man die Schnitthäufigkeit weiter, bis nur noch ein- oder zweimal im Jahr gemäht wird. Es versteht sich von selbst, daß auf die Verwendung von Dünger oder Unkrautvernichtungsmittel gänzlich zu verzichten ist.

Auswahl des Saatguts

Als Saatgut werden im Handel häufig schon fertig abgepackte, universelle Wiesenblumenmischungen angeboten, die jedoch größtenteils untauglich sind. Meist enthalten diese Mischungen eine Kombination von Arten, die mit der Zusammensetzung heimischer Wiesenpflanzen wenig gemein hat. Statt angepaßter Wildarten sind ungeeignete Zuchtformen, statt ausdauernder Stauden viele Einjährige beigemischt. Zudem werden die Samen vielfach sehr preisgünstig in südlichen Ländern gewonnen. Unter mitteleuropäischen Klima- und Bodenbedingungen haben diese nur schlechte Keim- und Entwicklungschancen. Im ersten Jahr blühen solche Mischungen häufig schön bunt, doch nimmt die Pracht im Lauf der nächsten ein bis zwei Jahre schnell ab.

Ein- und zweijährige Pflanzen, z. B. Wilde Möhre *(Daucus carota)*, dienen in Samenmischungen als Platzhalter für ausdauernde Kräuter, die einige Jahre zu ihrer Entwicklung brauchen. So farbenfrohe einjährige Arten wie Klatschmohn *(Papaver rhoeas)* oder Kornblume *(Centaurea cyanus)* sind jedoch auf vorübergehend brachliegende Erde, wie sie z. B. bei Ackerland auftritt, spezialisiert und verschwinden mit zunehmender Pflanzendichte wieder.

Alle Samenmischungen weisen zudem einen gewissen Prozentsatz an Gräsersamen auf; allerdings sind oft konkurrenzstarke Rasengräser beigegeben, die empfindlichen, lichthungrigen Kräutern keine Chance lassen. Der Grasanteil sollte keinesfalls zu hoch sein: Eine gute Mischung enthält etwa sechs verschiedene Grasarten und 15 bis 20 Kräuter. Vor Mischungen mit einem hohen Prozentsatz an Gräsern und vielen kurzlebigen Pflanzen sei gewarnt – sie erweisen sich nicht selten als regelrechter Bluff, denn nach anfänglichem Blütenzauber beherrschen bald die Gräser das Bild der Wiese.

Klatschmohn, Kornblume, Hundskamille und Frauenspiegel sind sehr kurzlebige Ackerwildkräuter.

So manche Samentüte enthält eine herrliche Blumenvielfalt; doch währt die Pracht nur kurz, wenn das Saatgut vorwiegend von einjährigen Pflanzen stammt.

Ungleich mehr Erfolg bringen in der Regel individuelle Samenmischungen, die in ihrer Artenzusammensetzung natürlichen Pflanzengesellschaften nachempfunden sind. Aufgrund gestiegener Nachfrage nach Blumenwiesensaaten – auch von öffentlichen Stellen zur naturnahen Begrünung von Parks, Renaturierungsflächen und dergleichen – wurden Saatgutmischungen unter wissenschaftlichen

Beliebte ausdauernde Gräser für Blumenwiesen

Botanischer Name	Deutscher Name	Wuchsform	Wiesentyp	Höhe in cm*	Blütezeit/Monate
Agrostis capillaris	Rotes Straußgras	h	F, Ms, K	20–60	VI–VII
Agrostis stolonifera	Weißes Straußgras	a	F, K	50–80	VI–VIII
Anthoxanthum odoratum	Ruchgras	h	F, Mk, Ms	15–50	V–VI
Arrhenatherum elatius ssp. *elatius*	Glatthafer	h	F, Mk	40–150	VI–VIII
Briza media	Herzzittergras	h	Mk, Ms	20–60	V–VI
Bromus erectus	Aufrechte Trespe	h	Mk	30–100	V–VII
Carex flacca	Blaugrüne Segge	a	Mk, Feu	20–30	V–VII
Corynephorus canescens	Silbergras	h	Ms	10–30	VI–VII
Cynosurus cristatus	Kammgras	h	F, K	30–50	VI–VII
Deschampsia cespitosa	Rasenschmiele	h	Feu	40–120	VI–VIII
Festuca nigrescens	Horstrotschwingel	h	F, K	30–80	VI–VII
Festuca ovina	Schafschwingel	h	Mk, Ms	10–60	V–VII
Festuca tenuifolia	Haarschwingel	h	Ms	10–40	V–VII
Koeleria glauca	Blaugrünes Schillergras	h	Mk	15–60	VI–VII
Lolium perenne	Deutsches Weidelgras	a	F, K	10–60	V–VIII
Melica ciliata	Wimperperlgras	h	Mk	20–70	V–VI
Molinia caerulea	Pfeifengras	h	Feu	30–100	VII–IX
Nardus stricta	Borstgras	h	Ms	10–30	V–VI
Phleum pratense	Wiesenlieschgras	h	F, K	20–80	VI–VIII
Poa nemoralis	Hainrispengras	h	F, K	20–50	VI–VII
Poa palustris	Sumpfrispengras	h	Feu	30–100	VI–VII
Poa pratensis	Wiesenrispengras	a	F, K	20–80	V–VII
Stipa capillata	Büschelhaargras	h	Mk	40–120	VII–VIII
Stipa pulcherrima	Prachtfedergras	h	Mk	20–70	V–VII
Trisetum flavescens	Goldhafer	h	F	30–70	V–VII

h horstbildend **a** ausläufertreibend **F** Fettwiese: mittel- bis tiefgründige, lehmige oder lehmig-tonige Böden mit guter Wasser- und Nährstoffversorgung **M** Magerwiese: flach- bis mittelgründige, sandig-lehmige oder steinige, nährstoffarme, leicht austrocknende Böden **Mk** Magerwiese mit kalkhaltigem Substrat **Ms** Magerwiese mit saurem Substrat **Feu** Feuchtwiese: tiefgründige, lehmig-tonige, nährstoffreiche Böden mit sehr hoher Wasserversorgung **K** Kräuterrasen: mittel- bis tiefgründige, durchschnittliche Böden mit guter Nährstoff- und Wasserversorgung * erste Angabe niedrigste Laubhorsthöhe, zweite Angabe höchste Blütenstandhöhe

Aspekten entwickelt. Bei gut sortierten Fachhändlern sind diese Mischungen auch für den Hausgarten erhältlich.

Die Samenmischungen werden in unterschiedlicher Zusammenstellung für verschiedene Standorte angeboten. So gibt es sie z. B. für Feuchtwiese, Fettwiese, Kalkmagerwiese oder Trockenrasen zu kaufen. Oft erhält man zwei Teilpackungen, nämlich die jeweiligen heimischen Wildpflanzensamen und eine entsprechende Grasgrundmischung. Damit auch weniger Geübte das Saatgut dünn und gleichmäßig verteilen können, ist es bisweilen noch mit einem aus Getreide gewonnenen Füllstoff versetzt. Eine Verdünnung mit Sand, wie sonst üblich und empfehlenswert, wird in diesem Fall unnötig.

Viele Hersteller bieten Samen der einzelnen Pflanzenarten zudem getrennt an, so daß sich individuelle Mischungen daraus zusammenstellen lassen. Als Faustregel kann dabei gelten, daß Blumenwiesen aus 50–70% Gräsern in etwa zehn verschiedenen Arten und 30–50% Kräutern in mindestens 30 Arten

Kartäusernelke, Wiesenmargerite und Ausdauernder Lein gedeihen auf kalkhaltigen Magerwiesen.

bestehen sollten. Ein Verzicht auf jegliche Grasarten erscheint zweckmäßig, wenn es gilt, kahle Stellen einer Wiese nachzusäen, oder wenn ein reines Wildblumenbeet angelegt werden soll.

Beim Selbstmixen einer Samenmischung ist aber zu bedenken, daß man von den verschiedenen Arten meist nur Kleinstmengen benötigt. Viele Lieferanten verkaufen sortiertes Saatgut jedoch erst ab einer Menge von 100 g – und das entspricht vor allem bei Arten mit winzigen Samen einer ungeheuren Zahl von Pflanzen. Man sollte sich deshalb nach Fachhändlern umsehen, die auch kleine Portionen vertreiben.

Falls man bei einem Spaziergang auf eine artenreiche Wiese stößt, kann man den betreffenden Bauern um eine kleine Menge „Heublumen" aus seiner Heuernte bitten. Heublumen nennt man das Feinmaterial aus Spreu und Samen, das auf dem Boden des Heuwagens zurückbleibt und leicht zusammenzufegen ist. Werden die Heuballen in noch grünem Zustand eingefahren, hängen die Samen meist noch in den verwelkten Blüten. Solches Heu kann man locker auf der Fläche, auf der die Wiese geplant ist, verteilen und dort verrotten lassen. Die darin enthaltenen Samen keimen im darauffolgenden Frühjahr.

Aussaat

Nach der Auswahl des Saatguts und nach Abschluß der Bodenvorbereitungen kann man mit der Aussaat der Wiesenblumensamen beginnen. Prinzipiell eignet sich dafür der gesamte Zeitraum zwischen April und Oktober, allerdings erzielt man den höchsten Erfolg mit einer Aussaat im Frühjahr oder Herbst. In den heißen Sommermonaten trocknen die Samen oft aus, oder sie werden von Regengüssen fortgeschwemmt. Sog. Kaltkeimer wie viele Primelarten *(Primula)* oder Schwerkeimer wie der Kriechende Günsel *(Ajuga reptans)* benötigen jedoch einen Kältereiz zum Brechen der Samenruhe bzw. keimen nach einer Kälteeinwirkung leichter. Solche Pflanzen werden deshalb besser im Herbst angesät.

Für Blumenwiesen benötigt man je nach Art der Mischung 3–5 g Blumensamen sowie zusätzlich etwa 20 g Grassamen pro Quadratmeter. Die Aussaat erfolgt bei kleinen Flächen breitwürfig mit der Hand, bei größeren Flächen kann man einen sog. Düngerstreuer verwenden. Der Boden sollte zu diesem Zeitpunkt leicht feucht sein, außerdem muß Windstille herrschen. Damit die Samen gleichmäßig verteilt werden, sät man über Kreuz, d. h., man schreitet die Fläche erst längs, dann quer ab. Es empfiehlt sich, Wiesenblumensamen grundsätzlich eher zu dünn als zu dicht

Tip

Der Gartenfachhandel hält zu den Blumenwiesen-Saatmischungen gewöhnlich auch umfassendes Informationsmaterial bereit, das über Standortvoraussetzungen, Bodenvorbereitung, Aussaat und Pflege Auskunft gibt. In jedem Fall sollte man sich zu diesen Punkten vor der Aussaat sorgfältig kundig machen.

Tip

Samen oder voll entwickelte Exemplare von Wildpflanzen sollten niemals der freien Natur entnommen werden. Selbst Arten, die an manchen Standorten in Massen auftreten, können woanders eine Seltenheit sein. Möchte man eine spezielle Art unbedingt in seiner Wiese blühen sehen, kann man sie bestimmen und einzeln bei gut sortierten Samenhändlern bestellen.

Tip

Es gestaltet sich bisweilen recht schwierig, gute Samenmischungen oder auch sortierte Samen bestimmter Arten im Handel zu bekommen. Wertvolle Auskünfte über Bezugsquellen erteilen die verschiedenen Naturschutzorganisationen. Auch in Gartenzeitschriften und den Mitteilungsblättern vieler Liebhabergesellschaften sind Adressen und Angebote spezialisierter Samenhändler und -versender zu finden.

Beliebte blühende Kräuter für Blumenwiesen

Botanischer Name	Deutscher Name	Wuchsform	Wiesentyp	Höhe in cm	Blüten-farbe	Blütezeit/ Monate	Besonderes
Achillea millefolium	Gewöhnliche Schafgarbe	m	F, Mk, K	40–90	weiß bis rosa	VI–IX	Insektennahrung, Heilpflanze
Agrimonia eupatoria	Gewöhnlicher Odermennig	m	Mk	30–100	gelb	VI–VIII	Insektennahrung, Heilpflanze
Ajuga reptans	Kriechender Günsel	m	K	5–20	blau, weiß, rosa	IV–VI	Insektennahrung
Anthericum liliago	Astlose Graslilie	m	Ms	30–60	weiß	V–VII	Insektennahrung, geschützte Art
Anthericum tinctoria	Färberkamille	z–m	Mk	30–60	gelb	VI–IX	Pionierpflanze
Anthriscus sylvestris	Wiesenkerbel	m	F, K	80–100	weiß	IV–VII	Leitpflanze auf F
Bellis perennis	Gänseblümchen	z–m	F, K	5–15	weiß	II–X	typisch für K
Caltha palustris	Sumpfdotterblume	m	Feu	20–40	gelb	III–V	Leitpflanze auf Feu
Campanula patula	Wiesenglockenblume	m	F	20–50	blau	V–VII	Insektennahrung
Campanula rotundifolia	Rundblättrige Glockenblume	m	Mk	10–40	blau	VI–X	Leitpflanze auf Mk
Cardamine pratensis	Wiesenschaumkraut	m	F, Feu, K	10–40	lila bis weiß	IV–VI	Leitpflanze auf Feu, typisch für K
Carum carvi	Echter Kümmel	z	F	50–70	weiß	V–VII	Heilpflanze, Leitpflanze auf F
Centaurea jacea	Wiesenflockenblume	m	F	20–80	rotviolett	VI–X	Insektennahrung
Centaurea scabiosa	Skabiosen-flockenblume	m	Mk	30–100	purpurn	VI–IX	Bienennahrung
Chaerophyllum hirsutum	Behaarter Kälberkopf	m	Feu	60–80	weiß bis rosa	V–VII	Leitpflanze auf Feu
Crepis biennis	Wiesenpippau	z	F	30–100	gelb	V–VII	Insektennahrung
Daucus carota	Wilde Möhre	z	Mk	30–100	weiß bis rosa	VI–VIII	Insektennahrung, Heilpflanze
Dianthus carthusianorum	Kartäusernelke	m	Mk	10–30	purpurn	VI–IX	Schmetterlings-nahrung, Leitpflanze auf Mk
Dianthus deltoides	Heidenelke	m	Ms	10–15	rosa bis purpurn	VI–IX	Schmetterlings-nahrung
Euphorbia cyparissias	Zypressen-wolfsmilch	m	Mk	20–40	gelb	IV–VI	Insektennahrung, Pionierpflanze
Galium mollugo	Wiesenlabkraut	m	F, Mk	25–80	weiß	V–IX	Insektennahrung
Galium verum	Echtes Labkraut	m	Mk	20–70	gelb	VI–IX	Insektennahrung
Geranium pratense	Wiesen-storchschnabel	m	F	30–80	blauviolett	VI–VIII	Bienennahrung
Helianthemum nummularium	Gewöhnliches Sonnenröschen	m	Mk	10–30	gelb	VI–VIII	Insektennahrung
Hieracium aurantiacum	Orangerotes Habichtskraut	m	Ms, K	20–50	orangerot	VI–VIII	auffallend leuchtende Farbe
Hypericum perforatum	Echtes Johanniskraut	m	Mk, Ms	30–60	gelb	VI–VIII	Bienennahrung, Pionierpflanze
Knautia arvensis	Ackerwitwenblume	m	F, Mk	30–80	violett	VII–IX	Bienennahrung
Lathyrus pratensis	Wiesenplatterbse	m	F, Feu	30–80	gelb	VI–VIII	Hummelnahrung

Botanischer Name	Deutscher Name	Wuchsform	Wiesentyp	Höhe in cm	Blütenfarbe	Blütezeit/ Monate	Besonderes
Leucanthemum vulgare	Wiesenmargerite	m	F, Mk	50–90	weiß	V–VI	Pionierpflanze, Leitpflanze auf F
Linaria vulgaris	Gewöhnliches Leinkraut	m	F, Mk	20–70	gelb	VI–X	Pionierpflanze, Bienennahrung
Linum perenne	Ausdauernder Lein	m	Mk	30–60	blau	VI–VIII	Insektennahrung
Lotus corniculatus	Gewöhnlicher Hornklee	m	F, Mk, Ms, K	5–40	gelb	VI–VIII	Insektennahrung, Pionierpflanze
Lychnis flos-cuculi	Kuckuckslichtnelke	m	Feu	30–80	rosa	V–VII	Insektennahrung, Leitpflanze auf Feu
Lysimachia vulgaris	Gewöhnlicher Felberich	m	Feu	50–150	gelb	VI–VIII	Pionierpflanze
Onobrychis viciifolia	Esparsette	m	F, Mk	40–60	rosa bis rot	VI–VII	Bienennahrung, Pionierpflanze
Papaver rhoeas	Klatschmohn	e	F, Mk	30–80	rot	V–VII	Insektennahrung
Plantago lanceolata	Spitzwegerich	m	F, Mk, K	10–40	bräunlich	V–IX	Heilpflanze
Polygonum bistorta	Wiesenknöterich	m	F, Feu	60–100	rosa	V–VII	Bienennahrung, Leitpflanze auf Feu
Potentilla anserina	Gänsefingerkraut	m	F, Feu	5–20	gelb	VI–VIII	Pionierpflanze, Heilpflanze
Primula elatior	Waldschlüsselblume	m	F, Feu	15–30	gelb	III–IV	Insektennahrung, geschützte Art
Primula veris	Echte Schlüsselblume	m	Mk	15–30	gelb	IV–V	Insektennahrung, geschützte Art
Prunella grandiflora	Große Braunelle	m	Mk	15–20	blauviolett	VI–IX	Bienennahrung
Prunella vulgaris	Kleine Braunelle	m	F, K	5–20	blauviolett	VI–IX	Bienennahrung
Ranunculus acris	Scharfer Hahnenfuß	m	F	40–80	gelb	V–VI	Leitpflanze auf F, Giftpflanze
Rhinanthus aristatus	Klappertopf	e	F, K, Feu	10–40	gelb	V–VIII	entzieht stark Nährstoffe
Salvia pratensis ssp. *pratensis*	Wiesensalbei	m	F, Mk	50–80	violett	VI–VIII	Bienennahrung, Leitpflanze auf Mk, Heilpflanze
Sanguisorba minor	Kleiner Wiesenknopf	m	F, Mk	10–60	grünlich-rot	V–VIII	Pionierpflanze
Silene dioica	Rote Lichtnelke	m	F, Feu	30–90	purpurn	V–IX	Insektennahrung, Pionierpflanze
Thymus serpyllum	Quendel, Feldthymian	m	Ms	5–10	purpurn	V–X	Insektennahrung, Pionierpflanze
Tragopogon pratensis	Wiesenbocksbart	z	F, Mk	30–70	gelb	V–VII	schöne Fruchtstände
Trifolium pratense	Rotklee	m	F, Mk	10–40	rot	VI–IX	Leitpflanze auf F
Trollius europaeus	Trollblume	m	Feu	50–90	gelb	V–VI	Leitpflanze auf Feu

m mehrjährig **e** einjährig **z** zweijährig **F** Fettwiese: mittel- bis tiefgründige, lehmige oder lehmig-tonige Böden mit guter Wasser- und Nährstoffversorgung **M** Magerwiese: flach- bis mittelgründige, sandig-lehmige oder steinige, nährstoffarme, leicht austrocknende Böden **Mk** Magerwiese mit kalkhaltigem Substrat **Ms** Magerwiese mit saurem Substrat **Feu** Feuchtwiese: tiefgründige, lehmig-tonige, nährstoffreiche Böden mit sehr hoher Wasserversorgung **K** Kräuterrasen: mittel- bis tiefgründige, durchschnittliche Böden mit guter Nährstoff- und Wasserversorgung **Leitpflanze** für betreffenden Wiesentyp charakteristische Art **Pionierpflanze** schnell keimende Art, die nackten Boden rasch besiedelt

Wiesensaat

Das Saatgut von Gräsern und Blumen wird mit der Hand breitwürfig und dünn ausgestreut oder mit einem Streuwagen verteilt.

Den Samen arbeitet man mit einem Rechen leicht in die Erde ein und drückt ihn dann mit Trittbrettern oder einer Walze fest.

Danach wird die Fläche bewässert und zum Schutz vor Austrocknung mit einer dünnen Mulchschicht, z. B. aus Heu, bedeckt.

Tip

Beim Aussäen einer Samenmischung von Hand empfiehlt es sich, die feinen, leichten Samen getrennt von den größeren und entsprechend schwereren auszubringen. So läßt sich leichter eine gleichmäßige, dünne Verteilung des Saatguts erzielen.

Tip

Bei getrenntem Saatgut kann man den meist schwächer wachsenden Kräutern einen Vorsprung verschaffen, indem man sie ein paar Wochen vor den Gräsern ansät. Auf diese Weise lassen sich die krautigen Keimlinge von den Gräsern nicht mehr so leicht zurückdrängen.

Tip

Da frisch angesäte Flächen oft einen unwiderstehlichen Reiz auf hungrige Vögel ausüben, empfiehlt sich das Aufstellen einer klassischen Vogelscheuche oder eines Stabs mit flirrenden Metallbändern.

Tip

Sehr dicht stehende Blumengruppen, z. B. aus Wiesenmargeriten oder Primeln, kann man im Frühjahr oder Herbst ausdünnen und einzelne Exemplare davon an neuen Stellen ansiedeln. Dazu sticht man einen Teil der betreffenden Wiesensode aus und verpflanzt ihn an den vorgesehenen Platz.

auszubringen. Ein Blick in die freie Natur zeigt, daß die lichthungrigen Wiesenpflanzen vergleichsweise lockerer stehen als Gräser im dichten Rasen.

Anschließend werden die Samen vorsichtig mit Rechen oder Hacke in die Erde eingearbeitet. Feine Samen dürfen dabei allerdings nicht zu tief in die Krume gelangen. Um den Erdkontakt zu verbessern und ein Ausschwemmen des Saatguts zu verhindern, drückt man die Erde mit einer Walze oder mit Fußbrettern fest.

In den folgenden vier bis sechs Wochen ist besonders darauf zu achten, daß der Boden gleichmäßig feucht bleibt. Fallen nicht ausreichend Niederschläge, muß die Saatfläche aus fein eingestellten Düsen des Gartensprengers regelmäßig beregnet werden. Keimlinge und Jungpflänzchen haben äußerst empfindliche Wurzeln und dürfen keinesfalls austrocknen. Bei sehr großer Trockenheit und hoher Sonneneinstrahlung schützt man die Aussaat am besten mit einer dünnen Mulchschicht aus Heu oder Stroh.

Stauden hinzupflanzen

Obwohl sich eine Blumenwiese auch in einem Garten so natürlich wie möglich entfalten sollte, kann man der Entwicklung einer bunten Vielfalt mit einigen Tricks etwas nachhelfen. Vor allem auf einer bestehenden Rasenfläche, die in eine Wiese umgewandelt werden soll, läßt sich die Ausbreitung der Kräuter beschleunigen, indem man bereits vorgezogene Pflanzen einsetzt.

In neu angesäten oder schon bestehenden Blumenwiesen vermißt man vielleicht die eine oder andere blühende Art – sei es, daß sie nicht in der Samenmischung enthalten war oder daß sie per Aussaat äußerst schwierig anzusiedeln ist. Wiesenkräuter mit hartschaligen Samen oder langer Keimdauer brauchen oft Jahre bis zur ersten Blüte. Solche Arten können sich gegenüber schnellwüchsigen Kräutern nur schwer behaupten. Man erleichtert ihnen den Start und die Ausbreitung in einer Wiese erheblich, wenn man sie als Jungpflanzen in die Gemeinschaft integriert. Selbstverständlich muß der Standort den gewählten Pflanzenarten zusagen, andernfalls werden sie bald wieder aus der Wiese verdrängt.

Nachträglich in eine Wiese gepflanzte Knäuelglockenblumen behaupten sich gut.

Beliebte Stauden, Knollen- und Zwiebelpflanzen für Blumenwiesen

Botanischer Name	Deutscher Name	Wuchsform	Wiesentyp/ Standort	Höhe in cm	Blütenfarbe	Blütezeit/ Monate
Aconitum napellus	Blauer Eisenhut	St	Feu, F, Rand	50–150	blau	VI–VIII
Alchemilla mollis	Schleierfrauenmantel	St	F, Feu, Rand	30–60	grünlichgelb	VI–VII
Allium sphaerocephalon	Kugellauch	Zw	Mk	50–80	rot	VII–VIII
Anemone nemorosa	Buschwindröschen	Kn	K, Schatten, Rand	10–25	weiß	III–V
Aquilegia vulgaris	Gewöhnliche Akelei	St	F, Rand	30–80	blauviolett	V–VI
Campanula glomerata	Knäuelglockenblume	St	F, Mk	50–60	blauviolett	VI–VIII
Chionodoxa luciliae	Schneeglanz	Zw	F	10–15	hellblau, rosa, weiß	III–IV
Colchicum autumnale	Herbstzeitlose	Kn	Feu	10–25	rosa bis violett	VIII–X
Corydalis cava	Hohler Lerchensporn	Kn	F, Rand	10–30	purpurn, weiß	III–IV
Crocus-Hybriden	Gartenkrokus	Kn	F, K, Rand	5–10	weiß, lila, blau	III–IV
Crocus tommasinianus	Elfenkrokus	Kn	M, Rand	5–10	blau bis violett	II–III
Crocus vernus ssp. *albiflorus*	Frühlingskrokus	Kn	F, K, Feu	10–15	weiß, violett	II–IV
Digitalis grandiflora	Großblütiger Fingerhut	St	F, Ms	50–100	hellgelb	VI–VIII
Filipendula vulgaris	Knollige Spierstaude	St	F, Mk	30–60	cremeweiß	VI–VII
Gagea lutea	Gewöhnlicher Gelbstern	Zw	F, Feu, Rand	10–30	gelb	IV–V
Galanthus nivalis	Schneeglöckchen	Zw	F, Feu	10–20	weiß	II–III
Geranium sanguineum	Blutroter Storchschnabel	St	F, Mk, Rand	10–40	purpurrot	V–IX
Iris sibirica	Sibirische Schwertlilie	St	Feu	60–100	violett bis blau	V–VI
Leucojum vernum	Märzenbecher	Zw	F, Feu, Rand	10–30	weiß	III–IV
Malva alcea	Rosenmalve	St	F, Mk	50–100	rosa	VI–X
Muscari neglectum	Große Traubenhyazinthe	Zw	F, Mk	10–40	dunkelblau	III–V
Narcissus-Hybriden	Narzisse	Zw	F, K, Rand	15–60	gelb, weiß	III–V
Narcissus poeticus	Dichternarzisse	Zw	F, Feu	30–40	weiß	IV–V
Polemonium caeruleum	Blaue Himmelsleiter	St	F, Feu	30–80	blau	V–VIII
Primula farinosa	Mehlprimel	St	F, Feu	10–20	rosa	V–VII
Pulsatilla vulgaris ssp. *vulgaris*	Gewöhnliche Küchenschelle	St	Mk	10–30	hellviolett	III–V
Salvia officinalis	Gartensalbei	St	Mk	50–80	violett	VI–VIII
Scilla siberica	Blausternchen	Zw	F, Feu, Rand	10–20	blau, weiß, rosa	III–IV
Tanacetum corymbosum	Straußblütige Wucherblume	St	F, Mk	50–100	weiß mit gelber Mitte	VI–VIII
Tanacetum vulgare	Rainfarn	St	F, Rand	60–120	gelb	VII–IX
Thalictrum aquilegifolium	Amstelraute	St	F, Feu	80–150	zartviolett, weiß	V–VII
Tulipa sylvestris	Weinbergtulpe	Zw	F, Mk	20–45	gelb	IV–V
Verbascum nigrum	Schwarze Königskerze	St	Mk	80–100	gelb	VI–VIII

St Staude **Zw** Zwiebelpflanze **Kn** Knollenpflanze **F** Fettwiese: mittel- bis tiefgründige, lehmige oder lehmig-tonige Böden mit guter Wasser- und Nährstoffversorgung **M** Magerwiese: flach- bis mittelgründige, sandig-lehmige oder steinige, nährstoffarme, leicht austrocknende Böden **Mk** Magerwiese mit kalkhaltigem Substrat **Ms** Magerwiese mit saurem Substrat **Feu** Feuchtwiese: tiefgründige, lehmig-tonige, nährstoffreiche Böden mit sehr hoher Wasserversorgung **K** Kräuterrasen: mittel- bis tiefgründige, durchschnittliche Böden mit guter Nährstoff- und Wasserversorgung **Rand** Übergang von Wiese zum Gehölzrand

Tip

Hinzugepflanzte Zwiebel- und Knollengewächse sollen in einer Wiese so natürlich wie möglich wirken. Am besten streut man die Zwiebeln oder Knollen vor dem Pflanzen wie Saatgut auf den Boden und sticht dort, wo sie zufällig hingefallen sind, die Pflanzlöcher aus.

Tip

Vor allem während der Umbildung eines Rasens zu einer Blumenwiese kommt es immer wieder vor, daß konkurrenzstarke Pflanzen einseitig das Bild bestimmen. Verbreitet sich eine Art schwerpunktmäßig von einzelnen Stellen aus, läßt sie sich durch frühes Ausmähen dieser Bereiche gezielt zurückdrängen.

Der Gewöhnliche Gelbstern entwickelt sich am Übergang von einer Wiese zum Gehölzrand prächtig und verbreitet sich durch Brutzwiebeln und Selbstaussaat.

Die spät im Jahr blühende Herbstzeitlose zaubert Glanzpunkte in herbstliche Wiesen.

Die erwünschten Einzelpflanzen kann man entweder selbst in separaten Anzuchtgefäßen vorziehen oder als Containerpflanzen in Staudengärtnereien erwerben. Bevorzugt werden die Pflanzen im Frühjahr oder Herbst eingesetzt, wenn man die kurze Wiese betreten kann, ohne Schaden anzurichten.

Zwiebeln und Knollen einsetzen

Auch die meisten Zwiebel- und Knollenpflanzen benötigen einige Jahre für ihre Entwicklung vom Samen zur Blüte. Mit dem gezielten Einsetzen von Blumenzwiebeln kommt man ungleich schneller in den Genuß des attraktiven Flors. Vor allem im Frühling zaubern dann Krokusse *(Crocus)*, Narzissen *(Narcissus)*, Schneeglöckchen *(Galanthus nivalis)* und viele andere Arten bunte Farbtupfer in die noch lückige Kräuterdecke. Nach der letzten Mahd schmücken dagegen die zartvioletten Blütenbecher der Herbstzeitlosen *(Colchicum autumnale)* die herbstliche Wiese.

Randbereiche unter Gehölzen bieten vor der Belaubung der Bäume z.B. Platz für Hohlen Lerchensporn *(Corydalis cava)* und Gewöhnlichen Gelbstern *(Gagea lutea)*. Bei einer angepaßten ein- bis zweimaligen Mahd pro Saison können auch frühblühende Zwiebelpflanzen zur Samenreife gelangen und sich weitere Wiesenbereiche erobern. Deshalb sollte der erste Schnitt nicht zu früh im Jahr erfolgen.

Grundsätzlich sind bei allen in die Wiese gepflanzten Stauden, Zwiebel- und Knollenpflanzen ausschließlich heimische Wildarten zu verwenden. Hochgezüchtete Sorten passen nicht zum Charakter einer Wiese und vermehren sich oft nur schlecht von selbst.

Mahd und weitere Pflegemaßnahmen

So natürlich eine Blumenwiese auch wirkt, sie braucht doch ein gewisses Maß an Pflege. Der eigentliche Arbeitsaufwand hält sich dabei in Grenzen, aber man benötigt etwas Wissen und feines Gespür, wenn eine Wiese gedeihen soll. Zur richtigen Pflege gehören neben der regelmäßigen Mahd das Entfernen des Schnittguts und das gezielte Ausstechen unerwünschter Pflanzenarten.

Die Häufigkeit der Mahd richtet sich nach dem Wiesentyp und der Entwicklung der Kräuterdecke. Bei fettem Boden und starkem Aufwuchs wird bis zu dreimal jährlich gemäht. Möchte man einen Rasen in eine Wiese umwandeln, sind anfänglich sogar noch mehr Schnitte nötig. Das Schnittgut muß vollständig abgeräumt werden, um dem Boden die Nährstoffe nicht wieder zuzuführen. Mit der Abmagerung des Bodens geht langfristig eine Zunahme der Pflanzenarten einher, und die Schnitthäufigkeit kann allmählich reduziert werden. Auf mageren Böden mit geringem Aufwuchs reichen meist ein bis zwei Schnitte im Jahr. Generell kann man sagen, daß eine Wiese um so öfter gemäht wird, je wuchsfreudiger sie ist.

Die hübsche Rote Lichtnelke läßt man möglichst bis nach der Samenreife auf der Wiese stehen.

Welcher Zeitpunkt für die Mahd der beste ist, hängt vom Witterungsverlauf und von der Entwicklung der Pflanzen ab. Durch geschickt gewählte Schnittermine kann man die Verbreitung einzelner Arten in gewissem Maß steuern. Erwünschten Gewächsen läßt man genügend Zeit bis zur Samenreife und Selbstaussaat, weniger erwünschten oder konkurrenzstarken Massenentwicklungen einzelner Arten wirkt man durch vorzeitigen Schnitt entgegen. Solche Pflanzen werden am besten vor der Blüte, spätestens aber vor der Fruchtreife abgemäht.

Ganz besonders hartnäckige Kräuter wie die Gewöhnliche Kratzdistel *(Cirsium vulgare)*, der Sauerampfer *(Rumex)* oder Brennesseln *(Urtica)* lassen sich nur mit gezieltem Ausstechen und ständigem Kurzhalten zurückdrängen.

Der Artenreichtum der Wiesenpflanzen bringt es mit sich, daß hier Gewächse mit den unterschiedlichsten Wuchseigenschaften und -formen zusammentreffen. So ist auch die Fähigkeit, nach dem Schnitt wieder auszutreiben und Blätter und Blüten zu entwickeln, von Art zu Art recht verschieden. Deshalb sollte man die Pflanzenentwicklung genau beobachten, um den geeignetsten Schnittermin für die jeweilige Wiese zu finden. Sind z. B. Frühlingsblüher wie Schneeglöckchen *(Galanthus nivalis)* vertreten, wartet man mit der Mahd, bis deren reife Samen zu Boden gefallen sind und die Blätter vergilben.

Zum Schnitt hoch stehender Wiesen ist ein normaler Rasenmäher, etwa ein Walzenmäher, ungeeignet (siehe Seite 46). Die langen Halme und Stengel würden nur abgeknickt, zerfasert und vom Messer nicht erfaßt werden. Zudem zerhäckseln diese Mäher die Grünmasse so sehr, daß man sie nicht mehr vollständig zusammenrechen und abräumen kann. Starke Sichelmäher können bei hoher Messereinstellung jedoch verwendet werden. Am besten aber schneidet man Wiesen, je nach Größe, mit der Sense oder einem Balkenmäher. Die Anschaffung eines Balkenmähers macht sich allerdings erst ab Flächen von 1000 m^2 bezahlt. Umweltfreundlich, leise und sportlich ist dagegen der Einsatz einer Sense. Mit ihr können auch unebene Flächen gemäht und einzelne Bereiche gesondert behandelt werden. So kann man ein Fleckchen mit ausnehmend schönen Blumen stehenlassen, andererseits unerwünschte Arten gezielt ausmähen. Der Umgang mit einer Sense ist bei weitem nicht so schwierig, wie es scheint, zugegebenermaßen jedoch recht anstrengend. Den richtigen Dreh läßt man sich vom Fachverkäufer oder, besser noch, von einem erfahrenen Bauern zeigen, und mit ein bißchen Übung macht die Frischluftgymnastik sogar Spaß. Ist ein Bauernhof in der Nähe, kann man sich dort eventuell eine Sense ausleihen.

Für einen sauberen, schonenden Schnitt müssen die Messer des Mähers oder das Sensenblatt immer scharf geschliffen sein. Stumpfe Messer hinterlassen zerquetschte, abgerissene Triebe, so daß sich die Pflanzen nur schwer erholen. Die Schnitthöhe sollte etwa 8–15 cm betragen, damit die Gewächse nicht zu sehr geschwächt werden. Und zur Behandlung und Entsorgung des Schnittguts bieten sich verschiedene Möglichkeiten an.

Tip

<u>Große Wiesenflächen</u> kann man oft nicht in einem Arbeitsgang mit der Sense mähen. Man sollte sich ruhig ein paar Tage Zeit lassen und <u>abschnittsweise mähen</u>. Das kommt nicht nur der eigenen Gesundheit zugute, sondern gibt auch vielen Wiesenbewohnern Gelegenheit, ihr altes Quartier zu wechseln und sich so in Sicherheit zu bringen.

Narzissenwiesen mäht man erst nach dem Vergilben der Blätter, etwa Mitte Juni.

Angewelktes Schnittgut kann man zum Mulchen von Baumscheiben, Hecken oder Beeten verwenden, der Überschuß wird kompostiert. Läßt man das Grün auf der Fläche zu Heu trocknen, fallen noch verbliebene Samen aus den Blütenständen, was die Verbreitung der Arten begünstigt.

Auf eine Düngung der Wiese sollte völlig verzichtet werden. In Siedlungsbereichen tritt durch den ständigen Stickstoffeintrag aus der Luft ohnehin meist eine Überdüngung mit Stickstoff auf, was letztlich zu einem hohen Anteil an Gräsern in der Wiese führt.

Tip

Auf großen Wiesen kann man auch ein paar <u>Schafe oder Kaninchen als „Rasenmäher“</u> halten. Sie fressen nicht nur das hoch stehende Grün ab, sondern verletzen zusätzlich durch ihr Scharren immer wieder die Kräuternarbe und schaffen damit Platz für anfliegende Samen.

Schwingende Eleganz

Ziergräser für verschiedene Gartenbereiche

Gräser zeigen bemerkenswerte Talente, sie ordnen sich jeder Art von Pflanzung charmant unter und können doch mit schlichtem Zauber dominieren.

Der Wunsch nach ungewöhnlichen und zugleich pflegeleichten Gewächsen läßt sich auf vortreffliche Weise mit einer besonderen Gruppe von Gartenpflanzen erfüllen: mit den Ziergräsern. Deren außerordentliche Reize und Qualitäten sind noch lange nicht vollends erkannt oder gar ausgeschöpft. Die zahlreichen Arten und Sorten strahlen Ruhe und Harmonie, zugleich aber auch Schwung und Noblesse aus und lassen sich vielseitig an jeder denkbaren Stelle im Garten einsetzen.

Vielseitige Gräser

Tip

Sehr vernachlässigte Gartenecken können durch die Pflanzung von Ziergräsern nur gewinnen. Ein markantes China-Schilf, drei Horste Süßwasserseilgras oder fünf bis sieben Bärenfellschwingel reichen aus, um einen Quadratmeter Boden auf aparte Art zu beleben.

Die vielen tausend Grasarten, die weltweit verbreitet sind, präsentieren ein enorm facettenreiches Spektrum an Gestalten, Linienspielen und Grüntönen. Und selbst die beschränkte Zahl derjenigen Gräser, die in Gärten Verwendung finden, kann mit einer bemerkenswerten Variationsbreite aufwarten. Ob geschmeidig über den Boden quellend oder wie eine Fontäne hochsprudelnd, ob in schimmerndes Lindgrün oder in sattes Tannengrün gehüllt, ob zierlich mit perlenartigem Kopfputz oder majestätisch mit plustrigen Federschweifen geschmückt – Gräser beleben mit ihrer grazilen Anmut alle nur erdenklichen Gartenwinkel.

Mit seinen weißen Blütenwolken verzaubert das Pampasgras den Herbstgarten.

Tip

Gräser mit duftigen Schleiern aus grazilen Halmen und Blütchen, etwa Nebelstraußgras, Wollhaargras oder Zittergräser, umspielen pompös wirkende Blumen wie Klatschmohn oder Dahlien *(Dahlia)* anmutig und sollten in bunte Pflanzungen einbezogen werden.

Da die meisten eine eher verhaltene, schlichte Schönheit an den Tag legen, fügen sie sich wunderbar in vielerlei Arrangements ein. Sie ergänzen mondän wirkende Prachtstauden aufs vorteilhafteste, ohne ihnen den Rang streitig zu machen. Bescheideneren Blumen verhelfen sie zu Glanz, drängen sich aber keineswegs in den Vordergrund. Trotzdem fällt es den Halmbüschen nicht schwer, bei passender Gelegenheit sogar als Hauptdarsteller aufzutreten. Insbesondere durch reichen Blütenschmuck oder leuchtende Färbung hervorstechende Arten wie etwa das Pampasgras *(Cortaderia selloana)* oder die Rutenhirse *(Panicum virgatum)* eignen sich gut für diese Rolle. Schließlich bedecken Ziergräser auch ganz einfach den Boden, d. h., sie können einen lückigen „Rasen" bilden.

Graziöse Vermittler

Strenge bis verspielte Linien, unaufdringliche Färbungen und meist duftig leicht wirkende Blüten- und Fruchtstände verleihen den Ziergräsern das Format von wahren Diplomaten im Garten: Selbst so bekannte Arten wie das China-Schilf *(Miscanthus)* machen sich Seite an Seite mit weniger namhaften Gräsern wie Bambushirse *(Panicum clandestinum)* als Vermittler nützlich. Die überwiegende Zeit des Jahres halten sie sich zwar vornehm im Hintergrund, verstehen es aber doch, im richtigen Augenblick alle Aufmerksamkeit auf sich zu ziehen.

Am Beispiel des Lampenputzergrases *(Pennisetum alopecuroides)* mögen die Talente der Ziergräser verdeutlicht werden: Vom Frühjahr bis in den Hochsommer hinein entwickelt sich ein filigraner Busch aus feinen Halmen und schmalen Blättern. Mit seinem dezenten, ins Graue spielenden Grün vermag das Gras zum einen die leuchtenden Blütenfarben benachbarter Stauden zu trennen, so daß sich diese nicht gegenseitig in ihrer Wirkung beeinträchtigen. Zum andern finden Rittersporn *(Delphinium)*, Hoher Staudenphlox (*Phlox-Paniculata*-Hybriden), Sommermargeriten (*Leucanthemum maximum*, häufig noch als *Chrysanthemum maximum* geführt) und unzählige andere Prunkstücke der Beete und Rabatten in dem schlichten Grashorst eine stimmungsvolle Untermalung.

Die wolligen Fruchtstände des Federborstengrases umspielen Dahlien und Rittersporn.

Ab dem Höhepunkt des Sommers, wenn die farbenfrohen Blüten vieler Stauden bereits verwelkt sind, entfaltet das Lampenputzergras dann seine skurrilen Blütenstände wie Wunderkerzen. Bis zum Herbst versprüht es seine Pracht in zarten Pastelltönen zwischen gelben, roten und violetten Herbstblumen wie z. B. Sonnenbraut *(Helenium)* oder Herbstastern *(Aster)*. Zieht im Winter Ruhe in den Garten, glitzern seine nun bräunlich verfärbten Halme im eisigen Zucker des Rauhreifs, schaukeln Schneemützchen auf den steif gefrorenen Fruchtkerzen.

Ähnlich vielseitig präsentieren sich auch die anderen Gräser, etwa die Schwingel *(Festuca)*, die mit ihren zierlichen Haarschöpfen die gewichtigen Blütenkelche so mancher Stauden auf unnachahmliche Weise aufzulockern wissen, oder das Gartensandrohr (*Calamagrostis* x *acutiflora*), dessen straff aufrechte Garben mit ihrer strengen Geradlinigkeit einen überraschenden Kontrast zu verspielten Blütenwolken setzen.

Nuancenreiche Farben

Ziergräser geringschätzig als eintönig grüne Begleiter anzusehen hieße, den wahren Farbenzauber dieser Gewächse zu verkennen. Statt in prunkendem Kolorit zeigen sich Gräser in beruhigendem Grün aller Schattierungen, dazu in schmeichelnden Braun- und heiteren Gelbtönen, kühlem Grau oder Silber sowie bisweilen sogar mit blitzend weißen Blattfahnen, Halmstandarten und Blütenwimpeln – doch schlicht und schmucklos sind sie deshalb keineswegs.

Mit den Jahreszeiten verändern die meisten Gräserbüsche zudem ihre Tönung allmählich: von beschwingtem, frischem Hellgrün im Frühling über gesetztes, sattes Dunkelgrün im Sommer zu sanftem, gebrochenem Braungrün im Herbst, nicht zu vergessen das morbide Graugrün der vertrockneten Halme im Winter. Und je nach Witterung und Lichteinfall erscheinen sie immer wieder anders, strahlend und kräftig im hellen Sonnenschein, pastellig und gedämpft unter wolkenverhangenem Himmel.

Zum Ausklang des Gartenjahres überziehen sich Arten wie Reitgräser *(Calamagrostis)*, Pfeifengräser *(Molinia)* oder Hirsearten *(Panicum)* mit leuchtenden Farben. Dabei fällt ihre Herbsttönung jedes Jahr ein wenig anders aus. So erstrahlt etwa die Kupferhirse (*Panicum virgatum* 'Rehbraun') je nach Witterungsverlauf mal in feurigem Rotbraun, mal eher in sanftem Kupferton.

Grasarten wie Riesensegge *(Carex pendula)*, Schattensegge *(Carex umbrosa)*, Blaugrüne Binse *(Juncus inflexus)* oder Hainsimsen *(Luzula)* bewahren sich ihr grünes Aussehen das ganze Jahr über. Ähnlich wie immergrüne Gehölze sollten sie im Garten nicht fehlen, damit im Winter keine triste Stimmung aufkommt.

Die Sorte 'Picta' des Rohrglanzgrases macht mit einer Streifenzeichnung auf sich aufmerksam.

Durch Züchtung und Auslese entstanden zudem Formen, deren Blattfahnen sich durch elegante Bordüren oder Streifenmuster hervortun, etwa der Weißbunte Knollenglatthafer (*Arrhenatherum elatius* ssp. *bulbosum* 'Variegatum'), das Silbersprudelgras (*Dactylis glomerata* 'Variegata') oder das Bunte Glanzgras (*Phalaris arundinacea* 'Picta'). Solche Gräser fordern einen besonderen Standplatz, man pflanzt sie deshalb bevorzugt an gut einsehbare Stellen. Doch auch dunkle Winkel, etwa vor Nadelgehölzen oder Mauern, erhalten durch die auffälligen Farbkontraste ihrer Blätter mehr Glanz.

Goldenes Geschmeide scheinen sich dagegen einige Sorten mit gelb gestreiften Blättern angelegt zu haben, etwa *Carex hachijoensis* 'Evergold', das Goldbandleistengras (*Spartina pectinata* 'Aureomarginata') oder der Gelbbunte Buschbambus *(Pleioblastus auricomus)*. Damit der erlesene Schmuck gebührend zur Geltung kommen kann, darf man die Horste nicht zu dicht neben die Nachbarpflanzen setzen. Außerdem verlangen solche Gräser nach einer passenden Gesellschaft; ihre Begleiter

Einzigartig ist dieses Farb- und Formenspiel im Steppenbeet.

Wie ein goldener Fächer entfalten sich die Halme des Pfeifengrases.

Tip

Eine besonders auffällige Herbstfärbung zeigen z. B. Reitgräser, Pfeifengräser und Rutenhirse. Damit die herbstliche Tönung optimal zur Geltung kommt, sollte man nicht nur den Pflanzplatz sorgfältig auswählen, sondern zudem die Nachbarpflanzen unter dem Aspekt der Farbwirkung aussuchen.

Tip

Sortennamen lassen oft Rückschlüsse auf das Aussehen der betreffenden Pflanze zu. Das zu wissen kann vor allem bei Katalogbestellungen sehr dienlich sein: 'Variegatus' deutet stets auf Mehrfarbigkeit hin, 'Marginatus' bezeichnet deutlich hervortretende Farbränder und 'Zebrinus' ein zebraartiges Streifenmuster.

Tip

Gelbbunte Gräser in Kombination mit gelben, orangefarbenen oder roten Nachbarpflanzen wirken anregend. Zusammen mit kontrastfarbenen, also mit blau- oder violettblühenden Begleitern ergibt sich dagegen ein belebender Eindruck von Kühle und Frische.

Tip

Blau getönte Grashorste, etwa von Blaustrahlhafer, Walliser Schwingel oder Pfeifengras, gelten stets als gelungene Begleitpflanzung für Rosen aller Couleur, insbesondere für Beetrosen. Die schwingenden Grashalme verhüllen dezent die etwas starren Rosentriebe.

Gräser wie dieser Bambus zeigen nicht selten ein farblich so auffallendes Blattwerk.

sollten die ungewöhnliche Färbung in ihren eigenen Blüten- oder Blattfarben widerspiegeln oder sich harmonisch davon abheben.

Bleibt schließlich noch das Blau, dessen kühler Charme viele Ziergräser adelt, z. B. Blaugräser *(Sesleria)*, Blauschwingel *(Festuca cinerea)*, Blaugrünes Schillergras *(Koeleria glauca)* oder Blaugrünes Rispengras *(Poa glauca)*. Ob grün angehaucht, mit grauem Schleier oder silbrigem Schimmer – ein Blauton unterstreicht andere Farben in nobler Weise, so daß diese Arten vor allem als Kontrapunkte in Staudenbeeten und Rabatten eingesetzt werden. Ton in Ton mit blaulaubigen oder blaublühenden Gewächsen wirken sie überaus edel, gelbe Blüten lassen sie aufleuchten, roten Flor intensiv lodern, grelles Orange mildern sie hingegen wohltuend ab.

Vom Blauschwingel gibt es zahlreiche Sorten mit Horsten in den unterschiedlichsten Blautönen.

Gräser mit strahlendem Kopfputz

Blüten zeigen sich bei fast allen Ziergräsern, mal sind sie mehr, mal weniger beachtenswert. Bleiben ihre Reize z. B. beim Pfahlrohr *(Arundo donax)* und bei der Fuchsroten Segge *(Carex buchananii)* eher verborgen, so sind sie bei den Hainsimsen *(Luzula)*, beim Silberährengras *(Achnatherum calamagrostis)*, Hasenschwanzgras *(Lagurus ovatus)*, Wollhaargras *(Rhynchelytrum repens)* und vielen anderen dafür um so deutlicher ausgeprägt.

Dem ungewöhnlichen Aussehen ihrer Fruchtstände verdankt die Morgensternsegge den Namen.

Nur allzuoft geht die Reife der Blüten zu Früchten unbemerkt vor sich. Gärtnerisch werden diese beiden Entwicklungsphasen vielfach gar nicht unterschieden, wirken die Fruchtstände doch mindestens ebenso schön wie die Blüten, so etwa bei den Federgräsern *(Stipa)* und Wollgräsern *(Eriophorum)*, bei der Morgensternsegge *(Carex grayi)* oder dem Hiobstränengras *(Coix lacryma-jobi)*.

Im Zuge des herbstlichen Aufräumens im Garten werden gewöhnlich alle abgeblühten Gewächse zurückgeschnitten, damit die Beete den Winter über ordentlich aussehen. Bei den Gräsern sollte man den Rückschnitt jedoch besser auf das Frühjahr verschieben. Ihre grazilen Triebe sowie vor allem ihre eingetrockneten Fruchtstände bilden nämlich während der kalten Jahreszeit zusammen mit immergrünen Gehölzen und dem oft bizarren kahlen Geäst der laubabwerfenden Bäume und Sträucher den einzigen Schmuck. Kunstvollen Scherenschnitten oder filigranen Plastiken gleich, lenken die Gräser dann die Blicke auf sich, insbesondere wenn sie reifverziert oder schneeüberzuckert ausharren.

Statt nur den Garten zu zieren, können Blüten- und Fruchtstände von Gräsern außerdem im Haus für ungewöhnlichen und überdies sehr dauerhaften Schmuck sorgen. Ihre graziösen Rispen oder Ähren entfalten in Vasen oder Gestecken, ja sogar in floralen Bildern, d. h. in Collagen mit Pflanzen, all ihre Reize. In frischem Zustand fügt man sie als Beiwerk bunten Schnittblumensträußen hinzu. Getrocknet bündelt man sie zu Garben, steckt sie zu anderen Trockenblumen oder bindet sie in Kränze ein.

Solitäre und Gruppen

Je stärker sich ein Grashorst durch Wuchshöhe, Färbung, Blütenschmuck oder andere augenfällige Merkmale auszeichnet, desto eher eignet er sich für einen Soloauftritt im Garten. Ein eindrucksvolles Beispiel hierfür liefert das Pampasgras *(Cortaderia selloana)*, das über genügend spektakuläre Eigenschaften verfügt, um im Alleingang zu vollem Ansehen zu gelangen. Als Solitäre, sei es inmitten einer kurzgeschorenen Rasenfläche, sei es vor einer dunklen Gehölzkulisse oder wie ein Wachtposten vor einer Hauswand, können jedoch auch Pfahlrohr *(Arundo donax)*, China-Schilfarten *(Miscanthus)*, das Riesenpfeifengras *(Molinia arundinacea)* sowie das Riesenfedergras *(Stipa gigantea)* diese Rolle übernehmen.

Mit ihrer oft übermannshohen, gebieterischen Gestalt behaupten sich solche Riesengräser sogar zwischen Gehölzen. In einer Gruppe aus Sträuchern sorgen sie durch ihre straff nach oben gerichteten Halme für zusätzliche Akzente, vor hohen Bäumen bilden sie einen attraktiven Paravent.

Ganz im Gegensatz zu den Giganten des Gräserreichs verlangen vor allem die Däumlinge, die niedrig bleibenden Arten, nach Gesellschaft. Sie können nur in der Menge ihre Stärken beweisen. Viele Seggen *(Carex)*, Schwingel *(Festuca)* und Hainsimsen *(Luzula)* sowie auch manche Rispengräser *(Poa)* und

Mit gebänderten Blättern und steifen Halmen wird das Stachelschweingras seinem Namen gerecht.

Blaugräser *(Sesleria)* finden eigentlich erst Beachtung, wenn sie in Gruppen beieinanderstehen. Dabei sollte man sie aber keinesfalls wie einen Rasen oder eine dichte Bodendecke pflanzen, da sie sonst relativ schnell vergreisen und die Horste unansehnlich werden. Man vereint sie vielmehr mit angemessenen Zwischenräumen zu größeren Gruppen. Empfehlenswert ist ein Pflanzabstand, der mindestens der Hälfte der endgültigen Wuchshöhe der Blatthorste entspricht. Verbleibende Lücken werden mit Zwerggehölzen, Polsterstauden oder schwach wachsenden Bodendeckern geschlossen, oder man bedeckt sie mit dekorativem Mulch.

Alle übrigen Gräser kommen bevorzugt in kleineren Gruppen zur Verwendung. Einzeln würden ihre Reize in der Vielfalt der anderen Pflanzen untergehen, erst durch eine mehrfache Wiederholung gelangen sie zu voller Wirkung. Man sollte demnach stets wenigstens drei Horste einer Art einsetzen, entwe-

Der dichte Horste bildende Schafschwingel wirkt fast wie ein überdimensioniertes Nadelkissen.

Tip

Beim China-Schilf kommen nicht alle Sorten sicher zur Blüte. Wer Wert auf den fahnenartigen Blütenschmuck legt, sollte deshalb Sorten wie 'Graziella' oder 'Kleine Fontäne' bevorzugen. 'Gracillimus', 'Variegatus' und 'Strictus' bestechen dafür durch ihre besonders schönen Halme und Blätter.

Tip

Gräsersamen bieten im Winter vielen Vögeln und anderen Tieren hochgeschätzte Nahrungsreserven; ein Grund mehr, die Fruchtstände nicht bereits im Herbst zu entfernen, sondern bis zum Frühjahr im Garten stehenzulassen.

Tip

Gold- oder Silberspray gibt getrockneten Gräsern eine völlig neue Note. Mit Tannenzweigen und einigen Zapfen kann man sie so z. B. für Adventsgestecke verwenden.

Tip

Um Solitärgräser angemessen zur Geltung zu bringen, sollte man sie möglichst nur mit niedrigen, kissenartigen Gewächsen wie bodendeckenden Polsterstauden, kleinen Grashorsten oder flachen Gehölzen unterpflanzen.

Tip

Dichtbuschige Graspolster wie z. B. die des Bärenfellschwingels kann man auch auf Kies- oder Schotterflächen setzen. So lassen sich überaus attraktiv und doch pflegeleicht etwa schmale Säume entlang eines Wegs, Abtrennungen einer Einfahrt oder ein Dränagestreifen direkt am Haus gestalten.

der direkt nebeneinander oder zumindest innerhalb eines Umkreises, den das Auge noch mit einem Blick erfassen kann.

Fernöstliches Flair durch Bambusse

Schon ihrem Äußeren nach nehmen Bambusse eine besondere Stellung unter den Ziergräsern ein. Mit ihren zumeist beachtlichen Ausmaßen, aber auch wegen ihrer klaren, graphischen Struktur dringen diese ungewöhnlichen Gewächse auf eine gesonderte Verwendung im Garten.

Der regelmäßige Aufbau, die eleganten Blätter und interessanten Halme kommen in Einzelstellung am besten zur Geltung, weshalb man Bambusse vorwiegend als Solitäre an repräsentativen Stellen im Garten plaziert. Man kann sie beispielsweise statt eines frei stehenden Baums oder zur Betonung eines Vorgartens einsetzen, und selbstverständlich gehören sie in einen nach japanischem Vorbild angelegten Garten.

Die mächtigen Gewächse ergeben aber ebenfalls eine wirksame Windschutzpflanzung, etwa neben der Terrasse, und können sogar die Funktion einer Hecke an der Grundstücksgrenze übernehmen. In weitläufigen Gartenanlagen ist zudem die Pflanzung einer Bambusgruppe denkbar, bei der mehrere Exemplare derselben oder auch verschiedener Arten einen waldartig anmutenden Hain bilden. Zwergwüchsige Bambusse hingegen, etwa Buschbambusarten *(Pleioblastus)*, lassen sich ausgezeichnet als Bodendecker nutzen (siehe Seite 111).

Unübertrefflich setzt man die asiatischen Halmbüsche jedoch in Verbindung mit einer Wasserfläche in Szene. Selbst zwar keine Wasserpflanzen, finden sie, die nach fernöstlicher Denkweise als Sinnbilder für das Wachsen und Gedeihen gelten, im Wasser als dem Spender allen Lebens einen wesensgleichen Spiegel – und das im wahrsten Sinn des Wortes. So liefert etwa ein Schirmbambus *(Fargesia)* ebenso wie viele andere Arten einen bemerkenswerten Hintergrund für einen Gartenteich.

Nicht nur nach japanischem Verständnis verbinden sich Bambusse und Wasser in Harmonie.

Tip

Je kleiner und graziler ein Gras ist, desto mehr Exemplare davon sollte ein Arrangement umfassen. Gruppen unter zehn Stück wirken besonders harmonisch, wenn sie aus einer ungeraden Anzahl von Horsten bestehen.

Tip

Aufgrund ihrer dominanten Ausstrahlung bedürfen Bambusse nicht unbedingt einer unmittelbaren Begleitung. Sollen sie jedoch in ein Ensemble integriert werden, ist auf angemessene Nachbarpflanzen zu achten. Von ebenbürtiger Wirkung sind z. B. Fächerahorn *(Acer palmatum)*, Magnolien *(Magnolia)*, Rhododendren *(Rhododendron)*, Strauchpfingstrosen (*Paeonia-Suffruticosa*-Hybriden), Ligularien *(Ligularia)* oder Schaublattarten *(Rodgersia)*.

Tip

Bambusse sind empfindlich gegen Staunässe und dürfen deshalb nicht direkt ans Teichufer gepflanzt werden. Ihr Pflanzplatz sollte etwa 30 cm oberhalb des Wasserspiegels liegen. Außerdem ist zu beachten, daß ihre überaus starken Ausläufer die Teichabdichtung beschädigen können. Man setzt sie daher mindestens 1 m vom Ufer entfernt und bringt am besten noch eine Rhizomsperre (siehe Seite 85) zum Teich hin ein.

Der passende Standort

Wie alle Pflanzen gedeihen auch Gräser nur dann richtig gut, wenn sie optimale Wachstumsbedingungen vorfinden. Jede Art hat sich mehr oder weniger ausgeprägt an die besonderen Gegebenheiten in ihrem natürlichen Lebensraum angepaßt, so etwa die Federgräser *(Stipa)* an trockenen, vielfach kargen Untergrund auf windgefegten Ebenen oder die Wollgräser *(Eriophorum)* an sumpfige Moore. Verwendet man die verschiedenen Gräser auch im Garten an Standorten, die denen ihrer Heimat entsprechen, danken sie es mit prachtvoller Entfaltung und dauerhafter Gesundheit. Bei der großen Vielfalt an Ziergräsern finden sich für alle Gartenbereiche die passenden Arten.

Prachtstaudenrabatten

In sonniger Lage auf humosem, nährstoffreichem Boden wetteifern vielerlei Blütenschönheiten um die Aufmerksamkeit des Betrachters. Klassische Beetstauden wie Rittersporn *(Delphinium)*, Bartiris *(Iris-Barbata-*Hybriden), Türkenmohn *(Papaver orientale)* oder Pfingstrosen *(Paeonia)* lassen sich ihre herrschaftliche Dominanz nur ungern streitig machen, sie verlangen nach schlichteren Begleitern, die ihnen schmeichelnd zur Seite stehen. Ziergräser mit ihrem vergleichsweise bescheidenen Auftreten sind hierfür geradezu prädestiniert. Silberährengras *(Achnatherum calamagrostis)* und Blaustrahlhafer *(Helictotrichon sempervirens)*, die Mähnengerste *(Hordeum jubatum)* sowie andere fügen sich nahtlos in solche Schaupflanzungen ein.

Wildstaudengemeinschaften

Da ihnen ein ungekünstelter, natürlicher Zauber gemeinsam ist, ergänzen sich Gräser und Wildstauden stets zu ausgesprochen harmonischen Arrangements. Feinheiten in Wuchsform, Blattgestalt und Blütenfarbe gelangen in diesen Pflanzengemeinschaften vollendet zur Geltung.

Im Schatten großkroniger Bäume können Gräser wie Drahtschmiele *(Deschampsia flexuosa)*, Waldrispengras *(Poa chaixii)* oder Vogelfußsegge *(Carex ornithopoda)* auf humusreichem Untergrund aus einem Teppich von Veilchen *(Viola)* und Elfenblumen *(Epimedium)*, Goldnesseln *(Lamiastrum)* und anderen Waldpflanzen gleichsam hervorsprudeln oder aber ebenbürtige Partner von Silberkerzen *(Cimicifuga)*, Glockenblumen *(Campanula)* und Eisenhut *(Aconitum)* darstellen.

Am Gehölzrand, wo mehr Licht auf den Boden dringt, umgarnen z. B. Perlgräser *(Melica)*, Hainsimsen *(Luzula)* oder das Waldrispengras *(Poa chaixii)* bunte Blütenstauden wie Storchschnäbel *(Geranium)*, Fingerhut *(Digitalis)*, Prachtspieren *(Astilbe)* und Funkien *(Hosta)*. Je nach Dauer des Lichteinfalls und der Bodenfeuchtigkeit können hier sehr verschiedene Gesellschaften zusammengestellt werden. An einem trockenen, relativ lange besonnten Saum entfalten sich auch Arten der Wiesenfluren gut, während bei feuchteren, überwiegend schattigen Verhältnissen Waldgräser besser geeignet sind.

Auf sonnigen Freiflächen, also ausgedehnten, ebenen Beeten in voller Sonne, die sandi-

Das Purpurfederborstengras nimmt im Beet die Farbtöne von Astilben und Verbenen sanft auf.

Am feuchten Gehölzrand sorgt die Waldhainsimse mit ihrem Blütengeschmeide für verhaltene Zier.

Das Wimperperlgras fühlt sich am eher trockenen Gehölzrand wohl.

Tip

Hohe Ziergräser wie China-Schilf, Bunter Wasserschwaden, Blaustrahlhafer oder Pfeifengras geben einen herrlichen Hintergrund für Staudenbeete aller Art ab.

Tip

In schattigen Partien lassen sich Waldgräser und Farne wunderschön kombinieren. Bei der Pflanzung sollte man zwischen hohen und niedrigen Wuchsformen abwechseln sowie einzelne auffällige Arten als Leitelemente mehrfach wiederholen und mit schlichteren Formen ergänzen.

Tip

Ähnlich wie viele bodendeckende Stauden und Gehölze vertragen gewöhnlich auch die für Gehölzränder und Gehölzunterpflanzung geeigneten Grasarten eine herbstliche Überschüttung mit Fallaub. Seggen, Schwingel und Hainsimsen sind sogar darauf angewiesen. Deshalb sollte man das welke Laub an Ort und Stelle verrotten lassen oder es den Pflanzen als Mulchdecke wieder zuführen.

Tip

Troggärten, die mit anmutigen Zwerggehölzen und Kleinstauden als Miniatursteingärten gestaltet werden, kann man auch mit zwergigen Gräsern ergänzen, z. B. mit Zwergpolstersegge, Haarschwingel oder Grünem Kopfgras.

Tip

Mit ihrem korkenzieherartigen Wuchs ist die Spiralbinse eine bizarre Erscheinung am Gewässerrand. Damit ihre Form optimal zur Geltung kommt, sollte man sie entweder auf eine Kiesfläche setzen oder nur mit teppichartigen Gewächsen, z. B. dem Pfennigkraut, unterpflanzen.

Tip

In einem Schnittblumenbeet sollten Ziergräser nicht fehlen, damit man bei Bedarf gleich auch das passende Beiwerk für einen Blumenstrauß zur Hand hat.

Mit ihren pendelnden, schlanken, walzenförmigen Ähren belebt die Riesensegge Gewässerufer am Gehölzrand.

Gräser lockern mit duftigen Blütenständen an den schwingenden Halmen Staudenrabatten auf.

gen bis steinigen und vor allem kargen Boden aufzuweisen haben, ergeben steppenartige Pflanzungen ausnehmend reizvolle Gartenelemente. Viel von ihrer Ausdruckskraft verdanken diese eigenwilligen Lebensgemeinschaften den Gräsern, etwa dem Kalkblaugras *(Sesleria albicans)*, Goldbartgras *(Sorghastrum nutans)* oder Moskitogras *(Bouteloua oligostachya)*. Diese harmonieren dort mit Stauden wie Schafgarben *(Achillea)*, Astern *(Aster)*, Alant *(Inula)*, Bartfaden *(Penstemon)* oder Goldruten *(Solidago)*.

Im Steingarten, wo Fels und Geröll einen attraktiven Kontrast zum Pflanzenbewuchs bilden, umspielen kleine Gräser von besonders zierlichem Wuchs die harten Kanten der Steine. Schneesegge *(Carex baldensis)*, Alpenschwingel *(Festuca alpina)*, Gletscherschwingel *(Festuca glacialis)*, Wimperperlgras *(Melica ciliata)* und Kleines Zittergras *(Briza minor)* sind nur wenige Beispiele für Gräser, die mit den Bedingungen in diesem speziellen und kleinflächig sehr unterschiedlichen Lebensraum bestens zurechtkommen.

Auch feuchte oder sogar nasse Stellen am Teich- und Bachufer erlauben es, Gräser im Garten anzusiedeln. Charakteristische Pflanzen des Röhrichtgürtels sind etwa Schilf *(Phragmites)*, Schwaden *(Glyceria)* und Simsen *(Scirpus)*. Mit ihren dicht an dicht stehenden Halmen schaffen sie schier undurchdringliche Barrieren im Übergangsbereich vom trockenen Land zum feuchten Element. Beim Gartenteich dürfen sie als Kulissenbildner nicht fehlen, doch sollte man wenig wuchernde Sorten wählen bzw. einer ungehemmten Ausbreitung der Pflanzen durch Rhizomsperren (siehe Seite 85) vorbeugen – oder sie gleich in stabilen Pflanzgefäßen in den Boden einsenken. Zwischen die anderen Sumpf- und Wasserpflanzen des Uferbereichs passen etwa Binsen *(Juncus)*, manche Seggen *(Carex)* oder auch bunte Varianten einiger Arten, beispielsweise die Zebrasimse (*Scirpus lacustris* ssp. *tabernaemontani* 'Zebrinus'). Sumpfige Wiesen mit Trollblumen *(Trollius europaeus)*, der Dichternarzisse *(Narcissus poeticus)* und Sumpfdotterblumen *(Caltha palustris)* wären keine Wiesen, stünden nicht auch Gräser darin, etwa die Breitblattsegge *(Carex plantaginea)* oder die Zwergbinse *(Juncus ensifolius)*.

Begleitpflanzen für Sommerblumen

Lustig-bunte Sommerblumenbeete, die von der Vielzahl hübscher Blüten in vorwiegend kräftigen Farbtönen leben, lassen sich ähnlich wie die übrigen Gartenbereiche sehr wirkungsvoll mit Ziergräsern auflockern. In erster Linie eignen sich hierfür ein- oder zweijährig kultivierte Gräserarten, etwa Hasenschwanzgras *(Lagurus ovatus)*, Haarstielhirse *(Panicum capillare)*, Purpurfederborstengras *(Pennisetum setaceum)* oder Kolbenhirse *(Setaria italica)*. Auch in Balkonkästen und Kübeln sorgen diese Gräser für ungewöhnlichen Schmuck und mildern die plakative Buntheit der Sommerblumen auf aparte Art.

Pflanzen und Pflegen

Ziergräser bieten nicht nur einen attraktiven Anblick, sie erweisen sich in der Regel auch als überaus robust und pflegeleicht. Die ohnehin wenigen Handgriffe, die zu ihrer Pflege nötig sind, können noch weiter reduziert werden, indem man auf eine standortgemäße Pflanzung achtet und den einzelnen Arten optimale Entwicklungschancen bietet.

Soll das Pampasgras zu solcher Pracht gelangen, muß es sorgsam gepflegt werden.

Die Eingewöhnung erleichtern

Der erste Schritt zu einer möglichst dauerhaften Kultur von Gräsern im Garten umfaßt deren fachgerechte Pflanzung. Je sorgfältiger man diese vornimmt, desto schneller werden die Gräser an ihrem neuen Platz Fuß fassen, desto rascher werden sie sich zu prächtigen Exemplaren entfalten und sich mit Blüten krönen.

Wenn im Frühjahr die Witterung milder wird und sich der Boden bereits ein wenig erwärmt hat, aber noch reichlich feucht ist von den winterlichen Niederschlägen, bieten sich den Gräsern die günstigsten Bedingungen zum Anwachsen. In Containern vorgezogene Pflanzware kann zwar grundsätzlich zu jedem Termin zwischen Frühjahr und Herbst, bei frostfreiem Boden sogar im Winter, eingesetzt werden, doch erfahrungsgemäß gewöhnen sich auch solche Gräser besser ein, wenn sie im Frühjahr in die Erde kommen.

Im Handel erhält man heutzutage fast ausschließlich in kleinen Gefäßen vorgezogene Containerpflanzen. Sie werden ausgetopft und mit dem gesamten Ballen in ein vorher ausgehobenes, entsprechend großes Pflanzloch gesetzt. Der obere Ballenrand sollte dabei niveaugleich mit der Erdoberfläche abschließen. Hohlräume werden mit Aushuberde aufgefüllt, danach drückt man die Pflanzen gut an und wässert sie durchdringend.

Hat man die Pflanzen durch Aussaat selbst herangezogen (siehe Seite 88), sollte man ebenso verfahren, insbesondere bei Arten wie Flaschenbürstengras *(Hystrix patula)* und Moskitogras *(Bouteloua oligostachya)* sowie bei den Blaugräsern *(Sesleria)* und Federgräsern *(Stipa)*. Diese wachsen nämlich nur schlecht an, wenn sie mit nackten Wurzeln in den Boden gebracht werden. Man zieht sie deshalb grüppchenweise in Gefäßen vor und pflanzt sie als solche dann komplett mit dem Wurzelballen um.

Um die überaus wuchskräftigen Rhizome und Wurzeln ausläufertreibender Gräser, etwa von Simsen *(Scirpus)* oder Bambussen, im Zaum zu halten, sollte gleich bei der Pflanzung eine sog. Wurzel- oder Rhizomsperre angelegt werden. Man gräbt dazu rund um den Bereich, den man den Pflanzen zur Ausdehnung einräumen möchte, einen 50–70 cm tiefen Graben. Dort hinein wird ringförmig eine widerstandsfähige, möglichst textilverstärkte, auf jeden Fall aber durchwurzelungs- und verrottungsfeste Gummimatte, die im Fachhandel erhältlich ist, gestellt. Alternativ kann man auch einen Streifen dicker Teichfolie, starke Dachpappe oder einen Betonring verwenden. Innerhalb dieser Absperrung werden die Gräser dann gepflanzt.

Sind die für die jeweiligen Arten erforderlichen Bodeneigenschaften am gewählten Pflanzplatz nicht ausreichend gegeben, muß man vor dem Einsetzen für eine entsprechende Verbesserung des Untergrunds sorgen. Beispielsweise erfordern Arten, die in Steppen heimisch sind, wie die Federgräser *(Stipa)* oder manche Schwingel *(Festuca)*, einen durchlässigen, sandigen oder steinigen und nicht zu nährstoffreichen Wurzelgrund, wenn sie gut gedeihen sollen. Lehmige und tonige Gartenböden müssen daher bis in etwa doppelte Pflanztiefe und -breite mit reichlich Sand, Splitt oder feinem Kies vermengt werden. Waldgräser, etwa Waldhainsimse *(Luzula sylvatica)* oder Nickendes Perlgras *(Melica*

Damit Bambusse nicht wuchern, begrenzt man ihren Wurzelraum durch eine Wurzelsperre.

Wollgräser können nur auf nassen, sauren Böden überdauern.

Die Blaugräser sollte man ausschließlich in ein kalkhaltiges Substrat pflanzen.

Gelegentliches Gießen fördert beim Glatthafer schönen Wuchs und langanhaltende Blüte.

nutans), sollten indes einen humusreichen Untergrund vorfinden, weshalb man die Erde im Bedarfsfall mit reifem Kompost oder Rindenhumus anreichert.

Überdies gilt es bei manchen Arten, deren Ansprüche bezüglich der Bodenreaktion zu beachten. Ein basisches, kalkhaltiges Erdreich verlangen z. B. Schneesegge *(Carex baldensis)*, Stachelschwingel *(Festuca punctoria)*, Walliser Schwingel *(Festuca valesiaca)* und Blaugräser *(Sesleria)*. Substrate mit zu niedrigem pH-Wert (siehe Seite 39 f.) kann man durch Gesteinsmehl- oder Kalkbeimengung verbessern. Sauer sollte der Boden dagegen für die Schattensegge *(Carex umbrosa)*, das Breitblättrige Wollgras *(Eriophorum latifolium)*, Binsen *(Juncus)* und Hainsimsen *(Luzula)* reagieren, wofür üppige Gaben von Nadelkompost oder Rindenhumus sorgen.

Bewässern und Düngen

In den ersten Wochen nach der Pflanzung sollten alle Gräser gleichmäßig feucht gehalten werden – die trockenheitsverträglichen Arten selbstverständlich weniger als solche, die Nässe bevorzugen. Sind die Horste dann eingewachsen, braucht man nur noch bei anhaltend trockener Witterung zu gießen. Schafschwingel *(Festuca ovina)*, mehrere Blaugrasarten *(Sesleria)*, Glatthafer *(Arrhenatherum)* und viele andere leiden zwar kaum unter zu geringer Bodenfeuchtigkeit, doch danken sie gelegentliche Wassergaben durch üppige, langandauernde Blüte.

Die meisten Gräser zeigen sich hinsichtlich des Nährstoffbedarfs sehr genügsam. Sie finden im Boden stets ausreichend Nahrung und bedürfen keiner Düngung. Bei Blaustrahlhafer *(Helictotrichon sempervirens)* und Blaugrünem Schillergras *(Koeleria glauca)*, bei Blaugräsern *(Sesleria)* und anderen Arten, die durch eine besondere, oft metallisch glänzende Blattfärbung bestechen, wirkt sich eine Düngung sogar negativ aus, denn bei zu hohem Nährstoffangebot geht die attraktive Tönung verloren. Solche Gewächse läßt man also regelrecht hungern, ebenso wie Gräser, die aus Lebensräumen mit kargem Boden stammen, z. B. Moskitogras *(Bouteloua oligostachya)* oder Herzzittergras *(Briza media)*.

Seine aparte Farbe behält der Blaustrahlhafer nur, wenn der Boden eher mager ist.

Eine gelegentliche Düngergabe ist dagegen bei prunkvollen Formen wie Pampasgras *(Cortaderia selloana)*, China-Schilfarten *(Miscanthus)* oder Federborstengräsern *(Pennisetum)* sowie bei einjährigen Gräsern ratsam, denn nur wenn man sie gut versorgt, wachsen sie kräftig und blühen auch reich. Man streut deshalb, am besten im Frühjahr, halbreifen bis reifen Kompost oder abgelagerten Stallmist in dünner Schicht von etwa 2–3 cm rund um die Horste, arbeitet ihn jedoch nicht in die oberste Bodenschicht ein.

Rückschnitt nach Maß

Viele Grasarten neigen dazu, ihre Halme mit den Jahren immer weiter zu verflechten und schließlich ein unordentliches Dickicht zu bil-

Während des Winters zeigen sich Gräser von einer ungewöhnlich attraktiven Seite.

den. Oft bleiben auch die vorjährigen Blätter noch lange erhalten und wirken störend. Ihre wahre Eleganz und Anmut können die Horste nur entfalten, wenn alle Triebe in schwungvoller Linie, einer Fontäne gleich, aufsteigen oder zu akkuraten Polstern angeordnet sind, die wie Samtkissen anmuten.

Um diese bevorzugte Gestalt zu erhalten, bedürfen Gräser eines regelmäßigen Rückschnitts. Dabei werden alte Teile entfernt, so daß der Neuaustrieb wieder Luft und Raum findet. Besonders ordnungsliebende Gärtner schneiden ihre Ziergräser oft schon im Herbst zurück. Wer jedoch auch im Winter die reizvollen Silhouetten der Halme und Fruchtstände bewundern möchte, nimmt den Rückschnitt erst im Frühjahr vor. Dann spätestens sollten die vertrockneten Fruchtstände, die nunmehr ihre Anziehungskraft eingebüßt haben, den frischen Halmen weichen.

Im Herbst kürzt man die Horste einfach als Ganzes mit einer großen Schere, einer Sichel oder auch der Sense bis etwa eine Handbreit über dem Boden ein. Im Frühjahr empfiehlt sich ein sorgfältigeres Auslichten, bei dem man nur abgestorbene Halme herausnimmt und den Neuaustrieb schont. Vielfach, etwa bei Rispengräsern *(Poa)*, lassen sich die alten Teile ausraufen oder herauskämmen. Man fährt dazu mit gekrümmten Fingern oder einem kleinen Handrechen durch den Halmschopf und bürstet die störenden Triebe gewissermaßen weg. Bei den hartstengeligen Arten wie Pfeifengräsern *(Molinia)* muß man dagegen zur Schere greifen und die zähen Halme einzeln abschneiden.

Winterschutz

Gräser wie Pfahlrohr *(Arundo donax)*, Pampasgras *(Cortaderia selloana)*, Goldbartgras *(Sorghastrum nutans)* oder manche Seggen *(Carex)*, in deren Heimat mildere, trockenere Winter herrschen, können insbesondere in Gebieten mit rauhem, sehr feuchtem Klima und in strengen Wintern Schaden erleiden. Man sollte sie deshalb beizeiten mit einem Schutz versehen.

Niedrige Grashorste werden mit dachziegelartig übereinandergelegtem Fichtenreisig abgedeckt. Höhere Büsche schützt man, indem man ihre Halme im oberen Drittel locker zusammenbindet und rundherum mehrere Fichtenzweige schräg in den Boden steckt, so daß diese wie ein Zelt den Wind abhalten und das empfindliche Zentrum des Horsts gegen die Niederschläge beschirmen. Besonders anfällige Arten, etwa das Pampasgras oder das Pfahlrohr, erhalten vorher noch eine Laubschüttung, d. h., man häuft um den Horst trockenes Laub an, bevor man ihn mit Zweigen abdeckt.

Für immer- und wintergrüne Gräser, etwa Breitblattsegge *(Carex plantaginea)*, Blaugrüne Binse *(Juncus inflexus)*, Behaarte Hainsimse *(Luzula pilosa)* oder Regenbogenschwingel *(Festuca amethystina)*, empfiehlt sich an Stellen oder Tagen, an denen sie mehrere Stunden der Wintersonne ausgesetzt sind, eine leichte Reisigdecke. Sie trocknen dann nicht aus und können im Frühjahr ihren Wuchsrhythmus mit voller Kraft fortsetzen.

Immergrüne Gräser wie die Breitblattsegge brauchen einen Winterschutz, um nicht zu vertrocknen.

Tip

Fuchsrote Segge, Gletscherschwingel und Federgräser sollten wie alle nässeempfindlichen Arten durch eine Dränageschicht vor Staunässe bewahrt werden. Man bringt zu diesem Zweck eine etwa 5 cm mächtige Lage feinen Kies, Splitt oder Sand ins Pflanzloch ein.

Tip

Zur Düngung von Gräsern sollte man organische, langsam wirkende Dünger bevorzugen. Neben Kompost und Mist sind auch Hornmehl, Knochenmehl oder Guano geeignet, die man allerdings höchstens halb so hoch dosiert wie sonst üblich bzw. wie auf der Packung angegeben.

Tip

Die beim Rückschnitt der Ziergräser im September/Oktober anfallenden Fruchtstände kann man noch als grazilen Vasenschmuck nutzen, entweder frisch als Beiwerk zu Blumensträußen oder getrocknet als Dekorbündel oder für Gestecke.

Tip

Sorten des Pfahlrohrs sowie des Pampasgrases kann man in rauhen Gebieten vorsorglich in geräumigen Kübeln kultivieren, die den Sommer über im Gartenboden eingesenkt werden. Den Winter verbringen die Gräser dann an einem hellen, kühlen, jedoch frostfreien Ort, wo man sie ab und zu sparsam gießt.

Tip

Im Spätherbst sollte man Bambusse noch einmal durchdringend gießen, damit sämtliche Pflanzenteile gut mit Wasser versorgt werden und die Gewächse dann bei gefrorenem Boden nicht so schnell durch Sonne und Wind austrocknen.

Tip

Von reinen Arten kann man selbst Saatgut sammeln. Sobald die Fruchtstände sich vollends ausgefärbt haben und einzutrocknen beginnen, klopft man die nunmehr reifen Körner heraus, läßt sie noch einige Tage trocknen und befreit sie von allen Verunreinigungen. Bis zur Aussaat werden die Grassamen trocken und dunkel aufbewahrt.

Das kurzlebige Hasenschwanzgras muß jährlich aus Samen herangezogen werden.

Bambuslaub sollte zur Versorgung und zum Schutz der Pflanzen an Ort und Stelle verrotten.

Pflegemaßnahmen bei Bambussen

Die Bambusarten erfordern teilweise etwas andere Pflegemaßnahmen als die übrigen Ziergräser. Einpflanzen sollte man auch sie ausschließlich mit Ballen, nackte Wurzeln trocknen rasch aus und entwickeln sich nur zögernd weiter. Frisch eingesetzte Exemplare bekommen stets noch eine dicke Mulchschicht zu Füßen gelegt. Da alle Arten zum Aufbau ihrer oft bemerkenswert großen Gestalten reichlich Nährstoffe benötigen, werden regelmäßig im Frühjahr oder Herbst Düngergaben in Form von Stallmist fällig. Statt dessen kann man ihnen auch vom Austrieb bis zum Hochsommer mehrmals, etwa alle drei bis vier Wochen, einen stickstoffbetonten Mineraldünger verabreichen. Im Frühjahr schneidet man, wie bei Gräsern üblich, abgestorbene Halme gezielt aus den Horsten oder Hainen heraus und führt den Schnitt dabei knapp über dem Boden. Das Laub der Bambusse sollte an Ort und Stelle verrotten dürfen, damit seine Inhaltsstoffe den Pflanzen wieder zur Verfügung stehen.

Vermehrung

Wer von den herrlichen Grasbüschen nicht genug bekommt, kann sich von den meisten Arten sehr einfach selbst Nachwuchs ziehen. Man bedient sich dazu vor allem der Aussaat und der Teilung.

Aus Samen erhält man viele Jungpflanzen auf einmal, jedoch muß man etwas Geduld aufbringen und sich auch längerfristig um die Saat kümmern. Deshalb ist eine Aussaat hauptsächlich dann lohnend, wenn man eine größere Menge an Pflanzgut braucht, etwa für die Anlage von Bodendecken. Aus Samen anziehen muß man überdies sämtliche einjährigen Gräser, deren Leben schließlich immer nur eine Vegetationsperiode lang währt.

Gewöhnlich bringt man das Saatgut zur Vorkultur im zeitigen Frühjahr in kleine Anzuchtgefäße aus, die mit speziellem Vermehrungssubstrat – z. B. Einheitserde Typ 0 oder Torfkultursubstrat TKS 1, jeweils noch mit einem Drittel Sand vermischt – gefüllt wurden. In jedes der Töpfchen werden mehrere Samen gestreut, vorsichtig angedrückt und mit einer feinen Substratschicht übersiebt. Anschließend feuchtet man die Erde gut an und stellt die Gefäße hell und warm, aber nicht in praller Sonne auf, sei es auf der Fensterbank oder in einem Frühbeet. Bei Bedarf ist behutsam zu gießen, die Erde darf niemals völlig austrocknen.

Wenn sich, meist drei bis vier Wochen nach der Aussaat, die ersten Blätter aus dem Substrat herausgeschoben haben, zupft man schwächliche Keimlinge heraus, beläßt jedoch immer mehrere Pflänzchen in einem Gefäß beieinander. So können sie zu kompakten

Die Rasenschmiele wächst nicht zum unansehnlichen Dickicht heran, wenn man sie ab und zu teilt.

Horsten zusammenwachsen. Die Sämlinge werden weiterhin sorgsam gepflegt und bleiben noch bis etwa Mitte Mai an einem hellen, warmen Ort; dann kann man sie büschelweise ins Freie pflanzen.

Durch Teilung eines Grashorsts gelangt man zwar unverzüglich zu weiteren Pflanzen, dafür aber lediglich zu wenigen neuen Exem-

Steht das Wimperperlgras nicht zu feucht, behält es seine straffe Wuchsform.

plaren. Diese Vermehrungsmethode ist allerdings allein bei ausdauernden Arten sinnvoll. Sie empfiehlt sich zudem bei allen Sorten, denn nur so zeigen deren Nachkommen durchweg dieselben Eigenschaften wie die Mutterpflanzen. Auf diese Weise kann man aber auch Gräsern wie z. B. Rasenschmiele *(Deschampsia cespitosa)* oder Japan-Segge *(Carex morrowii)*, deren Horste mit der Zeit zu einem verfilzten Dickicht herangewachsen sind oder durch alte, kaum verrottende Blätter einen wenig attraktiven Anblick bieten, wieder neuen Schwung verleihen.

Eine Teilung wird vorzugsweise im Frühjahr vorgenommen, denn mit Beginn der wärmeren Jahreszeit wachsen die Teilstücke besonders rasch an, so daß sie sich schon bald als ansehnliche Pflanzen präsentieren. Zwar lassen sich Gräser auch im Herbst teilen, allerdings bringt man sich so meist um den herrlichen Winterschmuck und muß eventuell Ausfälle durch Frost in Kauf nehmen.

Man wendet diese Maßnahme möglichst nur bei Gräsern an, die kräftig entwickelt sind, und schneidet die Horste am besten bis auf eine Handbreit über dem Boden zurück. Dann sticht man sie mit einem Spaten oder einer Grabegabel aus und zertrennt den Wurzelballen samt der dazugehörigen Halme in mehrere jeweils etwa faustgroße Stücke. Bei ausgedehnten Grashorsten kann auch nur ein Randbereich abgestochen und zur Neupflanzung genutzt werden. Die Teile bringt man sofort wieder in den Boden, damit die Wurzeln nicht austrocknen. In den nächsten Wochen sollte man die neuen Pflanzen besonders aufmerksam gießen; für den ersten Winter ist außerdem eine leichte Reisigabdeckung als Schutzmaßnahme sehr ratsam.

Manche Arten, etwa Süßwasserseilgras *(Spartina pectinata)*, Schmalblättriges Wollgras *(Eriophorum angustifolium)* oder auch Bambusse, lassen sich recht einfach durch Abtrennen von Ausläufern vermehren. Man nutzt dazu die Eigenschaft, daß die Pflanzen vom Horst wegstrebende, ober- oder unterirdische Triebe ausbilden, die in gewissen Abständen wurzeln und neue Halme emporschieben, also zusätzliche Büsche entwickeln. Diese Ausläuferpflanzen sticht man, am besten im Frühjahr, mit einem scharfen Spaten ab, gräbt sie aus und setzt sie an anderer Stelle ein.

Schwierigkeiten sind selten

Eine Eigenart der vielen Ziergräser ist gar nicht hoch genug einzuschätzen: Die Pflanzen werden kaum jemals durch Schädlinge oder Krankheiten beeinträchtigt. Erfüllt einmal ein Gras nicht die Erwartungen des Gärtners, kümmert es oder zeigt es gar Schäden, liegt die Ursache nahezu immer in Fehlern bei der Standortwahl oder Pflege.

So neigen etwa buntlaubige Sorten an zu schattigen Standorten oder bei zu üppiger Nährstoffversorgung zum Vergrünen (siehe auch Seite 86). Braune Blattspitzen können ein Zeichen von mangelhafter Wasserversorgung sein, was z. B. beim Plattährengras *(Chasmanthium latifolium)* häufiger zu beobachten ist. Zu feuchter Stand führt dagegen bei den Perlgräsern *(Melica)* zum Auseinanderfallen der Horste.

Nicht selten nutzen Ameisen die Grashalme als versteifende und stützende Bauteile für ihre kunstvoll errichteten Nester. Weil die Haufen der staatenbildenden Tiere zwischen den Ziergräsern recht störend wirken und sich zudem von dort Fäulnis oder Pilzkrankheiten wie Grauschimmel auf Halme und Blätter ausbreiten können, sollte man die Ameisen nicht so ohne weiteres dulden. Durch wiederholtes Auseinanderrechen ihrer Haufen kann man sie in der Regel dazu bewegen, an einen anderen Ort abzuwandern. Auch indem man stark duftende Pflanzen wie Lavendel *(Lavandula)* oder Thymian *(Thymus)*, die von den Ameisen gemieden werden, in die Nähe setzt, lassen sich die Tiere von den Ziergräsern abhalten.

Gegen Fraßschädlinge sind die Gräser durch ihre zumeist derben, harten Blätter gewappnet, außerdem treiben abgefressene Halme und Blätter rasch nach, so daß ein Befall gewöhnlich kaum zu bemerken ist und demgemäß auch nicht bekämpft zu werden braucht. Allenfalls Pilze können einigen Arten zusetzen, so z. B. Rostpilze dem Blaustrahlhafer *(Helictotrichon sempervirens)*.

Tip

Verschiedene Ziergrasarten kann man, statt sie im Haus vorzukultivieren, auch direkt an Ort und Stelle ins Freie säen, etwa Trespen, Mähnengerste, Goldbartgras oder Nebelstraußgras. Dazu streut man ab Ende April die Samen dünn aus, recht sie leicht in die Erdoberfläche ein und gießt an.

Nutzen Ameisen Grashorste als Stützgerüste für ihre Nester, verlieren die Zierpflanzen viel von ihrem Charme.

Tip

Bei Schwingeln, Federborstengräsern und Glatthaferarten ist eine Teilung der Horste alle paar Jahre erforderlich, um die Gräser zu verjüngen. Kräftige Teilstücke setzt man an Ort und Stelle wieder ein, kleinere kann man an einem anderen Platz einpflanzen, oder aber man wirft sie fort.

Tip

Bei Pilzbefall können mehrfache Spritzungen mit Schachtelhalmbrühe die Widerstandskräfte der Gräser stärken. Dazu weicht man 100 g frischen Ackerschachtelhalm 24 Stunden in 1 l Wasser ein, kocht den Ansatz dann 20 Minuten auf, siebt ab und sprüht das erkaltete Filtrat, im Verhältnis 1:5 verdünnt, auf die erkrankten Pflanzen.

Hauben aus grünem Pelz – Dachbegrünung

Wie ein dichtes Fell behüten Grasnarben die Hausdächer.

Selbst ein Gartenhäuschen läßt sich mit Pflanzen bedecken.

In dem gleichen Maß, wie die Bodenversiegelung durch die Ausdehnung der Städte zunimmt, wächst die Sehnsucht der Menschen nach mehr Natur. Was liegt also näher, als sich nach Ersatz für überbaute Flächen umzusehen? Wo ein Haus der Natur ein Stück Boden vorenthält, kann man Fauna und Flora zum Ausgleich auf dessen Dach ansiedeln. Zwar ist damit kein gleichwertiger Ersatz geschaffen, doch trägt eine Dachbegrünung wenigstens dazu bei, Siedlungsräume mit mehr Leben zu erfüllen.

Rundum ein Gewinn

Inmitten einer Betonwüste fallen grüne oder auch bunte Dachhauben besonders auf und erscheinen wie Oasen. Doch die Vorteile, die solch eine Dachbegrünung mit sich bringt, sind nicht nur optischer Natur. Mit ihrer reich strukturierten Oberfläche helfen die Pflanzendecken Lärm und Staub zu schlucken – Effekte, von denen nicht allein die Hausbewohner Profit haben. Überdies geben die Dachgewächse Sauerstoff ab und sorgen durch Verdunstung für den Temperaturausgleich. Außerdem hält die Substrat- und Pflanzendecke nicht nur einen Großteil des Regenwassers zurück, sondern wirkt in hohem Maß isolierend. Dadurch bleibt das Haus an heißen Sommertagen angenehm kühl, im Winter jedoch warm. Die Kosten einer Dachbegrünung lassen sich also durch Einsparung von Heizenergie teilweise wieder erwirtschaften.

Viele Gemeinden fördern heutzutage Maßnahmen zum Wasser- und Energiesparen und unterstützen Bemühungen, das Wohnumfeld naturnah zu gestalten. Unter Umständen kann man daher für eine Dachbegrünung eine öffentliche Förderung in Anspruch nehmen. Auskunft erteilen die zuständigen Behörden der Gemeinde. Zudem sollte man seine Gebäudebrandversicherung von einer Dachbegrünung unterrichten. Möglicherweise wirkt sich die-

Ein begrüntes Dach filtert Staub aus der Luft und wirkt überdies als blühende Oase noch äußerst reizvoll.

Die bekannte Echte Hauswurz, die angeblich vor Blitzschlag schützen soll, wird von jeher eigens auf den Dächern von Bauernhäusern und Stallungen angepflanzt.

se als Feuerschutzmaßnahme positiv aus. Nicht zuletzt beweisen langjährige Erfahrungen mit begrünten Dächern, daß eine derart geschützte Dachhaut weitaus haltbarer ist als herkömmliche Dächer, vor allem bei Flachdächern.

Fachgerechte Ausführung

Grundsätzlich lassen sich alle Dachvarianten begrünen, angefangen vom Flachdach bis hin zum steilen Satteldach – eine ausreichende Tragfähigkeit vorausgesetzt. Die sog. Traglast eines Dachs ist ausschlaggebend für die Substratwahl und die Art der Bepflanzung. Im Handel findet man heute für fast jede Gebäudesituation ein reichhaltiges Angebot verschiedener Systeme.

Ohne größere Probleme kann man Dächer mit einer Neigung zwischen 2 Grad und 25 Grad unter eine Pflanzendecke packen; horizontale sowie auch steilere Flächen bedürfen dagegen besonderer Vorkehrungen. Es sei ausdrücklich davor gewarnt, eine Dachbegrünung ohne fachmännischen Rat selbst anzulegen. Die Prüfung der Voraussetzungen, die Planung der notwendigen technischen Einrichtungen sowie die sachgerechte Ausführung sollte man ausschließlich von Fachbetrieben, unter Umständen in Zusammenarbeit mit einem Architekten und einem autorisierten Dachdecker, vornehmen lassen. Nur dann kann man erwarten, daß die Begrünung den Sicherheitsvorschriften entspricht und die gesamte Anlage dauerhaft intakt bleibt. Außerdem unterliegen diese Betriebe laut der im Bürgerlichen Gesetzbuch (BGB) vorgeschriebenen Verdingungsordnung für Bauleistungen (VOB) einer Gewährleistungspflicht. Einige Firmen haben sich auf Dachbegrünungen spezialisiert und verfügen über das entsprechende sachverständige Personal. Adressen findet man z. B. im Branchen-Telefonbuch sowie im Anzeigenteil von Gartenfachzeitschriften. Allenfalls bei kleinflächigen Dächern, etwa über einem Carport, einer Garage oder einem Gartenhäuschen, kann man eine Begrünung auch selbst vornehmen, doch empfiehlt sich hier ebenso zumindest eine vorherige Statikprüfung.

Statt eintöniger Ziegel zieren Polster in verschiedenen Grüntönen, durchsetzt von gelben Blütenwolken, das Dach des Holzhauses.

Erhebliche Lasten

Um nun einer Pflanzendecke Lebensraum bieten zu können, muß das Dach ein enormes Gewicht tragen. Auf der Stützkonstruktion lasten zu-

Dichtungsfolien müssen mit sehr großer Sorgfalt auf dem Dach verlegt werden.

Ein Vlies verhindert, daß das aufgebrachte Substrat vom Regen ausgewaschen wird.

sätzlich zum vorhandenen Unterbau noch einige Folien oder Matten, eine mehr oder weniger mächtige Substratschicht – und natürlich die Pflanzen selbst. Trotz Verwendung von Leichtbaustoffen kommt eine Auflast von mindestens 30 kg/m^2 zusammen, in den Randbereichen ist sie noch schwerer. Auch das Gewicht des im Substrat aufgesogenen Niederschlagswassers und der Schneelast im Winter darf nicht unberücksichtigt bleiben. Flachdächer erfordern oft noch eine Dränage, geneigte Dächer dagegen Schubsicherungen, wie z.B. Krallmatten oder Schubschwellen, die ein Abrutschen des Substrats verhindern.

Schichtaufbau

Auf den Dachunterbau wird gewöhnlich zuerst eine Dichtung verlegt und darauf eine Trenn- und Ausgleichsschicht als zusätzlicher Schutz. Es folgt eine Wurzelschutzlage oder -folie, die ihrerseits eine Dränageschicht trägt. Durch ein Vlies oder eine Filtermatte davon getrennt, wird zuletzt das Substrat aufgebracht.

Entsprechend der zulässigen Auflast kann die Erdschicht unterschiedlich mächtig ausfallen. In der Regel verwendet man besonders leichtes Material, üblicherweise in einer 5–30 cm starken Schicht. Je nach Erfordernissen besteht das Substrat meist aus einem mehr oder minder hohen Anteil Blähton, Lavagrus oder Kies, der Rest setzt sich aus Lehm und Humus zusammen. Doch sogar Steinwolle oder auch spezielle Schaumstoffmatten kommen als Wurzelgrundlage bei der Dachbegrünung zum Einsatz.

Pflanzenauswahl

Die Gewächse hoch auf den Dächern sind teilweise extremen Bedingungen unterworfen. Nässe wechselt mit Trokkenheit, Kälte mit Hitze, und es weht oft ein schneidender Wind. Darüber hinaus setzt ein stark eingeschränkter Wurzelraum dem Pflanzenwachstum Grenzen, insbesondere bei geringer Substratauflage. Deshalb kommen für eine Dachbegrünung nur sehr robuste Arten in Frage, wahre Überlebenskünstler wie z.B. die Echte Hauswurz *(Sempervivum tectorum)*. Als Sukkulente kann sie in ihren fleischigen Blättern Wasser speichern, zudem reicht ihr eine erstaunlich geringe Substratmenge zum Gedeihen aus. Mit denselben Fähigkeiten sind auch Fetthennenarten *(Sedum)* ausgestattet, gleich-

Wegen seines geringen Gewichts wird bevorzugt Blähton als Substrat verwendet.

Der äußerst genügsame Scharfe Mauerpfeffer breitet sich rasch zu einem schmucken Rasen aus.

Das Substrat, das in nur dünner Schicht den Pflanzen Wurzelraum bietet, muß über eine sehr gute Wasserspeicherkapazität verfügen und strukturstabil sein.

falls ausnehmend genügsame Pflanzen. Daneben vermögen sich noch etliche andere Gewächse auf einem derart unwirtlichen Standort durchzusetzen, z. B. Moose, Flechten, Stauden oder Gräser, die in freier Natur an Plätzen mit vergleichbaren Bedingungen vorkommen. Die Tabelle auf Seite 94/95 gibt einen Überblick darüber, welche Pflanzen zur Dachbegrünung geeignet sind.

Ist das Dach etwa gut einsehbar, wird man auffallend blühende Stauden wie Nelkenarten *(Dianthus)* bevorzugen. Interessant wirken markante, hochwüchsige Formen, z. B. ein einzelner Lavendel (*Lavandula angustifolia* ssp. *angustifolia*), inmitten eines niedrigen Teppichs. Statt einer vielfältigen, bunten Pflanzendecke kann man sich aber ebenso für eine eher schlichte Rasen- oder Wiesenmatte entscheiden. Nach Süden abfallende und deshalb besonders krassen Temperaturen und Trockenphasen ausgelieferte Dachflächen können nur mit extrem belastbaren Arten, etwa Sukkulenten oder äußerst trockenheitsverträglichen Gräsern, begrünt werden. Doch sollte man auch bei der Auswahl der Arten dem Rat erfahrener Fachleute vertrauen, die eine dem Standort angepaßte Vegetation zusammenstellen.

Anlegen der Pflanzendecke

Auf dem vorbereiteten Untergrund kann man entweder fertig herangezogene Pflanzen samt Wurzelballen einsetzen oder entsprechende Arten aussäen. Fetthennen lassen sich ansiedeln, indem man Sproßteile ausstreut. Daneben eröffnet sich die Möglichkeit, Fertig- oder Rollrasen zu verlegen. Dieser sollte allerdings speziell für diesen Zweck kultiviert worden sein; bei üblichem Rollrasen sind trockenheitsverträgliche Grasarten, so z. B. Schwingel *(Festuca)*, Rispengräser *(Poa)* oder Straußgräser *(Agrostis)*, nachzusäen. Manche Fachhändler bieten auch sog. Vegetationsmatten an: bereits mit Gräsern und Kräutern durchsetzte Kunststoffvliese oder Kokosmatten,

Eine besonders lebendige Dachbegrünung kann man erzielen, wenn man kleine Stauden, Grashorste und dekoratives Beiwerk miteinander kombiniert.

Gewöhnliches Katzenpfötchen

Große Braunelle

Immergrünes Felsenblümchen

Beliebte Pflanzen für die Dachbegrünung

Botanischer Name	Deutscher Name	Höhe in cm*	Blüte Farbe/Monate	Verwendung
Agrostis capillaris	Rotes Straußgras	20–50	violett; VI–VIII	G
Allium flavum	Gelber Lauch	5–40	gelb; VI–VIII	E
Allium schoenoprasum	Schnittlauch	10–40	rosa bis lila; V–VIII	E
Alyssum argenteum	Sommersteinkraut	10–40	gelb; IV–VI	E
Antennaria dioica	Gewöhnliches Katzenpfötchen	5–20	weiß oder rosa; V–VI	E
Anthemis tinctoria	Färberkamille	30–60	gelb; VI–IX	E
Aster linosyris	Goldhaaraster	40–60	gelb; VIII–IX	E
Aubrieta-Hybriden	Blaukissen	5–15	blau, violett, rot, rosa; IV–V	E
Bromus erectus	Aufrechte Trespe	30–100	rötlich; V–VII	G
Bromus tectorum	Dachtrespe	30–80	grünlich; V–VI	G
Campanula cochleariifolia	Zwergglockenblume	10–30	blau bis violett; V–IX	E
Campanula rotundifolia	Rundblättrige Glockenblume	20–30	blauviolett; VI–X	E
Carex humilis	Erdsegge	5–15	braun-weiß; III–V	G
Dianthus carthusianorum	Kartäusernelke	10–30	rot; VI–IX	E
Dianthus gratianopolitanus	Pfingstnelke	5–20	rosa bis rot; V–VI	E
Draba aizoides	Immergrünes Felsenblümchen	3–5	gelb; III–IV	G
Echium vulgare	Natternkopf	30–80	blau; VI–VIII	E
Festuca gautieri	Bärenfellschwingel	10–30	grünlich; VI–VIII	G
Festuca ovina	Schafschwingel	10–60	grünlich; V–VII	G
Festuca rubra	Ausläufertreibender Rotschwingel	30–80	rötlich bis bräunlich; VI–VII	G
Helianthemum nummularium	Gewöhnliches Sonnenröschen	5–10	gelb; V–VI	E
Hieracium pilosella	Kleines Habichtskraut	5–25	gelb; V–X	E
Jovibarba sobolifera	Steinrose	2–5	gelb; VII–VIII	G
Lavandula angustifolia ssp. angustifolia	Echter Lavendel	30–90	blauviolett; VI–VIII	E
Leucanthemum vulgare	Wiesenmargerite	50–90	weiß; V–VI	E
Linum flavum	Goldlein	10–50	gelb; VI–VIII	E
Melica ciliata	Wimperperlgras	20–70	grünlich; V–VI	G
Petrorhagia saxifraga	Felsennelke	5–15	rosa; VI–IX	E
Poa pratensis	Wiesenrispengras	10–80	bräunlich; V–VII	G
Prunella grandiflora	Große Braunelle	15–20	violett, weiß, rosa, rot; VI–IX	G

Botanischer Name	Deutscher Name	Höhe in cm*	Blüte Farbe/Monate	Verwendung
Salvia nemorosa	Ziersalbei	50–80	blau bis violett; VI–VIII	E
Saponaria ocymoides	Rotes Seifenkraut	10–20	rosa bis rot; VI–VII	E
Sedum acre	Scharfer Mauerpfeffer	5–15	gelb; VI–VII	G
Sedum album	Weißer Mauerpfeffer	5–15	rosa-weiß; VI–VIII	G
Sedum cauticolum	Fetthenne, Mauerpfeffer	10–25	rot; VIII–IX	G
Sedum floriferum	Fetthenne, Mauerpfeffer	10–25	gelb; VII–IX	G
Sedum reflexum	Felsenmauerpfeffer	10–25	gelb; VII	G
Sedum sexangulare	Fetthenne, Mauerpfeffer	5–10	gelb; VI–VII	G
Sempervivum tectorum	Echte Hauswurz	5–15	rosa, rot, weiß; VI–VII	G
Setaria viridis	Grüne Borstenhirse	5–50	grün bis violett; VI–VIII	E
Teucrium chamaedrys	Edelgamander	20–30	violett; VI–VIII	E
Thymus serpyllum	Quendel, Feldthymian	5–10	rosa, rot bis lila; V–X	G
Verbascum bombyciferum	Broussa-Königskerze	150–200	gelb; V–VIII	E
Veronica prostrata	Liegender Ehrenpreis	5–20	blau; V–VI	E

Zur Dachbegrünung werden bevorzugt Wildarten verwendet, nur in Ausnahmefällen eignen sich auch Gartenformen. * Wuchshöhen können je nach Standort, Witterungsverlauf und Substratschicht stark differieren. Auch bei Blütezeiten sind Schwankungen möglich.
G Arten für großflächige Verwendung **E** Arten zur Ergänzung

Ziersalbei 'Blauhügel'

Rotes Seifenkraut

die man ähnlich wie Rollrasen einfach auf der Substratbasis ausrollt. Für sehr kleine Flächen kann man sich mit Grassoden behelfen, die man – eine Erlaubnis vom Grundstückseigner vorausgesetzt – am Straßenrand oder Bahndamm, im Steinbruch oder an ähnlichen Trockenstandorten absticht.

Pflege des grünen Pelzes

Die Pflanzen etablieren sich bald und sorgen fortan für einen erfreulichen Anblick. Viel zu tun gibt es in den nächsten Jahren nicht. Eine regelmäßige Kontrolle ist ratsam, insbesondere die Funktionstüchtigkeit von Abflüssen muß immer wieder einmal überprüft werden. Gewächse, die sich von selbst ansiedeln, sollte man wohlwollend begrüßen, statt sie als Unkraut zu jäten. Immerhin soll sich eine dem Standort entsprechende, dauerhafte Pflanzengesellschaft entwickeln, und dazu gehört auch, daß gepflanzte, aber letztlich ungeeignete Arten über kurz oder lang verschwinden.

Nur aufkeimende Gehölze sollte man beizeiten, mindestens jedoch einmal pro Jahr, entfernen. Sträucher und Bäume gefährden den Dachaufbau, denn sie verdrängen die erwünschten Pflanzen und reißen, vom Wind entwurzelt, die Substratdecke auf.

Den Dachbewuchs zu mähen oder zurückzuschneiden ist ebensowenig nötig, wie ihn zu düngen. In längeren Trokkenperioden mag es sinnvoll sein, gelegentlich zu wässern, damit der frische, lebendige Eindruck erhalten bleibt bzw. sich rascher wieder einstellt.

Mit ihren sehr hübschen goldgelben Blütenköpfen zaubert die Färberkamille Glanzpunkte aufs Dach.

Filigrane Schatten-künstler

Farne für den Garten

In Farnen zeigt die Natur wahrhaft Formvollendung, wie es der Straußfarn mit seinen so schön symmetrisch gefiederten Wedeltrichtern beweist.

Farne, Zeugen einer längst vergangenen Epoche der Erdgeschichte, verblüffen nicht nur durch ihre Formenvielfalt, sondern fügen sich auch wunderbar in Gärten aller Art ein. Diese grünen Relikte von wahrhaft uraltem Adel bringen Ruhe und Gleichmaß in das bunte Farbspektrum der Blumen. Sie begnügen sich mit Standorten, auf denen andere Pflanzen versagen, und lassen sich sogar in die Rolle von Lückenbüßern zwingen, ohne an Vornehmheit zu verlieren. Außerdem sind diese prachtvollen Gewächse äußerst pflegeleicht.

Blütenloser Gartenschmuck

Tip

Ein umfassendes Angebot an Farnarten und deren Sorten bekommt man leider nicht überall. Nur wenige deutsche Gärtnereien führen ein reichhaltiges Sortiment; vielversprechender ist die Suche bei englischen und holländischen Betrieben. Fündig wird man jedoch auch oft bei privaten Farnspezialisten, nach denen man sich bei Pflanzenliebhabergesellschaften (siehe Seite 240) erkundigen kann.

Tip

Ganzjährig grüne Farnarten wie Schriftfarn, Rotschleierfarn, Hirschzunge oder Tüpfelfarn sollten als winterliche Farbtupfer ähnlich wie immergrüne Gräser, Stauden und Gehölze in keinem Garten fehlen.

Obwohl Farne eine sehr viel längere Geschichte aufweisen können als die breite Masse der übrigen Gartenpflanzen, blieb ihnen doch bis in die heutige Zeit ein glanzvoller Einzug in die Gärten größtenteils verwehrt. Durch die Jahrhunderte der Gartengeschichte durfte ein Farn höchstens in einem versteckten Winkel – wohl mehr durch Zufall dorthin gelangt – seine Wedel kunstvoll entfalten. Erst ganz allmählich zogen diese Gewächse mehr und mehr Gärtner in ihren Bann und gelangten dadurch zu Ansehen. Statt sie im wahrsten Sinn des Wortes ein Schattendasein führen zu lassen, sollte man sich der majestätischen Waldpflanzen noch viel häufiger erinnern und sie im Garten ins rechte Licht rücken.

Mit ihrer ungekünstelten Eleganz und schlichten Erhabenheit brauchen Farne einen Vergleich mit den prachtvollsten Blütenpflanzen nicht zu scheuen. Ihre Qualitäten liegen vor allem in der Reichhaltigkeit ihrer Blattformen. Als Ruhepole für das Auge vermitteln sie zwischen lebhafteren Pflanzengestalten, gewähren sie dem Betrachter eine Entspannungspause inmitten des bunten Blumenkaleidoskops.

Begleitet von Farnen, wird jeder Gartenweg am Gehölzrand zum verwunschenen Pfad.

Spezialisten für den Schatten

Ihrem Wesen als Waldpflanzen gemäß fühlen sich die meisten Farne im Schummerlicht unter Baumkronen besonders wohl, in einem Bereich, in den sich nur ab und zu ein Sonnenstrahl verirrt. Doch völlig ohne Licht können sich auch Farne, immer wieder als Überlebenskünstler in tiefem Schatten gepriesen, nicht entwickeln. Denn wie alle Pflanzen gewinnen sie ihre Lebensenergie mit Hilfe des Lichts, wenngleich ihnen dazu eine sehr viel geringere Helligkeit ausreicht als der Mehrzahl der anderen Gewächse. Trotzdem erweisen sich gerade die Farne als ideale Begrüner schattiger Gartenpartien.

Schattenstandorte, ob unter dichten Laubkronen, auf der sonnenabgewandten Seite dunkler Nadelgehölze oder im Schlagschatten von Mauern, gelten als Problemzonen für eine Bepflanzung. Dabei lassen sich diese Plätze mit Farnen attraktiv ausstatten. Selbst wenn die Wedelbüsche unter sich bleiben, kann man

Der Königsfarn schmückt sich zum Ende des Gartenjahres mit goldgelben bis rostbraunen Wedeln.

durch Ausschöpfung ihrer Formenfülle überaus abwechslungsreiche Ensembles zusammenstellen. Lebhafter noch wird das Bild, wenn man die grüne Decke mit Farbtupfern bunter Blüten sprenkelt, indem man schattenverträgliche Stauden sowie Zwiebel- und Knollengewächse mit einbezieht.

In ausgedehnten Gartenanlagen wird man sich, um baumbestandene Flächen ansprechend zu unterpflanzen, bevorzugt größerer, eventuell sogar leicht wuchernder Arten bedienen. Wurmfarn *(Dryopteris filix-mas)*, Gewöhnlicher Dornfarn *(Dryopteris carthusiana)*, Glanzschildfarn *(Polystichum aculeatum)* und weitere bieten sich dafür an. Zu ihnen passen durchsetzungskräftige Gräser wie Riesenschwingel *(Festuca gigantea)* und Stauden, etwa Eisenhut- *(Aconitum)* und Fingerhutarten *(Digitalis)*, Japanische Anemonen (*Anemone-Japonica*-Hybriden), Waldglockenblume *(Campanula latifolia)*, Wiesenrauten *(Thalictrum)* oder Silberkerzen *(Cimicifuga)*, deren Blüten den Farnwald überragen. Man sollte die Stauden dabei an Flecken setzen, über denen der Laubschirm möglichst lückig ist, damit ihre Blüten aus dem Dunkel heraus malerisch aufleuchten können.

Für begrenzte Areale wählt man etwas weniger mächtige Farne wie z. B. Frauenfarn *(Athyrium filix-femina)*, Brutknospenblasenfarn *(Cystopteris bulbifera)* oder Weichen Schildfarn *(Polystichum setiferum)* aus und pflanzt diese in geringen Stückzahlen. Dazwischen können einige wenige Exemplare der oben genannten hohen Waldstauden gesetzt werden; zusätzlich fügen sich auch zierlichere Gewächse, wie etwa Prachtspieren *(Astilbe)*, Kaukasus-Vergißmeinnicht *(Brunnera macrophylla)*, Herzblumen *(Dicentra)*, Storchschnabel- *(Geranium)* und Lungenkrautarten *(Pulmonaria)* oder Primeln *(Primula)*, außerdem Ziergräser, z. B. Hainsimsen *(Luzula)*, hübsch in die Pflanzung ein.

Ob in großflächiger oder kleinräumiger Verwendung – ungeahnt abwechslungsreiche Varianten lassen sich überdies ausschließlich mit Farnen erdenken, wenn man nur die Artenvielfalt und vor allem die bisweilen sehr umfangreiche Sortenpalette berücksichtigt, z. B. bei Frauenfarnen *(Athyrium)*, Wurmfarnen *(Dryopteris)* oder Schildfarnen *(Polystichum)*. Rein grüne Arrangements haben ihre eigenen Reize, zumal dem Betrachter erst dann die vielen Schattierungen der ruhigen Farbe so richtig bewußt werden. Das diffuse Licht unter Gehölzen stellt zudem die mannigfaltigen Wedelformen vorteilhaft zur Schau. Die zarten Fieder- und Wedelumrisse erscheinen im sanften Schimmer ungleich deutlicher, während sie im grellen Licht der vollen Sonne optisch kaum noch hervortreten würden. Besonders interessante Effekte entstehen, wenn großflächiges mit fein zerteiltem Laub kontrastiert, z. B. bei einer Kombination der ungefiederten Hirschzunge *(Phyllitis scolopendrium)* mit dem filigranen Pfauenradfarn *(Adiantum pedatum)*, oder wenn sich Blattschmuckstauden wie Funkien *(Hosta)* und Schaublattarten *(Rodgersia)* zu den Farnen gesellen.

Teppichartige Bodendecken, wie sie etwa Frauenhaarfarne *(Adiantum)*, Seefeder *(Blechnum penna-marina)*, Hirschzunge oder auch Buchenfarn *(Thelypteris phegopteris)* entwikkeln, sind ein ruhiges, ausgleichendes Gestaltungselement. Mit Bodendeckern wie Herzblättriger Schaumblüte *(Tiarella cordifolia)*, Haselwurz *(Asarum europaeum)* oder Maiglöckchen *(Convallaria majalis)* bilden solche Farne faszinierende Matten, unter höheren Grashorsten und Staudenbüschen wirken sie wie grüner Samt oder Brokat.

Mit den so formenreichen Farnen in den verschiedensten Grüntönen läßt sich ein erstaunlich attraktives Ensemble bilden. Einzelne Blütenstauden wie Silberkerze (oben links), Wiesenraute (oben rechts), Purpurglöckchen (vorn Mitte rechts) und Bodendecker wie die Elfenblume (vorn ganz links) steigern noch die Wirkung der Farnwedel.

Feingliedrige Fugenfüller

Nicht nur unter waldähnlichen Bedingungen, sondern auch in Verbindung mit Steinen zeigen sich Farne von ihrer schönsten Seite. Ihre so reizvolle Wirkung im Steingarten, in Mauerspalten oder Treppenfugen beruht zum einen auf dem Kontrast zwischen starrem, hartem Fels und geschmeidig weichen Wedeln, zum andern in der Ungleichheit von dauerhaftem Gestein und vergänglichem, doch sich immer wieder erneuerndem Pflanzenleben.

Wie in den von Gehölzen geprägten Bereichen beweisen die schlichten Farne auch im Steingarten ihre Stärken als harmonische Bindeglieder. Sie sorgen meisterhaft dafür, daß die vielen farbenfrohen Blüten nicht unmäßig

Tip

Deutliche Farbabstufungen lassen sich durch den Regenbogenfarn, eine Sorte des Japanischen Frauenfarns, oder aber durch herbstfärbende Arten wie Königsfarn, Amerikanischen Straußfarn oder Frauenhaarfarne in reine Farnpflanzungen bringen. Bei der Kombination mit Blütenstauden sollte man beachten, daß sich die Wedeltönung der „bunten" Farne in den Blumen widerspiegelt bzw. durch sie noch hervorgehoben wird.

Funkie, Wurmfarn und Schaublatt dominieren die Rabatte in Grün.

Tip

Ein Ensemble mit fernöstlicher Grazie ergibt sich, wenn himmelblauer Tibet-Scheinmohn *(Meconopsis betonicifolia)*, weiße Silberkerzen und asiatische Farnarten wie der Rotschleierfarn, Ilex-Farn oder Perlfarn kombiniert werden. Stilgerecht kann man sie z. B. zwischen Rhododendren oder Blumenhartriegelarten *(Cornus)* pflanzen.

Tip

Zwiebel- und Knollenpflanzen sind ideale Partner für Farne. Während Märzenbecher, Blausternchen, Winterlinge *(Eranthis)* und Hundszahnlilien *(Erythronium)* z. B. im Frühjahr den Farnaustrieb begleiten, krönen im Sommer Lilien *(Lilium)* die Wedelbüsche. Herbstblühende Alpenveilchenarten *(Cyclamen)* und Herbstkrokusse *(Crocus)* sowie die Früchte des Aronstabs *(Arum)* setzen im Herbst noch einmal farbenfrohe Kontraste.

Tip

Um die strenge Wirkung von Treppen, einzelnen Stufen oder auch Wegrändern abzumildern, bieten sich vielerlei Farne an. Grüner Streifenfarn, Schriftfarne und Tüpfelfarne sowie bestimmte Sorten anderer Arten, z. B. Krauser Pfauenradfarn oder Bornholmer Zwergfrauenfarn, überspielen mit ihren Wedeln harte Kanten elegant.

Beliebte Begleitpflanzen für Farne im Gehölz- und Gehölzrandbereich

Pflanzenart	Blüte Farbe/Monate	Höhe in cm	Kombinationsvorschläge
Aconitum-Arten Eisenhut	blau, violett, weiß; VI–X	50–150	hohe Farne wie Königsfarn, Wurmfarn- und Schildfarnarten
Anemone-Japonica-Hybriden Japanische Anemone	weiß, rosa, rot; VIII–X	30–100	mittelhohe bis hohe Farne wie Frauenfarn- und Königsfarnarten
Aquilegia-Arten Akelei	blau, violett, rot, rosa, weiß, gelb; V–VIII	10–80	niedrige bis mittelhohe Farne wie Frauenhaarfarn-, Frauenfarn- und Perlfarnarten
Arum-Arten Aronstab	weiß, gelblich; IV–V	15–60	bodendeckende Farne wie Seefeder und Himalaja-Frauenhaarfarn
Aruncus dioicus Waldgeißbart	cremeweiß; VI–VII	130–200	hohe Farne wie Wurmfarn, Königsfarn und Straußfarn
Astilbe-Arten Prachtspiere	weiß, rosa, rot, lila; VI–IX	15–120	je nach Wuchsform niedrige oder mittelhohe bis hohe Farne
Campanula-Arten hohe Glockenblumen	violett, blau, weiß, rosa; VI–VIII	50–150	mittelhohe bis hohe Farne wie Wurmfarn-, Königsfarn- und Schildfarnarten
Cimicifuga-Arten Silberkerze	weiß; VII–X	100–200	mittelhohe bis hohe Farne wie Königsfarn-, Wurmfarn- und Schildfarnarten
Corydalis-Arten Lerchensporn	gelb, purpurn, weiß; III–IX	10–50	niedrige bis mittelhohe Farne wie Hirschzungen-, Blasenfarn- und Tüpfelfarnarten
Dicentra-Arten Herzblume	rosa, weiß; IV–IX	20–80	niedrige bis hohe Farne wie Wurmfarn-, Straußfarn- und Schildfarnarten
Digitalis-Arten Fingerhut	weiß, gelb, rosa, rot; V–VIII	50–180	mittelhohe bis hohe Farne wie Wurmfarn-, Frauenfarn- und Königsfarnarten
Epimedium-Arten Elfenblume	weiß, gelb, rotgelb, orange; IV–V	20–50	unter mittelhohe bis hohe Farne wie Ilex-Farn, Perlfarn und Lappenfarnarten
Meconopsis-Arten Scheinmohn	blau, weiß, gelb, orange; V–X	30–120	niedrige bis hohe Farne wie Frauenfarn-, Schildfarn- und Königsfarnarten
Omphalodes-Arten Gedenkemein	blau, weiß; III–V	10–25	neben niedrige oder unter mittelhohe und hohe Farne wie Frauenhaarfarn-, Hirschzungen- und Wurmfarnarten
Polygonatum-Arten Salomonssiegel	weiß; V–VI	30–90	mittelhohe bis hohe Farne wie Perlfarn-, Schildfarn- und Königsfarnarten
Primula-Arten Primel	alle Farben; II–VII	10–80	niedrige bis mittelhohe Farne wie Frauenhaarfarn-, Hirschzungen- und Perlfarnarten
Rodgersia-Arten Schaublatt	weiß, gelblich-weiß, rot; VI–VII	60–180	mittelhohe bis hohe Farne wie Wurmfarn-, Königsfarn- und Schildfarnarten
Thalictrum-Arten Wiesenraute	rosa, violett, weiß, gelb; V–VIII	50–150	alle mittelhohen bis hohen Farne

bunt wirken, bleiben dabei selbst jedoch allezeit vornehm zurückhaltend. Zahlreiche Arten, etwa Streifenfarne *(Asplenium)*, Schriftfarn *(Ceterach officinarum)*, Blasenfarne *(Cystopteris)* und Wimperfarne *(Woodsia)*, füllen Lücken in schattigen Felsspalten, überdecken nackte Senken zwischen Gesteinsblöcken und umschmeicheln Geröll.

Ritzen in sonnenabgewandten Mauerflächen bergen oft gerade genug Erdreich, daß sich darin Überlebenskünstler wie Steinfeder *(Asplenium trichomanes)* oder Mauerraute *(Asplenium ruta-muraria)*, aber ebenso Tüpfelfarne *(Polypodium)* und der Zerbrechliche Blasenfarn *(Cystopteris fragilis)* behaupten können. Zusammen mit Gelbem Lerchensporn *(Corydalis lutea)*, Mauerzimbelkraut *(Cymbalaria muralis)*, Haberlee *(Haberlea)*, Felsenteller *(Ramonda)* oder moosartigen Steinbrechen *(Saxifraga)* lassen sich damit herrliche hängende Gärtchen anlegen.

Filigrankünstler unter sich: Farnwedel untermalen meisterhaft die Blütenkrönchen von Akeleien.

Farne in anderen Gartenbereichen

Ähnlich wie Ziergräser lassen sich Farne ausgezeichnet mit Stauden kombinieren, wobei sie die weniger von der Sonne verwöhnten Beete und Rabatten bevorzugen. Allen voran der Weiche Schildfarn *(Polystichum setiferum)* mit seinen wunderbar grazilen Sorten, den Filigranfarnen, aber ebenso Wurmfarnarten *(Dryopteris)* kommen als Begleiter prunkvoller Beetstauden in Betracht.

Im Heidegarten setzen Farne anmutige Akzente inmitten der Zwergstrauchflächen. Blasenfarnarten *(Cystopteris)*, Breitwedelfarn *(Dryopteris dilatata)*, Gewöhnlicher Dornfarn *(Dryopteris carthusiana)*, Goldschuppenfarn *(Dryopteris affinis)*, Tüpfelfarne *(Polypodium)* und Schildfarne *(Polystichum)* finden hinter größeren Steinen, Wacholderbüschen oder Baumstubben den nötigen Schutz vor der prallen Sonne, die ihnen nicht bekommt.

Wasser, mit dem alle diese Urweltpflanzen insbesondere bei der Vermehrung noch heute innig verbunden sind (siehe Seite 23), kann einen ebenso reizvollen Kontrapunkt zu den anmutigen Wedeln bieten wie etwa Fels und Gestein. In der Nähe seiner spiegelnden oder unruhig glitzernden Oberfläche rollen mancherlei Arten ihre Wedelspreiten aus, wenn auch nur wenige mit ihren Wurzeln direkt in dem nassen Element stehen wollen. Während z. B. der Sumpffarn *(Thelypteris palustris)* weit ins Wasser vordringt, gedeihen Straußfarne *(Matteuccia)*, Perlfarn *(Onoclea sensibilis)* und Königsfarne *(Osmunda)* im nur feuchten Boden. Ihre nicht selten überaus akkuraten Wedeltrichter bieten einen herrlichen Hintergrund für viele bunte Wasserpflanzen, doch auch die zahlreichen Gräser des Uferbereichs finden in ihnen eine passende Ergänzung.

Hirschzungen haben sich die Fugen in einer Treppe erobert.

Tip

<u>Im Heidegarten</u> sollte man <u>Farne nur sparsam einsetzen</u>, sonst wird der eigenwillige Charakter dieses Lebensraums verfälscht. Zudem müssen die Farne <u>in reichlichem Abstand zu den Heidekräutern</u> stehen, damit sie diese nicht überwachsen.

An Bachläufen finden Farne ideale Wuchsbedingungen.

Grundlagen für dauerhafte Schönheit

Tip

Umfassende Maßnahmen zu einer Bodenverbesserung führt man am besten im Herbst durch. Dann kann sich bis zur Pflanzung im Frühjahr die Krume setzen und das Bodenleben regenerieren.

Tip

Laubkompost sollte stets aus möglichst vielen verschiedenen Laubarten bestehen, damit die Verrottung zügig vonstatten geht. Man kann auch Nadelstreu bis zu etwa einem Fünftel der Gesamtmenge zusetzen. Durch Einbringen eines handelsüblichen Rottelenkers oder Impfmittels wird der Reifungsprozeß noch beschleunigt.

Am richtigen Standort entwickelt sich jeder Farn prächtig.

Tip

Laubkompost wirkt um so saurer, je mehr Nadelstreu man ihm zugegeben hat.

Trotz ihres noblen Aussehens gibt sich die Mehrheit der Farne recht anspruchslos. An einem Wuchsplatz, der ihnen zusagt, meistern sie ihren Fortbestand souverän – fast ohne fremde Hilfe. Nicht selten überdauern die anmutigen Wedelbüsche ganze Generationen anderer Pflanzen. Da ein Garten jedoch stets ein Stück künstlich arrangierter Natur darstellt, in dem sich jedes Geschöpf zu seiner vollen Pracht entfalten soll, wird man auch Farne hin und wieder etwas umsorgen müssen. Dabei ergibt sich gute Gelegenheit, die wundersamen Gewächse im Detail kennenzulernen.

Sorgt ein Gewässer für Luftfeuchtigkeit, können Farne sogar an sonnigen Stellen gedeihen.

Bodenvorbereitung

Die überwiegende Mehrzahl der Farnarten braucht einen lockeren, reichlich humosen Boden, der weder rasch austrocknet noch allzu lange die Nässe hält. Die Erde sollte also einem Waldboden ähnlich sein. Im Gehölz- und Gehölzrandbereich eines eingewachsenen Gartens, in dem das Herbstlaub alljährlich an Ort und Stelle verrotten durfte und sich mit der Zeit eine dicke Humusschicht angesammelt hat, wird man gewöhnlich solche Verhältnisse vorfinden. Hier können Farne ohne weiteres angesiedelt werden.

Neu angelegte oder penibel gesäuberte Gehölzpartien warten dagegen oft mit einem nur wenig humosen Untergrund auf, der starken Schwankungen im Feuchtigkeitsgehalt unterworfen und außerdem häufig zu wenig durchlüftet ist. In diesem Fall sollte man keine Mühen scheuen, die Krume gemäß den Anforderungen der Farne umfassend aufzubereiten. Die obere, etwa 20–30 cm mächtige Bodenschicht muß man dazu mit entsprechenden Humus-, eventuell auch Sandzuschlägen vermengen.

Bei Einzelpflanzungen werden punktuell, bei Gruppenpflanzungen besser flächig die oberen Bodenschichten zunächst sorgfältig gelockert und von sämtlichen Unkräutern befreit. Anschließend bringt man nach Bedarf Humus und/oder Sand auf und arbeitet diese ein. Sandige, sehr lockere Böden können durch Zusatz von Lehm oder Gesteinsmehl etwas bindiger gemacht werden, tonreicher, schwerer und klumpiger Erde mischt man dagegen Sand unter, um eine feinkrümelige Konsistenz zu erreichen.

Beim Abschätzen der erforderlichen Mengen an Bodenverbesserungsmitteln helfen folgende Richtwerte:

- Vorwiegend sandige Böden, bei denen die Erde durch die Finger rieselt, erhalten Zuschläge von einem Viertel bis einem Drittel Humus sowie etwa 10% Lehm oder 5% Gesteinsmehl, vorzugsweise Tonminerale wie Bentonit oder Montmorillonit.
- Mittelschweren, wenig humosen Untergrund, der grob bröckelig ist, versetzt man mit etwa einem Viertel bis einem Drittel Humus.
- Schwerer, tonreicher Erde, die am Spaten kleben bleibt, mischt man etwa ein Drittel Humus sowie rund 10% Sand unter.

Als Humuslieferanten eignen sich in erster Linie handelsübliche Produkte wie Rindenhumus oder Rindenkompost sowie Wurmhumus, ein spezielles, durch Kompostwürmer aufbereitetes Substrat mit hohem Kieselsäureanteil. Natürlich kann man auch selbst im Garten hergestellten Kompost verwenden, er sollte allerdings gut ausgereift sein. Besonders bewährt hat sich dabei Laubkompost, auch Lauberde genannt.

Hochwertigen Laubkompost erhält man, wenn man leicht feuchtes, am besten zerkleinertes Herbstlaub mit 10–20% feingehäckseltem Gehölzschnitt mischt und an einem halbschattigen Ort lagenweise zu einem Haufen aufschichtet. Zwischendurch bringt man alle 20–30 cm eine etwa 5 cm dünne Schicht abgelagerten Komposts oder feinkrümeliger Erde auf. Mit Erde und Mulchresten, Reisig oder Kartoffelkraut abgedeckt, verrottet das Material gewöhnlich innerhalb eines Jahres und ist dann verwendungsbereit. Noch vorhandene gröbere Teile stören nicht, im Gegenteil, sie wirken lockernd.

Blasenfarne *(Cystopteris)* und Wimperfarne *(Woodsia)*, Streifenfarne *(Asplenium)* sowie andere Arten, die in Mauerritzen, Felsspalten oder Treppenfugen wachsen sollen, benötigen – verglichen mit den übrigen Farnen – kompaktere, weniger luftige Erde. Für sie sollte der Humusanteil reduziert, der Lehmanteil dagegen erhöht werden. Eine Mischung aus 50% Gartenerde, 30% Lehm und 20% Humus hat sich vielfach bewährt.

Ein weiteres Augenmerk ist auf den Säuregrad des Bodens zu richten (siehe Seite 39). Die Ansprüche der einzelnen Arten sind in dieser Beziehung recht unterschiedlich, sogar innerhalb einer Gattung. So gedeihen etwa Alpenwimperfarn *(Woodsia alpina)* und Großer Wimperfarn *(Woodsia obtusa)* nur auf basischem, kalkhaltigem, Südlicher Wimperfarn *(Woodsia ilvensis)* und Fernost-Wimperfarn *(Woodsia polystichoides)* dagegen ausschließlich auf saurem Substrat zufriedenstellend. Während Rindenkompost leicht sauer reagiert, zeigt Laubkompost oft eine neutrale, Wurmhumus dagegen eine schwach basische Wirkung. Durch Wahl des entsprechenden Humusmaterials läßt sich der Säuregrad des aufbereiteten Substrats also in gewissem Maß beeinflussen.

Pflanzung

Wie bei Gartenpflanzen heute allgemein üblich, werden auch Farne weitgehend als Containerware, in kleinen Töpfen vorgezogene Pflänzchen, angeboten; nur relativ selten erhält man Exemplare mit nackten Wurzeln oder auch bloße Rhizomstücke. In den Boden setzen kann man sie zwischen Ende April und Ende August, also im Zeitraum zwischen Austrieb und Beginn der Ruhezeit. Der beste Termin zur Farnpflanzung ist jedoch das Frühjahr, wenn das Wachstum mit aller Vehemenz startet, begünstigt durch milde Witterung, linde Bodenwärme und meist noch reichlich vorhandene Bodenfeuchtigkeit.

An entsprechender Stelle hebt man ein Pflanzloch aus, das mindestens doppelt so breit und etwa doppelt so tief sein sollte, wie der Wurzelballen des Farns groß ist. Die Grube wird ungefähr zur Hälfte mit Aushuberde oder auch Humusmaterial gefüllt, die Pflanze dann mittig darin plaziert. Anschließend bringt man weiteres Erdmaterial ein, bis das Pflanzloch vollständig aufgefüllt ist, drückt den Farn vorsichtig fest und gleicht entstandene Senken mit weiterer Erde aus. Der Rhizomkopf, d. h. das Innere des Wedeltrichters, aus dem die neuen Wedelspreiten erscheinen, sollte nur ganz knapp oberhalb des Erdbodens liegen. Zuletzt muß der Farn durchdringend angegossen werden.

Felsritzen und Mauerfugen sollte man vor einer Bepflanzung wiederholt durchdringend wässern.

Einen Farn in eine Mauerfuge oder Felsspalte einzusetzen erfordert große Sorgfalt und einiges Fingerspitzengefühl. Mit einem schmalen Spachtel, breiten Schraubenzieher, stabilen Messer oder flachen Löffel kratzt man zunächst die Spalte so tief wie möglich frei. In der Breite sollte sich vorn ein etwa handtellergroßes Loch ergeben, das sich nach hinten verjüngen darf. In diesen Spalt führt man die Wurzeln bzw. den erdigen Wurzelballen des Farns ein und füllt die verbleibenden Lücken mit Hilfe von Spachtel oder Löffel vorsichtig mit Substrat auf. Es dürfen sich dabei keine Hohlräume bilden. Unter Umständen muß man die Erde durch behutsames Stopfen oder auch wiederholtes Besprühen mit Wasser bis in die letzten Winkel bringen.

Pflegemaßnahmen

Bis die Farne endgültig eingewachsen sind, sollte man regelmäßig gießen und eventuell aufkommendes Unkraut sofort jäten. Später erübrigen sich diese Maßnahmen weitgehend. Allenfalls in langen Trockenperioden oder aber an ungünstigen Standorten ist öfter eine Bewässerung erforderlich.

In den weiteren Jahren nach der Pflanzung gedeihen die Farne gewöhnlich, ohne daß man größere Mühen aufwenden müßte. Im

Tip

Farnwurzeln sind überaus empfindlich und trocknen sehr rasch aus. Die Pflanzen müssen deshalb beständig leicht feucht gehalten werden und sollten stets alsbald in den Boden kommen. Rhizomteile oder nackte Wurzelballen schlägt man bis zum Einsetzen vorsorglich in feuchten Rindenmulch oder -humus ein.

Tip

Größere Farne sollte man nach dem Einpflanzen erst einmal ein wenig stützen, indem man die Wedeltrichter auf halber Höhe locker umbindet und an einigen stabilen Stäben fixiert.

Tip

Stauende Nässe ist für alle Farne – mit Ausnahme des Sumpffarns – schädlich. Vor allem bei schweren, tonigen Böden empfiehlt sich daher eine tiefreichende Bodenlockerung vor der Pflanzung, eventuell auch das Einbringen einer Dränageschicht aus Sand.

Die sich entrollenden Farnwedel erinnern an Bischofsstäbe.

Tip

Trockene Farnwedel kann man häckseln und mit etwa einem Drittel reifen Kompost vermischen. Dieses Material streut man dann in einer 3–5 cm dicken Schicht rund um die Farne aus, wodurch der Boden vor Austrocknung geschützt bleibt und Nährstoffe in die Erde zurückgelangen.

Die alten Farnwedel breiten sich im Winter wie eine wärmende Haube über den empfindlichen Triebkopf.

Tip

Ältere Exemplare von Strauß-, Wurm- und Schildfarnen wachsen mit der Zeit regelrecht aus dem Boden heraus. Die dabei entstehenden stammähnlichen Gebilde sind jedoch sehr empfindlich gegen Kälte und Nässe. Man sollte sie daher gut mit Erde anhäufeln und im Herbst mit einer Laubschüttung versehen.

Frühjahr, zum Austrieb, werden abgestorbene Wedel bodennah abgeschnitten. Farne, die in dichte Bodendecken aus starkwüchsigen Arten integriert sind, sollte man jetzt auch von bedrängenden Nachbarpflanzen befreien. Man schneidet einfach einen Bereich von 30 bis 40 cm rund um die Wedelbüsche frei und mulcht diese Stelle mit Kompost oder Rindenhäcksel.

Wenn ihr Anblick störend wirkt, können vertrocknete Wedel auch im Herbst entfernt werden. Besser jedoch läßt man sie als Schutz vor den winterlichen Wetterunbilden stehen, ebenso wie man Fallaub nicht wegrechen sollte. Durch die Verrottung des alten Blattmaterials bleibt zudem der natürliche Stoffkreislauf geschlossen, und eine zusätzliche Düngung erübrigt sich.

Sollte in Ausnahmefällen dennoch das Wachstum stocken, kann eine sparsame Düngung Abhilfe schaffen. Im Herbst, ersatzweise im zeitigen Frühjahr, streut man dazu noch nicht ganz ausgereiften Laubkompost (siehe Seite 102 f.) oder Rindenkompost in daumendicker Lage rund um die Farntrichter auf und läßt das Material als düngende und zugleich wärmende Deckschicht liegen.

Winterschutz

Die kalte Jahreszeit ist immer eine der schwierigsten Phasen für die Pflanzenwelt. Widernisse wie Frost, Nässe und Wind können selbst robusten Arten zusetzen. Auch heimische, den vergleichsweise harten Bedingungen des mitteleuropäischen Klimas angepaßte Gewächse leiden im Winter zuweilen erheblich, wenn sie im Garten nicht den optimalen Schutz finden. Für Farne trifft dies in besonderem Maß zu, denn ihre Rhizomköpfe inmitten der Wedeltrichter gelten als extrem empfindlich. Werden sie nicht von umgeknickten Wedeln, von Laub oder Schnee abgedeckt, dann erfrieren sie nur allzu leicht.

Sogar Arten wie Wurmfarn *(Dryopteris filix-mas)* und Straußfarn *(Matteuccia struthiopteris)*, die im allgemeinen als unverwüstlich gelten, nehmen unter ungünstigen Bedingungen Schaden, etwa durch Kahlfröste, also strengen Frost ohne schützende Schnee- oder Laubdecke. Besonders anfällig sind jedoch Gewächse wie Japanischer Frauenfarn *(Athyrium niponicum)*, Schriftfarn *(Ceterach officinarum)* oder Schmaler Ilex-Farn *(Cyrtomium fortunei)*, die aus milderen Regionen stammen und womöglich noch an wenig geschützte Stellen gepflanzt wurden. Immergrüne Farne, etwa Rippenfarne *(Blechnum)*, Hirschzunge *(Phyllitis scolopendrium)* oder Tüpfelfarne *(Polypodium)*, werden überdies von der Sonne bedroht, die im Winter durch das kahle Geäst der Bäume direkt auf die Wedel treffen und sie austrocknen kann.

Eine warme Packung aus Herbstlaub schützt den Boden vor Austrocknung und Frost.

Sind Farne also den Winter über nicht von einer Fallaubdecke geschützt und hat man auch nicht die alten Wedel als Schutzhaube stehengelassen, ist durch entsprechende Maßnahmen Vorsorge zu betreiben, daß die Pflanzen nicht erfrieren. Zum einen sollte man dann als sog. Laubschüttung eine Schicht trockenen Herbstlaubs über die Wedeltrichter breiten bzw. um sie herum anhäufen, zum andern einige Reisigzweige darüberlegen oder daneben schräg in den Boden stecken. Farne in Felsritzen schützt man durch Reisigzweige, die abschirmend über den Pflanzen angebracht werden.

Das absterbende Farnlaub kann man auch sehr gut häckseln und als Mulchmaterial verwenden.

Vermehrung von Farnen

Die Faszination, die von den elegant geformten Wedeln ausgeht, weckt oft den Wunsch nach mehr Exemplaren. Hat man seinen Garten mit den Urweltpflanzen ausstaffiert, wird dies die Bewunderung vieler Besucher hervorrufen, die dann nicht selten fragen, ob man nicht einige Pflanzen abgeben könnte. Um in einem solchen Fall die eigenen Bestände zu schonen, sollte man wissen, wie man die reizvollen Gewächse entweder vegetativ oder durch Sporen vermehrt.

Vegetative Verfahren

Der einfachste und auch schnellste Weg, zusätzliche Farnpflanzen zu gewinnen, besteht in der Teilung älterer, gut bestockter Exemplare. Allerdings ist diese nur bei solchen Farnen möglich, die mindestens zwei Rhizomköpfe und damit auch zwei meist eng ineinander verflochtene Wedeltrichter entwickelt haben. In manchen Fällen, häufig etwa bei Königsfarnen *(Osmunda)* und Schildfarnen *(Polystichum)*, versagt die Methode jedoch, da sich keine mehrköpfigen Rhizome bilden. Am leichtesten lassen sich kleine, in dichten Büscheln fast schon rasenartig wachsende Formen wie einige Sumpffarne *(Thelypteris)*, Wimperfarne *(Woodsia)* oder die Frauenhaarfarne *(Adiantum)* teilen.

Vorzugsweise nimmt man eine Teilung im Frühjahr vor, wenn die Farne gerade frisch auszutreiben beginnen. Man sticht einfach ein oder mehrere etwa handtellergroße Stücke mit mindestens zwei Triebköpfchen ab, topft sie in entsprechend geräumige Gefäße mit schwach gedüngter, leicht saurer Erde (z. B. Pikiererde, Einheitserde Typ P oder Torfkultursubstrat TKS 1) und kultiviert sie an einem geschützten, halbschattigen bis schattigen Platz weiter. Sind reichlich neue Wurzeln gewachsen, was meist erst nach einem Jahr der Fall ist, kann man die Teilstücke an den vorgesehenen Platz pflanzen.

Größere Farne nimmt man zur Teilung aus dem Boden, um einen glatten Schnitt zwischen den Rhizomköpfen führen zu können. Das Wurzelwerk zupft man dazu vorsichtig auseinander, möglichst ohne dabei viele Wurzeln zu verletzen oder abzureißen. Anschließend kann man die Teilpflanzen direkt wieder in den Garten setzen oder aber zur besseren Bewurzelung ebenfalls erst einmal ein Jahr lang in einem Gefäß mit Pikiererde an einer schattigen Stelle weiterziehen.

Rhizom- oder Ausläuferschnittlinge ergeben sich durch eine spezielle Form der Teilung, bei der das unterirdische System zertrennt wird. Auf diese Weise lassen sich z. B. Straußfarne *(Matteuccia)* oder Perlfarne *(Onoclea sensibilis)* vermehren. Das Rhizom muß dazu im zeitigen Frühjahr freigelegt werden. Alte Wedelsträuße schneidet man vorher zurück, schont dabei jedoch junge Triebe. Nun wird das unterirdi-

Sporen, gleichsam die Samen der Farne, finden sich an der Unterseite der fruchtbaren Wedel (oben). Beim Straußfarn bleiben diese Wedel bis zum nächsten Jahr erhalten (unten).

Vermehrung durch Brutwedel

Der sporentragende Wedel wird mit den Sporenbehältern nach unten plan auf Vermehrungssubstrat gelegt, festgesteckt und mit einer Glasscheibe abgedeckt.

Haben sich nach einiger Zeit kleine Brutpflanzen entwickelt, schneidet man diese mitsamt einem Abschnitt der Mittelrippe des alten Wedels ab.

Anschließend werden die jungen Farnpflänzchen in kleine Töpfe mit Vermehrungssubstrat gesetzt und erst nach ihrem Erstarken ins Freie gepflanzt.

Tip

Werden voll ausgetriebene Farne geteilt, sollte man die Wedel nach dem Einpflanzen um die Hälfte einkürzen. So können sich die Wurzeln besser regenerieren.

Tip

Während der ziemlich langen Wurzelbildungsphase von Teilstücken durchlaufen Farne ihren artspezifischen Jahreszyklus; viele ziehen daher über den Winter ein, d. h., ihre oberirdischen Teile sterben ab. Man sollte dann keinesfalls die Geduld verlieren.

Tip

Zur Anzucht von Farnen aus Sporen kann man auch auf Minigewächshäuser, ausgediente kleine Aquarienbecken oder Diakästen sowie auf Kunststoffschalen, wie sie zum Verkauf an Salattheken verwendet werden, zurückgreifen. Alle müssen jedoch mit einem durchsichtigen Deckel oder einer Scheibe dicht verschließbar sein und sollten Erhitzung vertragen.

Tip

Den Reifegrad von Farnsporen kann man prüfen, indem man ein Wedelstück auf ein weißes Blatt Papier legt. Zeichnet sich der Wedel nach einiger Zeit oder nach leichtem Antippen in Form von dünnen Staubspuren auf dem Blatt ab, sind die Sporen reif. Bleibt das Papier dagegen leer oder liegen trockene, gröbere Gewebeteilchen darauf, sind die Sporen noch unreif bzw. schon ausgestreut.

Tip

Während der Befruchtungsphase müssen die Prothallien von einem dünnen Wasserfilm überzogen sein. Hat sich nicht reichlich Kondenswasser an der Abdeckung niedergeschlagen, das man vorsichtig auf das Substrat schüttelt, sollte man durch mehrmaliges Übersprühen mit abgekochtem Wasser nachhelfen.

Tip

Tritt im Anzuchtgefäß Schimmel oder Fäulnis auf, sollte man Prothallien oder Farnpflänzchen in größerem Umkreis um die Befallsstelle umgehend auszupfen und die verunreinigte Erde gründlich entfernen. Die freie Fläche wird anschließend mit sterilem Sand oder Substrat aufgefüllt.

Rhizomschnittlinge mit mindestens einer kräftigen Triebknospe werden leicht schräg eingetopft.

sche Rhizomgeflecht in mehrere Abschnitte zergliedert, wobei aber jedes Stück mindestens einen Rhizomkopf bzw. eine Triebknospe, ein sog. Auge, aufweisen muß. Die Stücke pflanzt man anschließend leicht schräg oder waagrecht in ein Gefäß mit nur schwach nährstoffhaltigem Substrat, beispielsweise Pikiererde, und hält dieses leicht feucht, bis sich ein oder zwei neue Wedel pro Rhizomteil zeigen. Dann topft man die Stücke in einzelne Töpfe um, die bis zur nächsten Pflanzsaison am besten im Frühbeet oder Gewächshaus aufgestellt werden.

Anzucht aus Sporen

Wie sich Blütenpflanzen aus ihren Samen vermehren lassen, so kann man auch bei Farnen die winzigen Fortpflanzungseinheiten, die Sporen, nutzen, um gleich eine Vielzahl von Nachkommen zu erzielen. Allerdings ist diese Vermehrungsweise wegen des ungewöhnlichen Entwicklungsablaufs (siehe Seite 22 f.) nicht ganz einfach und erfordert über einen längeren Zeitraum besondere Aufmerksamkeit. Die wichtigsten Voraussetzungen für einen Erfolg sind absolute Sauberkeit, stetige Beobachtung und ein geeigneter Platz. Spezielle Gerätschaften braucht man nicht.

Als Anzuchtgefäße eignen sich flache Schalen, die mit einer blanken Glasscheibe oder einer lichtdurchlässigen, möglichst auch hitzebeständigen Kunststoffhaube dicht abgeschlossen werden können. Tadellose Reinheit, fast schon sterile Bedingungen, schafft man sich ähnlich wie beim Einwecken, indem man die Schale samt Abdeckung mit kochendem Wasser gründlich spült. Alternativ kann man die Utensilien auch im Backofen oder im Mikrowellengerät sterilisieren. Sie werden dazu mit etwas Wasser gefüllt oder benetzt und bei 100 °C bzw. auf höchster Stufe für einige Minuten erhitzt.

Als Substrat kommen Einheitserde Typ P, Torfkultursubstrat (TKS 1) oder eine selbst hergestellte Erde in Frage. Letztere wird aus ungedüngtem Torf und Sand im Verhältnis 4:1 gemischt. Dem Ganzen setzt man pro Liter noch einen gehäuften Eßlöffel Gesteinsmehl sowie einen gehäuften Teelöffel Volldünger zu. Die Erdmischung wird dann keimfrei gemacht, indem man sie, leicht angefeuchtet und in einem Behältnis – z. B. in einem Metalltopf oder Bratfolie –, im Backofen bei 100 bis 120 °C etwa eine Stunde lang dämpft. Nach dem Erkalten ist die Erde verwendungsbereit.

Sporengewinnung

Auf der Unterseite fruchtbarer Wedel befinden sich – in meist sehr regelmäßigen Mustern – zahlreiche Sporenbehälter, die oft wie Stecknadelköpfe aussehen (siehe auch Seite 23). Und darin sind unzählige ungeschlechtliche Keimzellen enthalten: die Sporen. Bei der Reife werden sie frei und sind als brauner oder goldener Staub erkennbar. Diese Sporen gilt es rechtzeitig aufzufangen, um sie zur Aussaat nutzen zu können.

Sobald sich die Sporenbehälter von Grün nach Gelb oder Braun verfärben, steht die Reife kurz bevor. Je nach Farnart können die Termine, zu denen das geschieht, sehr stark voneinander abweichen; auch die Dauer der Reifephase ist unterschiedlich. Meistens liegt diese Zeit im Hoch- oder Spätsommer, bei Königsfarnen *(Osmunda)* beginnt die Saison dagegen schon im Frühjahr, bei der Mauerraute *(Asplenium ruta-muraria)* werden sogar ganzjährig Sporen reif.

Zur Ernte der Sporen schneidet man Wedelteile oder auch einen kompletten Wedel ab, der kurz vorher vom Regen benetzt wurde oder den man gründlich mit der Gießkanne abgeduscht hat, damit ihm keine fremden Sporen oder Schmutzteilchen mehr anhaften. Der Wedel wird zwischen zwei saugfähigen Tüchern vorsichtig abgetrocknet und anschließend zwischen ein längs gefaltetes Papier gelegt. Hat sich der Sporenstaub auf dem Papier niedergeschlagen, entfernt man den Wedel und falzt die offenen Papierseiten zwei- bis dreimal um. In der so entstandenen Tüte können die Sporen an einem trockenen, dunklen Ort bis zur Aussaat aufbewahrt werden.

Aussaat

Gewöhnlich sät man die Sporen gleich nach der Reife aus, zumeist also im Frühherbst. Besonders wichtig ist sofortiges Ausbringen bei den Königsfarnen *(Osmunda)*, da deren

Sporen nur wenige Tage keimfähig bleiben. Die vorgesehenen Gefäße werden mit dem Anzuchtsubstrat (siehe Seite 106) gefüllt und dessen Oberfläche mit Zeitungspapier, Löschpapier oder einem Küchentuch abgedeckt. Nochmals gießt man etwas kochendes Wasser darüber, damit die Substratoberfläche wirklich keimfrei wird. Danach ist das abgekühlte Substrat auch gut durchfeuchtet und die Saatfläche nach dem Abheben des Papiers bereit.

Die Sporen werden nun aus dem gefalzten Papier, in dem sie aufgefangen wurden, vorsichtig über die gesamte Oberfläche verteilt, und zwar möglichst gleichmäßig. Sofort anschließend deckt man das Gefäß dicht ab und stellt es hell, aber nicht sonnig bei 18–22 °C auf. Günstig ist z. B. die Fensterbank an einem Nordfenster, auf die man zur Wärmeisolation eine Styroporplatte legt.

In der Folgezeit müssen die Sporen gleichmäßig warm und hell gehalten werden. Im lichtarmen Winter sollte man sich einer Zusatzbeleuchtung sowie eventuell einer Heizmatte bedienen. Eine Belüftung des Gefäßes ist nicht erforderlich. Solange sich an der Abdeckung dicke Tropfen bilden, braucht auch nicht gewässert zu werden. Andernfalls muß man das Substrat vorsichtig besprühen, und zwar mit abgekochtem Wasser aus einer sehr feinen Düse.

Bei Königsfarnen erscheint schon nach wenigen Tagen ein erster zarter Grünschimmer. Bei anderen Farnen dauert es jedoch nicht selten mehrere Monate, bis sich endlich Leben regt. Der grüne Hauch besteht aus winzigen Prothallien, den Vorkeimen (siehe Seite 23). Unter weiterhin günstigen Bedingungen wachsen sie rasch und werden bald pfenniggroß. Ab und zu sollte man die Wassertropfen, die an der Abdeckung haften, durch leichtes Anschnippen herunterschütteln. Die auf die Prothallien herabfallenden Tropfen sorgen dann für die Übertragung der Spermatozoiden auf die Eizellen, also für eine Befruchtung.

Pikieren

Wenn der moosartige Bewuchs in der Saatschale kräftig entwickelt ist und man daher annehmen kann, daß sich die Befruchtung im verborgenen vollzogen hat, zupft man kleine Grüppchen der Prothallien heraus und drückt sie mit größerem Abstand als vorher in eine neue Saatschale, die man wie bei der Aussaat vorbereitet hat und nach dem Umpflanzen gewissenhaft abdeckt. Wiederum sorgt man für ausreichende Feuchtigkeit, Helligkeit und Wärme, so daß die Zöglinge gut weiterwachsen können. Nach einiger Zeit wird man dann winzige Wedel entdecken, die sich über den Vorkeimen entrollen.

Sind die Vorkeime schließlich abgestorben und haben sich an ihrer Stelle jeweils zwei oder drei Wedel entfaltet, müssen die jungen Farnpflänzchen abermals umgetopft werden. Mit Hilfe eines Pikierholzes oder Schaschlikspießes hebelt man die Miniaturfarne aus dem Substrat heraus und setzt sie einzeln in kleine Töpfe oder zu mehreren mit etwa 10–15 cm Abstand in Kästen, die mit dem gleichen Substrat gefüllt worden sind. Um eine Vermoosung oder Veralgung der Oberfläche zu verhindern, bedeckt man diese dünn mit Sand oder feinem Splitt, der vorher kurz mit kochendem Wasser überbrüht wurde. Allmählich gleicht man jetzt die Wuchsbedingungen denen des Freilands an, indem man die Gefäße an einem schattigen Platz zuerst noch warm, langsam aber immer kühler hält, z. B. in einem Frühbeet. Etwa ab Mitte oder Ende Mai kann der Farnnachwuchs dann ausgepflanzt werden.

Zur Farnanzucht werden reife Sporen entweder in einem längs gefalteten Papier gesammelt (von oben nach rechts) und dünn auf das mit kochendem Wasser überbrühte Substrat gestreut. Oder man legt fruchtbare Wedel mit reifen Sporen mit der Unterseite direkt auf das Substrat (von oben links nach unten). Die aufgelaufenen Vorkeime werden in Grüppchen mehrfach pikiert, später die Farnpflänzchen vereinzelt. Den erstarkten Nachwuchs kann man schließlich in Einzeltöpfe setzen.

Tip

Den Prothallienrasen sollte man sich einmal durch eine Lupe ansehen. Vorkeime, deren Aussehen von dem der Menge abweicht, stammen von anderen Farnen. Sie müssen ausgesondert werden, wenn man eine Reinkultur erhalten möchte.

Teppiche in Grün und Bunt

Bodendecker und Heidekräuter

Beim Prachtstorchschnabel überdecken die grünen Blätter den Boden wie dichte Matten, die zur Blütezeit fast unter einem Blumenmeer verschwinden.

Obwohl die Mehrzahl aller Gewächse den Untergrund auf die eine oder andere Weise bedeckt, vermögen lediglich bestimmte Pflanzen einen regelrechten Teppich auf ausgedehnte Bodenflächen zu legen. In vielfältiger Gestalt breiten diese bodendeckenden Arten ihre belaubten Triebe zu grünen, reich strukturierten Matten aus, häufig geschmückt mit prächtigem Blütenflor. Solche Blätterdecken bilden eine pflegeleichte Pflanzung, vor allem an Stellen, an denen sich Rasen oder Prachtstauden nur schwer ansiedeln lassen. Spröde Anmut entfalten sie in einem Heidegarten, wo eine Gemeinschaft von Zwergsträuchern ihren unnachahmlichen Charme beweist.

Bodendeckende Pflanzen

Tip

Wuchernde Bodendecker wie Scheckenknöterich, Indische Erdbeere oder auch Bambusse wie der Mattenbuschbambus zeigen in ausgedehnten Gartenanlagen ihre Stärken. In kleinen Gärten jedoch sollte man auf solche Arten verzichten, weil sie in ihrem Ausbreitungsdrang kaum zu zügeln sind.

Der Begriff Bodendecker umfaßt keine exakt einzugrenzende Pflanzengruppe. Vielmehr bezeichnet man damit solche Arten, die sich dicht über dem Untergrund flächig ausbreiten und eine mehr oder weniger geschlossene Laubdecke schaffen. Dabei brauchen die Pflanzen nicht unbedingt innig dem Boden aufzuliegen wie etwa Sternmoos *(Sagina subulata)* oder Pfennigkraut *(Lysimachia nummularia)*, sondern können sich durchaus knie- oder gar hüfthoch erheben, was z. B. bei Bodendeckerrosen *(Rosa)* und vielen anderen Gehölzen der Fall ist.

Für die Verwendung solcher Gewächse im Garten spricht vor allem, daß man mit ihnen an den verschiedensten Stellen überaus ansehnliche Teppiche anlegen kann, die zudem wenig Pflege erfordern. Sie begrünen nicht nur anderweitig schwer bepflanzbare Gartenpartien, sondern bieten Alternativen zu monotonen Rasenstücken ebenso wie zu bunten Staudenbeeten. Eine reiche Zahl bodendeckender Gehölze und Stauden eröffnet immer neue, interessante Gestaltungsmöglichkeiten. Standortbezogen ausgewählt und fachgerecht gepflanzt, sorgen Bodendecker für dauerhaften Laub- und Blütenschmuck.

Elfenblumen entwickeln üppige Laubdecken, die im Frühjahr von zierlichen Blüten überragt werden.

Typische Wuchsformen

Aus den verschiedensten Gründen entwickeln sich manche Gewächse zu dicht geschlossenen Polstern, fein verwobenen Matten oder breit ausladenden Büschen. Gebirgspflanzen etwa, z. B. Fetthennen *(Sedum)*, Stachelnüßchen *(Acaena)* oder Silberwurzarten *(Dryas)*, schmiegen ihre Triebe eng dem Boden an, um sich vor Kälte und Wind zu schützen. Im Wald beheimatete Gewächse wie Elfenblumen *(Epimedium)*, Goldnessel *(Lamiastrum galeobdo-*

Das Teppich-Sedum, das durch zierliche Sternblüten besticht, schließt sich schnell zu dichten Pflanzenmatten.

Die Zwergastilbe mit ihren zauberhaften Blütenkerzen breitet sich durch Ausläufer aus.

lon) oder Golderdbeeren *(Waldsteinia)* erobern sich durch ihren in die Breite drängenden Wuchs rasch relativ große Lebensräume. Auffallend ist, daß viele von ihnen über eine immense Konkurrenzkraft verfügen und Nachbarschaften mit anderen Pflanzen kaum zulassen. Haselwurz *(Asarum europaeum)*, Immergrün *(Vinca)* oder Enzianbleiwurz *(Ceratostigma plumbaginoides)* z. B. wuchern derart stark, daß sie Wuchsfläche, Nährstoffe und Wasser über kurz oder lang mit keinem Pflanznachbarn mehr zu teilen brauchen.

Ausläufer, niederliegende Triebe, Ranken oder auch nur üppig verzweigte, sehr breit überhängende Triebe (siehe Seite 23 f.) verleihen den Bodendeckern die Fähigkeit, den Untergrund unter sich verschwinden zu lassen. Vor allem viele Stauden tun sich in dieser Hinsicht hervor, insbesondere winter- und immergrüne Arten wie Kriechender Günsel *(Ajuga reptans)*, Herzblättrige Schaumblüte *(Tiarella cordifolia)* oder auch einige Beifußarten *(Artemisia)*.

Der Teppichhartriegel, ein bodendeckender Zwergstrauch, entfaltet sich am Fuß von Rhododendren.

Arten, die sich das ganze Jahr über ihr grünes Laubkleid bewahren, schätzt man verständlicherweise als besonders wertvoll ein. Eine derart dauerhafte Begrünung gewährleisten in der Hauptsache immergrüne Bodendecker wie Haselwurz *(Asarum europaeum)*, Ysander *(Pachysandra terminalis)*, Kriechspindel *(Euonymus fortunei)* oder flach wachsende Nadelgehölze, da der Blattwechsel bei ihnen nur allmählich und daher fast unbemerkt vor sich geht. Bei halbimmergrünen oder wintergrünen Gewächsen, z. B. Gundermann *(Glechoma hederacea)*, manchen Elfenblumen *(Epimedium)* oder einigen Storchschnabelarten *(Geranium)*, bleibt das Laub den Winter hindurch noch an den Trieben haften und wird erst im Frühjahr komplett durch neues ersetzt. Einen kahlen Boden während der kalten Jahreszeit muß man dagegen bei sommergrünen Bodendeckerarten akzeptieren, denn Enzianbleiwurz *(Ceratostigma plumbaginoides)*, Scheckenknöterich *(Polygonum affine)*, Fingerstrauch *(Potentilla fruticosa)*, Japanische Strauchspiere *(Spiraea japonica)* und andere werfen ihre Blätter im Herbst ab. Sie harren den Winter über mit ihrem Wurzelwerk knapp unter der Oberfläche aus bzw. mit unbelaubtem Gezweig, bevor sie im Frühling erneut frisches Grün hervorschieben.

Auch Gräser und Farne stellen etliche Arten, die Bodenflächen mit einem lebenden Mantel überziehen können. Aus unzähligen Halmen gebildete, sich schwungvoll zu Boden neigende Grashorste, die eng beieinanderstehen, wirken dabei wie von Wirbeln durchsetzte Haarkleider. Seggen *(Carex)* oder Schwingel *(Festuca)*, Hainsimsen *(Luzula)* und viele weitere sind in flächiger Pflanzung alles andere als eintönig. Gerade im Herbst und Winter bringen sie mit grazilen Formen Abwechslung in den Garten.

Sogar manche Bambusarten, etwa aus den Gattungen Zwergbambus *(Sasa)* und Buschbambus *(Pleioblastus)*, eignen sich als ungewöhnliche Bodendecker mit fernöstlichem Flair. Mit ihren verholzenden Halmen leiten sie über zu den Gehölzen, unter denen vor allem zahlreiche Sträucher einen flachen Wuchs aufweisen. Laubabwerfende Arten wie Teppichhartriegel *(Cornus canadensis)* bestechen durch ihr Wechselspiel im Lauf der Jahreszeiten, immergrüne wie Böschungsmyrte *(Lonicera pileata)* dagegen durch ihr beständiges Bild. Formen mit besonders niedrigem Wuchs und kaum erkennbarer Verholzung, etwa Ysander *(Pachysandra terminalis)* oder Immergrün *(Vinca)*, werden vielfach zu den Stauden gezählt. Sehr gute Bodendecker stellen außerdem viele Zwergsträucher, z. B. Heidearten *(Erica)* oder das Gewöhnliche Heidekraut *(Calluna vulgaris)*. Nicht zuletzt gehören auch einige Nadelgehölze zu den bodendeckenden Gewächsen: flach ausladend oder kriechend wachsende Wacholder *(Juniperus)*, kissenförmige Eiben *(Taxus)*, Krummholzkiefer (*Pinus mugo* ssp. *mugo*) und andere.

Tip

Filigrane Bodendecken in sanftem Grün lassen sich mit Farnarten wie Pfauenradfarn, Japanischem Frauenfarn, Goldschuppenfarn, Straußfarnen oder Weichem Schildfarn schaffen. Reizvolle Effekte ergeben sich, wenn man verschiedene Farnarten, jeweils zu Gruppen gepflanzt, miteinander kombiniert.

Kaskaden aus rosafarbenen Blütenbällen fließen bei dieser Bodendeckerrose über eine Mauer herab.

Tip

Pflanzen, die sich flächig ausbreiten, besitzen oft starke Konkurrenzkraft. Bei Kombinationen verschiedener Arten ist dies zu bedenken, da sonst schnell eine Art von der anderen verdrängt werden kann.

Als Bodendecker verwendbare Laubgehölze

Pflanzenart	Wuchs/ Höhe in cm	Blüte Farbe/Monate	Standortansprüche	Stück pro m²	Bemerkungen
Cornus canadensis Teppichhartriegel	sg; kriechend; 10–20	weiß; VI–VII	hs; humoser, frischer, saurer Boden	10–12	orange- bis karminrote Herbstfärbung; korallenroter Fruchtschmuck
Cotoneaster dammeri Teppichmispel	hig; niederliegend bis kriechend; 20–100	weiß bis rötlich; V–VI	s–hs; Gartenboden	zwergige Sorten 8–10, höhere 3–4	mehrere Sorten; teilweise rot-orange Herbstfärbung; roter Fruchtschmuck; giftig
Cotoneaster horizontalis Fächermispel	hig–sg; niederliegend; 100–150	weiß bis rötlich; V–VI	s–hs; Gartenboden	3–4	mehrere Sorten; scharlachrote Herbstfärbung; roter Fruchtschmuck; giftig
Cotoneaster praecox Felsenmispel	sg; niederliegend bis kriechend; 60–90	weiß bis rötlich; V–VI	s–hs; Gartenboden	6–8	rote Herbstfärbung
Cotoneaster salicifolius var. *floccosus* Immergrüne Strauchmispel	ig; ausgebreitet; 30–40	weiß; V–VI	s–hs; Gartenboden	3–4	mehrere Sorten; roter Fruchtschmuck; giftig
Euonymus fortunei Kriechspindel	ig; kriechend; 20–60	grüngelb; V–VI	s–sch; Gartenboden	7–8	hübsche Sorten mit mehrfarbigem Laub; kann auch klettern
Hedera helix Gewöhnlicher Efeu	ig; kriechend; 10–20	grüngelb; IX–X	hs–sch; humoser, frischer Boden	4–6	viele Sorten; kann auch klettern; blauschwarzer Fruchtschmuck; giftig
Lonicera nitida Heckenmyrte	ig; buschig ausgebreitet; 80–150	weiß; V	s–hs; Gartenboden	3–4	einige Sorten; roter Fruchtschmuck; giftig
Lonicera pileata Böschungsmyrte	ig; niederliegend bis nestförmig; 30–40	gelb; V	s–hs; Gartenboden	4–5	purpurvioletter Fruchtschmuck; giftig
Mahonia aquifolium Gewöhnliche Mahonie	ig; sparrig verzweigt; 80–150	gelb; IV–V	s–sch; Gartenboden	3–4	blauschwarzer Fruchtschmuck; giftig; kann durch Schnitt niedrig gehalten werden
Potentilla fruticosa Fingerstrauch	sg; dichtbuschig; 40–150	gelb, weiß, rosa, rot; VI–X	s–hs; Gartenboden	3–4	zahlreiche Sorten; anhaltender Blütenschmuck
Prunus laurocerasus Lorbeerkirsche	ig; breitbuschig; 80–250	weiß; V–VI	s–sch; humoser Boden	1–2	mehrere Sorten; schwarzer Fruchtschmuck; giftig
*Rhododendron-Repens-*Hybriden Zwergrhododendron	ig; dichtbuschig; 50–100	rot; V–VI	hs; windgeschützt; lockerer, humoser, saurer Boden	3–4	zahlreiche Sorten; üppiger Blütenschmuck
Rosa Bodendeckerrosen	sg; niederliegend bis buschig; 10–80	alle Farben außer Blau; V–X	s–hs; Gartenboden	je nach Wuchskraft 2–6	zahlreiche Sorten; üppiger Blütenschmuck; teilweise duftend
Salix repens Kriechweide	sg; niederliegend; 30–100	gelb oder grünlich; IV	s–hs; frischer bis feuchter Gartenboden	2–3	seidig behaartes Laub
Spiraea japonica Japanische Strauchspiere	sg; dichtbuschig; 50–150	rosa, rot; VI–IX	s–hs; Gartenboden	5–6	einige Sorten; kann durch Schnitt niedrig gehalten werden

ig immergrün **sg** sommergrün **hig** halbimmergrün, je nach Standort und Witterung teilweise laubabwerfend
s sonnig **hs** halbschattig **sch** schattig

Als Bodendecker verwendbare Nadelgehölze

Pflanzenart	Geeignete Sorten	Wuchs	Höhe in cm	Standortansprüche	Stück pro m^2	Bemerkungen
Juniperus chinensis China-Wacholder	'Mint Julep', 'Old Gold', 'Rockery Gem'	überhängend bis niederliegend	100–150	s–hs; Gartenboden	2–3	giftige Beerenzapfen
Juniperus communis Gewöhnlicher Wacholder	'Hornibrookii', 'Repanda'	kriechend	20–50	s–hs; Gartenboden	2–3	duftende Benadelung
Juniperus horizontalis Kriechwacholder	'Blue Chip', 'Glauca', 'Prince of Wales', 'Prostrata', 'Turquoise Spreader'	niederliegend bis mattenförmig	20–100	s–hs; Gartenboden	3–4	giftige Beerenzapfen
Juniperus sabina Sadebaum	'Rockery Gem', 'Tamariscifolia', 'Thomsen'	niederliegend, ausgebreitet	30–50	s–hs; Gartenboden	2–3	Zwischenwirt des Birnengitterrosts; giftige Beerenzapfen
Juniperus squamata	'Blue Carpet', 'Blue Star'	niederliegend, im Alter polsterförmig	30–80	s–hs; Gartenboden	2–3	giftige Beerenzapfen
Microbiota decussata Fächerwacholder	–	kriechend, teppichförmig	20–30	s–hs; humoser Boden	2–3	je nach Witterung kupfrige bis violettblaue Winterfärbung
Pinus mugo ssp. *mugo* Krummholzkiefer	–	niederliegend bis breitbuschig	50–150	s; humoser Boden	2–3	brauner Zapfenschmuck
Taxus baccata Gewöhnliche Eibe	'Cavendishii', 'Repandens', 'Summergold'	breitbuschig bis kissenförmig	30–100	s–sch; Gartenboden	2	giftig; roter Fruchtschmuck

s sonnig **hs** halbschattig **sch** schattig

Für spezielle Zwecke, beispielsweise eine bewußt ganz uniform gehaltene Zierrabatte, eine kurzfristige Baumscheibenbegrünung oder eine jährlich wechselnde Bodendecke, kann man zudem auf ein- oder zweijährige Gartenpflanzen, also Sommerblumen, zurückgreifen. Besonders schnell schließen sich dabei breitwüchsige oder kriechende Arten zu farbenfrohen Teppichen, etwa Fleißiges Lieschen *(Impatiens walleriana)*, Männertreu *(Lobelia erinus)*, Duftsteinrich *(Lobularia maritima)*, Kriechender Knöterich *(Polygonum capitatum)* und Verbenen *(Verbena)*.

Schnellwüchsige Sommerblumen wie die Kapuzinerkresse decken selbst große Flächen rasch ab.

Verwendungsbereiche

Viele der flachen Laub- und Blütenteppiche wachsen sogar an Standorten, die sich nur schwer mit anderen Pflanzen beleben lassen, also etwa an steinigen Hängen und steilen Böschungen, auf Wällen oder unter dem dichten Laubdach von Bäumen. Anders als so manche anspruchslosen und durchsetzungsstarken hochwüchsigen Gehölze, die ebenfalls derartige Bereiche schmücken könnten, stellen Bodendecker dabei keinerlei Sichtbarriere dar. Andererseits mag man auch einmal neue Wege der Gartengestaltung beschreiten und die zurückhaltende Eleganz der Bodendecker gezielt für eine Anlage nach klaren, puristischen Grundsätzen nutzen.

Zudem pflegen sich Bodendecker gleichsam von selbst, denn unter ihrem dichten

Tip

Bei der Auswahl von Gehölzen, die zur Bodenbedeckung dienen sollen, kommt es, vor allem bei Nadelgehölzen, in erster Linie auf die Sorte an. Meist zeigen nämlich nur bestimmte Sorten einer Art den erwünschten niederliegenden Wuchs.

Tip

Setzt man Kletterpflanzen wie Efeu, Kletterhortensie (*Hydrangea anomala* ssp. *petiolaris*), Winden (*Convolvulus*) oder Kapuzinerkresse (*Tropaeolum*) so, daß sie keine Rankunterlage finden, breiten sie ihre langen Triebe zu herrlichen Bodendecken aus.

Mit weißen Blütenkerzen überzieht die Herzblättrige Schaumblüte unter Bäumen den Boden.

Tip

Etliche schattenverträgliche Bodendecker können auf Dauer nur gedeihen, wenn sie jährlich von einer humusliefernden Herbstlaubschicht überzogen werden. Vor allem von Pflanzungen mit Humusbodenbesiedlern wie Elfenblumen, Goldnessel, Hainsimse, Ysander und anderen sollte man welkes Laub deshalb nicht entfernen.

Blattwerk bleibt die Erdkrume feuchter, wärmer und stets feinkrümeliger als auf offenem Boden. Da sie mit ihrer Laubdecke fast sämtliche Sonnenstrahlen abfangen, finden unerwünschte Kräuter wie Ackerkratzdistel *(Cirsium arvense)*, Vogelknöterich *(Polygonum aviculare)* oder Vogelmiere *(Stellaria media)* kaum Gelegenheit, den Gärtner zur Hacke zu zwingen. Gießen, Düngen, Bodenlockern und Unkrautjäten werden nahezu überflüssig, sobald die Pflanzen die gesamte Fläche erobert haben – was nicht nur an schwer zugänglichen Stellen von großem Vorteil ist.

Gehölz und Gehölzrand

So unterschiedlich die Lebensräume in einem phantasievoll angelegten Garten auch sein mögen, für jeden finden sich passende Arten von Bodendeckern. Ein maßgeblicher Einsatzbereich ist der oft nackte Boden unter alten Bäumen, wohin kaum noch Sonne vordringt, wo Rasen schütter bleibt und wo nur an den Schatten angepaßte Gewächse gedeihen können. Spiegelt sich das spärliche Licht auf einer frischgrünen Blätterdecke, blitzen vielleicht ab und an sogar Blüten auf, wirkt die dämmrige Gartenpartie gleich viel freundlicher. Für solche Standorte eignen sich Arten wie Haselwurz *(Asarum europaeum)*, Goldnessel *(Lamiastrum galeobdolon)*, Herzblättrige Schaumblüte *(Tiarella cordifolia)* oder Großes und Kleines Immergrün (*Vinca major* und *Vinca minor*); auch Farne und manche

Bodendecker wie dieser Storchschnabel können inmitten einer Rasenfläche wie Kissen wirken.

Gräser entfalten sich dort gut. Sie profitieren zugleich von den lockeren Humusdecken, die man gewöhnlich unter alten Gehölzen findet.

Selbst aus Wäldern stammend und an die dortigen Lebensbedingungen angepaßt, macht diesen Pflanzen eine zeitweilige Überdeckung mit Fallaub nichts aus. Die dürren Blätter verschwinden nach einer Weile zwischen ihren Trieben, verrotten am Boden rasch und sorgen dadurch für Humusnachlieferung. Die Gefleckte Taubnessel *(Lamium maculatum)*, Storchschnabelarten *(Geranium)*, Elfenblumen *(Epimedium)* und viele andere Bodendecker werden von Gärtnern daher auch als Laubschlucker bezeichnet. Teilweise sind diese Pflanzen sogar auf eine jährliche „Laubfütterung" angewiesen.

Am Gehölzrand, wo mehr Sonnenlicht ein vielfältigeres Leben zuläßt, die Rasengräser jedoch nicht so recht gedeihen wollen oder sich trist ausnehmen, können Bodendecker als Ersatz für pflegeaufwendige Pflanzengesellschaften herhalten. Ähnlich wie für den tiefen Schatten kommen auch für diesen Bereich Bodendecker in Frage, die eine Herbstlaubabdeckung dulden und lockeren, humosen Untergrund brauchen.

Probleme können an Stellen auftreten, an denen die oberste Bodenschicht vom Wurzelwerk flachwurzelnder Gehölze wie Robinien *(Robinia)*, Essigbaum *(Rhus typhina)* oder vieler Birkenarten *(Betula)* derart dicht durchzogen ist, daß sich selbst so robuste Bodendecker wie die Golderdbeeren *(Waldsteinia)* kaum noch durchsetzen können. In solchen Fällen behilft man sich am besten damit, in angemessener Entfernung von den Gehölzen niedrige Sträucher mit schleppenartigen Trieben oder dichtbuschige Stauden anzupflanzen, etwa Felsenmispel *(Cotoneaster praecox)*, Geißbart- *(Aruncus)* oder Storchschnabelarten *(Geranium)*.

Sonnige Freiflächen

Obwohl in sonniger Lage als grüner Bodenbelag meist Rasen oder Wiese bevorzugt wird, können Bodendecker hier ebenso interessante Möglichkeiten der Gestaltung bieten. In öffentlichen Anlagen seit längerem mit Erfolg eingesetzt, besinnt man sich auch in Privatgärten zunehmend auf die Vorzüge der einzigartigen Laubteppiche von Kamtschatka-Beifuß *(Artemisia stelleriana)*, Römischer Kamille *(Chamaemelum nobile)*, Teppichkamille *(Matricaria caucasica)* und vieler anderer Arten.

Wurden die Bodendecker in früheren Epochen der Gartenkultur noch häufig zur Anlage

In sonniger Lage bildet der Thymian gut duftende Polster auf sandigem oder felsigem Boden.

kleinerer Grünflächen genutzt, so gerieten sie infolge verbesserter Rasenmischungen mehr und mehr aus der Mode. Erst in jüngerer Zeit weiß man ihre Attraktivität und Pflegeleichtigkeit wieder zunehmend zu schätzen und ersetzt gleichförmige Rasenflächen durch abwechslungsreiche Laubmatten. Als Rasenersatz präsentieren sich die flachwüchsigen Pflanzenkleider z. B. im Vorgarten von ihrer besten Seite. Den Vorteil, daß nur selten zu Hacke und Gießkanne gegriffen werden muß, nimmt man auch gern an abschüssigen Stellen wahr. Hänge und Böschungen lassen sich schließlich um so schwieriger bearbeiten, je steiler sie sind (siehe auch Seite 121).

Hübsch gemusterte Sorten des Efeus lassen sich als aparte Einfassung verwenden.

Bodendecker, die den Untergrund ausgesprochen rasch mit ihrem Laubwerk überziehen, zudem noch weit verzweigte Wurzeln entwickeln und so einen widerstandsfähigen Überzug bilden, schützen die Erdkrume an Hängen besonders gut vor Erosion. Wirksame Bodenfestiger sind z. B. die Fetthennenart *Sedum floriferum* sowie Balkan-Storchschnabel *(Geranium macrorrhizum)*, Japan-Segge *(Carex morrowii)* und Teppichjohanniskraut *(Hypericum calycinum)*.

Sandige, kiesige oder felsige Bereiche

Ebene Flächen auf vorwiegend sandigem Boden sind wegen ihrer besonderen Standortbedingungen nicht leicht zu begrünen. Doch spielen gerade hier wieder viele Bodendecker ihre Talente aus, denn nicht wenige von ihnen halten praller Sonne, längerer Trockenheit, geringer Nährstoffversorgung und weiteren Widrigkeiten stand. Vor allem Arten der Heidekrautgesellschaften, etwa Gewöhnliches Heidekraut *(Calluna vulgaris)* und Heide *(Erica)*, lassen sich hier flächig einsetzen und mit anderen Bodendeckern wie Stachelnüßchen *(Acaena)* oder Quendel *(Thymus serpyllum)* sowie mit zahlreichen Gräsern und Farnen kombinieren. Da ein solcher Heidegarten jedoch ein Bereich von eigenen gestalterischen Möglichkeiten ist, verdient er eine gesonderte Darstellung (siehe Seite 125 ff.).

Augenfällig zutage tretender steiniger Untergrund findet sich aber auch im Steingarten, der ohne Matten aus zierlichen Stauden, Gräsern und Kleinstgehölzen kaum denkbar erscheint. Über Felsen wallend, zwischen Geröll gleichsam herabfließend oder kleine Senken füllend, können hier in erster Linie schwachwüchsige, feingliedrige Gewächse wie Igelpolster *(Acantholimon glumaceum)*, Hornkräuter *(Cerastium)*, Immergrüne Schleifenblume *(Iberis sempervirens)* sowie Fetthennen *(Sedum)*, Silberwurz- *(Dryas)* und Thymianarten *(Thymus)* Verwendung finden.

Vom eigenwilligen Gegensatz zwischen unbelebtem Stein und belebter Natur geprägt sind überdies ebene bis leicht geneigte Kies- oder Felsbeete, bei denen die gerade genannten Arten als vielfach herrlich blütenreiche Polster nur fleckenweise zwischen bewuchsfreie Gesteinspartien eingestreut werden.

Tip

Unter noch junge Gehölze, die später einmal ein sehr dichtes Laubdach entwickeln werden, sollte man nur solche Bodendecker pflanzen, die auch vollen Schatten vertragen. Arten, die den Halbschatten bevorzugen, wie Taubnessel oder Kriechspindel, werden mit Hilfe ihrer Ausläufer sonst bald aus der ihnen zugedachten Fläche herauswachsen.

Tip

Es unterstreicht die Wirkung von Beetrosen, wenn man zu ihren Füßen Teppiche aus Bodendeckern ausbreitet. Schöne Ensembles ergeben sich z. B. mit grau- oder silberlaubigen Arten wie dem Hornkraut (*Cerastium tomentosum* var. *columnae*), Wollziest, Albanischem Quendel oder Silberbeifuß.

Die Silberwurz gilt als überaus langlebiger Bodendecker.

Tip

Da im Steingarten oft empfindliche, wenig wuchskräftige Arten gedeihen sollen, darf man hier ausschließlich nicht wuchernde Bodendecker einsetzen. Außerdem müssen Bodendecker durch Schnitt oder Abstechen rechtzeitig zurückgenommen werden, wenn sie andere Pflanzen zu überwachsen drohen.

Blütenstauden als Bodendecker für kleinere Flächen

Pflanzenart	Wuchs/ Höhe in cm	Blüte Farbe/Monate	Standortansprüche	Stück pro m^2	Bemerkungen
Alchemilla mollis Schleierfrauenmantel	dichtbuschig; formschönes Laub; 30–60	gelb bis grüngelb; VI–VII	s–sch; frischer, humoser Boden	5–6	fügt sich fast überall harmonisch ein
Anaphalis triplinervis Perlpfötchen	dichtbuschig; silbrig behaartes Laub; 20–50	silberweiß mit Gelb; VII–IX	s; trockener, lockerer Boden	7–9	wirkt besonders schön zu Rosen
Antennaria dioica Gewöhnliches Katzenpfötchen	teppichartig; silbergraues Laub; 5–20	weiß; V–VI	s; trockener, saurer, sandiger Boden	12–14	hübsch zu Polsterstauden im Stein- und Heidegarten
Aster-Dumosus-Hybriden Kissenaster	breitpolstrig; dunkelgrünes Laub; 20–50	weiß, rosa, rot, blau, violett; VIII–X	s–hs; frischer, nährstoffreicher Boden	5–7	große Auswahl an Sorten; schön zu Gräsern
Astilbe chinensis var. *pumila* Zwergastilbe	kriechend, mattenartig; formschönes Laub; 15–50	rosaviolett, rosarot, rosa; VIII–X	s–hs; feuchter bis frischer, humoser Boden	10–12	mehrere Sorten; reizvolle Blüte
Bergenia-Hybriden Bergenie	dichtbuschig; immergrünes, großflächiges Laub; 30–60	rosa, rot, weiß; III–V	s–sch; frischer Gartenboden	6–8	zahlreiche Sorten, vielfach mit schöner Winterfärbung des Laubs
Brunnera macrophylla Kaukasus-Vergißmeinnicht	dichtbuschig; herzförmiges Laub; 40–50	blau; IV–V	s–hs; frischer, nährstoffreicher Boden	4–5	einige Sorten, 'Blaukuppel' mit sehr kompaktem Wuchs
Convallaria majalis Maiglöckchen	kriechend, mattenbildend; große Laubblätter; 15–30	weiß; V	hs–sch; frischer, humoser Boden	8–9	wuchert etwas; roter Fruchtschmuck; giftig
Galium odoratum Waldmeister	kriechend, teppichartig; Laub in filigranen Quirlen; 15–30	weiß; V–VI	hs–sch; frischer, humoser Boden	14–16	aromatisch duftend; wuchert; in größeren Mengen giftig
x *Heucherella tiarelloides* Teppichpurpurglöckchen	teppichartig; zierliches Laub; 10–30	rosa; V–VII	hs; frischer bis feuchter, humoser Boden	10–12	wuchert etwas; anmutiger Blütenschmuck
Hosta lancifolia Lanzenfunkie	dichtbuschig; formschönes Laub; 30–50	violett; VIII–IX	hs–sch; frischer, humoser Boden	5–7	elegante Erscheinung; treibt erst spät aus
Iberis sempervirens Immergrüne Schleifenblume	polstrig bis mattenartig; immergrün; 15–30	weiß; III–VI	s; frischer Boden	10–12	reizvoll zu anderen Polsterstauden
Omphalodes verna Frühlingsgedenkemein	dichtbuschig; frischgrünes Laub; 10–20	blau, weiß; III–V	hs; frischer Boden	7–9	wirkt stets duftig
Origanum vulgare Gewöhnlicher Dost	dichtbuschig; dicht belaubt; 15–60	rosa bis violett; VII–X	s; trockener bis frischer Boden	8–10	niedrige Sorten wie 'Compactum' bevorzugen; aromatisch duftend

Pflanzenart	Wuchs/ Höhe in cm	Blüte Farbe/Monate	Standortansprüche	Stück pro m^2	Bemerkungen
Phlox-Subulata- und *Phlox-Douglasii*-Hybriden Polsterphlox, Douglas-Teppichphlox	teppichartig; nadeliges Laub; 5–15	weiß, rosa, rot, violett; IV–VI, IX–X	s; frischer, durchlässiger, nährstoffreicher Boden	8–12	besonders reich blühen viele Sorten; schnittverträglich
Potentilla aurea Goldfingerkraut	mattenartig; zierliches Laub; 5–15	gelb; V–VII	s; trockener bis frischer, saurer Boden	14–16	mehrere Sorten; schön im Stein- und Naturgarten
Prunella grandiflora Große Braunelle	teppich- bis mattenartig; dicht belaubt; 15–20	violett, weiß, rosa, rot; VI–IX	s; frischer Boden	10–12	mehrere Sorten; paßt gut in Heide- und Naturgarten
Pulmonaria saccharata Lungenkraut	kriechend, breitbuschig; weiß oder silbrig geflecktes Laub; 20–30	rot, violett, rosa, blau; III–V	hs–sch; frischer, humoser Boden	10–12	mehrere Sorten; sehr attraktive Laubdecke
Raoulia australis Schafsteppich	teppichartig; immergrünes, silbriges Laub; 1–5	gelb; VII–VIII	s–hs; feuchter bis frischer, saurer Boden	20–24	bezaubernd zwischen Gestein oder in Plattenfugen
Symphytum grandiflorum Kaukasus-Wallwurz	mattenartig; sattgrünes Laub; 15–30	gelb; IV–V	hs–sch; trockener bis frischer, karger Boden	5–7	wuchert; Sorten 'Wisley Blue' und 'Hidcote Blue' blühen blau
Tellima grandiflora Falsche Alraune	dichtbuschig; halbimmergrünes Laub; 20–40	grünlichgelb; V–VI	hs–sch; frischer bis feuchter, humoser Boden	10–12	Sorte 'Purpurea' mit weinrotem Laub

s sonnig **hs** halbschattig **sch** schattig

Andere Einsatzbereiche

Über die eher naturnahen Gartenbereiche hinaus finden sich immer wieder auch andere Stellen: schmale Pflanzstreifen im Schatten einer Mauer oder entlang eines Zauns, Böschungen am Haus oder Beete, die Treppenabsätze flankieren, und dergleichen. Häufig werden solche Plätze eher stiefmütterlich mit Pflanzungen bedacht. Dabei drängen sich pflegeleichte Bodendecker geradezu auf, wenn es darum geht, derartige Winkel mit gefälligem Blattwerk und buntem Flor zu beleben. Je nach den Licht- und Bodenverhältnissen lassen sich verschiedene Bodendecker verwenden, entweder nur eine Art oder mehrere zu bunten Fleckenteppichen vernetzt.

Noch weitaus reizvoller als kurzgeschorene Gräser wirken zierliche Kräuter in Pflanzinseln der Terrasse, in Plattenfugen von Wegen, zwischen Trittsteinen oder auch entlang von Stufen. Gelegentliches Betreten nehmen z. B. Römische Kamille *(Chamaemelum nobile)*, Goldmoos-Sedum *(Sedum sexangulare)* oder Thymianarten *(Thymus)* kaum übel, beim Sternmoos *(Sagina subulata)* ist es sogar förderlich, weil damit die Polster an den Boden angedrückt werden.

Läßt man sie gewähren, quillt die Enzianbleiwurz vom Gehölzrand aus in alle Fugen der Mauer.

Immergrün umschmeichelt harte Treppenkanten sehr reizvoll.

Mit bunten Polstern zwischen seinen Fugen gewinnt ein alter Plattenweg großen Charme.

Tip

In Verbindung mit Bodenbelägen entfalten viele Polsterpflanzen ganz besondere Reize, denn sie überspielen die strengen Linien und setzen mit ihren Blüten lebhafte Akzente. Entlang von Wegen oder in Plattenfugen gedeihen z. B. Große Braunelle, Immergrüne Schleifenblume oder Goldfingerkraut.

Tip

Interessante Effekte zaubern Bodendecker wie Elfenblumen, manche Storchschnabelarten oder Teppichmispeln in den Garten, wenn sie sich ein buntes Herbstkleid überstreifen. Diese zeitlich begrenzte Farbwirkung sollte man bei der Artenauswahl unbedingt berücksichtigen.

Wem ein befestigter Wasserbeckenrand zu künstlich erscheint, läßt ihn von Kaskaden aus Kriechendem Günsel *(Ajuga reptans)*, Schekkenknöterich *(Polygonum affine)*, Pfennigkraut *(Lysimachia nummularia)* oder niedrigen Bambussen überspielen. Am Ufer naturnah angelegter Teiche verdecken die flachen Teppiche von Gundermann *(Glechoma hederacea)*, Scheckenknöterich *(Polygonum affine)*, Kriechweide *(Salix repens)* oder niedrigen Seggen *(Carex)* die Ränder der Teichfolie, erlauben dabei aber dennoch freien Einblick in das Gewässer.

Nicht zuletzt kann man außerdem Friedhöfe als Gärten besonderer Art ansehen. Auf den kleinen Parzellen der Gräber, oft dominiert von einem Gedenkstein, breiten Pflanzen als Sinnbilder des Lebens einen würdigen Mantel aus. Die Ruhestätten sollten möglichst auch ohne tägliche Zuwendung gepflegt erscheinen. Gerade zu diesem Zweck bieten sich verschiedene Bodendecker an. In graphischen Mustern gepflanzt, aufgelockert durch eine beherrschende Prachtstaude, ein eindrucksvolles Gehölz oder eine je nach Saison bestückte Schale, bilden diese Gewächse einen reputierlichen Schmuck für jedes Grab. Besinnlich und ruhig, doch keineswegs freudlos erinnern Laubmatten aus Enzianbleiwurz *(Ceratostigma plumbaginoides)*, Stachelnüßchen *(Acaena)*, Silberbeifuß *(Artemisia schmidtiana)*, Goldbaldrian *(Patrinia triloba)*, Zwergastilbe (*Astilbe chinensis* var. *pumila*), Ysander *(Pachysandra terminalis)* oder verschiedene Fetthennen *(Sedum)* an das Leben, setzen ihre kleinen Blüten Hoffnungsfunken.

Beim Ysander bleibt das derbe Laub ganzjährig grün, die Blüten erscheinen im Frühjahr.

Gestaltung von Bodendecken

Bodendecker gelten in erster Linie als Blattschmuckpflanzen, da der Blick die meiste Zeit von reinen Laubmatten in den verschiedensten Grüntönen eingefangen wird. Trotz des scheinbar fehlenden Aspekts der Mehrfarbigkeit wirken die Pflanzen nie eintönig oder gar langweilig, denn dafür treten die Farbnuancen sowie Formen und Strukturen der Blätter in den Vordergrund. Manche Arten heben sich auch durch eine besondere Laubtönung ab, etwa der Wollziest *(Stachys byzantina)* mit edlem Silbergrau, Sorten des Kriechenden Günsels *(Ajuga reptans)* mit sanftem Purpur oder die Goldnessel *(Lamiastrum galeobdolon)* mit blitzend weißen Flecken.

Elfenblumen breiten selbst unter eingewachsenen Gehölzen anmutig wirkende Laubdecken aus.

Neben filigranen bis breitflächigen, fein zerteilten bis ganzrandigen Blattformen verleihen unterschiedliche Blattoberflächen den Bodendeckern zusätzliche Anziehungskraft. Das Laub kann glatt, wachsig und glänzend erscheinen wie bei Bergenien *(Bergenia)*, aber auch pelzig, flaumig und weich wie beim Wolligen Thymian *(Thymus pseudolanuginosus)*. Teilweise werden die Blattspreiten durch eine reliefartige oder farblich abgesetzte Äderung gegliedert, wie sie besonders hübsch z. B. bei manchen Elfenblumen *(Epimedium)* in Erscheinung tritt.

Über das Blattwerk hinaus tragen bei vielen Arten zudem die Blüten zum Gesamteindruck bei, so etwa die filigranen Kerzen der Herzblättrigen Schaumblüte *(Tiarella cordifolia)*, die goldenen Sternchen des Pfennigkrauts *(Lysimachia nummularia)*, die rosa Walzen des Scheckenknöterichs *(Polygonum affine)* oder die orchideenartigen Blütchen der Elfenblumen *(Epimedium)*. Zur Blütezeit sind viele der Matten dicht mit dem Flor überzogen, dann tritt die Schauwirkung ihres Laubs stark zurück.

Damit eine Bodendecke gelungen wirkt, müssen diese unterschiedlichen Schmuckeffekte berücksichtigt werden. Noch wichtiger ist jedoch, daß man nur solche Arten auswählt, die am jeweiligen Standort auch problemlos gedeihen. Unter Gehölze setzt man folglich schattenverträgliche Waldstauden, auf Freiflächen sonnenliebende Polster, auf sauren Untergrund kalkfliehende Gewächse und so fort.

Weiterhin sollte sich die Bodenbedeckung harmonisch in das Ambiente der Umgebung einfügen. Darum stimmt man die Pflanzen auf Formen und Farben von Begleitstauden, Großgehölzen, Wegbelägen, Mauerwerk und anderen Details ab. Besondere Höhepunkte ergeben sich, wenn Gehölze und deren Unterpflanzung zu gleicher Zeit blühen und sich in der Färbung gegenseitig unterstreichen, wenn also z. B. ein rosafarbener Rhododendron *(Rhododendron)* aus einem Teppich weißer Blütenwolken der Herzblättrigen Schaumblüte *(Tiarella cordifolia)* herausragt. Verhaltener bleiben Ensembles, in denen das gleichförmige Grün der Bodendecker eine imposante Blattschmuckstaude untermalt, etwa ein großblättriges Schaublatt *(Rodgersia)* über fein strukturiertem Ysander *(Pachysandra terminalis)* thront.

Bodendecker, die arten- bzw. sortenrein auf größerer Fläche gepflanzt sind, verbreiten eine ausgeglichene, beruhigende Stimmung.

Der mächtige Geißbart wird sehr spielerisch vom Storchschnabel untermalt.

Solch gleichförmige Teppiche werden vielfach in ausgedehnteren Gärten angelegt, um die großzügige Weite noch zu betonen. In kleinen Gärten, auf eng begrenztem Raum, wirken ebenmäßige Bodendecken gleichfalls optisch erweiternd, vor allem vermitteln sie zwischen auffälligeren Gestaltungselementen, und sie schaffen ruhige Partien, bei deren Betrachtung sich das Auge entspannen kann.

Prachtstorchschnabel und Frauenmantel bilden ein kontrastreiches Duett in Violett und Gelb.

Lebhafter und spannungsvoller muten Bodendecken an, die aus verschiedenen Arten zusammengefügt werden. Je vielfältiger man dabei kombiniert, desto variantenreicher wird das Bild. Gleiche Arten oder Sorten setzt man

Tip

Immergrüne Bodendecker wie Ysander oder Kriechender Günsel präsentieren sich ganzjährig im gleichen Gewand. Während der Vegetationsperiode wirken sie damit vorwiegend vermittelnd und beruhigend, im Winter aber setzen sie deutliche Farbakzente. Wer stärkere Abwechslung liebt, greift besser zu sommergrünen Arten wie Lanzenfunkie oder Zwergastilbe bzw. zu Pflanzen wie Storchschnabel oder Bleiwurz, deren Laub sich im Winter metallisch schimmernd verfärbt.

Tip

Bisweilen erhöht ein interessanter Fruchtschmuck den Zierwert von Bodendeckern, so etwa bei der Indischen Erdbeere und der Silberwurz, beim Stachelnüßchen und Teppichhartriegel, bei der Heckenmyrte und der Lorbeerkirsche. Auch dieser Aspekt will bei der Gestaltung bedacht sein.

Tip

Insbesondere im Gehölz- und Gehölzrandbereich kann man zur Auflockerung der grünen Flächen kleine Zwiebel- und Knollengewächse zwischen die Bodendecker pflanzen, so etwa Gewöhnlichen Gelbstern, Buschwindröschen, Krokusse oder Herbstzeitlose.

Tip

Erhebt sich aus einem Teppich von Bodendeckern inselartig ein Pflanzentuff, so bekommt selbst eine große Fläche einen markanten Blickpunkt. Diese Rolle kann z. B. ein hoher Grashorst, ein Farnbüschel oder eine kleine Staudengruppe, sogar ein einzelnes Gehölz übernehmen.

Bodendecker pflanzt man stets auf Lücke, wie es das Schema zeigt. Zudem setzt man sie in kleine Mulden und mulcht die Pflanzen rundherum, damit die Erde gleichmäßig feucht bleibt.

stets zu mehr oder weniger großen Gruppen zusammen, die dann zu einem Teppich verwoben werden. Bei dessen Komposition kann man entweder schwungvollen Umrißlinien folgen oder aber streng geometrische Muster einhalten.

Bodenvorbereitung und Pflanzung

Hat man schließlich die Auswahl der Bodendecker getroffen, gilt es, den Untergrund sorgfältig vorzubereiten. Immerhin sollen die Pflanzen optimale Startbedingungen vorfinden, damit sie sich schnell eingewöhnen und innerhalb möglichst kurzer Zeit einen dichten Laubteppich entwickeln können. Als Pflanzzeit wählt man in der Regel das Frühjahr, weil die Gewächse bei den dann günstigen Wachstumsverhältnissen rasch einwurzeln.

Die wichtigste Maßnahme bei der Vorbereitung der Pflanzfläche umfaßt die Beseitigung von Unkräutern. Obgleich Bodendecker später die unerwünschte Konkurrenz wirksam unterdrücken, können sie während der Anfangsphase doch leicht selbst überwachsen werden. Insbesondere so lästige Wurzelunkräuter wie Gewöhnliche Quecke *(Agropyron repens)* und Giersch oder Geißfuß *(Aegopodium podagraria)*, Waldkresse *(Rorippa sylvestris)* und Ackerwinde *(Convolvulus arvensis)*, die sich noch aus kleinsten Wurzelstückchen wieder regenerieren können, müssen mit peinlichster Sorgfalt aus dem Substrat herausgelesen werden.

Ist es nicht möglich, die Unkräuter restlos von Hand zu jäten, sollte man vor der eigentlichen Pflanzung eine Gründüngung durchführen (siehe Seite 40), die nicht nur die Unkräuter verdrängt, sondern den Boden zugleich auch noch vorteilhaft aufbereitet. Bei sehr stark verunkrauteten Flächen ist sogar ein Bodenaustausch zu überlegen.

Die von Unkraut und zudem von Steinen und groben Wurzelresten befreite Fläche wird ein bis zwei Wochen vor der Pflanzung mit der Grabegabel gelockert. Man kann dabei gleichzeitig noch Bodenverbesserungsmittel wie reifen Kompost oder Gesteinsmehl ausbringen. Mit einem Rechen zerkrümelt und glättet man die Oberfläche anschließend und läßt die so vorbereitete Erde dann ein paar Tage ruhen.

Nach dieser Wartezeit, in der sich der Boden setzt und sich das Bodenleben wenigstens teilweise wieder einpendelt, kann mit dem Einpflanzen der Bodendecker begonnen werden. Bei größeren Flächen empfiehlt es sich, vorab mit einem Stock ein Quadratmeterraster in den Boden einzufurchen oder es mit Sand, Sägemehl oder feinem Grasschnitt aufzustreuen. Mit Hilfe der Linien lassen sich die Pflanzen viel leichter in richtiger Stückzahl und im passenden Abstand plazieren. Zugleich kann man auf diese Weise auch die vorgesehenen Grenzen der einzelnen Artengruppen markieren.

Gründüngungspflanzen durchwurzeln die Pflanzfläche gründlich und lockern dadurch den Boden.

Zunächst werden die Jungpflanzen, gewöhnlich Containerware, d. h. in Töpfchen vorgezogene Exemplare, entsprechend der empfohlenen Stückzahl pro Quadratmeter (siehe Angaben in den jeweiligen Pflanzenbeschreibungen Seite 134–229) auf der gesamten Fläche aufgestellt oder ausgelegt, dann bringt man sie nacheinander in den Boden. Dazu sticht man mit der Handschaufel jeweils ein geräumiges Pflanzloch aus, setzt den Wurzelballen hinein, füllt das Loch mit Aushuberde wieder auf und drückt die Pflanze gut fest.

Gleich nach dem Einsetzen müssen die Pflanzen mit nicht zu scharfem Strahl aus Gießkanne oder Schlauch durchdringend angegossen werden. Abschließend bringt man noch 5–10 cm hoch Mulch zwischen den Pflanzen aus, etwa aus feinen Rindenschnitzeln, gehäckseltem Gehölzschnitt oder handelsüblichem Rindenmulch bzw. Rindenhumus. Dadurch wird einerseits das Wachstum der Bodendecker begünstigt und andererseits das Aufkommen von Unkräutern unterdrückt.

Bodendecker am Hang pflanzen

Hangbereiche und Böschungen werden oft als Problemzonen im Garten angesehen, weil dort das Erdreich nach heftigen Regenfällen ebenso wie beim durchdringenden Gießen leicht abrutscht und hierbei die Pflanzenwurzeln freigelegt werden. Durch sachgemäßes Einsetzen geeigneter Gewächse, vorzugsweise Bodendeckern mit gleichermaßen ausgedehntem wie tiefreichendem Wurzelsystem, z. B. Teppichjohanniskraut *(Hypericum calycinum)*, Scheckenknöterich *(Polygonum affine)* oder Teppichmispel *(Cotoneaster dammeri)*, kann man die Erosionsgefahr jedoch stark vermindern. Hanglagen lassen sich auf diese Weise dauerhaft und attraktiv begrünen.

Als Grundsatz bei einer Pflanzung auf abschüssigem Boden gilt, jeder einzelnen Staude und jedem Grashorst, Farn oder Gehölz eine möglichst ebene Fläche zu schaffen, also den Hang mehr oder weniger zu terrassieren. So bleibt zum einen selbst naßgetränktes Erdreich an Ort und Stelle, zum andern können sich die Wurzeln fest verankern und kaum freigewaschen werden. Mit einer kompakten Mulchdecke, z. B. aus Rindenschnitzeln, auf den unbedeckten Bodenbereichen trägt man außerdem dazu bei, daß Niederschläge und Gießwasser langsam einsickern und nicht rasch abfließen. Sobald die Pflanzen mit ihren Trieben und Blättern die Erde vollends abdecken, wird eine Mulchschicht überflüssig.

Eine terrassierte Pflanzweise sorgt für gutes Anwachsen der Bodendecker am Hang.

Bei mäßig geneigten Hängen mit einem Gefälle bis etwa 20 % (das entspricht einem Höhenunterschied von 20 cm auf einer Strecke von 1 m) braucht man nur die Oberfläche zu modellieren, um zumindest anfangs den erwünschten Terrasseneffekt zu erhalten. Man legt also vor der Pflanzung mit Spaten oder Schaufel mehrere treppenförmige, quer zum Hang gerichtete Pflanzstreifen an. Die Gewächse werden dann ausschließlich in die ebenen Bereiche gesetzt. Formt man beim Einpflanzen noch eine flache Mulde, so kann sich dort Gießwasser sammeln und langsam in den Wurzelraum versickern, ohne daß die beim Ausheben des Pflanzlochs unweigerlich gelockerte Erde abgeschwemmt werden könnte. Eine solche Terrassierung des Untergrunds bleibt zwar nicht auf Dauer stabil – die Erdtreppen werden allmählich wieder eingeebnet –, doch die Pflanzen haben sich bis dahin etabliert und schützen den Boden nun ihrerseits durch Wurzelfilz, Kriechtriebe, sich bewurzelnde Ausläufer und Blattwerk.

Bei steileren Hängen ist eine bloße Bodenverformung nicht mehr ausreichend. Hier sollte man zusätzliche Sicherungsmaßnahmen gegen Erosion ergreifen. Sehr wirksam ist z. B. eine Stabilisierung der Terrassen durch den Einbau von Stützbrettern oder Palisaden. Lange Gefällestrecken oder extrem steile Böschungen sollte man durch massive Mauerstreifen abfangen.

Pflege der Pflanzungen

Hat man Bodendecker standortgerecht ausgewählt und sorgsam gepflanzt, sollten sie innerhalb von zwei bis drei Jahren zu einer geschlossenen Matte zusammengewachsen sein. Bis es soweit ist, erfordern die Kulturen ein wenig mehr Pflege als später.

Da die Pflanzen anfangs noch kein weitreichendes Wurzelsystem entwickelt haben, sind sie bei anhaltend trockener Witterung auf gründliche Bewässerung angewiesen. Zusammengesackte und weitgehend verrottete Mulchdecken werden nach Bedarf ergänzt. Wurde nicht gemulcht, sollte man gelegentlich die Bodenoberfläche zwischen den noch isoliert voneinander stehenden Pflanzen lockern, damit die Krume länger feucht bleibt und Unkräuter möglichst bereits im Keim erstickt werden. Unliebsame Begleiter, die zwischen den Bodendeckern herauswachsen, müssen umgehend und möglichst vollständig herausgezupft werden.

Fehlt die Nährstoffnachlieferung durch Herbstlaub oder Mulchmaterial, kann es je nach Bodenzustand und Ansprüchen der Pflanzen notwendig sein, Dünger auszubringen. Am besten verwendet man – in der ent-

Tip

Um den Boden zu verbessern, sät man Gründüngerpflanzen vorzugsweise im Spätsommer auf die abgeräumte und gelockerte Fläche aus. Im folgenden Frühjahr mäht man sie ab und zerkleinert ihre oberirdische Masse. Diese wird dann zusammen mit den Wurzelresten gründlich in die oberste Bodenschicht eingearbeitet.

Tip

Je dichter man Bodendecker zusammensetzt, desto schneller bilden ihre Triebe geschlossene Matten. Eine allzu gedrängte Pflanzung ist jedoch nachteilig, da sich die einzelnen Exemplare dann nicht richtig entfalten können.

Tip

Obwohl das Frühjahr gemeinhin als die beste Pflanzzeit gilt, kann man Bodendecker auch während des Frühsommers oder aber im Spätsommer und Frühherbst einpflanzen. Allerdings müssen die Kulturen im Sommer besonders gründlich gegossen werden bzw. bei Herbstpflanzung eventuell eine Winterschutzabdeckung erhalten.

Tip

Rindenmulch und -humus verfügen über keimungshemmende Eigenschaften, verringern also die Gefahr einer Verunkrautung der Pflanzfläche deutlich. Da sie aber ansäuernd auf den Boden wirken, sollte man bei kalkliebenden Pflanzenarten wie z. B. dem Blutroten Storchschnabel besser feinen Grasschnitt oder Sägemehl als Mulchmaterial verwenden, dem man zusätzlich etwas basisch wirkendes Gesteinsmehl beimengt.

Teppichartig wachsende Bodendecker können die Wirkung einer Rasenfläche übertreffen und brauchen nur wenig Pflege.

Tip

Einige Pflanzen, etwa Beifuß- und Thymianarten, verlieren bei zu üppiger Nährstoffversorgung ihre schöne Blatt- oder Blütenfärbung, und zudem leidet die Winterhärte. Sie dürfen nicht gedüngt werden, als Mulchmaterial sollte man Sand oder Splitt ausbringen.

sprechenden Dosierung – organische, langsam und anhaltend wirkende Mittel, wie etwa reifen Kompost.

Bei manchen Arten, z. B. Teppichjohanniskraut *(Hypericum calycinum)*, Bergkamille *(Anthemis marschalliana)* oder Bambussen, fördert ein Rückschnitt dieser Bodendecker die Verzweigung und damit einen kompakteren, geschlosseneren Wuchs. Die Triebe jeder Pflanze werden dazu am besten im Frühsommer um etwa ein Drittel zurückgenommen. Ähnlich verfährt man bei Gehölzen, damit sie nicht vorzeitig vergreisen und verkahlen. Eingewachsene Matten von Kriechendem Günsel *(Ajuga reptans)* oder vom Gundermann *(Glechoma hederacea)* kann man problemlos mit Sichel, Heckenschere oder sogar mit hoch eingestelltem Rasenmäher zeit- und kräftesparend einkürzen.

Strenge Fröste, kalte Winde und krasse Temperaturwechsel im Spätwinter können einigen Bodendeckern wie Igelpolster *(Acantholimon glumaceum)* und Römischer Kamille

Zu duftenden Matten breitet sich die Römische Kamille nur aus, wenn sie im Winter geschützt wird.

(Chamaemelum nobile) stark zusetzen. Insbesondere in den ersten Jahren nach der Pflanzung ist deshalb ein Winterschutz ratsam. Man deckt die Gewächse im Spätherbst mit Fichtenreisig oder dürrem Laub ab und entfernt das Material im zeitigen Frühjahr wieder.

Zusätzliche Pflanzen ziehen

Bisweilen möchte man schon vorhandene Bodendecken erweitern bzw. auch andere Gartenbereiche auf diese Art begrünen. Das

Den Balkan-Storchschnabel kann man wie viele andere Bodendecker durch Teilung vermehren.

erfordert eine mehr oder minder große Zahl zusätzlicher Pflanzen, die man selbst heranziehen kann.

Vegetative Vermehrungsmethoden führen innerhalb kurzer Zeit zu kräftiger, mit den ursprünglichen Exemplaren identischer Pflanzware. Am einfachsten gelingt dies bei ausläufertreibenden Arten wie Indischer Erdbeere *(Duchesnea indica)* oder Pfennigkraut *(Lysimachia nummularia)*. Deren bereits bewurzelte Seitentriebe werden einfach abgeschnitten und umgepflanzt. Zwar läßt sich das fast ganzjährig vornehmen, außer in Frostperioden, größten Erfolg erzielt man in der Regel aber im Frühjahr und Frühsommer. Eine andere Methode der Vervielfältigung ist die Teilung, die man am besten nach der Blüte bzw. beim Austrieb durchführt. Dabei trennt man üppige Exemplare in mehrere Stücke, wobei jedes Teilstück über einige gut entwickelte Triebe bzw. Triebknospen verfügen muß.

Um die Wurzelbildung an Trieben zu beschleunigen, kann man sie in Abständen am Boden fixieren.

Stecklinge schneidet man gewöhnlich im Frühsommer von starken Triebspitzen. Man spricht in diesem Fall von Kopfstecklingen. Die 10–15 cm langen und mit vier bis sechs Blättern besetzten Sproßabschnitte werden eingetopft und im Frühbeet oder unter Folienhauben aufgestellt, bis sie sich bewurzelt haben. Als Grundstecklinge dagegen verwendet man z. B. bei Beifußarten *(Artemisia)* junge Triebe, die direkt aus der Basis sprießen. Man schneidet sie ab, sobald sie eine Länge von etwa 10 cm erreicht haben, und kultiviert sie wie Kopfstecklinge weiter. Blattstecklinge schließlich bestehen ganz einfach aus einzelnen Blättern, die abgenommen, getopft und zur Bewurzelung gebracht werden. Zu dieser Vermehrungsmethode greift man vor allem bei Fetthennen *(Sedum)*.

Durch Aussaat erhält man in einem Zug zwar gleich sehr viele neue Pflanzen, doch

Neue Pflanzen von Fetthennen gewinnt man durch Teilung oder Kopf- bzw. Blattstecklinge.

dauert es seine Zeit, bis diese groß genug zum Auspflanzen sind. Die Samen werden üblicherweise im Frühjahr in Saatschalen auf Vermehrungssubstrat gestreut, leicht angedrückt und dünn mit Erde oder Sand übersiebt, angegossen und hell und warm aufgestellt. Zu eng stehende Keimlinge muß man, sobald sie neben den Keimblättern die ersten echten Laubblättchen entwickelt haben, vereinzeln und in größere Gefäße pikieren. Etwa ab Mai können die erstarkten Pflanzen dann an ihren Bestimmungsort umgesetzt werden.

Auswege bei Schwierigkeiten

Am richtigen Standort bereiten die grünen Bodendecken kaum Probleme und werden nur selten von Schädlingen oder Krankheiten befallen. Wenn es doch einmal vorkommt, muß man frühzeitig regulierend eingreifen, dann erholt sich der Bestand meist innerhalb kurzer Zeit wieder.

Wachsen die Bodendecker an manchen Stellen nicht richtig zusammen und bleiben unschöne Lücken, kann man durch Nachpflanzen oder ein gezieltes Umleiten langer Triebe für Abhilfe sorgen. Ausläufer oder Kriechtriebe von Kriechendem Günsel *(Ajuga reptans)*, Immergrün *(Vinca)* und anderen legt man in Richtung der kahlen Partie und fixiert sie dort mit Krampen oder Drahtbügeln.

Nacktschnecken richten bei nur wenigen Bodendeckerarten Fraßschäden an, allenfalls Goldnessel *(Lamiastrum galeobdolon)* und Lanzenfunkie *(Hosta lancifolia)* zeigen manchmal ein klägliches Bild. Doch verkriechen sich die Tiere tagsüber gern unter die warmen, feuchten Laub- oder Mulchdecken der Pflanzenteppiche, von wo aus sie dann andere Lek-

Tip

Unansehnlich gewordene Triebe immergrüner Stauden, etwa von Elfenblumen oder Storchschnabelarten, werden im Frühjahr oder nach der Blüte abgesichelt, wenn sie stören. An gut zugänglichen Stellen kann man sie auch mit dem Rasenmäher entfernen.

Tip

Bedrängen Bodendecker benachbarte Pflanzen oder wachsen sie zu sehr aus dem ihnen zugedachten Raum heraus, muß man sie durch Abstechen oder Zurückschneiden wieder in Form bringen. Dabei anfallendes Triebmaterial läßt sich gut zur Vermehrung verwenden. Mit den Jungpflanzen kann man dann z. B. Pflanzlücken im Bestand füllen.

Da der Wollziest ein Kaltkeimer ist, muß man die Samen im Herbst in ein Gefäß aussäen, das den Winter über im Freien bleibt.

Pilzkrankheiten an Bodendeckern

Krankheit	Bedrohte Pflanzen	Schadbild	Vorbeugung	Abhilfe
Echter Mehltau	*Artemisia, Aster-Dumosus*-Hybriden, *Euonymus, Geranium, Lonicera, Mahonia, Potentilla fruticosa, Rosa, Spiraea*	Blätter beidseitig mit abwischbarem, weißlichem Belag	ausgewogene Nährstoffversorgung	befallene Teile entfernen; mehrfache Spritzungen mit Algenkalk, Knoblauchtee oder Lecithin-Präparaten
Falscher Mehltau	*Artemisia*	Blattunterseiten mit fest haftendem, mehligem Belag, oberseits helle Flecken	ausgewogene Nährstoffversorgung; nur vormittags bewässern	befallene Teile entfernen; mehrfache Spritzungen mit Ackerschachtelhalmbrühe
Rost	*Artemisia, Geranium, Juniperus, Mahonia, Pinus, Rhododendron, Rosa*	gelbe, rote oder braune Pusteln, bevorzugt an den Blattunterseiten	standortgerechte Pflanzung	befallene Teile entfernen; mehrfache Spritzungen mit Ackerschachtelhalmbrühe
Verticillium-Welke	*Aster-Dumosus*-Hybriden, *Sedum*	rötliche bis gelbbraune Blattverfärbung, Welke	standortgerechte Pflanzung; sorgsame Bodenpflege	kaum Abhilfe möglich; befallene Pflanzen roden und andere Arten verwenden

Tip

Polstertriebe, die nur locker dem Boden aufliegen wie z. B. die des Hornkrauts, werden von Schnecken gern als Unterschlupf aufgesucht. Insbesondere bei trockener Witterung sollte man die Büsche deshalb immer wieder kontrollierend anheben und die darunter befindlichen Schnecken absammeln.

Rötliche oder bräunliche Pusteln an den Blättern sind Zeichen für einen Befall mit Rostpilzen.

Die hübsche Goldnessel wird zuweilen von Nacktschnecken geschädigt.

kerbissen im Garten ansteuern. Vorbeugend sollte man daher möglichst trockenes Mulchmaterial verwenden und die Flächen immer wieder absuchen. Nach Regenfällen empfiehlt es sich, die Mulchdecke zu wenden, damit sie schneller abtrocknet. Die Schnecken sammelt man am besten auf und tötet sie in kochendem Wasser rasch ab.

Bisweilen verursachen Blattälchen bei Fetthennen *(Sedum)* zunächst gelbe bis rötliche, später braune Verfärbungen der Blätter. Befallene Pflanzen sind umgehend zu entfernen, der Boden muß an diesen Stellen weit- und tiefreichend ausgetauscht werden. Anschließend sollte man andere Bodendeckerarten einsetzen, die nicht durch Blattälchen gefährdet sind.

Stehende Nässe im Wurzelbereich kann mehreren Bodendeckern zum Verhängnis werden, vor allem trockenheitsliebenden Gewächsen wie Thymian *(Thymus)* und Stachelnüßchen *(Acaena)*. Ihre Wurzeln faulen unter diesen Umständen, nachfolgend gehen die Pflanzen ein. Der Wurzelfäulnis kann man nur durch entsprechende Standortvorbereitung vorbeugen, es sollte also für eine wirksame Dränage gesorgt sein.

Ebenfalls auf ungünstigen Standortbedingungen beruht eine Chlorose beim Ysander *(Pachysandra)*, d. h. eine gelbliche Verfärbung des Laubs aufgrund eines zu hohen Kalkgehalts im Boden. In einem solchen Fall muß das Erdreich durch üppige Gaben von Nadelstreu, Rindenmulch oder Torf angesäuert werden; besser schafft man jedoch Abhilfe, indem man die Pflanzen an geeignetere Stellen umsetzt.

Pilzkrankheiten wie Echter und Falscher Mehltau, Rost oder Verticillium-Welke werden Beifuß- *(Artemisia)* und Storchschnabelarten *(Geranium)* oder Fetthennen *(Sedum)* nur dann gefährlich, wenn die Pflanzen durch widrige Standortbedingungen und anhaltend ungünstige Witterung stark geschwächt sind. Gewöhnlich kann man einen geringen Befall weitgehend dulden; erkrankte Teile entfernt und vernichtet man, damit sich die Pilze nicht weiter ausbreiten.

Der Heidegarten

Karg, schwermütig, bizarr – so werden Heidelandschaften häufig beschrieben. Aber gerade der herbe Charme dieser besonderen Pflanzengesellschaften, die sich mit den Jahreszeiten und der Witterung fast unmerklich wandeln, übt eine große Faszination aus.

Viele Menschen betrachten die mal in schäumendes Violett, mal in zartes Graugrün, bisweilen in lodernde Rottöne und dann wieder in leuchtendes Gold getauchte Heide als einzigartigen Lebensraum, den man gern im eigenen Garten nachahmen möchte.

Variantenreiche Zwergstrauchgesellschaften

Unter dem Begriff Heide versteht man zunächst einmal grundsätzlich eine baumfreie, von flächig wachsenden Zwergsträuchern beherrschte Landschaft. Im engeren Sinn wird die Bezeichnung jedoch vor allem für die hauptsächlich im Norddeutschen Tiefland verbreiteten und vorwiegend von Erika- oder Heidekrautgewächsen *(Ericaceae)* geprägten Gebiete verwendet, die durch eine besondere Bewirtschaftungsweise entstanden sind. Auch die dort vorkommenden Pflanzen selbst werden schlicht Heiden genannt, so etwa die Schneeheide *(Erica carnea)* und das Gewöhnliche Heidekraut *(Calluna vulgaris)*.

Das typische Erscheinungsbild dieser Pflanzengemeinschaften rührt wesentlich von der speziellen Anpassung der Gewächse an die Verhältnisse an ihrem natürlichen Standort her, wo es gilt, scharfen Winden, reichlichen Niederschlägen und mageren Böden zu trotzen. Immergrüne, derbe, nadelige Blätter, gedrungene, zähe Triebe und die Fähigkeit, mit Hilfe von Bodenpilzen auch geringste Nährstoffreserven zu nutzen, verschaffen den Heidepflanzen einen erheblichen Konkurrenzvorsprung gegenüber anderen Arten, so daß sie sich gleichsam als Alleinherrscher ausbreiten können.

Heiden im weiteren Sinn, also oft windgefegte, von grauen, bräunlichen und violetten Farbtönen beherrschte, teppichartige Pflanzengesellschaften, gibt es aber auch noch in andersartiger Gestalt. So etwa im Hochgebirge als Matten, in denen die Schneeheide reichlich vertreten ist, auf der Schwäbischen Alb, wo die Heiden hauptsächlich aus Gräsern bestehen, die von anmutigen Blütenkelchen durchsetzt sind, oder auf den Dünen der Küstengebiete, auf denen sich lückige Bestände von Grasarten und eigenwilligen Kräutern behaupten. In der Gartengestaltung kann man sich bei der Anlage eines Heidegartens von derartigen Formationen inspirieren lassen und die Heide im ursprünglichen Sinn durch Gewächse dieser Lebensräume auflockern.

Das Gewöhnliche Heidekraut bildet selbst auf Sanddünen ausgedehnte Bestände.

Die vielen Arten und Sorten von Heidegartenpflanzen lassen erstaunliche Variationen zu.

Tip

Auf extremen Sandböden stellt eine Heidepflanzung u. a. aus Blaustrahlhafer, Gewöhnlichem Heidekraut, Edeldistel *(Eryngium)*, Meerlavendel *(Limonium)* und Sanddorn *(Hippophaë)* eine erfrischende Abwechslung zum herkömmlichen Heidegarten dar, die einen sehr eigenwilligen Charme ausstrahlt und zudem kaum einer Pflege bedarf.

Heidekrautgewächse und nahe Verwandte für den Heidegarten

Pflanzenart	Blüte Farbe/Monate	Höhe in cm	Standortansprüche	Bemerkungen
Andromeda polifolia Lavendelheide, Rosmarinheide, Gränke	rosa, auch weiß; V–VII	15–30	s–hs; feuchter, stark saurer Moorboden	immergrün; kriechender Wuchs; Blätter und Blüten giftig
Arctostaphylos uva-ursi Bärentraube	weiß mit Rosa; IV–V	10–15	s–hs; trockener bis frischer, leicht saurer, humoser Boden	immergrün; kriechender Wuchs; blüht und fruchtet nur selten; Blätter giftig
Bruckenthalia spiculifolia Ährenheide	hellrosa; VII–VIII	10–20	s–hs; frischer bis trockener, saurer, humoser Boden	immergrün; blüht oft überreich
Cassiope tetragona Schuppenheide, Zypressenheide	weiß, auch rosa; IV–V	20–30	hs; frischer bis leicht feuchter Moorboden	immergrün; Winterschutz ratsam; geeignet sind auch Hybriden und Sorten
Chamaedaphne calyculata Zwerglorbeer, Torfgränke	weiß; IV–VI	15–50	s–hs; frischer bis feuchter, saurer, humoser Boden	immergrün; alle Teile giftig
Empetrum nigrum ssp. *hermaphroditum* Krähenbeere	rosa bis purpurn; IV–VI	15–25, selten bis 50	s–hs; trockener bis frischer, saurer, humoser Boden	immergrün; kriechender Wuchs; schwarze Beerenfrüchte ab VI; alle Teile giftig
Gaultheria procumbens Scheinbeere, Rebhuhnbeere	weiß bis hellrosa; VI–VIII	10–20	hs; frischer, saurer, humoser Boden	immergrün; kriechender Wuchs; rote, später blauschwarze Beerenfrüchte ab IX; Blätter giftig
Kalmia angustifolia	purpurrot; VI–VII	100	hs; frischer, saurer, humoser Boden	immergrün; straff aufrechter Wuchs; Blätter giftig
Ledum palustre Sumpfporst	weiß; V–VI	50–100	s–hs; frischer bis nasser, saurer Moorboden	immergrün; Blätter und junge Triebe giftig
Leiophyllum buxifolium Sandmyrte	hellrosa bis weiß; V–VI	5–30	s; trockener bis frischer, sandiger, saurer Boden	immergrün; polstriger bis kriechender Wuchs
Leucothoë walteri Traubenheide	weiß; IV–V	50–100	hs; frischer, leicht saurer, humoser Boden	immergrün; geeignet sind auch Hybriden und Sorten
Pernettya mucronata Torfmyrte	weiß bis rosa; V–VII	40–100	hs; frischer, saurer, humoser Boden	immergrün; für die großen Beerenfrüchte in Weiß, Rosa oder Lila (ab IX) neben weiblichen eine männliche Pflanze erforderlich; Winterschutz ratsam; alle Teile giftig
Phyllodoce empetriformis Blauheide	dunkelrosa; IV–V	15–20	hs; frischer, humoser Boden	immergrün; Winterschutz ratsam
Vaccinium myrtillus Heidelbeere	grünlich bis hellrosa; V–VI	20–50	hs; frischer, saurer, humoser Boden	sommergrün; schwarzblaue, eßbare Früchte ab VIII; Blätter giftig
Vaccinium oxycoccos Moosbeere	rosalila; V–VI	10–20	s–hs; feuchter bis nasser, stark saurer Moorboden	immergrün; kriechender Wuchs; dunkelrote Beerenfrüchte ab VIII
Vaccinium uliginosum Rauschbeere	weiß bis rosa; VI–VII	30–80	s–hs; frischer, stark saurer, humoser Boden	sommergrün; blauschwarze, giftige Beerenfrüchte ab IX
Vaccinium vitis-idaea Preiselbeere	weiß bis rosa; V–VI und VII–VIII	20–30	s–hs; frischer bis feuchter, stark saurer, humoser Boden	immergrün; rote, eßbare Beerenfrüchte ab VII
Zenobia pulverulenta Zenobie	weiß; V–VI	50–100	s–hs; frischer, saurer, humoser Boden	blau bereiftes Laub immergrün, in rauhen Gebieten nur sommergrün; Winterschutz ratsam

s sonnig **hs** halbschattig

Zusätzliche Heidearten für den Heidegarten

Pflanzenart	Blüte Farbe/ Monate	Wuchs	Höhe in cm	Standort-ansprüche	Bemerkungen
Erica arborea var. *alpina* Bergbaumheide	weiß; III–V	dichtbuschig, aufstrebend	50–70	hell, aber nicht prallsonnig; lockerer, humoser Boden, auch kalkhaltig	auch als *E. arborea* 'Alpina' geführt; Winterschutz erforderlich
*Erica ciliaris** Wimperheide, Dorset-Heide	rosarot; VI–IX	locker, niederliegend	20–30	hell; geschützt; lockerer, saurer, humoser Boden	empfehlenswert nur für küstennahe, milde Gebiete; Winterschutz erforderlich
Erica erigena Mittelmeer-Heide, Irische Heide, Bruchheide	dunkelrosa; III–VI	breitbuschig	50–60, selten bis 200	hell; geschützt; lockerer, saurer, humoser Boden	Winterschutz ratsam
Erica x *stuartii**	rosa bis hellpurpurn; VI–X	dichtbuschig, aufrecht bis niederliegend	20–25	hell; geschützt; lockerer, saurer, humoser, leicht feuchter Boden	auch als *E.* x *praegeri* geführt; Austrieb meist gelb bis orange; Winterschutz ratsam
Erica x *watsonii**	rosa, auch weiß; VI–X	dicht breitbuschig	15–30	hell; lockerer, saurer, humoser, frischer Boden	Austrieb meist gelb bis orange; Winterschutz ratsam
Erica x *williamsii*	rosa; VII–X	locker bis dichtbuschig, niederliegend bis leicht aufstrebend	20–30	hell; lockerer, saurer, humoser, frischer Boden	Austrieb gelb; bisweilen blühfaul; Winterschutz ratsam

* mehrere Sorten erhältlich

Mit intensiv leuchtenden Blüten zaubert die Heidenelke Farbe in den sommerlichen Heidegarten.

Interessante Gestaltungsmöglichkeiten

Eine Heide, wie sie als natürliche Landschaft in Dichtung, Liedgut und Malerei vieltausendmal verewigt ist, wird man im Hausgarten kaum originalgetreu verwirklichen können. Es mangelt dazu nicht nur an Fläche, vielmehr versucht man auch, den ein wenig strengen und eintönigen Charakter durch Verwendung verschiedenster Arten und Zuchtformen gefällig abzumildern. Neben den unzähligen Sorten des Gewöhnlichen Heidekrauts *(Calluna vulgaris)*, der Irischen Heide *(Daboecia)* und der Heide *(Erica)*, die durch ihre nuancenreichen Blütenfarben, Laubtönungen und Wuchsformen schon allein für vielfältige Variationen sorgen, halten daher weitere, nahe verwandte Zwergsträucher Einzug in die Pflanzungen.

Eine große Zahl anderer Gewächse rundet das Bild der Heide im Garten ab. Muntere Farbkleckse anmutiger Blütenstauden heitern außerhalb der Blütezeit der Heidepflanzen die etwas monotone Bodendecke auf. Gut geeignet sind hierfür z. B. Perlpfötchen *(Anaphalis*

Die immergrüne Schuppenheide besticht im Frühjahr durch ihre anmutigen Blütenglöckchen.

Die Basis einer jeden Heidegartenbepflanzung bilden stets verschiedene Heidekrautgewächse. Doch ohne markante Gehölze wie Birken, Wacholder, Ginster, Rhododendren, Krummholzkiefer sowie Seidelbast und schwungvolle Gräser wie Gartensandrohr, Blauschwingel, Blaustrahlhafer, Pfeifengras, Herbstkopfgras und Bergreitgras, durchsetzt von einigen dekorativen Steinen und Baumstubben, käme keine rechte Stimmung auf. Abrundung erfährt der Gartenteil durch bunte Stauden, die man in Gruppen im Randbereich arrangieren kann.

triplinervis), Grasnelken *(Armeria)*, schleierblütige Astern (etwa *Aster cordifolius* oder *Aster ericoides*), Heidenelke *(Dianthus deltoides)*, Katzenminze- *(Nepeta)* oder niedrige Ehrenpreisarten *(Veronica)*. Gräser bringen mit ihren feinen Halmen eleganten Schwung zwischen das Gesträuch. Hier kommen etwa Rasenschmiele *(Deschampsia cespitosa)*, Schafschwingel *(Festuca ovina)*, Flaschenbürstengras *(Hystrix patula)* sowie im besonderen Pfeifengräser *(Molinia)* in Betracht. Größere Gehölze, allen voran die vielen Formen des Wacholders *(Juniperus)* und die herrlich blühenden Geißklee- *(Cytisus)* und Ginsterarten *(Genista)*, gliedern die Fläche und setzen interessante Akzente.

Bei der Gestaltung wechselt man bewußt ab zwischen eher ausgedehnt flächigen Bereichen aus zahlreichen niedrigen Zwergsträuchern und wenigen akzentuierenden Großpflanzen, die die Senkrechte betonen. Die Zwergstrauchmatten setzt man aus vielerlei Arten und Sorten zusammen, damit jederzeit einige davon blühen oder die Laubfärbung einen Blickfang bildet. Aus dem Teppich sollten sich, sparsam verteilt und an besonderen Stellen plaziert, möglichst hochaufstrebende Gehölze oder Gräser erheben. Ebenso können statt dessen kleine Staudengruppen für Farbeffekte sorgen.

Dieses Prinzip läßt sich sowohl auf kleinen wie auch auf großen Flächen umsetzen. Heidegärtchen eignen sich z. B. hervorragend für den Vorgarten, wo man eventuell die Schattenstellen direkt am Haus mit prunkvollen Rhododendren *(Rhododendron)* gut beleben kann. Hübsch sehen Heidepflanzen aber gleichfalls an Böschungen oder Terrassen-

Die zierliche immergrüne Lavendelheide benötigt einen feuchten, stark sauren Moorboden.

hängen aus. Ähnlich wie beim Steingarten wirken Findlinge und Gesteinsbrocken gliedernd. Zu wahrer Pracht gelangt der Heidegarten allerdings erst, wenn er einen ausgedehnten Gartenraum bekleiden darf, etwa anstelle eines Rasens.

Standortvorbereitung und Pflanzung

Die Anlage ausgedehnter Heidegärten, in denen Gewöhnliches Heidekraut *(Calluna vulgaris)* und Heidearten *(Erica)* vorherrschen sollen, empfiehlt sich lediglich in Gebieten mit feuchtem Meeresklima. In anderen Regionen weicht man eher auf steppenartige Gemeinschaften aus, die man vorwiegend mit Schneeheide *(Erica carnea)* und Gräsern bestückt.

Ein großflächig angelegter Heidegarten kann durchaus auch fröhlich und lebhaft erscheinen.

Nahezu alle Pflanzenarten für den Heidegarten bevorzugen vollsonnige Lagen. Nur manche wie Schneeheide und Glockenheide *(Erica tetralix)* vertragen eine zeitweilige Beschattung, doch fällt ihre Blüte dann meist recht spärlich aus. Im Übergang zu schattigen Bereichen des Heidegartens übernehmen deshalb z.B. Rasenschmiele *(Deschampsia cespitosa)*, Waldhainsimse *(Luzula sylvatica)* oder Tüpfelfarn *(Polypodium vulgare)* die Bodenbedeckung.

Der Boden sollte sehr locker und eher karg sein, am besten durchweg sandig und von Humus durchsetzt. Insbesondere schwere Lehm- und Tonböden lassen eine Heidepflanzung nur mit großem Aufwand zu. Sie müßten tiefreichend gelockert, mit viel Sand angereichert und abgemagert werden. Wenige Heidekrautgewächse kommen auch mit kalkhaltigen Substraten zurecht, etwa Schneeheide und Englische Heide (*Erica* x *darleyensis*).

Durch besonders auffallende Früchte zeichnet sich die Torfmyrte aus, die sauren Boden braucht.

Günstigste Pflanzzeiten sind zum einen das Frühjahr und zum andern der Frühherbst. Die Vorbereitung der Bodenfläche zur Pflanzung erfolgt wie allgemein bei Bodendeckern üblich (siehe Seite 120). Am wichtigsten ist dabei, Unkraut vollständig zu entfernen sowie die Erde gründlich zu lockern. Ist der Boden nicht sauer genug, muß reichlich ansäuerndes Material untergemischt werden, etwa ungedüngter Torf oder feiner Rindenmulch.

Tip

Auch Zwiebel- und Knollenpflanzen sollten in einem Heidegarten nicht fehlen. Geeignet sind z. B. Blaulauch *(Allium caeruleum)*, Rosenzwerglauch *(Allium oreophilum)*, Kanadische Wiesenlilie *(Lilium canadense)*, Milchsterne *(Ornithogalum)*, Ankara-Krokus *(Crocus ancyrensis)* und Bunter Krokus *(Crocus chrysanthus)* sowie auch herbstblühende Krokusarten.

Tip

Die meisten Heidepflanzen finden nur auf saurem Untergrund (pH-Wert um 5) beste Wuchsbedingungen. Man sollte den Boden deshalb auf seinen Säuregrad prüfen (siehe Seite 39) und gegebenenfalls durch reichliche Gaben von Rindenhumus und Sand ansäuern.

Tip

Als Faustregel gilt, daß winter- und frühjahrsblühende Heidekrautarten gegen Kalk im Boden toleranter sind als sommer- und herbstblühende Arten.

Tip

Torf, Rindenmulch und Rindenhumus entziehen dem Boden sehr viel Feuchtigkeit, wenn sie in trokkenem Zustand untergemischt werden. Man sollte eine Fläche, die man damit aufbereitet hat, deshalb reichlich beregnen, bevor man ans Pflanzen geht.

Feuchtbereiche im Heidegarten, etwa ein winziges Moor, tragen zur Abwechslung im Garten bei.

Tip

Regelmäßiges Mulchen mit Rindenhumus erspart im Heidegarten fast jegliche Düngung. Bringt man den Rindenhumus im Herbst aus oder ergänzt mit ihm die Mulchschicht, schützt er die Pflanzen gleichzeitig vor Frost und austrocknendem Wind.

Interessante Effekte lassen sich erzielen, indem man auf einer ebenen Fläche kleine Hügel und Senken modelliert. Findlinge sowie weich gerundete Steinbrocken, knorrige Baumstämme und -stümpfe, sogar Holzplanken oder -pfähle und alte Ziegelsteine dienen einerseits zum Abfangen künstlich angelegter Höhenstufen, andererseits aber auch als unbelebte Zierde.

Beim Einsetzen der Zwergsträucher ist darauf zu achten, daß sie ein bis zwei Fingerbreit tiefer als vorher in den Boden kommen, damit sie einen besseren Stand haben und sich mehr Wurzeln bilden können. Die übrigen Pflanzen setzt man wie gewohnt ein. Abschließend wird gründlich angegossen und die unbedeckte Fläche zwischen den Pflanzen 5–10 cm hoch mit Rindenmaterial oder Torf gemulcht.

Je nach Wuchsform der Heidepflanzen sind etwas unterschiedliche Pflanzabstände erforderlich. Aufrechte, starkwüchsige sowie niedrige, breit wachsende Formen setzt man 30–40 cm auseinander. Extrem kleinwüchsige sowie schwach wachsende, aufstrebende Pflanzen dürfen hingegen 20–30 cm nah beieinander stehen.

Wichtige Pflegemaßnahmen

Spätestens drei Jahre nach der Pflanzung erscheinen die Heideflächen von einem dikken Strauchteppich überzogen. Bis dahin ist es besonders wichtig, sämtlichen Unkrautwuchs fernzuhalten. Da die Zwergsträucher vorwiegend flach wurzeln, sollte man dabei aber nicht mit der Hacke zu Werk gehen, sondern die lästigen Keimlinge per Hand auszupfen. Wird die Mulchdecke immer wieder ergänzt, bleibt diese Arbeit eher selten zu verrichten.

Ähnlich wie bei anderen Bodendeckern ist es ratsam, vor allem in der ersten Zeit nach dem Pflanzen bei anhaltender Trockenheit sorgsam zu gießen. Kleinere Heidebeete kann man mit der Gießkanne wässern, bei größeren Flächen empfiehlt sich ein Regner.

Dünger braucht in den ersten Jahren gar nicht verabreicht zu werden – vorausgesetzt, daß der Boden genügend Nährstoffe enthält. Allenfalls bei extrem kargem Untergrund kann man bereits bei der Pflanzung ein organisches, sauer wirkendes Düngemittel, z. B. Nadelkompost, Rindenhumus oder mit Nährstoffen versetzten Torf, ausbringen. Später wird diese Düngung je nach Bodenbeschaffenheit im Abstand von fünf bis acht Jahren wiederholt.

Eine Arbeit, die alle paar Jahre anfällt, umfaßt den Schnitt der Zwerggehölze. Wenn das Einkürzen auch bei einigen Arten, etwa Gewöhnlichem Heidekraut *(Calluna vulgaris)*, Grauheide *(Erica cinerea)* oder Sommerheide *(Erica vagans)*, zeitlebens nicht unbedingt notwendig ist, erweist es sich doch bei ihnen wie bei den anderen Arten als förderlich für gleichbleibend kompakten Wuchs und dichte Belaubung. Man führt den Rückschnitt am besten jeweils nach der Blüte durch. Prinzipiell entfernt man dabei die Triebe und Blütenrispen des Vorjahres, natürlich aber zugleich ältere Zweige und beschädigte oder kahle Teile.

Anfängliche Lücken zwischen den Heidekräutern nach der Pflanzung schließen sich meist rasch.

Insbesondere in Gegenden mit rauhem Klima, in denen mit schneelosen, aber frostigen Wintern zu rechnen ist, sollte der Heidegarten mit einem Winterschutz versehen werden. Auch in milderen Regionen ist eine wärmende Abdeckung für empfindliche Arten erforderlich, etwa für die Englische Heide (*Erica* x *darleyensis*), Wimperheide *(Erica ciliaris)* sowie für gefüllte Sorten des Gewöhnlichen Heidekrauts *(Calluna vulgaris)*. Man überzieht die Pflanzungen dazu ganz locker mit Fichtenzweigen, die im Spätwinter wieder abgenommen werden müssen.

Pflanzenschutz

Nur selten treten an Heidekrautgewächsen Schädlinge oder Krankheiten auf. Eher beru-

Vermehrung von Heidekräutern durch Stecklinge

Die im Spätsommer geschnittenen Stecklinge von jungen, verholzten Trieben werden entspitzt sowie unten entblättert.

Diese steckt man bis über den Ansatz der ersten Seitenzweige hinaus in ein Torf-Sand-Gemisch (3:1), gießt an und etikettiert.

Die Stecklinge werden zur Bewurzelung unter einer durchsichtigen Haube hell, aber nicht sonnig aufgestellt und feucht gehalten.

hen Schäden auf Standort- oder Pflegefehlern. So entstehen etwa Blattvergilbungen, sog. Chlorosen, durch zu basischen Boden, oder es erfrieren Triebe wegen mangelnder Winterhärte nach zu reichlicher Düngung.

Das Erikasterben, auch Erikawelke oder Dürrekrankheit genannt, ist eine Erscheinung, die auf Staunässe und Überdüngung zurückgeführt werden kann. Zunächst verfärben sich die Blätter braun, und die Triebspitzen welken. Mit der Zeit stirbt dann die gesamte Pflanze ab. Hilfe ist in solchen Fällen kaum mehr möglich, befallene Pflanzen muß man roden. Vor einer erneuten Heidepflanzung ist der Boden an der betreffenden Stelle gründlich zu verbessern, also zu dränieren und abzumagern. Man hebt dazu die Erde etwa 50 cm tief aus, lockert den Untergrund und füllt neues, sandiges Substrat ein.

Pilzkrankheiten wie der Rost können in Heidegärten zu größeren Ausfällen führen. An Heidearten *(Erica)* wie auch dem Gewöhnlichen Heidekraut *(Calluna vulgaris)* entstehen an den Blättern gelbe bis rotbraune, stäubende Pusteln, die Sträucher werden von innen heraus braun. Manchmal erholen sich die Pflanzen von selbst: Durch einen kräftigen Rückschnitt und gleichzeitige Versorgung mit reifem Kompost treiben sie von der Basis wieder frisch nach. Nicht selten jedoch sterben sie ab und müssen durch neue ersetzt werden.

Tierische Schädlinge werden im Heidegarten kaum einmal lästig, allenfalls in typischen Heidegebieten. So suchen die Larven des Heideblattkäfers *(Lochmea suturalis)* in manchen Jahren auch Gartenpflanzen heim, allerdings ausschließlich das Gewöhnliche Heidekraut. Die gelbbraunen, nur 5 mm langen Altkäfer legen im Mai ihre Eier in den Mulch, aus denen ab etwa Ende Juli die gefräßigen Larven schlüpfen. Einem Befall läßt sich recht schwer vorbeugen. Man kann aber z. B. von Anfang Mai bis Mitte Juli die Mulchschicht entfernen, den Boden des öfteren flach abrechen und die Käfer ablesen.

Von Pilzen befallene Triebe von Heidekräutern sollte man alsbald umfassend entfernen.

Tip

Zeigen sich Heidesträucher bald nach der Pflanzung schlaff und welk und verfärben sich ihre Blätter, so wurden sie wahrscheinlich nicht tief genug eingesetzt. Man nimmt die Pflanzen in diesem Fall heraus, lockert den Wurzelballen etwas und bringt sie jetzt in richtige Tiefe.

Tip

Auf Stecklingskulturen der Heidepflanzen kann bei anhaltend feuchtwarmer Witterung Grauschimmel auftreten. Die Stecklinge sind dann von einem grauen Schimmelrasen bedeckt. Vorbeugend sollte man die Pflanzen luftig stellen und nur morgens gießen, damit sie rasch wieder abtrocknen.

Das Erikasterben tritt nur an ungünstigen Standorten auf.

Gewächse mit Charme

Gräser, Farne und Bodendecker von A–Z

Manche Repräsentanten aus dem grünen Gartenreich wie das Pampasgras prunken mit pompösen Blüten, die sie eindrucksvoll in die Höhe schieben.

Vorwiegend grün präsentieren sich vielerlei Pflanzen, allen voran Gräser, Farne und bodenbedeckende Gewächse, die in der Natur fast allgegenwärtig und im Garten schlichtweg unentbehrlich sind. Aus der Palette der übrigen Farben mischen sich zurückhaltende Tupfer unter das Grün: Zart schimmernde Blüten, dezente Laubmuster oder eine warme Herbsttönung bringen Abwechslung ins Bild. Stets vermögen die zahlreichen Arten dieser Pflanzengruppen ergänzend oder vermittelnd und zugleich klar strukturierend zu wirken.

Die Farne, Ziergräser und Bodendecker in diesem Kapitel sind – wie in den meisten Katalogen und Fachbüchern – alphabetisch nach ihren botanischen Namen geordnet. Da viele Pflanzen gleich mehrere volkstümliche deutsche Namen haben, gelangt man mit dem botanischen Namen am sichersten zur gewollten Art. Mit Hilfe des ausführlichen Registers sind alle beschriebenen Gewächse leicht und schnell zu finden. In den Rubriken „Blütenfarbe" und „Blütezeit" sind zum einen die typischen Farben des Flors, zum andern der durchschnittliche, über viele Jahre gemittelte Zeitraum der Blüte vermerkt. Diese Kriterien fehlen natürlich bei den blütenlosen Farnen. Auch bei den Bambussen, die in Mitteleuropa kaum einmal zur Blüte gelangen, wurde darauf verzichtet. Innerhalb der Gruppe der Gräser ist zu beachten, daß als Blütenfarbe die Tönung der Spelzen genannt ist. Weil diese die eigentlichen Blüten verdecken, stellt ihre Färbung das nach außen hin sichtbare Merkmal dar. Bei den Gräsern bezieht sich außerdem die „Blütezeit" stets auf die tatsächliche Phase des Blühens, unberücksichtigt blieb die sich anschließende Zeitspanne des Fruchtens. Unter der Rubrik „Höhe" ist jeweils die geringste und größte Wuchshöhe angegeben, die gemeinhin beobachtet werden kann. Bei Gräsern finden sich hierbei zweierlei Angaben, da deren Blüten- und Fruchtstände die Laubbüschel oft weit überragen.

A

Acaena
Stachelnüßchen

Arten: *A. microphylla* (Braunblättriges Stachelnüßchen), *A. buchananii* (Buchanan-Stachelnüßchen), *A. magellanica* (auch *A. glaucophylla*, Blaugrünes Stachelnüßchen), *A. caesiiglauca* (auch *A. glauca*, Blaugraues Stachelnüßchen)
Familie: Rosengewächse *(Rosaceae)*
Herkunft: steinige Wiesen in Neuseeland, *A. magellanica* in Patagonien und Feuerland
Blütenfarbe: grünlich bis bräunlich
Blütezeit: Juni bis Juli, *A. buchananii* Juni bis August
Höhe: 5–10 cm
Merkmale: Die mehrjährigen Stachelnüßchen überziehen mit niederliegenden, eng an die Bodenoberfläche geschmiegten und teilweise verholzenden Trieben rasch kleinere Bereiche. Durch ihre dicht beieinanderstehenden, mehrfach gefiederten, immergrünen Blätter, die in ihrer Form an winziges Rosenlaub erinnern, ergeben sich weiche Matten. Im Winter nimmt das Laub aller Arten oft eine eher bräunliche Färbung mit metallischem Schimmer an. Die kleinen Blüten öffnen sich im Frühsommer, bleiben jedoch unscheinbar. Um so auffälliger wirken die daraus hervorgehenden Früchte, etwa erbsengroße, kugelige Gebilde, die rundum mit feinen Stacheln besetzt sind. Sie zeigen sich etwa ab Juli und zieren oft bis in den Winter hinein die Pflanzen.
Die verbreitetste Art ist das Braunblättrige Stachelnüßchen. Über seine bräunlich gefärbten Blätter erheben sich ab dem Hochsommer unzählige Fruchtköpfchen, die mit ihren leuchtend roten Borsten einen schönen Kontrast zum Laubteppich bilden. Das Buchanan-Stachelnüßchen wirkt zierlicher, sein Laub strahlt silbergrau bis graugrün, die Fruchtstacheln sind grün oder gelb. Einen eher herben Charme besitzt das Blaugrüne Stachelnüßchen mit seinen eigenartig stahlblau bis meergrün getönten Blättern. Das Blaugraue Stachelnüßchen schließlich erweitert die Palette um eine matt seidige, blaugraue Variante.
Sorte: von *A. microphylla* 'Kupferteppich' (Laub kupfrig braunrot, schwachwüchsiger als die Art, Höhe 10 cm)
Standortansprüche: Die anmutigen Bodendecker brauchen einen sonnigen bis halbschattigen Platz und einen mäßig trockenen, durchlässigen, nicht zu schweren Boden, der jedoch nicht staunaß sein darf. Sie gedeihen auch gut zwischen Geröll. Je weniger Nährstoffe der Untergrund enthält, desto intensiver färben sich die Blätter.
Verwendung: Die hübschen Laubteppiche sorgen sowohl im Stein- wie im Heidegarten für malerische Farbeffekte. Mit den Stauden kann man auch kleinere Böschungen gut befestigen. Da sie etwas zum Wuchern neigen, sollte man zu den Nachbarpflanzen reichlich Abstand wahren bzw. nur ebenso wuchskräftige Arten daneben ansiedeln. Für flächige Pflanzungen werden etwa 7–9 Exemplare pro m^2 benötigt. Sie wirken besonders lebendig, wenn sich aus den flachen Matten Kleingehölze, Grashorste oder Stauden mit straff aufrechtem Wuchs erheben, z. B. Zwergkiefern *(Pinus)*, Schwingel, Lavendel *(Lavandula)*, Iris *(Iris)* oder auch Palmlilien *(Yucca)*. Zwischen den Trieben der Bodendecker können überdies Zwiebelgewächse Akzente setzen, etwa Zierlauch *(Allium)* oder Krokusse *(Crocus)*.
Pflege: Die anspruchslosen Stachelnüßchen werden am besten im Frühjahr gepflanzt, damit sie bis zum Herbst gut einwurzeln. Den Winter über sollte man sie mit einer leichten Reisigschicht abdecken, um das Laub während der kalten Jahreszeit vor intensiver Sonne und Austrocknung zu schützen.
Vermehrung: Neue Pflanzen erhält man durch Aussaat, Teilung, Kopfstecklinge oder das Abtrennen von bewurzelten Ausläufern. Unabhängig von der Methode wird die Vermehrung vorzugsweise im Frühjahr durchgeführt.
Krankheiten: Wurzelfäule bei Staunässe

Acaena microphylla

Acantholimon glumaceum

Acantholimon
Igelpolster, Stechnelke

Art: *A. glumaceum*
Familie: Bleiwurz- oder Strandnelkengewächse *(Plumbaginaceae)*
Herkunft: steinige Berghänge in Kleinasien, vom Kaukasus bis Kurdistan
Blütenfarbe: rosa
Blütezeit: Juli bis August
Höhe: 10–15 cm
Merkmale: Bezeichnenderweise bildet die Igelpolsterart *A. glumaceum* flache Polster aus zahlreichen ausdauernden Rosetten, die aus nadelartigen, spitzen, tief dunkelgrünen, etwa 2 cm langen Blättern bestehen. Nur knapp über das Blattkissen erheben sich auf kurzen Stielen ährenförmige Blütenstände. Ihre Blüten setzen sich aus einer weißen, häutigen Kelchröhre und einer daraus hervorragenden fünfzipfeligen, tiefrosa Krone zusammen.
Standortansprüche: Die immergrüne Polsterstaude benötigt einen sonnigen, geschützten Standort und gut durchlässigen, mäßig trockenen, steinigen und nicht zu nährstoffreichen Boden. Am besten gedeiht sie in einer Mischung aus feinem Schotter, Sand sowie ein wenig Lehm. Das Gewächs ist etwas empfindlich gegen Staunässe und austrocknende Wintersonne.
Verwendung: Die attraktiven stacheligen und reichblühenden Polster bieten sich besonders für den Steingarten an. Dort kann man sie entweder in steil geneigte Felsfugen einsetzen und nach unten herabwachsen lassen, oder man siedelt sie auf ebeneren, steinigen Partien an, wo sie sich flächig ausbreiten. Man rechnet für kleinere Flächen etwa 6–8 Pflanzen pro m^2. Aber auch Einzelexemplare eignen sich gut als Bodendecker, da sie im Alter sehr breit werden können. Schöne Begleiter sind andere Steingartenstauden, etwa Tragant- *(Astragalus)* und Hauswurzarten *(Sempervivum)*, niedrige Glockenblumen *(Campanula)* und Pfingstnelken *(Dianthus gratianopolitanus)*, sowie Zwergsträucher, z. B. Ginster *(Genista)* und Geißklee *(Cytisus)*. Diese Igelpolsterart läßt sich außerdem zur Begrünung von Ritzen in Plattenwegen sowie an Treppenabsätzen verwenden, wo sie locker über die Steinflächen wächst und strenge Randlinien gefällig überspielt.
Pflege: Es empfiehlt sich, *A. glumaceum* möglichst nur im Frühjahr ein- oder umzupflanzen. Zum Schutz vor austrocknender Wintersonne sollte man die Polster mit Reisig, einer Schilfmatte oder ähnlichem Material abdecken.
Vermehrung: Neue Pflanzen gewinnt man durch Teilung oder Aussaat im Frühjahr sowie durch Kopfstecklinge von Spätsommer bis Herbst.

Achnatherum
Rauhgras

Art: *A. calamagrostis* (auch *Stipa calamagrostis*, *Agrostis calamagrostis*, *Lasiagrostis calamagrostis*, Silberährengras, Silberhaariges Rauhgras, Ränkgras, Goldährengras)
Familie: Süßgräser *(Poaceae)*
Herkunft: sonnige, steinige Hänge im südlichen Mitteleuropa und im Mittelmeerraum
Blütenfarbe: weißlich
Blütezeit: Juni bis September
Höhe: 60–90 cm, zur Blüte 70–120 cm
Merkmale: Auf langen, aufrechten bis leicht übergebogenen Halmen wiegt sich das mehrjährige Silberährengras sanft im Wind. Es bildet dichte Horste aus mittelgrünen, sehr schmalen Blättern. Seine fedrigen, bis zu 25 cm langen, silbrig wirkenden Blütenstände erheben sich auf hohen Stielen über das Laub. Sie bestehen aus einer reich verzweigten, übergebogenen Rispe, deren Seitenäste kaum ausgebreitet sind, so daß der Blütenstand insgesamt recht schmal bleibt. Die einblütigen Ährchen selbst sind relativ klein und unscheinbar, oft leicht violett überhaucht und mit langen Haaren sowie je einer Granne versehen.
Standortansprüche: Das Gras bevorzugt einen sonnigen, warmen Platz und einen lockeren, mäßig nährstoffreichen, am besten kalkhaltigen und nicht zu schweren, gut durchlässigen Boden.
Verwendung: Dieses schöne Gewächs mit seiner lange andauernden Blüte pflanzt man vorwiegend in eher kleineren Gruppen auf sonnigen Freiflächen, außerdem in Beete, zusammen mit verschiedenen Wildstauden, z. B. Junkerlilien *(Asphodeline)* oder Edeldisteln *(Eryngium)*. Ebenso macht es sich als Begleitpflanze von Rosen *(Rosa)* ausnehmend gut. Und nicht zuletzt wirken auch die auffälligen Blüten von Zwiebel- und Knollengewächsen, etwa Feuerlilien *(Lilium bulbiferum)* oder Zier-

Achnatherum calamagrostis

laucharten *(Allium)*, zwischen dem feinen Gras überaus hübsch.

Pflege: Obwohl das Silberährengras ausgesprochen robust und recht unempfindlich gegen Trockenheit ist, sollte man es in Hitzeperioden wiederholt gießen, um sein Abblühen zu verzögern. Da die Halme auch noch im Winter, besonders bei Rauhreif, einen sehr schönen Anblick bieten, schneidet man sie möglichst erst im Frühjahr zurück.

Vermehrung: Dieses Gras wird am besten im Frühjahr durch Teilung vermehrt. Eine Anzucht aus Samen kann man, ebenfalls im Frühjahr, zwar versuchen, doch ist der Erfolg zweifelhaft, da das Saatgut meist nur eine recht geringe Keimrate aufweist.

Adiantum
Frauenhaarfarn, Venushaar

Arten: *A. pedatum* (Pfauenradfarn, Hufeisenfarn), *A. venustum* (Himalaja-Frauenhaarfarn, Himalaja-Venushaarfarn, Anmutiges Venushaar)

Familie: Frauenhaargewächse *(Adiantaceae)*

Adiantum pedatum

Herkunft: *A. pedatum* humusreiche Wälder und Gewässerränder in Nordamerika und Nordostasien, *A. venustum* Gebirgswälder im Himalaja

Höhe: *A. pedatum* 15–60 cm, *A. venustum* 20–30 cm

Merkmale: Die Frauenhaarfarne sind ausdauernde, überwiegend tropische Gewächse mit sehr zartem Bau und fein gefiederten, grazilen Blättern. Einige Arten, etwa *A. raddianum* oder *A. tenerum*, haben als Zimmerpflanzen Beliebtheit erlangt. Den typischen dünnen schwarzbraunen, glänzenden Blattstielen, die früher mit dunklem Frauenhaar verglichen wurden, verdankt die Gattung ihren Namen. Im Unterschied zu den meisten anderen Farnen sind die Sporenhaufen der Frauenhaarfarne immer am Rand der Blättchen zu finden und nicht von einem dünnen Blatthäutchen, dem sog. Schleier, sondern von herabgeklappten Abschnitten des Blattrands bedeckt. Dadurch erscheinen die Ränder der Fiederchen wie abgeschnitten. Der Pfauenradfarn hebt sich mit seinen ungewöhnlichen Blättern von der Vielzahl der Gartenfarne ganz deutlich ab. Seine hellgrünen Wedel färben sich im Herbst hell goldgelb. Der drahtige Wedelstiel gabelt sich am Grund der Blattspreite in zwei gebogene, zurückgekrümmte Teile, an denen die nach außen gerichteten Fiederblättchen sitzen. Diese breiten sich in einer Ebene aus, so daß die Wedel fächerförmig wie ein Pfauenrad aussehen. Die einzelnen Fiederchen sind breitoval und am Rand geschlitzt. Ganz anders erscheint der zartere Himalaja-Frauenhaarfarn, dessen ebenfalls hellgrüne Wedel den Zimmerarten unter den Frauenhaarfarnen ähneln. Sie zeigen sich im Umriß schmal dreieckig und meist drei-, selten vierfach gefiedert mit kleinen, keilförmigen Fiederblättchen. Im Herbst nehmen sie eine bronzefarbene Tönung an.

Sorte: Von *A. pedatum* ist im Handel erhältlich 'Imbricatum' (auch als *A. pedatum* 'Aleuticum', 'Compactum', 'Minor', 'Nanum' oder *A. pedatum* var. *aleuticum* geführt, Krauser Pfauenradfarn, Krauser Hufeisenfarn, Zwerghufeisenfarn oder Dachziegel-Hufeisenfarn). Die nur 15–20 cm hohe Sorte ist kompakter als die Art und besitzt bläulichgrüne, dichtstehende Wedel, deren leicht gekrauste Blättchen sich dachziegelartig überlappen.

Standortansprüche: Frauenhaarfarne benötigen einen schattigen bis halbschattigen, kühlen Platz mit hoher Luftfeuchtigkeit. Der Boden muß humusreich, locker, gleichmäßig feucht und wenn möglich etwas kalkhaltig sein. Staunässe, aber auch allzu rasch austrocknenden Untergrund vertragen die Farne nur schlecht.

Verwendung: Beide Arten eignen sich sehr gut als anmutige Flächendecker für

Adiantum venustum

halbschattige bis schattige, nicht zu trockene Gartenbereiche. Sie werden, ihren Ansprüchen gemäß, vor und unter Gehölzen verwendet. Für eine bodendeckende Pflanzung setzt man vom Himalaja-Frauenhaarfarn 10–12 Exemplare pro m^2 ein, vom wüchsigeren Pfauenradfarn reichen schon 6–8 Stück pro m^2. Frauenhaarfarne ergänzen sich sehr hübsch mit höherwüchsigen Farnen, Gräsern oder Waldstauden, z. B. Wurmfarn- und Königsfarnarten, der Riesensegge oder Eisenhut *(Aconitum)* und Waldglockenblume *(Campanula latifolia)*, die sich jeweils als einzelne Tuffs aus dem Farnteppich erheben. Besonders anmutig wirken Zwiebel- und Knollenblumen, etwa kleine Alpenveilchen *(Cyclamen)*, wenn sie zwischen den feinen Fiedern der Farne hervorlugen. Zudem eignen sich sowohl die klein bleibende Sorte 'Imbricatum' als auch der Himalaja-Frauenhaarfarn sehr gut für schattige, feuchte Plätze im Steingarten, wo man ihnen z. B. Primeln *(Primula)* oder Veilchen *(Viola)* zur Seite stellt.

Pflege: Wichtig ist, daß die Rhizome der Frauenhaarfarne nur flach in die Erde eingepflanzt werden. Alte, braun gewordene Wedel sollten zum Schutz der Pflanze den Winter über stehenbleiben, erst im Frühjahr, zum Neuaustrieb, ist ein Ausschneiden sinnvoll. Der Himalaja-Frauenhaarfarn ist, vor allem als Jungpflanze, empfindlich gegen Fröste an schneelosen Wintertagen und gegen ausdörrende Winde, weshalb sich in rauhen Gebieten eine trockene Laub- und Reisigabdeckung als Frostschutz empfiehlt.
Vermehrung: Man kann die Frauenhaarfarne sowohl durch Teilung im Frühjahr als auch durch Sporen, die im Spätsommer reifen, vermehren. Da beim Pfauenradfarn jeweils nur die ersten Wedel eines Jahres Sporen bilden, diese aber so früh austreiben, daß sie häufig Spätfrösten zum Opfer fallen, sollte man sie im Frühjahr auf jeden Fall durch Abdecken schützen, wenn man auf die Sporen Wert legt. Zeitungspapier eignet sich dafür ebenso wie trockenes Reisig.

Agrostis
Straußgras

Art: *A. nebulosa* (Nebelstraußgras, Nebelgras)
Familie: Süßgräser *(Poaceae)*
Herkunft: Grasfluren auf der südlichen Iberischen Halbinsel und in Marokko
Blütenfarbe: hellgrau bis blaßgrün
Blütezeit: Juli bis September
Höhe: 15–20 cm, zur Blüte 30–40 cm
Merkmale: Das einjährige Nebelstraußgras wächst horstig, seine Triebe sind mit graugrünen, linealischen Blättern besetzt. Der rispige Blütenstand besteht aus unzähligen winzigen Ährchen, die an stark verästelten Seitenzweigen sitzen und wie ein zarter, lockerer Schleier über dem Blattbusch zu schweben scheinen.
Standortansprüche: Das Nebelstraußgras gedeiht am besten an einem sonnigen Platz, kommt aber auch mit Halbschatten noch gut zurecht. Der Boden sollte locker, humos und nährstoffreich sein.
Verwendung: Man verwendet dieses hübsche Ziergras meist in kleineren Gruppen tuffartig im Beet, wo es die Wirkung einjähriger Sommerblumen wie auch bunter Stauden erhöhen kann. In den Vordergrund gepflanzt, vermag es

Agrostis nebulosa

mit seinem ganz zarten Blütenschleier die verschiedenartigen Wuchsformen dahinterstehender Pflanzen gut zu verbinden oder auch kleinere Lücken zu verdecken. Schöne Begleiter sind unter den einjährigen Blütenpflanzen z. B. Ziertabak *(Nicotiana)*, die Vanilleblume *(Heliotropium arborescens)* und Verbenen *(Verbena)*. Ein besonders hübsches Bild ergibt sich zusammen mit grazilen, gelbblühenden Stauden wie den niedrigeren Formen des Mädchenauges *(Coreopsis)*. Sowohl frisch als auch getrocknet ist das Nebelstraußgras beliebtes Beiwerk in der Blumenbinderei.
Pflege: Bei anhaltend trockener Witterung muß man die Pflanzen durchdringend wässern. Will man eine Selbstaussaat vermeiden, sind die Blütenrispen vor der Samenreife abzuschneiden.
Vermehrung: Das Nebelstraußgras zieht man jedes Jahr aus Samen nach. Da es sich um einen Lichtkeimer handelt, darf das feine Saatgut gar nicht oder nur sehr dünn mit Substrat bedeckt werden. Man zieht die Sämlinge ab Mitte März bis Mitte April im Haus an und pflanzt sie nach den Eisheiligen ins Freie. Alternativ kann man das Gras dann auch direkt an Ort und Stelle aussäen. Häufig vermehrt es sich allerdings ganz ohne Zutun durch Selbstaussaat.

Ajuga
Günsel

Art: *A. reptans* (Kriechender Günsel)
Familie: Lippenblütler *(Lamiaceae, Labiatae)*
Herkunft: Wiesen, Gebüsche und Wälder in Europa und Westasien
Blütenfarbe: blau, auch weiß oder rosa
Blütezeit: April bis Juni
Höhe: 5–20 cm
Merkmale: Der mehrjährige Kriechende Günsel breitet sich durch beblätterte Ausläufer, die an ihren Enden Wurzeln schlagen, allmählich zu größeren, etwas lückigen Kolonien aus. Seine dunklen, immergrünen Blätter sind spatelig und gewöhnlich leicht gekerbt, wobei die unteren in einer Rosette wachsen. Die bei der reinen Art meist blauen Blüten bilden sich an aufstrebenden Sprossen. Sie stehen in mehreren Etagen quirlartig übereinander, und die Blütenquirle sind von kleinen Laubblättern durchsetzt.
Sorten: Erhältlich sind u. a. (Höhe jeweils 15 cm) 'Alba' (weiß, Blätter dunkelgrün), 'Atropurpurea' (auch 'Purpurea', Purpurgünsel; blau, purpurfarbenes bis rotbraunes Laub, samenvermehrbar), 'Multicolor' (auch 'Tricolor'; blau, Blätter bronzefarben mit rosaroten und goldgelben Flecken), 'Teppichrosa' (rosa, rötlich überhauchte Blätter), 'Variegata' (blau, Blätter graugrün mit cremeweißem Rand).
Standortansprüche: Die Pflanze bevorzugt einen halbschattigen Platz, gedeiht bei ausreichender Bodenfeuchtigkeit aber auch in der Sonne. Der Boden sollte frisch, nährstoff- und humusreich sein und nicht zu rasch austrocknen. Sorten mit farbigem Laub pflanzt man besser in sonnige bis absonnige Lagen, damit die Blattfärbung nicht verlorengeht.
Verwendung: Der Kriechende Günsel wird als Bodendekker bevorzugt am Gehölzrand oder auf Freiflächen gepflanzt. Besonders schön sehen die buntlaubigen Sorten aus, die sich auch untereinander oder zusammen mit der reinen Art hervorragend ergänzen. Man setzt sie in größeren Gruppen und rechnet etwa 8–10 Pflanzen pro m^2. Kombinieren sollte man die Staude nur mit starkwüchsigen Arten, etwa mit Gold- oder Taubnessel, Gundermann, Scharbockskraut *(Ranunculus ficaria)* oder aber Indischer Erdbeere. Einzelne Zwiebel- und Knollengewächse wie Schneeglöckchen

Ajuga reptans

(Galanthus) oder Märzenbecher *(Leucojum vernum)* bringen im Frühling hübsche Farbtupfer in die Laubdecke.
Pflege: Nach dem Einwurzeln benötigen die Pflanzen keine besonderen Pflegemaßnahmen mehr. Günstig auf ihr Wachstum wirkt sich jedoch eine einmal pro Jahr im Frühjahr nur dünn aufgetragene Schicht halbreifen Komposts aus. Der Pflanzenteppich wird noch dichter, wenn man ihn mit dem hoch eingestellten Rasenmäher schert. Dies darf allerdings nur ein- oder zweimal jährlich geschehen, am besten nach der Blüte. An Stellen, die ihm zusagen, kann es nötig sein, den Kriechenden Günsel etwas zurückzunehmen, damit er Nachbarpflanzen nicht überwächst.
Vermehrung: Nachwuchs gewinnt man im Frühjahr oder Herbst sehr rasch durch Teilung und das Abtrennen von bewurzelten Ausläufern. Die reine Art und einige Sorten lassen sich im Herbst außerdem aus Samen ziehen. Die Dunkelkeimer sollten bei der Aussaat dick mit Substrat abgedeckt oder mit aufgelegtem Zeitungspapier beschattet werden.

Anthemis
Hundskamille

Art: *A. marschalliana* (auch *A. biebersteiniana, Chrysanthemum biebersteinianum,* Bergkamille, Silberkamille)
Familie: Korbblütler *(Compositae)*
Herkunft: steinige Hänge im Kaukasus und in Gebirgen von Klein- bis Westasien
Blütenfarbe: gelb
Blütezeit: Mai bis Juli
Höhe: 15–30 cm
Merkmale: Mit ihren silbergrauen, seidig behaarten, fein zerteilten Blättern bildet die ausdauernde Bergkamille auch ohne ihre Blüten einen dekorativen Anblick. Besonders schön wirken die niedrigen Polster allerdings, wenn sie im Frühsommer von zahlreichen etwa 2 cm großen, rein gelben Körbchenblüten überzogen sind, die sich auf längeren Stielen deutlich über das Blattwerk erheben.
Sorte: 'Tetra' (großblütig, etwas wuchskräftiger als die Art, Höhe 15–30 cm)
Standortansprüche: Die Staude bevorzugt einen sonnigen, aber nicht prallsonnigen, warmen Platz auf mäßig trockenem, sandigem oder schotterigem und zu etwa gleichen Teilen humosem Boden. Sie ist empfindlich gegen Staunässe.
Verwendung: Der adrette Bodendecker eignet sich besonders gut für Freiflächen und Steingärten, wo man ihn am besten in kleineren Gruppen von 6–8 Pflanzen pro m^2 einsetzt. Hübsche Farbakzente erreicht man, wenn zwischen die Polster Zwiebel- und Knollengewächse, z. B. Wildtulpen *(Tulipa)* oder Zierlaucharten *(Allium)*, eingestreut werden.
Pflege: Nach dem Anwachsen benötigt die Bergkamille kaum Pflege, bei anhaltender Trockenheit empfiehlt es sich jedoch, hin und wieder zu wässern. Verliert die Pflanze nach einigen Jahren aber an Wuchskraft und läßt ihre Blühfreudigkeit nach, sollte man sie ausgraben und teilen. Ein Rückschnitt gleich nach der Blüte bis auf etwa 10 cm Höhe hält die Staude kompakt und regt die Bildung neuer Triebe an. In rauhen Lagen legt man als Winterschutz Reisig über die Polster. Dennoch kann es vorkommen, daß sie durch den Frost aus dem Boden gehoben werden. In diesem Fall drückt man die Pflanzen an frostfreien Tagen wieder fester in den Boden und häufelt sie mit etwas Erde an.
Vermehrung: Neue Pflanzen erhält man durch Teilung im Frühjahr oder nach der Blütezeit, mit Hilfe von Stecklingen im Frühsommer sowie bei der reinen Art auch durch Aussaat im Frühjahr.

Anthemis marschalliana

Arrhenatherum
Glatthafer

Arten: *A. elatius* ssp. *elatius* (auch *Avena elatior*, Glatthafer, Französisches Raygras), *A. elatius* ssp. *bulbosum* (auch *A. elatius* var. *bulbosum*, *A. bulbosum*, *A. tuberosum*, Knollenglatthafer)
Familie: Süßgräser *(Poaceae)*
Herkunft: frische bis mäßig trockene Fett- und Magerwiesen sowie grasige Weg- und Waldränder in Europa, Westasien und Nordafrika
Blütenfarbe: grün bis purpurn
Blütezeit: Juni bis August
Höhe: *A. elatius* ssp. *elatius* 40–70 cm, zur Blüte 80 bis 150 cm, *A. elatius* ssp. *bulbosum* 20–30 cm, zur Blüte 40–60 cm
Merkmale: Der Glatthafer ist eines der wichtigsten heimischen Wiesengräser und liefert wertvolles Grünfutter für die Viehhaltung. Er bildet ausdauernde, lockere Horste und kann sich bei sehr günstigen Wuchsbedingungen durch kurze Rhizome etwas ausbreiten. Seine hohen Halme sind bis weit hinauf mit zahlreichen flachen, mittelgrünen Blättern besetzt und tragen schlanke bis ausgebreitete, schwach übergeneigte, grünliche bis purpurfarben überhauchte Blütenrispen. Die kleinen Blüten stehen jeweils zu zweit zu

länglichen Ährchen vereint, nur eine von ihnen weist eine lange, geknickte Granne auf. Der ebenfalls mehrjährige Knollenglatthafer unterscheidet sich vom Glatthafer durch einen etwas gedrungeneren Wuchs sowie durch zwiebelartig verdickte Knoten am Grund der Halme, die oft zu mehreren perlenartig übereinanderstehen. Diese „Zwiebeln“ können sich vom Halm ablösen und zu eigenständigen Pflanzen heranwachsen.

Arrhenatherum elatius ssp. *elatius*

Sorte: von *A. elatius* ssp. *bulbosum* 'Variegatum' (auch *A. elatius* ssp. *bulbosum* var. *variegatum*, Weißbunter Knollenglatthafer; Blätter mit breiten, weißen Streifen, Höhe wie die Art)
Standortansprüche: Die Pflanzen bevorzugen einen sonnigen bis leicht beschatteten, warmen Platz. Am besten wachsen sie, wenn der Boden locker, tiefgründig, nährstoffreich, gut durchlässig und mäßig feucht ist. Aber auch in relativ trockenen, mageren Substraten gedeihen sie noch zufriedenstellend.
Verwendung: Den Glatthafer pflanzt man selten als Zierelement in den Garten, er ist vielmehr ein schönes, locker wirkendes Gras für Blumenwiesen. Anders der Knollenglatthafer, dessen weißbunte Sorte zu den schönsten Gräsern mit weiß gestreiften Blättern zählt und daher recht häufig als Blattschmuckpflanze verwendet wird. Man kann den Weißbunten Knollenglatthafer gut in Wildstaudenbeete mit Steppencharakter einbringen, auch auf sonnigen Hängen oder ähnlichen freien Flächen am Rand von Gehölzgruppen wirkt er ganz ausgesprochen hübsch. Sehr gut paßt er zu Rosen *(Rosa)*, zu niedrigen Seggen- und Schwingelarten oder zum Filzigen Hornkraut, aber ebenso zu Zwiebel- und Knollenpflanzen wie etwa Zierlaucharten *(Allium)* oder zu kleinen Stauden, z. B. Küchenschellen *(Pulsatilla)*. Obwohl er selbst als Einzelpflanze Wirkung zeigt, setzt man besser einige Exemplare zu einer Gruppe zusammen. Die Blütenstände des Glatthafers dienen als duftiges Beiwerk für Wildblumensträuße.
Pflege: Beide Arten erweisen sich als sehr pflegeleicht und unempfindlich gegen zeitweilige Trockenheit, so daß sie selten gewässert werden müssen. In sehr feuchten, regenreichen und kühlen Sommern gedeihen sie allerdings oft weniger gut. Wegen des frühen Austriebs sind die Blätter in rauhen Lagen etwas spätfrostgefährdet. Vor allem den Weißbunten Knollenglatthafer sollte man bei Bedarf durch Abdecken vor Frosteinwirkung schützen. Da der Glatthafer nicht sehr langlebig ist, empfiehlt es sich, die Pflanzen nach etwa 4–5 Jahren auszugraben und zu teilen, um ihre Wuchskraft wieder anzuregen. Die Blütenstände schneidet man beim Weißbunten Knollenglatthafer üblicherweise schon kurz nach der Blüte ab, um die Wirkung der Blätter zu betonen; beim Glatthafer läßt man sie dagegen oft bis in den Herbst hinein stehen.
Vermehrung: Man vermehrt die Pflanzen im Frühjahr durch Teilung, den Knollenglatthafer außerdem durch Abnahme der kleinen „Zwiebeln“ am Halmgrund.

Artemisia
Beifuß, Edelraute

Arten: *A. schmidtiana* (Silberbeifuß, Silberraute, Gabelblattsilberwermut), *A. stelleriana* (Kamtschatka-Beifuß)
Familie: Korbblütler *(Compositae)*
Herkunft: *A. schmidtiana* lückige, steinig-sandige Stellen im Gebirge sowie in Küstennähe in Ostasien, *A. stelleriana* Sanddünen und zwischen Felsen in Meeresnähe in Ostasien sowie in Ostsibirien
Blütenfarbe: *A. schmidtiana* weißlich, *A. stelleriana* gelblich
Blütezeit: Juni bis August
Höhe: *A. schmidtiana* 15–25 cm, *A. stelleriana* 20–60 cm
Merkmale: Die beiden wintergrünen Stauden gelten wegen ihrer schönen silbrigen Belaubung als beliebte Blattschmuckpflanzen. Die flachen Büsche des Silberbeifußes bestehen aus niederliegenden Trieben. Diese tragen fiederartig zerteilte Blätter, die dicht silbrig behaart sind und in haarartig feine Zipfel auslaufen. Über dem Laub erscheinen kegelförmige Blütenrispen aus zahlreichen kleinen Körbchenblüten. Vom Silberbeifuß ist im Handel nur selten die reine Art, sondern fast ausschließlich die Sorte 'Nana' erhältlich. Der Kamtschatka-Beifuß bildet höhere Büsche aus am Grund verholzenden, bogig aufsteigenden Trieben. Seine auffällig von einem weißen Haarfilz überzogenen Blätter zeigen sich zwar ebenfalls fiedrig eingeschnitten oder tief gekerbt, doch bleiben die Abschnitte sehr viel breiter und an den Enden abgerundet. Zudem entwickelt diese Art höhere, schlankere und dichtere Blütenrispen als der Silberbeifuß.

Artemisia schmidtiana

Sorten: von *A. schmidtiana* 'Nana' (kompakter, polsterartiger Wuchs, samenvermehrbar, Höhe 20–25 cm); von *A. stelleriana* 'Mori' (auch 'Mori's Form' oder 'Boughton Silver'; flach bleibender Wuchs, Blätter stark weißfilzig, Höhe 20 cm)
Standortansprüche: Die genannten Beifußarten bevorzugen einen sonnigen Platz und einen leichten, mäßig trockenen, gut durchlässigen, möglichst sandigen Boden. Auf Staunässe reagieren beide Arten empfindlich, der Kamtschatka-Beifuß auch auf Winternässe. Sein Wuchsort sollte das ganze Jahr über regengeschützt sein.
Verwendung: Die hübschen Büsche passen zu farbenprächtigen Stauden, weil ihr silbriger oder weißlicher Blattschmuck deren Blüten hervorragend unterstreicht. Man setzt sie tuffartig zur Auflockerung in Staudenbeete. Die beiden niedrigen Sorten können überdies flächig im Steingarten oder auf trockenen Freiflächen verwendet werden. Dazu benötigt man 6 bis 8 Pflanzen pro m². Als Nachbarn empfehlen sich verschiedene Polsterstauden, etwa Seifenkraut *(Saponaria)*, Grasnelken *(Armeria)*, Sonnenröschen *(Helianthemum)* sowie auch niedrige Storchschnabelarten.
Pflege: Da sie ganz ausgesprochen anspruchslos sind, erfordern die Pflanzen kaum spezielle Pflegemaßnahmen. Den Kamtschatka-Beifuß sollte man im Winter mit Reisig abdecken, um Winternässe abzuhalten. Auf eine Düngung ist zu verzichten, da die silbrigen Blätter sonst vergrünen. Wenn im Alter die schöne Blattfärbung nachläßt, nimmt man die Gewächse aus dem Boden und verjüngt sie durch Teilung.
Vermehrung: Man kann die Pflanzen durch Teilung im Frühjahr sowie durch Grundstecklinge nach der Blüte vermehren. Bei den reinen Arten ist auch eine Aussaat im Frühjahr möglich. Da die Beifußarten Lichtkeimer sind, sollte man die feinen Samen nur sehr dünn mit Substrat bedecken.
Krankheiten: an ungünstigen Standorten oder bei widriger Witterung Echter und Falscher Mehltau sowie Rostpilze

Arundo
Pfahlrohr, Riesenschilf

Art: *A. donax* (Pfahlrohr, Riesenschilf)
Familie: Süßgräser *(Poaceae)*
Herkunft: Flußufer und Gräben in Südeuropa, östlich bis zum Kaukasus, sowie im übrigen Mittelmeerraum
Blütenfarbe: weißlichgrün bis violett
Blütezeit: September bis Oktober
Höhe: 1–4 m
Merkmale: Das Pfahlrohr ist die größte in Europa heimische Grasart und zudem eine der imposantesten, die im Garten gepflanzt werden kann. Aus einem knotigen, kriechenden, ausdauernden Rhizom entwickeln sich zahlreiche mächtige und stabile, schilfrohrartige Triebe. Die leicht verholzten Halme sind bis oben hin mit locker überhängenden, graugrünen Blättern besetzt, die bis zu 6 cm breit und 70 cm lang werden. Durch ihre sehr regelmäßige, wechselseitige Anordnung wirken sie dekorativ. In ihrer Heimat mit den langen und heißen Sommern werden sie im Spätsommer und Herbst von einem großen Blütenschopf gekrönt. Dieser ist beim Aufblühen rötlich getönt, später färbt er sich weißlichgrau. Er besteht aus einer dichten Rispe unzähliger lang behaarter Ährchen. Im kühleren Mitteleuropa kommt das Pfahlrohr dagegen nicht zur Blüte. Die Halme werden vielfach zum Flechten von Matten und Körben genutzt.
Sorten: 'Variegata Superba' (ähnlich wie 'Variegata', jedoch dichter beblättert, Höhe 1–2 m), 'Variegata' (auch als *A. donax* var. *versicolor* oder 'Versicolor' geführt; Blätter weiß gestreift und gerandet, Höhe 1–3 m)

Arundo donax

Standortansprüche: Um gut zu gedeihen, braucht das Pfahlrohr einen vollsonnigen, möglichst warmen, geschützten Platz und einen nährstoffreichen, frischen bis feuchten sowie auch gut durchlässigen Boden.
Verwendung: Dieses Riesengras bringt schon fast tropisch anmutendes Flair in den Garten. Man kann es entweder als Solitär an einer ausgewählten Stelle oder in kleineren Gruppen pflanzen. Bevorzugte Bereiche sind der feuchte Rand eines Teichs oder eine größere Staudenrabatte, wo man es gut mit Arten kombinieren kann, die in kräftigen Farben blühen, z. B. mit Indischem Blumenrohr (*Canna-Indica*-Hybriden), Blutweiderich *(Lythrum salicaria)* oder feuerroten Lobelien (*Lobelia cardinalis* und *L.* x *speciosa*).
Pflege: Bei anhaltender Trockenheit, insbesondere auch bei leichtem Boden, sollte man das Pfahlrohr während der Wachstumszeit häufig und durchdringend wässern. Es empfiehlt sich, die Halme im Frühjahr bis auf eine Handbreit über dem Boden zurückzuschneiden. Die Pflanzen bleiben dadurch besonders wuchskräftig und reich beblättert. Wegen seiner Frostempfindlichkeit sollte man dieses schöne Gras mit einem Winterschutz aus Laub und Reisig versehen. Die buntlaubigen Sorten sind in Mitteleuropa meist nicht ausreichend winterhart. Man hält sie daher am besten im Kübel und senkt sie nur den Sommer über im Gartenboden ein. Vor den ersten Frösten im Herbst räumt man sie dann zum Überwintern in einen frostfreien Keller, von wo man sie nach den letzten Spätfrösten im Frühjahr wieder ins Freie holt.

Vermehrung: Man kann das Pfahlrohr im Frühjahr entweder durch Teilung der Rhizome oder aus Samen vermehren. Bei den Sorten ist nur Teilung möglich.

Asarum
Haselwurz

Art: *A. europaeum* (Haselwurz, Europäische Haselwurz, Brechwurz, Hasenpfeffer)
Familie: Osterluzeigewächse *(Aristolochiaceae)*
Herkunft: krautreiche Laub- und Laubmischwälder sowie Auwälder von Westeuropa bis Westsibirien
Blütenfarbe: außen rötlich braun, innen purpurfarben
Blütezeit: März bis Mai
Höhe: 5–10 cm
Merkmale: Aus einem kriechenden Rhizom entwickelt die ausdauernde Haselwurz immergrüne, ledrige, breit nierenförmige Blätter von glänzend dunkelgrüner Farbe. Aus den Blattachseln schieben sich auf kurzen Stielen unscheinbare Blüten, die jedoch meist im Laub verborgen bleiben. Sie sind krugförmig und laufen in eine dreizipfelige, innen kräftig purpurfarbene Krone aus. Die Haselwurz enthält in allen Teilen ein giftiges, scharf riechendes ätherisches Öl.
Standortansprüche: Die Staude bevorzugt einen halbschattigen bis schattigen Platz auf frischen bis mäßig feuchten, lehmig-humosen, möglichst kalkhaltigen Böden.
Verwendung: Mit ihrem formschönen, auch den Winter über zierenden Laub empfiehlt sich die Haselwurz als dekorativer Bodendecker. Man begrünt mit ihr vor allem Flächen unter Gehölzen sowie am Gehölzrand. Für einen dichten Blätterteppich braucht man 10–12 Pflanzen pro m².

Asarum europaeum

Schön wirken Leberblümchen *(Hepatica)*, Anemonen *(Anemone)*, Waldmeister *(Galium odoratum)* und Primeln *(Primula)* in der Nachbarschaft.
Pflege: Da das Rhizom der Haselwurz nur flach im Boden kriecht, darf es nicht zu tief eingesetzt werden. Zum guten Gedeihen benötigen die Gewächse reichlich Humus. Am besten bringt man vor dem Einpflanzen am Wuchsort eine Schicht halbverrotteten Komposts aus und arbeitet sie leicht ein. Bei schnell austrocknenden Böden ist wiederholtes Wässern sowohl in der warmen Jahreszeit als auch im Winter bei längerer Besonnung notwendig. In jedem Frühjahr sollten die Pflanzen erneut mit Kompost versorgt werden. Wuchernde Nachbarpflanzen nimmt man zurück, wenn sie die recht langsam wachsende Haselwurz zu überwachsen drohen.
Vermehrung: Die Pflanzen lassen sich im Frühjahr oder Herbst durch Abtrennen von Rhizomteilen vervielfältigen. Auch eine Aussaat ist möglich, doch langwierig und daher nicht zu empfehlen.

Asplenium
Streifenfarn

Arten: *A. ruta-muraria* (Mauerraute, Mauerstreifenfarn), *A. trichomanes* (Steinfeder, Brauner Streifenfarn, Braunstieliger Streifenfarn, Schwarzbraune Steinfeder), *A. viride* (Grüner Streifenfarn, Grünstieliger Streifenfarn, Grüne Steinfeder), *A. septentrionale* (Nördlicher Streifenfarn, Gabelstreifenfarn)
Familie: Streifenfarngewächse *(Aspleniaceae)*
Herkunft: *A. ruta-muraria* meist sonnige, kalkhaltige Felsen und Mauerfugen in Europa, Asien von Kleinasien bis zum Himalaja und in Japan sowie in Nordamerika, *A. trichomanes* überwiegend feuchte, schattige Felsspalten, in mehreren Unterarten von Europa bis Vorder- und Mittelasien, in Japan, Australien und Neuseeland sowie in Nordamerika, *A. viride* feuchte, schattige Felsspalten meist auf kalkhaltigem Gestein in Gebirgen der Nordhalbkugel, *A. septentrionale* kalkarme Felsspalten und trockene Mauerritzen in Europa, West- und Nordasien sowie im Westen Nordamerikas
Höhe: *A. ruta-muraria* 5–15 cm, *A. trichomanes* 5–30 cm, *A. viride* 5–20 cm, *A. septentrionale* 8–15 cm
Merkmale: Die Streifenfarne, kleine bis sehr kleine, zart wirkende Stauden, schieben aus kriechenden Rhizomen lockere Blattbüschel. Auf den Blattunterseiten tragen sie die typischen in Streifen angeordneten Sporenhaufen, auf die sich ihr Name bezieht. Mit der Mauerraute stellt sich die häufigste heimische Art vor. Sie entwickelt immergrüne, dunkel- bis graugrüne Wedel mit derben, etwas ledrigen, zwei- bis dreifach gefiederten Blättchen, deren Fiederabschnitte eine rautenförmige Gestalt und einen gezähnten Rand aufweisen. Nur einfach gefiedert sind dagegen die Blätter der Steinfeder. Ihre rundlichen, am Rand gekerbten Fiederchen sitzen an der glänzenden, schwarzbraunen Wedelachse. Die Steinfeder bleibt, außer an besonders rauhen Standorten, ebenfalls meist auch im Winter grün, doch zeigt sie sich, dem feuchteren Natur-

Asplenium ruta-muraria

Asplenium septentrionale

standort entsprechend, deutlich zarter gebaut als die Mauerraute. Die recht wüchsige Art bildet dichte, kleine Rosetten mit strahlig ausgebreiteten Wedeln. Sehr ähnlich sieht der Grüne Streifenfarn aus, dessen Wedelachse aber nur an ihrem Grund braun, nach oben hin dagegen grün gefärbt ist. Zudem besitzt er eher rundlichere Fiederchen. Dieser hübsche Farn schmückt den Garten lediglich den Sommer über, denn seine hellgrünen Wedel sterben, je nach Witterung, im Spätherbst oder Frühwinter ab. Eigentümlich und auf den ersten Blick fast grasartig wirkt der gleichfalls nur sommergrüne Nördliche Streifenfarn. Er trägt ledrig dunkelgrüne, mehrfach gegabelte und langgestielte Blätter, deren Fiedern noch einmal in sehr schmale, lanzettliche bis keilförmige, an den Spitzen langgezähnte Abschnitte gegabelt und zerteilt sind.
Standortansprüche: Mauerraute und Nördlicher Streifenfarn bevorzugen einen sonnigen bis halbschattigen, vor praller Mittagssonne geschützten, offenen und warmen Platz. Der Boden sollte locker, lehmig und humos sein, wobei die Mauerraute auf kalk- oder basenhaltigen, der Nördliche Streifenfarn dagegen nur auf sauren bis neutralen Substraten wächst. Die Steinfeder und der Grüne Streifenfarn benötigen dagegen einen halbschattigen oder hellen, aber nicht direkt besonnten, luftfeuchten Standort. Sie gedeihen in humoser, lehmiger, etwas feuchter Erde, der Grüne Streifenfarn braucht kalkhaltigen Untergrund.
Verwendung: Der Farnkenner setzt die Streifenfarne in die Ritzen von Trockenmauern oder in den Steingarten, wo sie selbst kleinste Wuchsplätze durch ihre zarte Gestalt verschönern. Dabei sind ihre unterschiedlichen Ansprüche an Licht und Untergrund zu beachten. Die Arten für sonnigere Bereiche, Mauerraute und Nördlicher Streifenfarn, kombiniert man am besten mit niedrigen, nicht wuchernden Steingartenpflanzen, z. B. der Hauswurz *(Sempervivum)*, mit kleinen Gräsern wie der Schnee- oder der Erdsegge, dem Blau- oder dem Walliser Schwingel sowie mit anderen Kleinfarnen, etwa dem Milzfarn. Die beiden anderen, eher schattenliebenden Streifenfarne machen sich gut in Gesellschaft kleinerer Schattenstauden wie Steinbrech *(Saxifraga)* oder Primeln *(Primula)* sowie in Kombination mit den ebenfalls niedrigen Blasenfarnen.
Pflege: Einmal gut eingewachsen, sind alle genannten Arten leicht zu kultivieren und benötigen am richtigen Standort kaum noch Pflege. Der Wuchsplatz von Mauerraute und Nördlichem Streifenfarn sollte möglichst von beschattenden Nachbargewächsen freigehalten werden, was man bereits bei der Pflanzung mit berücksichtigen muß. Es erweist sich als vorteilhaft, den Grünen Streifenfarn ab und zu mit etwas verrottetem Kompost oder Laubhumus zu versorgen, und für den Nördlichen Streifenfarn empfiehlt sich in rauhen, windigen Lagen sowie bei direkter Wintersonne ein leichter Winterschutz oder eine Schattierung aus Reisig.
Vermehrung: Alle Streifenfarne lassen sich sowohl durch Teilung der Rhizome als auch über die Sporen vermehren, die im Hoch- und Spätsommer, bei der Mauerraute sogar ganzjährig, reifen.
Tip: Neben den hier beschriebenen für jeden Garten geeigneten Streifenfarnen gibt es noch zahlreiche weitere Arten, etwa den Schwarzen Streifenfarn *(A. adiantum-nigrum)*, den Jura-Streifenfarn *(A. fontanum)* oder den Ebenholzstreifenfarn *(A. platyneuron)*. Sie sind aber alle nicht so pflegeleicht und deshalb überwiegend für Farnspezialisten interessant.

Athyrium
Frauenfarn

Arten: *A. filix-femina* (auch *Polypodium filix-femina*, *Asplenium filix-femina*, Frauenfarn, Waldfrauenfarn), *A. niponicum* (auch *A. goeringianum*, Japanischer Frauenfarn), *A. distentifolium* (auch *A. alpestre*, Alpenfrauenfarn, Alpenwiesenfarn, Gebirgsfrauenfarn)
Familie: Frauenfarngewächse *(Athyriaceae)*
Herkunft: *A. filix-femina* krautreiche Laub- und Nadelwälder auf der ganzen Nordhalbkugel sowie stellenweise in Südamerika, *A. niponicum* lichte Wälder in Japan, Korea und angrenzenden Gebieten, *A. distentifolium* staudenreiche Bergmischwälder sowie Hochstaudenfluren der Gebirge in Europa, Nordamerika und Nordasien
Höhe: *A. filix-femina* 20–100 cm, *A. niponicum* 40–60 cm, *A. distentifolium* 50–150 cm

Athyrium filix-femina

Merkmale: Der ausdauernde Frauenfarn erinnert auf den ersten Blick ein wenig an den Wurmfarn, besitzt jedoch feiner zerteilte Fiedern und wirkt insgesamt zarter. Früher waren Botaniker der Ansicht, es handle sich beim Frauenfarn um die weibliche Form des angeblich männlichen Wurmfarns (*Dryopteris filix-mas*, wobei *mas* männlich bedeutet); daran erinnert der Artname *filix-femina* noch heute. Die hellgrünen Wedel sind bei Einzelpflanzen trichterförmig angeordnet, doch verzweigen sich die Rhizome im Lauf der Jahre mehrfach, so daß sich ein aus zahlreichen Wedeln bestehender Busch entwickelt. Die großen Blätter sind zwei- bis dreifach gefiedert, im Umriß elliptisch und bis über 150 cm lang. Die einzelnen Fiederchen präsentieren sich lanzettlich zugespitzt und fein zerteilt, auf der Unterseite tragen sie charakteristische, kommaförmige Sporenhaufen. Neben der reinen Art werden auch zahlreiche Sorten mit teilweise stark abweichender Wedelform kultiviert. Der kleinere, ebenfalls mehrjährig wachsende Japanische Frauenfarn treibt kürzere, im Umriß eiförmige Wedel mit auffällig langem Stiel. Die Fiederung ähnelt der des Frauenfarns. Was die Art so bemerkenswert macht, ist die Färbung ihrer Blätter, die sich zumeist in einem auffallend hellen Grün zeigen. Überdies gehört ihre Sorte 'Metallicum' zu den wenigen Gartenfarnen mit „farbigen" Wedeln. Den ausdauernden Alpenfrauenfarn zeichnen dunkelgrüne, etwas grober zerteilte, weniger langgestreckte Fiedern aus, die in ihrer Gesamtheit eine längliche Wedelform ergeben. Am richtigen Standort können diese Stauden zu stattlichen Exemplaren heranwachsen.

Sorten: Von *A. filix-femina* gab es im letzten Jahrhundert über 200 Sorten, die sich jedoch kaum voneinander unterschieden. Einige sind bis heute erhalten geblieben, neue kamen hinzu, wobei die selteneren nur von Spezialgärtnereien angeboten werden. Häufiger findet man z. B. Sorten wie 'Bornholmiense' (Bornholmer Zwergfrauenfarn; ähnlich wie die Art, aber Höhe nur 20–25 cm), 'Minutissima' (Kleiner Frauenfarn, Zwergfrauenfarn; wie die Art, doch steril bleibend, guter Bodendecker, Höhe 25–40 cm), 'Frizelliae' (Wendeltreppenfrauenfarn, Halbmondfrauenfarn; halbmondförmig gerundete, ungeteilte Fiederchen, die wechselseitig direkt an der Mittelrippe der Wedel stehen, Höhe 30–40 cm), 'Victoriae' (Harpunenfrauenfarn, „Queen of Ferns"; sehr regelmäßig angeordnete, jeweils V-förmig stehende Seitenfiedern, die ein Kreuzmuster bilden, Fiederspitzen sowie Wedelspitze meist ein- oder mehrfach gegabelt, steril bleibend, Höhe 30–50 cm), 'Corymbiferum' (Troddelfrauenfarn; ähnlich wie 'Cristatum', aber besonders regelmäßig aufgebaute Wedel, Höhe 40–80 cm), 'Cristatum' (Hahnenkammfrauenfarn; typische Form der 'Cristatum'-Sorten, deren Fiederenden mehrfach gegabelt sind, so daß sie kleine Troddeln oder Fächer als Anhängsel tragen, Höhe 40–80 cm), 'Plumosum' (Federfrauenfarn; im oberen Teil sehr dicht stehende, sich überlappende Fiederchen, insgesamt wie aus feiner Spitze erscheinend, Höhe 40–100 cm), 'Rotstiel' (Rotstieliger Frauenfarn; wie die Art, aber mit leuchtend rotem Wedelstiel und ebensolchen Blattrippen, Höhe 40–100 cm). Von *A. niponicum* ist überwiegend die Sorte 'Metallicum' (auch *A. goeringianum* 'Pictum'), der Regenbogenfarn oder Brokatfarn, im Handel. Die Fiedern des 40–60 cm hohen Farns schimmern metallisch silbergrau, die purpurroten Stiele, Mittelrippen und Adern bilden einen schönen Kontrast dazu.

Athyrium distentifolium

Athyrium niponicum 'Metallicum'

Standortansprüche: Frauenfarne bevorzugen einen halbschattigen bis schattigen Platz auf humosem, nährstoffreichem, lockerem, leicht feuchtem Boden.

Verwendung: Alle drei Arten eignen sich je nach Gartengröße sowohl zur Einzel- als auch zur Gruppenpflanzung. Da sie zu den Waldfarnen gehören, gedeihen sie am besten im Schutz von Gehölzen und werden dort mit weiteren Waldstauden kombiniert. Unvergleichlich wirken außerdem mit den Jahren verwildernde Zwiebel- und Knollenpflanzen dazu, etwa Hasenglöckchen *(Hyacinthoides)* oder Märzenbecher *(Leucojum vernum)*. Auch andere ähnlich hohe Farnarten, z. B. Wurm- oder Schildfarn, ergeben zusammen mit den Frauenfarnen ein äußerst ansprechendes Bild. Frauenfarnsorten mit ungewöhnlicher Wedelform werden, um ihre Schönheit voll zur Geltung zu bringen, möglichst einzeln und an einen augenfälligen Platz in den Vordergrund gesetzt. Besonders hübsch sehen sie auch zwischen niedrigeren Polsterstauden aus. Sehr kleinwüchsige Sorten, etwa die zierliche 'Bornholmiense', eignen sich zudem gut für den Steingarten.

Pflege: Einmal eingewachsen, benötigen die Frauenfarne keine spezielle Pflege, abgesehen vom Entfernen der verwelkten Wedel im Herbst oder Frühjahr. Den Japanischen Frauenfarn sollte man jedoch, vor allem in rauhen Gebieten, im Winter mit einer Laubdecke vor strengeren Frösten schützen.

Vermehrung: Alle Arten lassen sich durch Teilung im Frühjahr oder Frühherbst, aber auch aus Sporen vermehren, die im Spätsommer bis Frühherbst reifen. Um die typische Form einzelner Sorten zu erhalten, ist die Teilung der Pflanzen zu bevorzugen, da die Sporenaussaat in der Regel zu unerwünschten Mischformen führt. Manche Sorten bilden ohnehin nur selten oder nie Sporen aus.

B

Blechnum
Rippenfarn

Arten: *B. spicant* (Rippenfarn, Gewöhnlicher Rippenfarn), *B. penna-marina* (Seefeder, Seefederrippenfarn, Feuerland-Rippenfarn)
Familie: Rippenfarngewächse *(Blechnaceae)*
Herkunft: *B. spicant* Nadel- und Mischwälder auf sauren Humusböden sowie entlang schattiger Wasserläufe auf der Nordhalbkugel, außerhalb von Europa jedoch nur in Küstennähe, *B. penna-marina* ähnliche Standorte in den Gebirgen Südamerikas, Australiens und Neuseelands
Höhe: *B. spicant* 30–75 cm, *B. penna-marina* 15–30 cm
Merkmale: Der unter Naturschutz stehende, mehrjährig wachsende Rippenfarn ist eine der wenigen heimischen Arten, die sowohl sterile als auch sporentragende Wedel hervorbringen. Seine sterilen, d. h. sporenlosen Wedel sind immergrün, tief fiederschnittig bis einfach gefiedert und kräftig grün gefärbt. Sie bilden eine dichte, niedrige Rosette, aus deren Mitte die sich später entwickelnden fruchtbaren, sporentragenden Wedel heraustreiben. Diese ähneln der Form nach den sterilen Wedeln, ragen jedoch straff empor und tragen schmale, rippenartige Fiederchen, auf deren Unterseite sich die Sporen entwickeln. Nach dem Ausreifen der Sporen färben sich diese Wedel braun und sterben ab. Die ebenfalls mehrjährige, immergrüne Seefeder sieht dem Rippenfarn recht ähnlich, bleibt allerdings deutlich kleiner und wächst fast teppichartig aus einem dichten Rhizomgeflecht heraus. Ihre Fiederchen sind etwas breiter und rundlicher als die des Rippenfarns. Der Name Seefeder bezieht sich auf ihre überwiegend meernahen Standorte und das federartige Aussehen der sporentragenden Wedel, die aber nur bei ausreichender Bodenfeuchtigkeit und genügend Licht gebildet werden.

Blechnum spicant

Blechnum penna-marina

Sorte: von *B. penna-marina* 'Alpinum' (auch 'Falkland Gem' oder 'Forma Novae-Zeelandiae', Falkland-Seefederrippenfarn; wie die Art, doch insgesamt kompakter, die Wedel zuverlässiger sporentragend, sehr frosthart, Höhe 10–20 cm)
Standortansprüche: Beide Rippenfarne bevorzugen einen schattigen bis halbschattigen, geschützten Platz, wobei die Seefeder auch an besonnten Stellen noch gedeiht, solange ihr genügend Feuchtigkeit zur Verfügung steht. Wichtig für gutes Wachstum ist eine kalkfreie, schwach saure, humose und ausreichend feuchte Erde.
Verwendung: Der Rippenfarn findet seinen Platz zusammen mit anderen Waldstauden, z. B. Krötenlilien *(Tricyrtis)*, in erster Linie im schattigen Gehölzbereich. Kombiniert mit geeigneten Heidearten und horstigen Gräsern wie dem Pfeifengras, ergeben sich aber ebenso im Heidegarten hübsche Pflanzungen. Und auch die zarten Blüten einiger Zwiebel- und Knollengewächse, etwa rosablühender, kleiner Hundszahnlilien *(Erythronium)*, harmonieren aufs beste mit den Wedeln des Rippenfarns. Die Seefeder verwendet man an ähnlichen Standorten im Garten. Besonders gut läßt sie sich als Bodendecker vor niedrigeren immergrünen Gehölzen einsetzen und ziert damit Flächen, die für einen Grasbewuchs nicht mehr geeignet sind. 14–16 Exemplare pro m^2 sollte man rechnen, damit die Pflanzung ansprechend wirkt. Auch im Steingarten vermag die Seefeder bald kleinere Partien mit ihrem hübschen Laubteppich zu überziehen.
Pflege: Neben dem richtigen Standort ist vor allem ein ausreichender Winterschutz für ein gutes Gedeihen der Pflanzen unerläßlich. In rauhen, schneearmen Gebieten stellen sowohl austrocknende Winde als auch die Wintersonne eine erhebliche Gefahr dar, so daß man die Farne ab dem Spätherbst durch eine Laubaufschüttung mit zusätzlicher Reisigabdeckung schützt. Am robustesten zeigt sich die Seefedersorte 'Alpinum', die kaum Winterschutz benötigt.
Vermehrung: Die Rippenfarne können sowohl durch Teilung oder Abtrennen von Rhizomausläufern im Frühjahr oder frühen Herbst als auch über die Sporen vermehrt werden, die im Spätsommer heranreifen.

Bouteloua
Bouteloua

Art: *B. oligostachya* (auch *B. gracilis*, Moskitogras, Haarschotengras)
Familie: Süßgräser *(Poaceae)*
Herkunft: Kurzgrasprärien in Nordamerika
Blütenfarbe: grünlich

Blütezeit: Juli bis September
Höhe: 20–30 cm, zur Blüte 30–40 cm
Merkmale: Das zierliche mehrjährige Moskitogras trägt so merkwürdige Blütenstände wie kaum ein anderes Gras. Es bildet dichte, kompakte Horste, aus denen zahlreiche straff aufrechte, dünne Halme sprießen. Sie sind mit sehr schmalen, hellgrünen Blättern besetzt. An der Spitze jedes Halms befindet sich gewöhnlich ein Paar 2–5 cm langer, grünlicher Ähren, die fast waagrecht zur Seite abstehen oder leicht gekrümmt sind. Die Ähren bestehen jeweils aus vielen winzigen,

Bouteloua oligostachya

dichtstehenden, kurz begrannten Einzelblüten, die wie eng nebeneinander sitzende kleine Insekten wirken. Bei der Reife färben sich die Blütenstände allmählich braun bis purpurfarben. Sie bleiben noch lange an den Halmen hängen.
Standortansprüche: Das Gras braucht einen vollsonnigen, warmen Platz und einen frischen bis trockenen, nährstoffreichen, lehmigen oder sandigen Boden. Weil es ausgesprochen empfindlich ist gegen anhaltende oder stauende Nässe, muß das Substrat sehr gut durchlässig sein.
Verwendung: Man pflanzt das Moskitogras bevorzugt als kleinere Gruppe in den Vordergrund einer Rabatte oder in den Steingarten. Eine besondere Note ergibt sich, wenn man es in größerer Stückzahl und ohne Beimischung anderer Arten flächig einsetzt. Das ungewöhnliche Gewächs läßt sich gut mit weiteren trockenheitsverträglichen Pflanzen kombinieren, im Steingarten etwa mit Fetthennen *(Sedum)* oder Hauswurz *(Sempervivum)*, in der Rabatte mit Perlpfötchen *(Anaphalis)*, Strohblumen *(Helichrysum)* oder Kalifornischem Mohn *(Eschscholzia californica)*. Die schönen Blütenstände können sowohl als Schnittblumen wie auch für Trockengestecke verwendet werden.
Pflege: Das Moskitogras ist sehr unempfindlich gegen Trockenheit. Selbst nach längeren regenarmen Perioden erholt es sich innerhalb kurzer Zeit, sobald es wieder Wasser bekommt. Nur beim Anwachsen gibt es sich etwas heikel. Man sollte es daher immer zusammen mit dem Erdballen ein- oder umpflanzen und die Wurzeln dabei möglichst wenig beeinträchtigen. Da die Blütenstände auch noch nach dem Abblühen attraktiv bleiben, schneidet man sie spät im Herbst oder sogar erst im Frühjahr zurück.
Vermehrung: Durch Teilung läßt sich das Moskitogras leicht vermehren. Am besten nimmt man diese Arbeit im Frühjahr vor. Eine Anzucht aus Samen zur selben Jahreszeit ist zwar möglich, doch etwas langwierig und daher nicht zu empfehlen.

Briza
Zittergras

Arten: *B. media* (Herzzittergras), *B. maxima* (auch *B. major*, *B. rubra*, Großes Zittergras), *B. minor* (auch *B. gracilis*, Kleines Zittergras)
Familie: Süßgräser *(Poaceae)*
Herkunft: *B. media* trockene bis feuchte Magerwiesen und Heiden in Europa und Kleinasien, *B. maxima* trockene und steinige, lückige Rasen und Wegränder in Südeuropa und im übrigen Mittelmeerraum, *B. minor* frische Grasfluren von Süd- und Westeuropa über den Mittelmeerraum bis Südwestasien
Blütenfarbe: grün, oft weiß oder violett überlaufen
Blütezeit: *B. media* Mai bis Juni, *B. maxima* Juni bis Juli, *B. minor* Juni bis August
Höhe: *B. media* 20–40 cm, zur Blüte 40–60 cm, *B. maxima* 30–40 cm, zur Blüte 40–50 cm, *B. minor* 15–25 cm, zur Blüte 30–40 cm
Merkmale: Das heimische Herzzittergras bildet kleine ausdauernde Horste und breitet sich durch kurze Ausläufer etwas aus. Die Halme tragen mattgrüne, unbehaarte Blätter und sind von pyramidenförmigen Blütenrispen gekrönt. An deren zarten, leicht geschlängelten und mehrfach verzweigten Seitenästen hängen die unverwechselbaren Ährchen. Diese herz- bis eiförmigen, seitlich stark zusammengedrückten Blütenstände bestehen aus 4–12 Einzelblüten. Ihrer ganzen Erscheinung nach sehr ähnlich geben sich die beiden anderen, ebenfalls locker horstförmig wachsenden Arten, die jedoch einjährig und nicht heimisch sind. Gern in den Garten gepflanzt wird vor allem das Große Zittergras mit seinen sehr großen, spitz eiförmigen Ährchen, die an unverzweigten Stielen hängen und 7–20 Einzelblüten aufweisen. Das Kleine Zittergras trägt, wie der Name bereits andeutet, die kleinsten Blüten der drei Arten. Sie erreichen nur etwa zwei Drittel der Blütengröße des Herzzittergrases und stehen auch nur in ganz geringer Anzahl beieinander.

Briza media

Standortansprüche: Alle Zittergräser bevorzugen einen sonnigen bis wenig beschatteten, warmen Platz und einen mäßig nährstoffreichen, lockeren, gut durchlässigen Boden. Für das Kleine Zittergras sollte er frisch bis leicht feucht sein, also nicht zu schnell austrocknen; die beiden anderen Arten gedeihen auch auf relativ trockenem Untergrund.
Verwendung: Zittergräser eignen sich sehr gut für den Heidegarten oder für wenig zu pflegende Freiflächen im Naturgarten. Die beiden einjährigen Arten werden auch gern in Sommerblumen- und Staudenrabatten ebenso wie im Steingarten verwendet. Sämtliche Zittergräser pflanzt

man am besten in kleineren Gruppen zusammen und kombiniert sie mit schwachwüchsigen Begleitpflanzen wie Strohblumen *(Helichrysum)*, Schleierkraut *(Gypsophila)*, Sonnenröschen *(Helianthemum)*, Lein *(Linum)* oder niedrigen Ehrenpreisarten *(Veronica)*. Da ihre Ährchen noch nach dem Ausstreuen der Samen an den Blütenständen verbleiben, sind Zittergräser für Trockengestecke besonders beliebt. Dabei ergeben auch die frischen Triebe einen sehr schönen Blumenschmuck. Durch Abschneiden der Blütenrispen in verschiedenen Reifestadien erhält man leicht unterschiedlich ausgefärbte Blüten, die zusammen überaus apart wirken.
Pflege: Zittergräser sind nicht nur hübsch anzusehen, sondern auch sehr pflegeleicht. Herz- und Großes Zittergras ertragen zeitweilige Trockenheit gut, das Kleine Zittergras muß jedoch häufiger gewässert werden. Beim Herzzittergras empfiehlt sich ein Rückschnitt nach der Blüte oder im folgenden Frühjahr. Nachbarpflanzen, die diese nur schwachwüchsigen Gräser bedrängen, sollte man regelmäßig zurücknehmen.
Vermehrung: Das Herzzittergras läßt sich im Frühjahr durch Teilung oder auch durch Aussaat vermehren. Die beiden einjährigen Arten, Großes und Kleines Zittergras, werden entweder im April direkt an Ort und Stelle ausgesät oder schon ab März im Haus vorgezogen und ab Ende April dann ausgepflanzt.

Bromus
Trespe

Arten: *B. briziformis* (auch *B. brizaeformis*, Zittergrasartige Trespe), *B. sterilis* (auch

Bromus macrostachys var. *lanuginosus*

B. jubatus, *Zerna sterilis*, *Anisantha sterilis*, Taube Trespe), *B. secalinus* (Roggentrespe), *B. macrostachys* (auch *B. lanceolatus*), *B. macrostachys* var. *lanuginosus* (auch *B. lanceolatus* var. *lanuginosus*, *B. lanuginosus*)
Familie: Süßgräser *(Poaceae)*
Herkunft: Wegränder und Schuttplätze sowie lückig bewachsene Böschungen, *B. briziformis* in Südwest- und Mittelasien, *B. sterilis* in Europa, Nordafrika und Westasien, *B. secalinus* ebenso, jedoch vorwiegend als Unkraut in Getreidefeldern, *B. macrostachys* und *B. macrostachys* var. *lanuginosus* in Südeuropa, im übrigen Mittelmeerraum und in Mittelasien
Blütenfarbe: grünlich, oft violett überlaufen
Blütezeit: *B. briziformis* Juni bis August, *B. sterilis* Mai bis Juni, *B. secalinus* Juni bis Juli, *B. macrostachys* und *B. macrostachys* var. *lanuginosus* Juli bis August
Höhe: *B. briziformis* 20–30 cm, zur Blüte 40–60 cm, *B. sterilis* 15–30 cm, zur Blüte 40–60 cm, selten auch höher, *B. secalinus* 20–40 cm, zur Blüte 50–100 cm, *B. macrostachys* 20–30 cm, zur Blüte 40–70 cm
Merkmale: Trespen zeichnen sich durch längliche, überwiegend schlanke, meist vielblütige, stets deutlich begrannte Ährchen aus. Sie sitzen, mehr oder weniger lang gestielt, zu einer lockeren Rispe angeordnet und zeigen bei der Reife einen warmen Braunton. Alle genannten Arten sind einjährig, wachsen horstig, und sie bringen relativ breite, flache, kräftig grüne, behaarte Blätter hervor. Daneben umfaßt die Gattung auch etliche ausdauernde Arten, die jedoch kaum in Gärten verwendet werden. Als eine der schönsten Arten gilt die Zittergrasartige Trespe. Sie entwickelt an jedem Ästchen ihrer breit kegelförmigen Rispe 1–2 lokker herabhängende Ährchen, die denen des Großen Zittergrases gleichen, aber spitzer und länger sind. Ähnlich wirkt auch die Taube Trespe, von deren Ährchen besonders lange Grannen abstehen. Kürzere, länglichovale Ährchen mit kurz oder lang begrannten Einzelblüten bilden den Blütenstand der etwas höherwüchsigen Roggentrespe. Die großen Ährchen von *B. macrostachys* tragen eine lange, oft gedrehte Granne und erscheinen in einer reichblütigen, relativ kompakten, oft violett überhauchten Rispe. Häufiger als die Art selbst wird die Varietät *B. macrostachys* var. *lanuginosus* gezogen, deren Ährchen dicht mit hellgrauen, wolligen Haaren bedeckt sind.
Standortansprüche: Alle genannten Arten bevorzugen einen sonnigen, warmen Platz, an dem sie einen lockeren, frischen bis mäßig trockenen, nährstoffreichen, sandiglehmigen, gut durchlässigen Boden vorfinden.
Verwendung: Mit ihren zierlichen, lockeren Blütenständen eignen sich die aufgeführten Trespenarten vor allem zur Auflockerung üppiger Sommerblumenbeete. Sehr gut lassen sie sich für Trockengestecke verwenden, aber auch als schmückendes Beiwerk zu bunten Sommersträußen sind sie beliebt.
Pflege: Die beschriebenen Trespenarten sind robust und anspruchslos, sie benötigen keine besondere Pflege. Die Taube Trespe breitet sich an Standorten, die ihr zusagen, durch Selbstaussaat oft stark aus. Um dies zu verhindern, sollte man ihre Blütentriebe rechtzeitig vor der Samenreife abschneiden.
Vermehrung: Die Pflanzen werden ab April ausgesät, sei es direkt an der späteren Pflanzstelle, sei es in ein Anzuchtbeet oder in Saatschalen im Haus. Sie keimen sehr rasch und können schon im Mai an ihren endgültigen Standort verpflanzt werden.

Buglossoides
Steinsame

Art: *B. purpurocaerulea* (auch *Lithospermum purpurocaeruleum*, *Aegonychon purpurocaeruleum*, Blauroter Steinsame, Purpurblauer Steinsame)
Familie: Boretsch- oder Rauhblattgewächse *(Boraginaceae)*
Herkunft: lichte Eichen- und Buchenmischwälder von Mittel- und Südeuropa bis Kleinasien
Blütenfarbe: zunächst rot, später enzianblau
Blütezeit: Mai bis Juni
Höhe: 15–30 cm, selten auch höher
Merkmale: Mit bogig überhängenden, oft dem Boden aufliegenden und dann an

der Spitze wurzelnden Trieben bildet der mehrjährige Blaurote Steinsame eine lockere Bodendecke. Diese Triebe bleiben blütenlos, tragen jedoch lanzettliche, rauh behaarte, graugrüne Blätter. Die meist kurzen Blütentriebe dagegen wachsen aufrecht und erheben sich kaum über den Laubteppich. An ihren Spitzen entwickeln sich dichte Trauben aus trichterförmigen, am Ende sternförmig ausgebreiteten Blüten. Wie bei vielen Arten dieser Familie zeigen sie sich beim Aufblühen erst rötlich gefärbt, um jedoch bald ein typisches leuchtendes Enzianblau anzunehmen.

Standortansprüche: Die Pflanze gedeiht am besten an einem sonnigen bis halbschattigen, warmen Platz und benötigt einen mäßig trockenen bis frischen, nährstoff- und humusreichen, basischen Boden.

Verwendung: Der Blaurote Steinsame sorgt mit seiner wechselnden Blütenfarbe für einen variantenreichen Teppich auf kleineren oder größeren Flächen am sonnigen Gehölzrand oder unter lichten Gehölzen. Erforderlich sind dazu 6–8 Exemplare pro m^2. Als Begleiter für die wuchsstarke Staude eignen sich z. B. Blutroter Storchschnabel, Großes Windröschen *(Anemone sylvestris)*, aber auch Akeleien *(Aquilegia)*, die eine dem Blauroten Steinsamen ebenbürtige Wuchskraft besitzen.

Pflege: Man sollte den Bodendecker nur im Frühjahr pflanzen, bis zum Anwachsen häufig gießen und gut feucht halten. Danach benötigt er keine spezielle Pflege mehr.

Vermehrung: Neue Pflanzen erhält man am einfachsten durch Abtrennen der Blatttriebe, die sich leicht bewurzeln. Am besten werden dazu Triebe verwendet, die gerade beginnen einzuwurzeln. Diese gräbt man aus und trennt sie von der Mutterpflanze ab. Ebensogut können auch im Frühsommer Kopfstecklinge der Blatttriebe geschnitten werden, die man in einem Topf mit Anzuchtsubstrat unter Folie bewurzeln läßt.

Buglossoides purpurocaerulea

C

Calamagrostis

Reitgras

Arten: *C.* x *acutiflora* (*C. arundinacea* x *C. epigejos*, Gartensandrohr), *C. varia* (Bergreitgras, Buntes Reitgras)

Familie: Süßgräser *(Poaceae)*

Herkunft: *C.* x *acutiflora* lichte Wälder, Lichtungen und Heiden in Europa, genaues Verbreitungsgebiet noch ungenügend bekannt, *C. varia* lichte Kiefern- und Buchenwälder sowie grasige Hänge in Mitteleuropa und in Teilen Südeuropas

Blütenfarbe: *C.* x *acutiflora* gelb, *C. varia* grünlich bis gelb, oft violett überhaucht

Blütezeit: *C.* x *acutiflora* Juni bis Juli, *C. varia* Juli bis September

Höhe: *C.* x *acutiflora* 60–100 cm, zur Blüte 100–150 cm, *C. varia* 50–80 cm, zur Blüte 70–100 cm

Merkmale: Vom ausdauernden Gartensandrohr wird fast ausschließlich die Sorte 'Karl Foerster' gepflanzt. Diese ursprünglich aus dem Botanischen Garten in Hamburg stammende Form eines auch wild vorkommenden Bastards zweier heimischer Reitgrasarten wurde ab etwa Mitte dieses Jahrhunderts durch die berühmte Staudengärtnerei von Karl Foerster in Potsdam vermehrt und auch verbreitet. Im Gegensatz zu *C. epigejos*, einer seiner Elternarten, bildet das Gartensandrohr keine Ausläufer, sondern wächst in kompakten Horsten, d. h., es neigt nicht zum Wuchern. Charakteristisch sind seine straff aufrechten, steif wirkenden Halme mit den sehr früh im Jahr austreibenden, kräftig grünen, schmallinealischen Blättern. Die reichblütige, fedrige Blütenrispe präsentiert sich, wie bei allen Reitgrasarten, nur während der eigentlichen Blütezeit in ausgebreiteter Form. Davor und danach steht sie ährenartig schmal zusammengezogen am Halm. Im Herbst entwickeln die Blütenstände und Halme eine

Calamagrostis x *acutiflora*

wunderschöne rötliche bis gelblichbraune Färbung, und bis lange in den Winter hinein bleibt das Gras attraktiv. Das gleichfalls mehrjährige Bergreitgras wächst ebenso horstartig, doch mit weniger steifen Trieben. Seine Blütenrispe ähnelt derjenigen des Gartensandrohrs sehr, trägt aber kürzer begrannte Einzelblüten und ist grünlich oder strohfarben, oft jedoch violett über-

Calamagrostis varia

laufen, was der Art auch den Namen Buntes Reitgras eingetragen hat.
Sorten: Im Handel sind von *C.* x *acutiflora* u. a. erhältlich 'Overdam' (auch *C. arundinacea* 'Overdam'; Blätter weiß gerandet, Höhe 40–80 cm, zur Blüte 100–150 cm), 'Karl Foerster' (auch 'Stricta', ehemals als *C. epigejos* 'Hortorum' oder *C.* 'Hortorum' geführt; wie die Ursprungsform, aber besonders straff aufrechte Halme und Blütenstände, Höhe 60–100 cm, zur Blüte 120–150 cm).
Standortansprüche: Gartensandrohr und Bergreitgras verlangen einen sonnigen bis mäßig schattigen Platz und gedeihen auf jedem nährstoffreichen Gartenboden. Das Bergreitgras bevorzugt jedoch kalkhaltige Substrate.
Verwendung: Machen sich bereits einzelne Horste des Gartensandrohrs äußerst dekorativ, so wirkt es bei Gruppenpflanzung noch eindrucksvoller. Man verwendet das Gras vor allem auf Freiflächen oder in Staudenrabatten, wo es vielseitig kombiniert werden kann. Ausnehmend schön zeigt es sich zur Herbstzeit, wenn sein warmes Braun die leuchtenden Farben von benachbarten Pflanzen, insbesondere Rot-, Blau- und Violetttöne, angenehm unterstreicht. Sehr attraktiv sieht es zu Herbstastern *(Aster)*, Verbenen (*Verbena bonariensis*, *V. rigida*), zu Sonnenbraut *(Helenium)* oder Rittersporn *(Delphinium)* aus. Das Bergreitgras empfiehlt sich für flächige Pflanzungen im Heidegarten und auf ähnlichen Freiflächen sowie für Kombinationen mit Birken *(Betula)* und Kiefern *(Pinus)*. Die Blütenstände beider Formen ergeben im übrigen einen haltbaren Trockenschmuck.
Pflege: Reitgräser erweisen sich als äußerst pflegeleicht und genügsam. Da sie auch im Winter sehr ansehnlich sind, schneidet man die Blütentriebe vorzugsweise erst im Frühjahr zurück.
Vermehrung: Die Sorten des Gartensandrohrs können nur durch Teilung, das Bergreitgras dagegen sowohl durch Teilung als auch durch Aussaat vermehrt werden. Die richtige Zeit dafür ist das Frühjahr. Das Bergreitgras breitet sich außerdem an Stellen, die ihm zusagen, von selbst aus.

Calluna
Besenheide, Heidekraut, Herbstheide

Art: *C. vulgaris* (Gewöhnliches Heidekraut)
Familie: Erika- oder Heidekrautgewächse *(Ericaceae)*
Herkunft: Heidefluren, magere Wiesen und lichte Wälder von Europa bis Kleinasien
Blütenfarbe: lilarosa, auch weiß, rosa, rot, purpurn, violett
Blütezeit: Juni bis Oktober, einzelne Sorten auch bis Dezember
Höhe: 10–80 cm
Merkmale: Das Gewöhnliche Heidekraut, das in Europa auf kargen, sauren Sandböden weit verbreitet ist, zählt wegen seiner oft stark verästelten, verholzenden Triebe zu den Zwergsträuchern. Je nach Standort bzw. Sorte wachsen die kleinen Gehölze dabei niederliegend bis straff aufrecht. Aber auch die Höhe der Büsche hängt von den Lebensbedingungen und von sortentypischen Eigenschaften ab – es kommen sowohl zwergwüchsige wie auch gut kniehohe Formen vor. Variabel zeigt sich weiterhin das schmal linealische, immergrüne Laub. Die schuppenartigen Blättchen sitzen dicht gedrängt um die Triebe. Ihr frisches Grün verfärbt sich im Winter häufig ins Bräunliche. Manche Sorten haben auch andere Laubfarben, etwa Gelb oder Silber. Ebenso unterscheiden sich die Blüten recht deutlich. Während die reine Art sich entlang der Triebspitzen mit vielen lilarosa Schalenblüten schmückt, liefern die Sorten ein recht weites Farbspektrum. Herbstheide nennt man die Pflanzen nach ihrer hauptsächlichen Blütezeit, aufgrund der Sortenfülle erstreckt sich der gesamte Zeitraum der Blüte jedoch vom Frühsommer bis in den Winter.
Sorten: Da sich das Gewöhnliche Heidekraut schon in der Natur als recht variabel erweist und vielfach zu spontanen Veränderungen in der Erbmasse neigt, außerdem eine rege Züchtungsarbeit betrieben wird, gibt es eine große Fülle von Sorten, die vor allem in Blütenfarbe, Blütezeit und Belaubung voneinander abweichen. Die Fachbetriebe bieten ein jeweils unterschiedliches Sortiment an, die größte Auswahl findet man in spezialisierten Heidegärtnereien. Weitverbreitete Sorten sind u. a. 'Kinlochruel' (weiße, gefüllte Blüten von August bis Oktober, mittelgrünes Laub, Höhe 20–25 cm), 'Radnor' (hellrosa, gefüllte Blüten von August bis Oktober, frischgrünes Laub, Höhe 20–25 cm), 'Red Favorit' (lachsrosa, gefüllte Blüten von August bis Oktober, dunkelgrünes Laub, Höhe 20–25 cm), 'Cottswood Gold' (weiße, einfache Blüten von August bis Oktober, zitronengelbes Laub, Höhe 20–30 cm), 'County Wicklow' (hellrosa, gefüllte Blüten von August bis zum Oktober, mittelgrünes Laub,

Calluna vulgaris

Calluna vulgaris

Höhe 20–30 cm), 'Tib' (purpurviolette, gefüllte Blüten von Juli bis Oktober, Höhe 25–30 cm), 'Alba Plena' (weiße, gefüllte Blüten von August bis Oktober, frischgrünes Laub, Höhe 30–40 cm), 'Boskoop' (lilarosa, einfache Blüten von August bis Oktober, orangegelbes Laub, Höhe 30–40 cm), 'Carmen' (violettrote, einfache Blüten von August bis September, dunkelgrünes Laub, Höhe 30–40 cm), 'Silver Knight' (hellila, einfache Blüten von August bis September, silbergraues Laub, Höhe 30–40 cm), 'Annemarie' (rosarote, gefüllte Blüten von September bis November, dunkel- bis graugrünes Laub, Höhe 30–50 cm), 'Allegretto' (karminrote, einfache Blüten von August bis September, frischgrünes, spitzenwärts gelbliches Laub, Höhe 40–50 cm), 'Con Brio' (purpurrote, einfache Blüten von August bis September, frischgrünes Laub mit gelben Spitzen, Höhe 40–50 cm), 'Peter Sparkes' (rosa, gefüllte Blüten von September bis Oktober, kräftig grünes Laub, Höhe 40–50 cm), 'Schurig's Sensation' (dunkelrosa, gefüllte Blüten von September bis November, zart graugrünes Laub, Höhe 40–50 cm), 'Elsie Purnell' (silbrigrosa, gefüllte Blüten von September bis November, dunkel graugrünes Laub, Höhe 40–60 cm), 'H. E. Beale' (hellrosa, gefüllte Blüten von September bis November, dunkel- bis graugrünes Laub, Höhe 50–60 cm), 'Long White' (weiße, einfache Blüten von August bis Oktober, frischgrünes Laub, Höhe 50–70 cm).

Standortansprüche: Die Zwergsträucher gedeihen am besten, wenn sie sonnig bis halbschattig auf einem mäßig trockenen bis frischen, sauren Boden stehen. Gut geeignet sind nährstoffarme, sand- und torfreiche Substrate. Sorten mit farbigem Laub brauchen sehr viel Licht, damit sich die Färbung prächtig entwickelt.

Calluna vulgaris

Verwendung: Als typische Gewächse der Heidefluren gehören die Pflanzen natürlich in erster Linie in den Heidegarten, dessen Charakter sie als farbintensive Bodendecker entscheidend prägen. Vorzugsweise kombiniert man mehrere Sorten mit verschiedener Blütenfarbe, Blütezeit und Laubfärbung. Pro m^2 setzt man gewöhnlich 8 bis 10 Pflanzen, bei breitwüchsigen, eher niederliegenden Sorten reichen 6–8, bei den zwergwüchsigen, kompakten sind 12–16 Exemplare erforderlich. Hübsche Ergänzung finden die Heidekräuter in anderen typischen Arten des Heidegartens, z. B. Gehölzen wie dem Wacholder *(Juniperus)*, Gräsern wie dem Pfeifengras, in Stauden wie der Heidenelke *(Dianthus deltoides)* und Bodendeckern wie dem Thymian.

Pflege: Die Pflanzen neigen mit den Jahren zum Verkahlen, was sich durch einen regelmäßigen Schnitt jedoch verhindern läßt. Dabei nimmt man die kleinen Sträucher im Frühjahr um höchstens ein Drittel ihrer Wuchshöhe zurück. Am besten werden nur die vorjährigen Blütenrispen entfernt und zu lange Triebe eingekürzt. Läßt die Wuchsleistung deutlich nach, überzieht man den Boden zwischen den Pflanzen mit einer dünnen Schicht reifen Komposts, am besten sauer wirkenden Nadelkomposts. Mineralischer Dünger ist ungeeignet. Insbesondere die gefülltblühenden Sorten reagieren recht empfindlich auf Frost, wenn sie nicht von einer Schneedecke geschützt werden. In rauhen Lagen sollte man Heidekraut daher mit Reisig leicht abdecken.

Vermehrung: Neue Pflanzen gewinnt man durch Kopfstecklinge, die im Spätsommer geschnitten werden.

Schädlinge und Krankheiten: Larven des Heideblattkäfers; Rost, Erikasterben

Carex
Segge

Familie: Sauer-, Ried- oder Halbgräser *(Cyperaceae)*

Die ausdauernd wachsenden Seggen bilden die artenreichste Gattung unter den Sauergräsern. Flüchtig betrachtet, ähneln sie den Süßgräsern *(Poaceae)*, bei genauerem Hinsehen unterscheiden sie sich aber außer durch die mehr oder weniger ausgeprägt dreikantigen Stengel vor allem in den Blütenständen deutlich von ihnen. Die stets eingeschlechtigen Blüten sind bei den Seggen zumeist in schlanken, walzenförmigen Ähren angeordnet. Die meisten Arten tragen zweierlei Ähren am Halm, die oberen mit männlichen Blüten, die man während der Blütezeit deutlich an den herausragenden gelben Staubbeuteln erkennt, die unteren mit lauter weiblichen Blüten. Neben Seggen mit solchen getrenntgeschlechtigen Blütenständen gibt es jedoch auch einige wenige Arten, deren Ähren Blüten beiderlei Geschlechts aufweisen. Doch die Blüten selbst sind kaum sichtbar, man sieht vorwiegend nur die spelzenartigen Tragblätter der Einzelblüten. Sie sind häufig hübsch gescheckt und verdecken die eigentlichen Blüten fast ganz. Die weiblichen Blüten sind zudem stets von einem häutigen Gebilde umschlossen, dem sog. Schlauch, aus dem nur die Narben herausragen. Zur Fruchtzeit vergrößert er sich bei manchen Arten deutlich und fällt bei der Reife mitsamt den Samen in Form einer harten Nußfrucht ab. Die meisten Seggen bilden Horste und breiten sich mit kurzen Rhizomen nur vergleichsweise langsam aus.

Seggen für Gehölzgruppen und den Gehölzrand

Arten: *C. morrowii* (auch *C. japonica*, *C. fortunei*, Japan-Segge), *C. hachijoensis*, *C. pendula* (auch *C. maxima*, Riesensegge, Hängesegge), *C. plantaginea* (auch *C. latifolia*, Breitblattsegge, Wegerichsegge), *C. fraseri* (auch *C. fraseriana*, *Cymophyllus fraseri*, *C. fraserianus*, Frühlingsschneesegge), *C. sylvatica* (Waldsegge), *C. umbrosa* (auch *C. polyrrhiza*, Schattensegge), *C. digitata* (Fingersegge, Schopfsegge), *C. ornithopoda* (Vogelfußsegge)
Herkunft: *C. morrowii* und *C. hachijoensis* feuchte Wälder und lichte, feuchte Stellen in Japan, *C. pendula* feuchte Laub- und Auwälder, grundwassernahe Waldlichtungen und -wege in Mittel- und Südeuropa, Nordafrika und Vorderasien, *C. plantaginea* schattige Wälder im Osten Nordamerikas, *C. fraseri* feuchte Wälder im Appalachengebirge der USA, *C. sylvatica* krautreiche Laub- und Nadelmischwälder von Europa bis Kleinasien und Mittelsibirien sowie in Nordwestafrika, *C. umbrosa* artenarme Laub- und Laubmischwälder von West- bis Südosteuropa und im Kaukasus, *C. digitata* wie *C. sylvatica*, aber nur in Europa, *C. ornithopoda* warme, lichte Kiefern- und Eichenwälder, auch Gebüsche und Magerrasen in Teilen Europas, vorwiegend in Mittel- und Nordeuropa
Blütenfarbe: *C. morrowii* und *C. hachijoensis* bräunlich, *C. pendula* rotbraun und grün gescheckt, *C. plantaginea* dunkelbraun, *C. fraseri* weiß, *C. sylvatica* grünlich, *C. umbrosa* braun bis rotbraun und grün gescheckt, *C. digitata* rotbraun und grün gescheckt, *C. ornithopoda* gelb- bis rotbraun und grün gescheckt
Blütezeit: *C. morrowii* und *C. hachijoensis* April bis Mai, *C. pendula*, *C. plantaginea*, *C. fraseri*, *C. sylvatica* und *C. umbrosa* Mai bis Juni, *C. digitata* März bis Mai, *C. ornithopoda* April bis Juni
Höhe: *C. morrowii* 20 bis 40 cm, zur Blüte 30 bis 50 cm, *C. hachijoensis* 20 bis 30 cm, zur Blüte 30–40 cm, *C. pendula* 50–80 cm, zur Blüte 100–150 cm, selten auch höher, *C. plantaginea* 15–20 cm, zur Blüte 20–30 cm, *C. fraseri* 15–25 cm, zur Blüte 20 bis 40 cm, *C. sylvatica* 20 bis 50 cm, zur Blüte 30 bis 60 cm, selten auch höher, *C. umbrosa* 15–40 cm, zur Blüte 20–40 cm, *C. digitata* 10–20 cm, zur Blüte 20 bis 30 cm, *C. ornithopoda* 8 bis 15 cm, zur Blüte 10–20 cm
Merkmale: Alle Arten dieser Gruppe sind entweder wintergrün oder, wie im Fall der Japan-Segge, von *C. hachijoensis*, der Breitblatt- und der Frühlingsschneesegge, immergrün. Die Japan-Segge, eine der am häufigsten gepflanzten Arten, zählt zu den schönsten immergrünen Gartengräsern. Meist wird die Sorte 'Variegata' verwendet, die schon seit über 100 Jahren in Kultur ist, während man die reine Art kaum findet. Die Pflanzen bilden formschöne, im Alter bis 1 m breite, flache Horste mit etwas steifen, lang zugespitzten und am Ende grazil übergebogenen, dunkelgrünen Blättern. Die Blütentriebe erheben sich nur wenig über den Laubhorst und fallen kaum auf. Die sehr ähnliche *C. hachijoensis* wird seltener kultiviert. Sie unterscheidet sich von der Japan-Segge vor allem durch ihr schmaleres, weicher fallendes Blattwerk. Auch bei ihr sind jedoch die Blütenstände nur wenig zierend. Zu den größten Seggen zählt die Riesensegge, die sich mit ihrem mächtigen Horst aus langen, glänzend dunkelgrünen, überhängenden Blättern zu einem beeindruckenden Gewächs aufbaut. Ihre hohen Blütentriebe hängen meist mehr oder weniger über, sie tragen mehrere schlank walzenförmige, bis 10 cm lange Ähren, die an kurzen Stielen herabpendeln. Mit einer Breite bis zu 3 cm und ihren starken, parallelen Adern wirken die saftig grünen Blätter der Breitblattsegge höchst ungewöhnlich für ein Gras. Sie erinnern eher an das Laub des Spitzwegerichs *(Plantago lanceolata)*. Die Pflanze bildet flache Horste und trägt an übergeneigten Stengeln sehr schmale Blütenähren, nur knapp über den zugleich austreibenden jungen Blättern. Auch die Frühlingsschneesegge zeichnet sich durch Breitblättrigkeit aus, doch fehlt ihr die deutliche Äderung auf dem bis zu 5 cm breiten, glänzend dunkelgrünen Laub. Als Besonderheit entwickelt diese Segge jeweils nur eine einzige schneeweiße, länglichovale Blütenähre an jedem ihrer meist stark übergeneigten Halme. Der auffällige Blütenstand vereinigt männliche und weibliche Blüten in sich. Kennzeichnend für die Waldsegge sind hellgrünes Laub, meist herabgebogene Stengel sowie

Carex pendula

Carex morrowii

langgestielte, sehr schmale und lockere Blütenähren, die schlaff nach unten hängen. Bei der Schattensegge wachsen die Triebe zunächst aufrecht, später jedoch stark überhängend bis niederliegend, so daß sich besonders dichte Horste bilden. Die Blütenstengel mit den unscheinbaren, kurzen Ähren bleiben teilweise in dem matt dunkelgrünen Blattwerk verborgen. Zwar sehr kleine, aber ungewöhnliche Blütenstände zeichnen die beiden folgenden, überaus zierlichen Arten aus. Bei der Fingersegge drängen sich die obersten Ähren dicht fingerartig an den Enden der Blütentriebe zusammen, nur die unterste ist deutlich davon abgesetzt. Die Ähren stehen auf langen, etwas schlaffen Halmen über dichten, hell- bis dunkelgrünen Blatthorsten.

Carex plantaginea

Besonders kurze Ähren, die alle an den Stielenden versammelt sind und sich während der Reife krallenartig zurückkrümmen, kennzeichnen dagegen die zwergige Vogelfußsegge mit ihren recht dichten, hellgrünen Horsten.

Sorten: Erhältlich sind u. a. von *C. morrowii* 'Variegata' (Weißbunte Japan-Segge; Blätter am Rand fein cremeweiß gestreift, Höhe wie die Art); von *C. hachijoensis* 'Evergold' (auch *C. morrowii* 'Ingwersen' oder *C. oshimensis* 'Evergold'; Blätter mit einem kräftigen, cremegelben Mittelstreifen, sonst wie die Art); von *C. ornithopoda* 'Variegata' (Weißbunte Vogelfußsegge; Blätter mit einem einzelnen breiten, weißen Mittelstreifen oder mehrfach fein weiß gestreift, sonst wie die Art), *C.* x 'The Beatles' (auch *C.* x *digitata* 'The Beatles', *C. ornithopoda* 'The Beatles', *C. umbrosa* 'The Beatles', Schopfsegge; Sorte ungeklärter Herkunft, möglicherweise *C. digitata* x *C. ornithopoda*, breite, flache Horste, wintergrün, Blätter dunkelgrün, fein und sehr lang, schlaff überhängend, lassen sich beliebig scheiteln und in Form legen, wenige bräunliche, fingerartig beieinanderstehende Blütenähren, Höhe 10–20 cm, zur Blüte 20–35 cm).

Standortansprüche: Die Pflanzen bevorzugen einen halbschattigen bis nicht ganz vollschattigen, luftfeuchten, vor direkter Wintersonne und rauhen Winden geschützten Platz. Die Mehrzahl von ihnen benötigt einen frischen bis mäßig feuchten, nährstoff- und humusreichen, lehmigen Boden. Für die Riesensegge sollte er jedoch feucht bis naß sein, auch schwere, verdichtete Erde ist geeignet. Breitblattsegge und Frühlingsschneesegge brauchen zum guten Gedeihen ein sandig-humoses, saures Substrat, für die Schattensegge sind schwach saure, kalkarme, lehmige Böden genau richtig.

Verwendung: Die Japan-Segge und ihre fernöstliche Verwandte *C. hachijoensis* eignen sich sowohl für Gehölzränder und zur Pflanzung zwischen größeren Sträuchern als auch für wenig besonnte Staudenrabatten. Sie lassen sich einzeln oder in kleineren Gruppen verwenden. Besonders schön wirken sie zu Funkien *(Hosta)* sowie zu Rhododendren *(Rhododendron)* und verschiedenen Waldfarnen, etwa Frauen- oder Wurmfarnarten. In ein üppig blühendes Staudenbeet bringen sie etwas Ruhe hinein und wirken als ausgleichende Mittler zwischen den verschiedensten Gewächsen. Die Riesensegge bietet sich zur Pflanzung in naturnahen Bereichen vor und unter größeren Gehölzen an. Ausgesprochen hübsch wirkt sie jedoch auch am Gewässerrand. Als passende Ergänzung setzt man ihr ebenfalls wuchskräftige Arten zur Seite, z. B. große Farne wie den Königsfarn, oder Stauden wie Schaublatt- *(Rodgersia)* oder Prachtspierenarten *(Astilbe)*. Als bodenbedeckendes Grün unter Gehölzen können Breitblatt- und Frühlingsschneesegge bestens dienen, wobei man 6–8 Pflanzen pro m² braucht. Dazu passen andere Schattenstauden wie Lungenkraut *(Pulmonaria)* oder Schneefelberich *(Lysimachia clethroides)*, aber auch verschiedene Zwiebel- und Knollengewächse, etwa Hasenglöckchen *(Hyacinthoides)*, Hundszahnlilien *(Erythronium)* oder Dreiblattarten *(Trillium)*. Ebenso ist eine Verwendung dieser beiden recht flachwüchsigen Seggenarten im Steingarten möglich. Die Waldsegge läßt sich ganz

Carex ornithopoda

besonders gut unter lichten Gehölzen einsetzen und ist ein bevorzugtes Gras für Naturgärten. Sie wird gern mit heimischen Waldpflanzen wie Haselwurz, Waldmeister *(Galium odoratum)* oder größeren Farnen, etwa dem Wurmfarn oder dem Frauenfarn, kombiniert. Für eine flächige Unterpflanzung unter höheren, auch stärker schattenwerfenden Gehölzen ist schließlich die Schattensegge sehr geeignet. 14–16 Exemplare pro m² sind nötig, um einen dichten grünen Teppich zu erzielen. Finger- und Vogelfußsegge kann man sowohl am lichten Gehölzrand wie auch im Steingarten an entsprechenden Stellen pflanzen. Man sollte sie nicht mit starkwüchsigen Nachbarn konfrontieren, von denen sie leicht überwachsen werden. Hübsch wirken die niedrigen Gräser

auch in flächiger Pflanzung, wobei man 8–10 Exemplare pro m² einsetzt.
Pflege: Eine Pflanzung mit Ballen ist besonders bei der Japan-Segge, bei *C. hachijoensis* und bei der Riesensegge zu empfehlen, da auf diese Weise deren Anwachsen am sichersten gewährleistet ist. In längeren Trockenperioden sollte man Seggen regelmäßig und durchdringend wässern. Besonders die Riesensegge braucht viel Wasser und kann nur bei gleichmäßiger und ausreichender Feuchtigkeit des Wurzelraums ihre volle Wuchskraft entfalten. Dagegen ist die Vogelfußsegge vergleichsweise unempfindlich gegen Trockenheit. Bei Bedarf oder auch regelmäßig im Frühjahr empfiehlt sich für alle Arten, sie mit ein wenig halbreifem Kompost oder verrottetem Stallmist zu versorgen. Frieren die Horste der Riesensegge in strengen, schneelosen Wintern zurück, sollte im Frühjahr ein scharfer Rückschnitt bis knapp über dem Boden erfolgen. Dadurch wird der Neuaustrieb kräftig angeregt. Japan-Segge und *C. hachijoensis* benötigen an wind- und sonnenausgesetzten Stellen einen Winterschutz aus Reisig.
Vermehrung: Die Pflanzen können im Frühjahr gut durch Teilung vermehrt werden, die reinen Arten lassen sich aus Samen anziehen.

Seggen für sonnige Freiflächen und den Steingarten

Arten: *C. montana* (Bergsegge), *C. humilis* (Erdsegge), *C. baldensis* (Schneesegge, Monte-Baldo-Segge, Sommerschneesegge), *C. firma* (Zwergpolstersegge, Polstersegge), *C. buchananii* (auch *C. tenax*, Fuchsrote Segge,

Carex montana

Rotbraune Segge, Neuseeland-Segge), *C. comans* (auch *C. pulchella*), *C. conica* (auch *C. excisa*, *C. digama*)
Herkunft: *C. montana* Kalkmagerrasen und lichte Wälder in Mittel- und Osteuropa bis Westsibirien, stellenweise auch in Westeuropa sowie in Ostasien, *C. humilis* sonnige Trockenrasen und sehr lichte, warme Eichen- und Kiefernwälder in Mittel-, Süd- und Osteuropa, im Kaukasus sowie in Korea und Japan, *C. baldensis* sonnige Steinrasen in den Südostalpen, *C. firma* steinige Gebirgsrasen in den Alpen, im Apennin und in den Karpaten, *C. buchananii* Flußufer und feuchte Böschungen in Neuseeland, *C. comans* ebenso, außerdem auf feuchten Weiden, *C. conica* lichte Wälder in Japan sowie in Südkorea
Blütenfarbe: *C. montana* dunkelbraun, *C. humilis* braun und silbrigweiß gescheckt, *C. baldensis* weiß, *C. firma* rostbraun, *C. buchananii* und *C. comans* hellbraun, *C. conica* braunpurpurn
Blütezeit: *C. montana* März bis Mai, *C. humilis* März bis April, *C. baldensis*, *C. buchananii* und *C. comans* Juni bis Juli, *C. firma* Juni bis August und *C. conica* April bis Juni
Höhe: *C. montana* 10 bis 20 cm, zur Blüte 20 bis 30 cm, *C. humilis* 5 bis 15 cm, zur Blüte ebenso, *C. baldensis* 10–20 cm, zur Blüte 20–30 cm, *C. firma* 5–10 cm, zur Blüte 10 bis 20 cm, *C. buchananii* 40 bis 50 cm, zur Blüte ebenso, *C. comans* 20–30 cm, zur Blüte 20–40 cm, *C. conica* 15–30 cm und zur Blüte 20–40 cm
Merkmale: Die heimische Bergsegge bildet dichte, niedrige Horste aus schlaff überhängenden, sehr schmalen, frischgrünen Blättern, die im Herbst eine schöne hell- bis dunkelbraune Färbung zeigen. Die kurzen Ähren sitzen gedrängt an den Enden der Blütentriebe, die zunächst aufrecht, später, zur Fruchtzeit, dann übergeneigt aus dem Blattbüschel ragen. Unterhalb der einzigen schlanken männlichen Ähre an der Halmspitze stehen jeweils nur 1–2 ovale, dickere weibliche Blütenähren. Zu den niedrigsten Seggenarten zählt die ebenfalls heimische Erdsegge. Sie entfaltet bereits sehr früh im Jahr ihre Blüten, doch kann man die Blütentriebe meist nur schwer entdecken, da sie kürzer als die Blätter sind und daher in den dichten Horsten verborgen bleiben. Die 3–4 etwa 1 cm langen Blütenähren haben eine schmalelliptische Form. Das wintergrüne Laubwerk wirkt borstig, weil sich die feinen, grau- bis hellgrünen Blätter einrollen.

Carex humilis

Eine Kostbarkeit für den Steingarten- und Seggenliebhaber ist die unter Naturschutz stehende, seltene Schneesegge. Mit ihren schneeweißen Ähren zieht sie zur Blütezeit die Blicke auf sich. Daß die einzelnen Ähren wie ein Köpfchen dicht beieinanderstehen, erhöht die Wirkung noch. Nach unten zu wird dieser auffällige Blütenstand durch ein langes, waagrecht abgespreiztes Tragblatt geziert. Die schmalen, leicht überhängenden graugrünen Blätter dieser Art bilden lokkere Horste.
Eine Miniaturausgabe unter den Seggen ist die wintergrüne Zwergpolstersegge. Sie bildet in den Kalkalpen, wo sie meist zwischen 2000 und 3000 m Höhe vorkommt, ausgedehnte Rasen. Indem sie losen Steinschutt in ihrem Blattwerk und mit den Wurzeln festhält, erschließt sie zahlreichen anderen Pflanzenarten diesen Lebensraum. Ihre etwas starren, glänzend dunkelgrünen Blätter sind lang zugespitzt und bilden niedrige, polsterförmige Horste, die sich an Stellen mit geeigneten Wuchsbedingungen langsam ausbreiten. An kurzen, gebogenen Stielen erscheinen im Sommer die zierlichen Blütenstände mit je einer männlichen und 2 bis 3 weiblichen Ähren.
Die immergrüne Fuchsrote Segge ist mit ihren lang- und

feinblättrigen, dichten Horsten sowie der ganzjährig prächtigen, rostroten bis kupferfarbenen Laubfärbung eine besonders attraktive Art. Ihre aufrechten, nur etwa 1 mm schmalen Blätter sind an den Spitzen oft gekräuselt oder eingerollt. Sie hängen am Rand des Horsts locker über und verleihen der Pflanze dadurch eine weiche, elegante Gestalt. Die etwa 3 cm langen Blütenähren treten kaum in Erscheinung, da die aufrechten Blütentriebe den Blatthorst nicht überragen. Die ebenfalls immergrüne Art *C. comans* ist der Fuchsroten Segge recht ähnlich. Ihre Blätter hängen jedoch stärker über, so daß die Horste deutlich flacher erscheinen und mit dem feinen Laub wie große Haarschöpfe wirken, die aus der Erde treiben. Die reine Art bringt blaßgrüne Blätter hervor, es sind aber auch bronzefarbene Formen in Kultur, die nicht immer

Carex firma

unter eigenen Sortennamen angeboten werden. Ebenfalls dichte, immergrüne und flache Horste bildet *C. conica*, doch sind ihre dunkelgrünen Blätter mit 2–4 mm deutlich breiter und auch steifer als die der beiden voranstehenden Arten; sie erinnern etwas an die Japan-Segge. Die Blütentriebe erheben sich nur wenig über das Laub und tragen kurze, sehr schmale Ährchen.

Sorten: Im Handel sind u. a. erhältlich von *C. firma* 'Variegata' (Blätter am Rand intensiv cremegelb gestreift, sonst wie die Art); von *C. comans* 'Bronze' (Blätter ganzjährig hell bronzefarben, sonst wie die Art), 'Frosted Curls' (auch 'Frosty Curls'; etwas kompaktere Horste als die Art, Blätter grasgrün, stark übergeneigt und an den Spitzen weißlich, Höhe wie die Art); von *C. conica* 'Variegata' (auch 'Marginata'; Blätter fein weiß gerandet, sonst wie die Art).

Standortansprüche: Berg-, Erd-, Schnee- und Zwergpolstersegge gedeihen an vollsonnigen bis kaum beschatteten, warmen Standorten und brauchen einen mäßig trockenen, mageren bis geringfügig nährstoffreichen, kalkhaltigen, steinigen und flachgründigen Boden. Fuchsrote Segge, *C. comans* und *C. conica* stehen dagegen am besten an sonnigen bis halbschattigen, etwas geschützten Plätzen. Sie bevorzugen frische, nährstoff- und humusreiche Substrate.

Verwendung: Die anspruchslose Berg- ebenso wie die Erdsegge werden bevorzugt auf sonnigen, wenig zu pflegenden Freiflächen verwendet, etwa auf einer Steppen-

Carex conica 'Variegata'

heide oder in mageren Rasenanlagen, wobei die Bergsegge auch als Unterpflanzung an sonnigen Gehölzrändern dienen kann. Man setzt sie am besten gruppenweise zusammen und kombiniert sie mit bunt blühenden Arten wie z. B. Bergaster *(Aster amellus)*, Kartäusernelke *(Dianthus carthusianorum)*, Fingerkraut *(Potentilla)*, Sonnenröschen *(Helianthemum)*, Küchenschellen *(Pulsatilla)* oder Frühlingsadonisröschen *(Adonis vernalis)* sowie mit Zwergsträuchern wie dem Rosmarinseidelbast *(Daphne cneorum)* oder mit verschiedenen Zwiebel- und Knollengewächsen. Schöne Steingartengräser sind die Schneesegge und die Zwergpolstersegge. Sie passen hervorragend zu verschiedensten anderen Steingartengewächsen, etwa zu niedrigen Glockenblumenarten *(Campanula)*, kleinwüchsigen Primeln *(Primula)*, Silberwurz oder Steinbrecharten *(Saxifraga)*. Fuchsrote Segge, *C. comans* und *C. conica* eignen sich sowohl für nicht zu trockene Freiflächen als auch für einen besonnten Gehölzrand. Man setzt sie besonders der ungewöhnlichen Laubfarbe wegen oder aufgrund der schönen Form ihrer Horste ein. Auch im Winter, mit Schnee- und Rauhreifüberzug, wirken sie noch sehr reizvoll. Attraktive Begleitpflanzen für diese Seggen sind z. B. Stachelnüßchen oder Strauchveronika *(Hebe)*, insbesondere aber auch silber- und blaulaubige Pflanzen wie Beifuß, blaublättrige Funkien *(Hosta)* oder Gräser wie das Nestkopfgras.

Pflege: Die hier vorgestellten Seggen benötigen kaum eine spezielle Pflege. Vor allem die europäischen Arten – Berg-, Erd-, Schnee- und Zwergpolstersegge – sind äußerst unempfindlich gegen länger andauernde Trockenheit, während man die anderen Arten in Hitzeperioden ab und zu durchdringend wässern sollte. Wenn Berg- und Erdsegge im Zentrum der Horste zu verkahlen und abzusterben beginnen, ist es Zeit, die Pflanzen auszugraben und durch Teilung zu verjüngen. Fuchsrote Segge, *C. comans* und *C. conica* sollte man ihrer sehr schönen Winterwirkung

wegen auf jeden Fall erst im Frühjahr zurückschneiden, wenn man die Horste wieder etwas in Form bringen will. In rauhen, windoffenen Lagen werden sie mit einem leichten Winterschutz aus Reisig versehen, der zugleich die austrocknende Wintersonne etwas abschirmt.
Vermehrung: Die Seggenarten und -sorten können im Frühjahr durch Teilung, die reinen Arten auch aus Samen vermehrt werden.

Seggen für den Gewässerrand

Arten: *C. pseudocyperus* (Scheinzypergrassegge, Zypergrasähnliche Segge, Scheinzypersegge, Zypersegge), *C. elata* (auch *C. stricta*, *C. hudsonii*, Steife Segge, Hängesegge, Wasserbültensegge), *C. grayi* (Morgensternsegge), *C. muskingumensis* (Palmwedelsegge)
Herkunft: *C. pseudocyperus* Ufer von Seen und Tümpeln sowie Bruchwälder von Europa bis Nordasien, in Nordafrika, Japan, Neuseeland sowie in nördlichen Teilen Nordamerikas, *C. elata* Sumpfwiesen, nasse Senken, Bruchwälder sowie Ufer von Seen und Bächen in Europa, östlich bis zum Kaukasus, sowie in Teilen Nordafrikas, *C. grayi* feuchte Wiesen und Sümpfe im Osten Nordamerikas, *C. muskingumensis* feuchte Wiesen, Sümpfe und Flußufer im östlichen und zentralen Nordamerika
Blütenfarbe: *C. pseudocyperus* hellgrün bis braun, *C. elata* schwarzbraun-grün gescheckt, *C. grayi* grün, *C. muskingumensis* braun
Blütezeit: *C. pseudocyperus* Juni bis Juli, *C. elata* April bis Mai, *C. grayi* Juni, *C. muskingumensis* Juli bis August
Höhe: *C. pseudocyperus* 30–50 cm, zur Blüte 60 bis 100 cm, *C. elata* 40–60 cm, zur Blüte 70–120 cm, *C. grayi* 25–50 cm, zur Blüte 50–60 cm, *C. muskingumensis* 40–80 cm, zur Blüte 60–90 cm
Merkmale: Die wintergrüne Scheinzypergrassegge wächst locker horstartig und breitet sich an Stellen, die ihr zusagen, durch ihre kurzen Rhizome stärker aus. Aus einem Schopf hellgrüner, bis etwa 1,5 cm breiter Blätter treiben hohe, straffe Blütenhalme. Von ihrer Spitze hängt ein Büschel kurzgestielter, walzenförmiger, weiblicher Ähren locker herab, während an oberster Stelle eine einzelne schlanke männliche Ähre ausgebildet wird. Der Blütenstand ist von auffällig langen, aufrechten bis abstehenden Hochblättern umgeben. Sehr dichte Horste, die sich im Alter hügelartig über den nassen Untergrund heben, so daß die Pflanzen sog. Bülten formen, sind typisch für die Steife Segge. Ihre scharf dreikantigen Triebe sind von graugrünen, langen Blättern umstanden, die zunächst steif aufrecht wachsen, sich jedoch bald stärker überneigen. An den Triebenden erscheinen die kurzen Blütenstände aus mehreren dichtstehenden Ähren, deren obere rein männlich sind, während die unteren nur weibliche Blüten tragen. Die Morgensternsegge ist eine der wenigen Seggenarten, die ihres Blüten- und Fruchtschmucks wegen gezogen werden. Tatsächlich fallen die Blütenstände gleich ins Auge, bilden die kugeligen Ähren doch bizarre, an mittelalterliche Schlagwaffen, sog. Morgensterne, erinnernde Formen. Bei dieser Art ist nämlich der den Fruchtknoten umhüllende Schlauch besonders groß und wird nicht von den Spelzen verdeckt. Oberhalb der 1–2 weiblichen Ähren eines Halms findet sich noch eine einzelne unscheinbare, sehr schlanke, braun gefärbte männliche Ähre. Durch die seitlich abstehenden, langen Tragblätter werden die ohnehin hervorstechenden Blütenstände zusätzlich betont. Doch nicht nur die Blüten, auch die kräftig grünen Horste mit den recht breiten, überhängenden Blättern sind eine Zierde im Garten. Bei der Palmwedelsegge dagegen sind nicht die Blüten, sondern der Wuchs und die Beblätterung ungewöhnlich. Die straff aufrechten, dünnen Halme sind bis fast zur Spitze hinauf dicht mit feinen, grazil gebogenen, hellgrünen Blättern besetzt. Insgesamt wirken die einzelnen Triebe dadurch von der Seite betrachtet ähnlich wie Palmwedel. Die Horste, die sich im Alter relativ stark ausbreiten können, schmücken sich mit kleinen braunen, dicht zusammenstehenden Blütenähren, die sich jedoch kaum über das Laub erheben.
Sorten: Erhältlich sind u. a. von *C. elata* (Höhe jeweils wie die Art) 'Aurea' (auch als *C. acuta* 'Aureovariegata' geführt; Blätter gelbgrün gerandet), 'Bowles Golden' (Blätter goldgelb, grün gerandet); von *C. muskingumensis* 'Wachtposten' (besonders feinblättrig und standfest, Höhe wie die Art).
Standortansprüche: Die Pflanzen bevorzugen einen

Carex grayi

Carex elata

sonnigen bis halbschattigen Platz, die Scheinzypergrassegge braucht einen warmen Standort, der auch schattig sein darf. Diese Art sowie die Steife Segge gedeihen im nassen Boden oder im flachen Wasser, während die anderen Arten frische bis feuchte Erde benötigen. Das Substrat sollte jeweils lehmig, nährstoff- und humusreich sein.

Carex muskingumensis

Verwendung: Scheinzypergrassegge und Steife Segge eignen sich besonders zur Pflanzung am flachen Gewässerrand bis zu einer Wassertiefe von etwa 10–20 cm, aber auch für sumpfige Zonen am Ufer des Gartenteichs. Sie passen beide ausgezeichnet in naturnah angelegte Gartenbereiche und können einzeln oder in kleinen Gruppen gepflanzt werden. Morgensternsegge und Palmwedelsegge dagegen lassen sich nicht nur in einer Sumpfzone, sondern – bei entsprechend frischen Böden – auch in Staudenrabatten gut kultivieren. Diese zwei Arten sollten in kleineren oder größeren Gruppen eingesetzt werden, so kommen sie am schönsten zur Geltung. Die Blütentriebe der Morgensternsegge geben überdies einen ungewöhnlichen Vasenschmuck ab und bieten sich auch für Trockensträuße an.

Pflege: Die starkwüchsige Scheinzypergrassegge setzt man am besten in Pflanzcontainern in den Gartenteich. So läßt sich ihr Wuchern im Zaum halten. Wächst sie über den Gefäßrand hinaus, kappt man die Rhizome. Verdorrte oder geknickte Halme sollte man ab und zu entfernen. Sie dürfen aber niemals unter der Wasseroberfläche abgeschnitten werden, sonst könnten sie faulen. Die übrigen hier genannten Arten benötigen nach dem Einwachsen keine besondere Pflege. Nur bei Pflanzung außerhalb der Sumpfzone eines Gartengewässers sollten Morgenstern- und Palmwedelsegge in Trockenperioden regelmäßig gewässert werden.

Vermehrung: Neue Pflanzen gewinnt man im Frühjahr durch Teilung, bei den reinen Arten ist auch eine Nachzucht aus Samen möglich.

Cerastium
Hornkraut

Arten: *C. tomentosum* (Filziges Hornkraut), *C. biebersteinii* (auch *C. repens*, Silberhornkraut)
Familie: Nelkengewächse *(Caryophyllaceae)*
Herkunft: steinige Plätze und lückige Böschungen in Süditalien, *C. biebersteinii* auf der Krim
Blütenfarbe: weiß
Blütezeit: Mai bis Juni
Höhe: 10–20 cm
Merkmale: Die beiden ausdauernden Hornkrautarten ähneln einander sehr. Sie bilden größere, flache Polster aus zahlreichen langen Trieben, die dicht mit wintergrünen, weißfilzig behaarten, schmallanzettlichen Blättern bestanden sind. Da die Triebe bei Bodenkontakt keine Wurzeln schlagen, liegen die Pflanzenmatten dem Untergrund nur locker auf und lassen sich von ihm abheben. Zur Blütezeit erstrahlen die Stauden in schneeweißer Pracht, denn dann sind sie fast lückenlos mit weißen, sternförmigen Trichterblüten übersät, die jeweils 5 an den Spitzen eingeschnittene Kronblätter aufweisen. Die Unterschiede zwischen den Arten bestehen vor allem in ihrer Wuchsform und Wuchskraft, so daß Filziges Hornkraut und Silberhornkraut von einigen Fachleuten neuerdings auch zu einer Art, *C. tomentosum*, zusammengefaßt werden. Das Filzige Hornkraut mit seinen fast weiß behaarten Blättern wächst weit weniger üppig und wuchert nicht so sehr wie das sich stark ausbreitende, eher graufilzig belaubte Silberhornkraut. Ausgesprochen beliebt ist die Varietät des Filzigen Hornkrauts *C. tomentosum* var. *columnae* (auch *C. columnae*, *C. tomentosum* 'Columnae'), eine kleinblättrige, besonders kompakt bleibende Form mit silbrigweiß wirkendem Laub, die nur 10–15 cm hoch wird.

Standortansprüche: Beide Arten und die Varietät bevorzugen einen sonnigen, auch heißen Platz und gedeihen gut auf mäßig trockenen bis frischen und durchlässigen, lockeren, sandig- oder steiniglehmigen Böden.

Verwendung: Die robusten, äußerst pflegeleichten und sehr blühfreudigen Polstergewächse eignen sich vor allem für flächige Pflanzungen im Steingarten und auf der Krone von Trockenmauern, und sie schmücken Fugen von Plattenwegen und Steintreppen, wo sie strenge Kanten duftig überspielen. Das Silberhornkraut kommt jedoch nicht für kleinere Bereiche in Frage, da es zu stark wuchert. Es begrünt größere Flächen ausgezeichnet, während für alle anderen Stellen am besten *C. tomentosum* var. *columnae* verwendet wird. Da die Stauden wenig trittempfindlich sind, kann man sie auch rasenartig einsetzen, wozu vom Filzigen Hornkraut und seiner klein bleibenden Form 6–8 Pflanzen pro m^2 benötigt werden, vom Silberhornkraut genügen etwa 4 Exemplare. Aufgrund ihrer neutralen Blütenfarbe passen sie zu vielen anderen Steingartenpflanzen, wobei man

Cerastium tomentosum

wuchskräftige Begleiter bevorzugen sollte, z. B. niedrige Glockenblumen *(Campanula)*, Spornblume *(Centranthus)*, Seifenkraut *(Saponaria)*, Stachelnüßchen oder Pfingstnelken *(Dianthus gratianopolitanus)*. In die Polster können auch frühblühende Zwiebel- und Knollengewächse eingestreut werden, etwa verschiedene Wildtulpen *(Tulipa)*,

Krokusse *(Crocus)* oder Zierlaucharten *(Allium)*.
Pflege: Breiten sich die wüchsigen Bodendecker zu stark aus und bedrängen sie die Nachbarpflanzen, kann man sie durch Zurückschneiden leicht eingrenzen. Falls die Pflanzen verkahlen, regen ein kräftiger Rückschnitt nach der Blüte sowie mäßige Wasser- und Düngergaben die Triebbildung an und verhelfen zu neuer Schönheit. Bei der Verwendung als Rasenersatz sorgt ein regelmäßiger Rückschnitt für einen dichteren Wuchs der Pflanzung.
Vermehrung: Eine Teilung sowie das Schneiden von Kopfstecklingen kann man nach der Blüte durchführen. Die Teilstücke sollte man zunächst in Töpfe pflanzen und erst nach dem Bewurzeln an ihren endgültigen Platz im Garten setzen. Eine Aussaat ist im Frühjahr möglich.

Ceratostigma
Bleiwurz

Art: *C. plumbaginoides* (Enzianbleiwurz, Hornbleiwurz, Hornnarbe, Chinesische Bleiwurz)
Familie: Bleiwurz- oder Strandnelkengewächse *(Plumbaginaceae)*
Herkunft: sonnige Waldränder in Westchina
Blütenfarbe: enzianblau
Blütezeit: September bis Oktober
Höhe: 15–30 cm
Merkmale: Mit zahlreichen unterirdischen Ausläufern und am Grund verholzenden Trieben bildet die ausdauernde Enzianbleiwurz ein dichtes, flachwurzelndes Geflecht, das den Boden allmählich lückenlos zu überziehen vermag. An ihren Trieben stehen elliptische bis verkehrt eiförmige, kräftig grüne Blätter. Einen besonders schönen Anblick bieten die Pflanzen im Herbst, wenn sich das Laub orange- bis kupferrot verfärbt und damit einen kontrastreichen Untergrund für die tiefblauen, in Büscheln erscheinenden Blütensterne darstellt.
Standortansprüche: Die Enzianbleiwurz gedeiht an vollsonnigen bis halbschattigen, warmen oder auch heißen Stellen und benötigt einen mäßig trockenen, nährstoffreichen, sandig-lehmigen, lockeren und gut durchlässigen Boden. Auf Staunässe reagiert sie empfindlich.
Verwendung: Man kann den langlebigen Bodendecker im Garten recht vielseitig nutzen. Am sonnigen Gehölzrand oder rund um den Stammfuß einzelner höherer Bäume machen sich die hübschen Teppiche ebensogut wie im Steingarten. Sie eignen sich auch zur Begrünung von Wegrändern. Man braucht 8 bis 12 Exemplare pro m², die in größeren Gruppen oder kleinflächig gesetzt werden. Als Begleiter kommen ausschließlich wuchsstarke Arten in Frage, etwa teppichbildende

Ceratostigma plumbaginoides

Hornkrautarten, Dalmatiner Glockenblume *(Campanula portenschlagiana)* sowie Wollziest oder Goldwolfsmilch *(Euphorbia polychroma)*.
Pflege: Da die Enzianbleiwurz nur sehr flach in der Erde wurzelt, sollte man die oberste Bodenschicht vor dem Einsetzen gründlich lockern und später in der Nähe dieser Bodendecker möglichst nicht hacken oder graben. Jährlich im Spätherbst oder Frühjahr empfiehlt sich die Versorgung mit halbverrottetem Kompost oder Stallmist. In rauhen Lagen benötigt die Enzianbleiwurz eine mit Reisig abgedeckte Laub- oder Strohschicht als Winterschutz. Im Frühjahr schneidet man die Pflanzen bis knapp über dem Boden zurück, da die Blüten nur an einjährigen Trieben erscheinen.
Vermehrung: Man kann die Enzianbleiwurz durch Teilung im Frühjahr oder durch Kopfstecklinge vom Frühjahr bis zum Frühsommer vermehren.

Ceterach
Schriftfarn, Milzfarn

Art: *C. officinarum* (auch *Asplenium ceterach*, Schriftfarn, Spreuschuppiger Schriftfarn, Milzfarn, Spreuschuppiger Milzfarn)
Familie: Streifenfarngewächse *(Aspleniaceae)*
Herkunft: Felsritzen und Mauerfugen, von Mittel- und Südeuropa bis Nordafrika und Mittelasien
Höhe: 5–20 cm
Merkmale: Dieser ungewöhnliche Farn bildet kleine Rosetten aus länglichen, fiederschnittigen, immergrünen Wedeln, an denen wechselseitig rundliche, lappenartige Fiederchen stehen. Die ledrigen Blättchen sind oberseits kräftig dunkelgrün, während ihre Unterseite von zahllosen braunen Spreuschuppen bedeckt wird, die als Verdunstungsschutz dienen. Als einer der wenigen an trockenwarme Lebensräume angepaßten Farne verträgt der Schriftfarn sogar Austrocknung. Die Fiederchen krümmen sich dann so ein, daß die Unterseite nach oben weist und die isolierenden Schuppenhaare einen Schutz vor weiterer Verdunstung darstellen – sie gehen in eine Art Trockenschlaf über. Bei Anfeuchtung rollen sich die Fiederchen wieder aus. Früher wurde der ausdauernde Schriftfarn, der heute unter Naturschutz steht, als Heilpflanze gegen Milzleiden verwendet.
Standortansprüche: Der kleine Farn braucht einen sonnigen bis halbschattigen, warmen und geschützten Platz und einen mäßig trockenen, sehr durchlässigen, kalkreichen Boden.
Verwendung: Das hübsche Gewächs ist eine Bereicherung für jeden Steingarten sowie für Trockenmauern und Heidegärten mit kalkhaltigem Untergrund. Man kombiniert dieses Kleinod am besten mit niedrigen Polsterstauden, z. B. mit Steinbrech- *(Saxifraga)* und Hauswurzarten *(Sempervivum)*, aber auch Gräser, etwa niedrige Schwingelarten oder das Wimperperlgras, sowie andere geeignete Kleinfarne passen gut dazu. Besonders die verschiedenen Streifenfarnarten geben ganz aparte Begleitpflanzen ab.
Pflege: Der sehr anspruchslose Schriftfarn benötigt kaum Pflege. Am wichtigsten ist in rauhen Gebieten eine Abdeckung mit Herbstlaub und Reisig als Winterschutz, denn seine immergrünen Blätter sind vor allem durch austrocknende Winde bei gleichzeitig niedrigen Temperaturen

Ceterach officinarum

gefährdet. Auch Staunässe verträgt der Farn überhaupt nicht, deshalb empfiehlt es sich, als Schutz vor zuviel winterlicher Feuchtigkeit eine Kunststoffolie über die Farnpflanzung zu spannen. Durch einige zusätzlich in den Boden gesteckte Nadelbaumzweige wird der Schriftfarn zudem gut vor der austrocknenden Spätwinter- und Frühjahrssonne bewahrt. Um ihm genügend Platz zur Entfaltung zu bieten, sollte man benachbarte starkwüchsige Stauden oder Gehölze ab und zu etwas zurückschneiden.
Vermehrung: Der Schriftfarn wird hauptsächlich über seine Sporen vermehrt, die zwischen Mai und September reifen. Eine Teilung des Wurzelballens gelingt nur selten.

Chamaemelum
Chamaemelum

Art: *C. nobile* (auch *Anthemis nobilis*, *Ormenis nobilis*, Römische Kamille)
Familie: Korbblütler *(Compositae)*
Herkunft: lückiges Grasland, offene, sandige Stellen und Wegränder in Westeuropa und Nordafrika
Blütenfarbe: weiß
Blütezeit: Juni bis August
Höhe: 5–30 cm
Merkmale: Die mehrjährige Römische Kamille bildet dichte Matten aus kurzen, niederliegenden, reich mit fein zerteilten, behaarten Blättern besetzten Trieben, die bei Bodenkontakt Wurzeln schlagen. Wenn man die Blätter zerreibt oder sie beim Abmähen zerschneidet, verströmen sie einen intensiven Kamillenduft. Blüten entwickelt die Staude im Sommer ausschließlich an den Enden höherer, verzweigter Triebe. Ihre weißen Strahlenblüten, die eine dichte, gelbe Scheibe aus Röhrenblüten umgeben, ähneln der Kamille. Die Pflanze bleibt in milden Gebieten wintergrün. Seit langem wird sie für schmerzstillende Heiltees verwendet.
Sorten: Im Handel sind u. a. erhältlich 'Treneague' (nichtblühende Sorte, teppichartig wachsend, benötigt in rauhen Lagen etwas Winterschutz, Höhe 5–15 cm), 'Flore Pleno' (auch 'Plena'; Blüten weiß, gefüllt, Höhe 15–30 cm).
Standortansprüche: Die Pflanze gedeiht am besten an einem sonnigen bis halbschattigen Platz auf lockerem, sandreichem, nicht zu trockenem bis frischem, gut durchlässigem und mäßig nährstoffreichem Boden.
Verwendung: Unter den Bodendeckern ist die Römische Kamille ihres Dufts wegen eine Besonderheit. Mit 12 bis 15 Pflanzen pro m^2 kann man eine dichte Decke schaffen, die sich als Rasenersatz eignet. Vor allem Stellen, an denen der Rasen bei sommerlicher Hitze leicht braun wird, lassen sich mit der trockenheitsverträglichen Art wirkungsvoll begrünen. Ob man den Kamillenteppich betritt, sich auf ihm niederläßt – wenn er etwa hinter einer Steinstufe oder auf einer Rasenbank angelegt wurde – oder ihn abmäht, stets

Chamaemelum nobile

entfaltet sich ein angenehmer, erfrischender Duft. Für die Verwendung als Rasenersatz ist die Sorte 'Treneague', die in England schon sehr lange zu diesem Zweck genutzt wird, besonders zu empfehlen. Hübsch wirken fleckenartig eingestreute Pflanzungen aus andersfarbigen Bodendeckern in einem Teppich aus Römischer Kamille, etwa Silberbeifuß, Thymian oder verschiedene niedrige Fetthennen.
Pflege: Um bei blühenden Formen, also bei der Wildart und entsprechenden Sorten, dichte, rasenartige Teppiche zu erzielen, müssen ihre Blütentriebe wiederholt abgemäht werden. Bei der nichtblühenden Sorte 'Treneague' ist eine Mahd dagegen nur selten nötig. In Gebieten mit strengeren Frösten ohne schützende Schneedecke empfiehlt es sich, über Pflanzungen dieser Sorte Reisig als Winterschutz zu breiten.
Vermehrung: Neue Pflanzen gewinnt man durch Teilung im Frühjahr oder nach der Blüte. Man kann sie aber auch aus Samen ziehen. Dazu sät man im zeitigen Frühjahr in sandige Anzuchterde aus und bedeckt das Saatgut nur dünn mit Substrat. Die Keimung erfolgt rasch, nach dem Pikieren und Abhärten kann ab Mitte Mai ins Freie gepflanzt werden.

Chasmanthium
Plattährengras

Art: *C. latifolium* (auch *Uniola latifolia*, Plattährengras)
Familie: Süßgräser *(Poaceae)*
Herkunft: feuchte Wälder vom Osten der USA bis Mexiko
Blütenfarbe: grün
Blütezeit: August bis Oktober
Höhe: 30–60 cm, zur Blüte 50–90 cm, selten auch höher
Merkmale: Dieses ausnehmend schöne Gras wird sowohl seiner attraktiven Blütenstände als auch des Blattschmucks wegen gezogen und ist in seiner dekorativen Wirkung kaum zu übertreffen. Es bildet ausdauernde, mäßig dichte Horste aus aufrechten bis leicht geneigten Trieben. Mit ihren bis etwa 2 cm breiten, je nach Intensität der Sonneneinstrahlung hell- bis dunkelgrünen Blättern erinnert die Pflanze ein wenig an Bambus. Die großen, eigenartig plattgedrückten Ährchen

Chasmanthium latifolium

hängen in einer lockeren, einseitswendigen, elegant übergebogenen Rispe. Sowohl die Fruchtstände als auch die Blätter zeigen zum Jahresende hin eine wunderschöne kupferbraune Herbstfärbung.
Standortansprüche: Die Pflanzen gedeihen am besten an einem sonnigen bis halbschattigen, warmen Platz auf frischem bis feuchtem, nährstoffreichem, humosem und gut durchlässigem Boden.
Verwendung: Das Plattährengras ist eines der wenigen Gräser, die von sonnigen Standorten bis in relativ starken Schatten hinein gleichermaßen zur Wirkung kommen. Man kann es in Staudenrabatten ebenso wie im Steingarten oder für flächige Pflanzungen verwenden. Als Nachbarn eignen sich z. B. Silberkerze *(Cimicifuga)*, Herbstanemone *(Anemone hupehensis)*, Sonnenhut *(Rudbeckia)* sowie Jakobsleiter *(Polemonium)* gut. Überdies ergeben die Blütentriebe des Plattährengrases einen hervorragenden Vasen- und Trockenschmuck.
Pflege: Einmal eingewachsen, erfordert dieses Gras kaum Pflege. Bei anhaltender Trockenheit sollte man es jedoch wiederholt durchdringend wässern, um der Bildung unschöner brauner Blattspitzen vorzubeugen. Am attraktivsten wirken die Pflanzen, wenn man sie in größeren Gruppen einsetzt. An windigen Stellen sind sie allerdings meist nicht sehr standfest. Es empfiehlt sich dann entweder ein unauffälliger Stützring oder die Kombination mit höheren, windfesten Nachbarpflanzen.
Vermehrung: Das Plattährengras läßt sich im Frühjahr durch Teilung ebenso wie durch Aussaat vermehren. An Standorten, die ihm zusagen, verbreitet es sich durch Selbstaussaat.

Coix
Tränengras

Art: *C. lacryma-jobi* (Hiobstränengras, Hiobsträne)
Familie: Süßgräser *(Poaceae)*
Herkunft: feuchte Standorte im tropischen Südostasien
Blütenfarbe: grünlich
Blütezeit: Juli bis September
Höhe: 60–90 cm, zur Blüte 70–100 cm, selten auch höher
Merkmale: Sowohl seine Blüten als auch die Früchte heben das Hiobstränengras als Besonderheit aus der Vielzahl von Gräsern hervor. Es wächst in Mitteleuropa einjährig und entwickelt zahlreiche aufrechte, kräftige Halme. Sie sind dicht mit sehr breiten Blättern besetzt, was der Pflanze eine tropisch-üppige Wirkung verleiht. Die eingeschlechtigen Blüten erscheinen in langgestielten, aufrechten Blütenständen aus den Blattachseln und stehen zwischen oder ein wenig über dem Laub. In jedem Blütenstand sitzt unten jeweils eine weibliche Blüte, die von einer kugeligen bis eiförmigen, auffällig großen Blatthülle umgeben ist. Unmittelbar darüber finden sich mehrere kleinere, männliche Blüten. Besonders interessant ist das Hiobstränengras zur Fruchtzeit, wenn sich die weibliche Blütenhülle, die während der Samenreife hart wird, allmählich weiß, blaugrau oder braun verfärbt.
Standortansprüche: Dieses Gras braucht, soll es prächtig gedeihen, einen sonnigen, warmen Platz und ein nährstoffreiches, gut durchlässiges, aber nicht leicht austrocknendes Substrat.
Verwendung: Man pflanzt das Hiobstränengras als besondere Attraktion an gut einsehbarer Stelle in ein Sommerblumen- oder Staudenbeet, sei es einzeln oder als kleine Gruppe. Am besten macht es sich in der Mitte oder im Hintergrund des Beets. Seine Fruchtstände sind als ungewöhnlicher Trockenschmuck recht beliebt. Die harten, perlenartigen Früchte lassen sich zu vielerlei Bastelarbeiten verwenden.

Coix lacryma-jobi

Pflege: Während der Wachstumszeit benötigt das Gras eine gleichmäßige Wasserversorgung und sollte deshalb bis zur Blüte immer wieder gegossen werden. Bevor es im Herbst unansehnlich wird, räumt man es vom Beet ab.
Vermehrung: Die Anzucht der Pflanzen aus Samen erfolgt im März oder April im Haus. Ab Mitte Mai, nach den letzten Spätfrösten, setzt man sie an ihren Platz im Freien.

Cortaderia
Pampasgras

Art: *C. selloana* (auch *C. argentea*, Pampasgras)
Familie: Süßgräser *(Poaceae)*
Herkunft: baumlose Grasländer (Pampa) in Südamerika
Blütenfarbe: silbrigweiß, auch zartrosa
Blütezeit: September bis Oktober
Höhe: 75–150 cm, zur Blüte 120–300 cm
Merkmale: Das riesenhafte, mehrjährige Pampasgras zählt zu den beliebtesten und bekanntesten Gartengräsern. Es bildet beeindruckende, sehr große und dichte Horste, die erst relativ spät im Jahr zahlreiche lange, graugrün gefärbte, wintergrüne Blätter treiben. Locker bogig überhängend, ergeben sie ein elegantes Bild. Zum Sommerende hin schieben sich aus der Mitte des Horsts mehrere straff aufrechte, kräftige Blütenstengel, die den charakteristischen federbuschartigen Blütenschopf tragen. Seine unzähligen Ährchen sind zu einer dichten, oft einseitswendigen Rispe vereint. Das Pampasgras ist zweihäusig, d. h., seine eingeschlechtigen Blüten sind auf verschiedene Pflanzen verteilt, so daß es rein weibliche und rein männ-

liche Exemplare gibt. Angeboten werden überwiegend weibliche Pflanzen, die üppigere Blütenrispen ausbilden.
Sorten: Im Handel sind verschiedene Sorten erhältlich, u. a. 'Pumila' (empfehlenswerte Zwergsorte, auch für kleinere Gärten geeignet, Blütenrispen schmaler und

Cortaderia selloana

länglicher als bei der Art, silbrigweiß, reichblühend, Höhe 75–100 cm, zur Blüte 120–150 cm), 'Aureolineata' (auch 'Gold Band'; Blätter mit breiten, gelben Randstreifen, Höhe 100–150 cm, zur Blüte 130–180 cm), 'Rosea' (auch 'Rosa Feder'; Blüten leicht rosa überhaucht, etwas empfindlich, Höhe 75–130 cm, zur Blüte 200–250 cm), 'Sunningdale Silver' (besonders starkwüchsig und robust, mit sehr großen, silbrigweißen Blütenrispen, Höhe 100–150 cm, zur Blüte 250–300 cm).
Standortansprüche: Die Pflanzen benötigen einen vollsonnigen Platz und einen tiefgründigen, nährstoffreichen, gut durchlässigen Boden, der während der Wachstumszeit ausreichend feucht, im Winter hingegen möglichst trocken sein sollte.
Verwendung: Wegen der fremdartig wirkenden, imposanten Blütenstände erfordert das stattliche Gras einen sorgfältig ausgewählten Platz im Garten, an dem es einerseits gut zur Geltung kommt, sich andererseits aber auch harmonisch in die umgebende Bepflanzung einfügt. Dabei ist zu beachten, daß der Blattschopf etwa so breit wie hoch wird, also durchaus 2 m Durchmesser erreichen kann. Häufig wird das Pampasgras als Solitär in eine Rasenfläche, in die Nähe eines Sitzplatzes oder an den Gartenteich gepflanzt. Während seiner Blütezeit dominiert es diese Gartenbereiche dann eindeutig. Einige größere dunkellaubige Gehölze geben einen schönen Hintergrund für die silberweißen Blütenfahnen ab. Schwieriger ist das Pampasgras in ein Staudenbeet zu integrieren. Die Nachbarpflanzen sollten ihre Pracht ebenfalls im Herbst entwickeln, etwa durch eine warme, bräunliche Färbung glänzen, wie sie das Silberährengras, das Riesenpfeifengras oder bestimmte Arten des China-Schilfs zeigen. Dazu können einige hochwüchsige Stauden gesetzt werden, die in kräftigen Farben blühen, etwa Herbstastern *(Aster)*, Sonnenhut *(Rudbeckia)* oder spätblühende Sonnenbrautsorten (*Helenium*-Hybriden), am Gewässerrand auch Schaublattarten *(Rodgersia)* oder üppiger Wasserdost (*Eupatorium maculatum* 'Purpureum'). Sowohl frisch als auch getrocknet ergeben die Blütentriebe einen hervorragenden Vasenschmuck. Man sollte sie zu diesem Zweck aber in möglichst jungem Zustand abschneiden.
Pflege: Bei anhaltender Trokkenheit während der Wachstumsperiode muß wiederholt reichlich und durchdringend gewässert werden. Im Winter dagegen ist ein Schutz vor zuviel Nässe wichtig. Dazu bindet man die Blätter im Spätherbst schopfartig zusammen und häuft um die Pflanzen reichlich trockenes Laub an, das zusätzlich mit Reisig bedeckt wird. An Stellen, die stark dem Regen ausgesetzt sind, und besonders im ersten Winter nach der Pflanzung empfiehlt sich ein noch wirksamerer Schutz: Dazu stülpt man etwa eine Haube aus Flechtwerk, eine Holzkiste oder eine feste Kunststoffolie über das Gras. Verkahlen die Horste in der Mitte allmählich, wird es Zeit, die Pflanzen aus der Erde zu nehmen und zu teilen. Pampasgras sollte grundsätzlich nur im Frühjahr gepflanzt werden, denn bei Herbstpflanzung wachsen die Stöcke oft schlecht an. In rauhen Gegenden ist die Haltung in Kübeln sinnvoll. Die Pflanzen werden dann nach der Blüte zum Überwintern an einen hellen, kühlen, aber frostfreien Ort gebracht und ab und zu sparsam gegossen. Ab Mitte Mai kommen sie wieder ins Freie.

Cyrtomium fortunei

Von den im Freien überwinterten Exemplaren entfernt man etwa zur selben Zeit, also wenn keine Spätfröste mehr zu erwarten sind, vorsichtig den Winterschutz und schneidet alte, braun gewordene Blätter ab.
Vermehrung: Pampasgras läßt sich im Frühjahr durch Teilung vermehren. Eine Anzucht aus Samen ist zwar grundsätzlich möglich, aber nicht anzuraten, weil überwiegend nicht die reine Art, sondern Sorten gepflanzt werden und deren Sämlinge in ihren Eigenschaften stark schwanken. Meist weisen die selbstgezogenen Pflanzen weniger schöne Blütenstände auf.

Cyrtomium
Ilex-Farn, Sichelfarn

Art: *C. fortunei* (auch *Polystichum falcatum* var. *fortunei*, Schmaler Ilex-Farn, Fortunes Sichelfarn, Bergwald-Sagopalmenfarn)
Familie: Wurmfarngewächse *(Aspidiaceae)*
Herkunft: schattige Felsspalten und feuchte Bergwälder in Japan, China und Korea
Höhe: 50–70 cm

Merkmale: Dieser attraktive, ausdauernde Farn ist noch recht selten in Gärten anzutreffen, doch besticht er durch seine ledrigen, straff aufrechten, einfach gefiederten Wedel, deren kräftiges Dunkelgrün auch im Winter einen schönen Anblick bietet. Die Fiederchen sind schmal dreieckig bis lanzettlich mit leicht gewelltem Rand und etwas nach oben gebogenen Spitzen. Insgesamt erinnert das Blatt ein wenig an das Laub einer Stechpalme *(Ilex)*, worauf sich auch der Name des Farns bezieht.
Standortansprüche: Der Schmale Ilex-Farn benötigt einen schattigen bis schwach besonnten, geschützten Platz und einen humosen, feuchten, nährstoffreichen Boden.
Verwendung: Am schönsten wirken die dekorativen Pflanzen, wenn man sie einzeln oder in kleinen Gruppen vor oder zwischen immergrüne Gehölze setzt, z. B. zwischen Rhododendren *(Rhododendron)*, Stechpalmen *(Ilex)*, Berberitzen *(Berberis)* oder Mahonien *(Mahonia)*. Dazu passen einige mittelhohe Gräser wie die Japan-Segge oder Bambusarten sowie schattenverträgliche Stauden, so etwa Japanische Anemonen (*Anemone-Japonica*-Hybriden) oder Bergenien *(Bergenia)*.
Pflege: Unansehnliche Wedel werden im Frühjahr ausgeputzt. Bei anhaltender Trokkenheit sollte man die Pflanzen ab und zu wässern oder überbrausen. Der Schmale Ilex-Farn ist in Mitteleuropa nicht völlig winterhart und braucht daher unbedingt einen Winterschutz. Am besten häuft man eine dicke Laubschicht über die Pflanzen und bedeckt sie mit Reisig.
Vermehrung: Vermehrt wird der Ilex-Farn überwiegend aus seinen Sporen, die im Spätsommer reifen. Eine Teilung ist zwar möglich, doch wachsen geteilte Pflanzen nur sehr langsam weiter, so daß diese Methode kaum in Betracht kommt.

Cystopteris
Blasenfarn

Arten: *C. fragilis* (Zerbrechlicher Blasenfarn, Felsenblasenfarn, Gewöhnlicher Blasenfarn), *C. dickieana* (auch *C. fragilis* ssp. oder var. *dickieana*, *C. fragilis* 'Dickieana', Dickies Blasenfarn, Schottischer Blasenfarn), *C. montana* (Bergblasenfarn), *C. bulbifera* (Brutknospenblasenfarn)
Familie: Frauenfarngewächse *(Athyriaceae)*
Herkunft: meist kalkhaltige Felsspalten und auf Geröllhalden, *C. fragilis* und *C. dickieana* weltweit, *C. bulbifera* im nördlichen Nordamerika, *C. montana* feuchte, felsreiche Bergwälder und Kalkschutthalden in Gebirgen der nördlichen Nordhalbkugel
Höhe: *C. fragilis* 10–40 cm, *C. dickieana* 10–20 cm, *C. montana* 10–50 cm, *C. bulbifera* 30–40 cm, selten bis 70 cm
Merkmale: Alle Blasenfarne sind äußerst zarte, zerbrechlich wirkende kleine Stauden, die den Wimperfarnen teilweise recht ähnlich sehen. Der Name Blasenfarn bezieht sich auf die blasenförmigen Häutchen, die sog. Schleier, welche die kleinen Sporenhaufen auf der Blattunterseite bedecken. Typisch ist der lockere, teppichartige Wuchs dieser Farne, der durch die kriechenden, stark verzweigten Rhizome bedingt wird. Eine Ausnahme hiervon bildet nur der Brutknospenblasenfarn, der seine Wedel zu Büscheln vereint.
Der Zerbrechliche Blasenfarn hat zwei- bis dreifach gefiederte, hellgrüne, längliche Wedel, bei denen die einzelnen schlanken Fiedern relativ weit voneinander entfernt an der Mittelrippe stehen. Form, Größe und Zergliederung der Fiedern können je nach Standort und Herkunft stark variieren. Nahe verwandt und äußerlich von manchen Formen des Zerbrechlichen Blasenfarns kaum zu unterscheiden ist Dickies Blasenfarn, der daher von einigen Fachleuten zu dieser Art gerechnet wird. Meist bleibt er jedoch deutlich kleiner, seine Fiedern sind tiefer zerteilt und überlappen sich etwas. Eindeutig lassen sich die beiden Farne nur anhand ihrer Sporen unterscheiden, wozu man ein Mikroskop benötigt. Eine besonders schöne Art ist der Bergblasenfarn. Seine tiefgrünen, flach ausgebreiteten Wedel haben einen breit dreieckigen bis fünfeckigen Umriß und sind drei- bis vierfach gefiedert. Durch die gegenständigen Fiedern mit ihrer regelmäßigen Anordnung erscheint der Boden fast wie mit zarter Spitze bedeckt. Der Brutknospenblasenfarn hebt sich sowohl durch die Form seiner hellgrünen Blätter als auch durch seine Vermehrungsweise von den anderen Arten deutlich ab. Auf der Unterseite

Cystopteris bulbifera

Cystopteris fragilis

der meist zweifach gefiederten, sehr schmal dreieckigen und lang zugespitzten, oft etwas gebogenen Wedel bilden sich erbsengroße Brutknöllchen, die sich entweder noch an der Mutterpflanze zu Jungfarnen entwickeln oder aber im Herbst abfallen und dann erst im nächsten Jahr zu neuen Pflänzchen heranwachsen.
Standortansprüche: Die Blasenfarne bevorzugen einen nicht direkt besonnten, halbschattigen, kühlen, luftfeuchten Platz und einen humosen, lehmigen, lockeren Boden. Der Bergblasenfarn braucht einen kalkhaltigen Untergrund, die übrigen Arten wachsen auch auf kalkfreien Substraten problemlos.
Verwendung: Die hübschen Kleinfarne pflanzt man am besten in Grüppchen an absonnige Stellen im Steingarten. Sie können aber ebenso zwischen niedrigen, immergrünen Sträuchern im Heidegarten oder inmitten kleiner Gehölzgruppen stehen. Überaus zierend wirken sie in schattigen Mauerritzen, auf Treppenabsätzen oder an ähnlichen Stellen, an denen ihre Wurzeln in Steinfugen eindringen können.
Pflege: Blasenfarne lassen sich problemlos kultivieren und bedürfen am richtigen Standort keinerlei Pflege. Breiten sie sich zu stark aus, sind sie leicht durch Abtrennen einiger Rhizomabschnitte einzudämmen.
Vermehrung: Alle Arten können durch Teilung im Frühjahr oder Herbst vermehrt werden. Auch durch Aussaat der im Sommer bis zum Frühherbst reifenden Sporen lassen sich neue Pflanzen gewinnen, vom Brutknospenblasenfarn zudem sehr einfach durch Abnahme seiner Brutknospen.

D

Daboecia
Irische Heide

Arten: *D. cantabrica* (Irische Glockenheide, Kantabrische Bergheide), *D.* x *scotica* (auch *D. azorica* x *D. cantabrica*, Schottische Glockenheide)
Familie: Erika- oder Heidekrautgewächse *(Ericaceae)*
Herkunft: küstennahe Gebiete von Nordportugal bis Westirland
Blütenfarbe: blaßrosa, auch weiß, rosa, rot, purpurn sowie zweifarbig
Blütezeit: Juli bis Oktober
Höhe: *D. cantabrica* 15–60 cm, *D.* x *scotica* 10–30 cm
Merkmale: Dem Gewöhnlichen Heidekraut *(Calluna vulgaris)* und den Heidearten *(Erica)* recht ähnlich präsentieren sich die Irische und die Schottische Glockenheide. Ebenfalls immergrüne Zwergsträucher, tragen sie jedoch ovale, zugespitzte Blättchen, die auf der Oberseite grün, unterseits dagegen weiß sind. Die leicht bauchigen Glockenblüten hängen in lockerer Anordnung an den oberen Triebteilen. Die beiden Formen gleichen sich sehr, die Schottische Glockenheide bleibt aber insgesamt zierlicher.
Sorten: Im Handel sind u. a. erhältlich von *D. cantabrica* 'Cupido' (rosarot, glänzend grünes Laub, Höhe 20–30 cm), 'Globosa Pink' (silbrig purpurn, glänzend grünes Laub, Höhe 35–50 cm), 'Alba' (Schneeglöckchenheide; weiß, silbrig hellgrünes Laub, Höhe 40–50 cm); von *D.* x *scotica* 'Silverwells' (weiß, leuchtend grünes Laub, Höhe 10–15 cm), 'Bearsden' (dunkelrot, glänzend dunkelgrünes Laub, Höhe 20–25 cm), 'William Buchanan' (purpurrot, dunkelgrünes Laub, Höhe 20–25 cm).
Standortansprüche: Beide Pflanzen bevorzugen einen sonnigen bis absonnigen Platz auf lockerem, frischem bis feuchtem, humosem Boden, der sauer reagieren muß.
Verwendung: Die anmutigen Zwerggehölze pflanzt man als belebende Farbtupfer

Daboecia cantabrica

vorwiegend in den Heidegarten. Pro m^2 werden von der Irischen Glockenheide 8 bis 10, von der Schottischen 10–12 Exemplare benötigt. Man verwendet sie jedoch nicht allzu großflächig, sondern sprengt sie tuffartig zwischen andere Heidegewächse ein.
Pflege: Bei anhaltender Trokkenheit sollte man die Pflanzen wässern. Sie gelten als winterhart, können in rauhen Gegenden – insbesondere in schneearmen Wochen und windausgesetzten Lagen – allerdings zurückfrieren. Damit sie wieder gut durchtreiben, schneidet man abgestorbene Triebe im Frühjahr zurück. Nur alle 3–4 Jahre brauchen die Gewächse etwas reifen Kompost.
Vermehrung: Im Sommer kann man Kopfstecklinge schneiden.

Dactylis
Knäuelgras

Art: *D. glomerata* (Knäuelgras, Knaulgras)
Familie: Süßgräser *(Poaceae)*
Herkunft: lichte Waldränder, Fettwiesen und Wegränder in Europa, Westasien und Nordafrika
Blütenfarbe: grünlich, oft gelblich oder violett gescheckt
Blütezeit: Mai bis Juli
Höhe: 20–40 cm, zur Blüte 50–100 cm
Merkmale: Das heimische, mehrjährige Knäuelgras bildet dichtgedrängte Horste aus wenigen, am Grund etwas gebogenen Halmen mit auffällig seitlich zusammengedrückten Blattscheiden. Typisch ist die blaugrüne Färbung der flachen, meist leicht gefalteten und relativ breiten Blätter. An den hohen Halmen stehen die unbegrannten, grünlichen und häufig gescheckten Blüten in einem charakteristischen Blütenstand aus mehreren langgestielten, dichten Ährchenknäueln.
Sorte: 'Variegata' (Silbersprudelgras, Weißbuntes Knäuelgras; Blätter mit breiten weißen Streifen, Höhe 20–30 cm, zur Blüte 50–80 cm)
Standortansprüche: Das Gras gedeiht problemlos an sonnigen bis halbschattigen Plätzen mit durchschnittlichem, nicht zu schwerem und nicht staunassem Boden.

Verwendung: Die Wildform des Knäuelgrases eignet sich gut für naturnahe Bereiche am lichten Gehölzrand oder auf wiesenartigen Freiflächen. Die buntlaubige Sorte wird dagegen in der Staudenrabatte oder im Steingarten verwendet, wo man sie in kleineren Gruppen zwischen mittelhohe Stauden oder niedrige Sträucher plaziert. Setzt man die büscheligen Horste wie Bodendecker dicht nebeneinander, ergibt sich durch das intensive Weißgrün eine interessante Wirkung.
Pflege: Einmal angewachsen, benötigt das Gras fast keine Pflege. Da die Blütenstände beim Silbersprudelgras die Zierwirkung der Blätter beeinträchtigen und daher meist nicht erwünscht sind, sollte man sie schon bald nach der Blüte abschneiden. Auch bei der Wildform empfiehlt sich dies noch vor der Samenreife, wenn man eine Selbstaussaat vermeiden will.
Vermehrung: Die reine Art kann im Frühjahr durch Teilung sowie durch Aussaat vermehrt werden, die buntlaubige Zuchtform dagegen nur durch Teilung.

Dactylis glomerata

Deschampsia
Schmiele

Arten: *D. cespitosa* (auch *D. caespitosa*, *Aira cespitosa*, Rasenschmiele, Sumpfschmiele), *D. flexuosa* (auch *Avenella flexuosa*, *Aira flexuosa*, Drahtschmiele, Geschlängelte Schmiele, Waldschmiele)
Familie: Süßgräser *(Poaceae)*
Herkunft: *D. cespitosa* nasse Wiesen und Wälder in weiten Teilen der Nordhalbkugel, in Gebirgen Zentralafrikas sowie in Südaustralien und Neuseeland, *D. flexuosa* lichte, magere Wälder und bodensaure Magerwiesen in Europa, im Osten Nordamerikas, an der Südspitze Südamerikas, in Neuseeland sowie in einigen Gebirgen in Asien und Ostafrika
Blütenfarbe: grün, auch braun, oft purpurn oder silbrig gescheckt, selten gelblich
Blütezeit: *D. cespitosa* Juni bis August, *D. flexuosa* Juni bis Juli
Höhe: *D. cespitosa* 40–50 cm, zur Blüte 60–120 cm, selten auch höher, *D. flexuosa* 15–25 cm, zur Blüte 40–60 cm
Merkmale: Sehr dichte, kräftig dunkelgrüne, vieltriebige Horste kennzeichnen die mehrjährig wachsende Rasenschmiele. Sie breitet sich keineswegs rasenartig aus, wie es der Name vermuten läßt, sondern bildet auch im Alter zwar große, aber kompakt bleibende Grasbüschel. Typisch sind die wintergrünen, langen, sich beim Abwärtsstreifen sehr rauh anfühlenden Blätter. Wenn man sie gegen das Licht hält, zeigen sich ihre Nerven in Form zahlreicher dunkler Längsstreifen. Viele zweiblütige Ährchen stehen in einer reich verzweigten, im Umriß breit eiförmigen bis länglichen und manchmal

Deschampsia cespitosa

leicht übergeneigten Rispe, die sich auf einem langen Stiel hoch über das Graspolster erhebt. Die ebenfalls mehrjährige, aber viel zartere Drahtschmiele sieht so anders aus, daß man eine Verwandtschaft zur Rasenschmiele kaum vermutet. Sie wächst in meist lockeren, aus wenigen Trieben bestehenden Horsten, die sich durch kurze Rhizome etwas ausbreiten. Kennzeichnend sind ihre kräftig grünen, borstenförmig eingerollten und sich ölig glatt anfühlenden Blätter, die ziemlich steif aufwärts ragen. Der gleichermaßen langgestielte Blütenstand ist deutlich lockerer und im Umriß schmaler als derjenige der Rasenschmiele, die Ährchen stehen an geschlängelten, drahtigen Stielen.
Sorten: Von *D. cespitosa* sind u. a. erhältlich (Höhe jeweils wie die Art) 'Goldtau' (kompakter Wuchs, kleinblütige, goldgelbe Rispen, zur Blüte aber nur 60–70 cm hoch), 'Tardiflora' (kompakter Wuchs, Blütenstand hellgrün, spätblühend, zur Blüte nur 70–90 cm hoch), 'Bronzeschleier' (mit goldbraunen, großen Ährchen), 'Goldgehänge' (Blüten goldgelb, spätblühend), 'Tauträger' (zierliche, blaugrüne, lange haltbare Blütenrispen, spätblühend); von *D. flexuosa* 'Aurea' (auch als 'Tatra Gold' geführt; Blätter kräftig gelbgrün, Blüten bronzefarben, Höhe wie die Art).
Standortansprüche: Beide Gräser benötigen einen sonnigen bis halbschattigen Standort. Während die Rasenschmiele besser auf tiefgründigen, humosen und nährstoffreichen, feuchten bis nassen, auch staunassen Böden wächst, bevorzugt die Drahtschmiele etwas weniger feuchte, humose, saure Substrate und gedeiht auch noch auf relativ trockener und mäßig nährstoffreicher Erde.
Verwendung: Die Rasenschmiele ist recht vielseitig verwendbar. Man kann sie in den naturnahen Garten setzen, etwa in Gehölznähe, am besten so, daß die schönen Blütenstände in der Sonne stehen und sich dabei vor einem dunklen Hintergrund deutlich abheben. Auch beim Gartenteich, am Rand der Sumpfzone, findet sie ihren Platz. Ebensogut paßt sie aber in eine Staudenrabatte, umgeben von einigen niedrigeren Pflanzen, in deren Mitte sie sich voll entfalten kann. Selbst im Winter wirkt dieses Gras noch sehr attraktiv, wenn seine langen Blätter von Rauhreif oder Schnee überzogen sind. Die Drahtschmiele dagegen eignet sich für den Heidegarten sowie für lockere, flächige oder gruppenweise Pflanzungen unter lichten Gehölzen. Auch in den Vordergrund einer Staudenrabatte bringt sie mit ihren silbrig überhauchten Blütenrispen Duftigkeit und Zartheit.
Pflege: Bei anhaltender Trockenheit sollte man die Pflanzen, insbesondere die Rasenschmiele, durchdringend

wässern. Die Blütenstände kann man bis in den Winter stehenlassen, da sie auch in braunem Zustand noch attraktiv wirken. Wird bei der Rasenschmiele jedoch mehr Wert auf den Blattschmuck gelegt, empfiehlt sich ein früher Rückschnitt der Blütentriebe. Jährlich im Frühjahr schneidet man die Horste dieser Art etwas zurück oder lichtet die Pflanzen aus, um Platz für den jungen Blattaustrieb zu schaffen. Die Drahtschmiele dagegen braucht, wenn sie einmal eingewachsen ist, keine besondere Pflege mehr.

Deschampsia flexuosa

Vermehrung: Die Arten lassen sich im Frühjahr durch Teilung und Aussaat vermehren, Sorten nur durch Teilung.

Dryas
Silberwurz

Arten: *D. octopetala* (Silberwurz, Petersbart), *D.* x *suendermannii* (auch *D. drummondii* x *D. octopetala*)
Familie: Rosengewächse *(Rosaceae)*
Herkunft: steinige Rasen und felsige Hänge in den Gebirgen der gemäßigten bis polaren Breiten der Nordhalbkugel
Blütenfarbe: weiß
Blütezeit: Mai bis Juni
Höhe: 5–15 cm
Merkmale: Die sehr langlebigen, stark verholzenden Zwergsträucher wachsen als flache Polster mit den Jahren zu ausgedehnten Matten heran. Sie tragen immergrüne, länglich ovale, am Rand gekerbte Blätter, die oberseits kräftig dunkelgrün gefärbt und unterseits weißfilzig sind. Ihre etwa 2 cm großen, einzelnstehenden Schalenblüten werden aus meist 8 sternförmig ausgebreiteten, strahlend weißen, seidigen Kronblättern gebildet, worauf sich auch der Artname *octopetala* bezieht, der „achtblättrig" bedeutet. Zierend wirken nach der Blüte außerdem die seidig-fedrigen Fruchtstände, die wie silbrige, gedrehte Haarschöpfe aussehen. *D.* x *suendermannii* unterscheidet sich von der heimischen Silberwurz durch eine deutlich stärkere Wuchskraft und meist leicht nickende, etwas größere Blüten sowie gelbliche Blütenknospen.
Standortansprüche: Die Zwerggehölze benötigen einen sonnigen Platz und einen frischen bis mäßig trokkenen, lehmig-humosen, gut durchlässigen, kalkhaltigen, auch steinigen Boden.
Verwendung: Beide Bodendecker eignen sich zum einen für den Steingarten, wo man sie auf ebenen oder wenig geneigten Stellen zwischen größere Felsen setzt, zum andern zur Begrünung kiesiger oder steiniger Freiflächen, z. B. entlang eines Entwässerungsstreifens am Haus. Da die Pflanzen sehr langlebig sind, sollte man den Standort sorgfältig auswählen, damit sie dort möglichst ungestört

Dryas octopetala

wachsen können. Mit ihren weißen Blüten passen die dunkelgrünen Zwergsträucher zu vielen Steingartenstauden, z. B. zu polstrigen Glockenblumen *(Campanula)*, zu Enzianen *(Gentiana)*, Kriechendem Schleierkraut *(Gypsophila repens)*, niedrigem Phlox *(Phlox)*, Federnelken *(Dianthus plumarius)*, und zu anderen Zwerggehölzen. In kleineren Gärten und Steingartenpartien sollte man *D. octopetala* bevorzugen, während sich *D.* x *suendermannii* hauptsächlich für größere Anlagen eignet. Auf begrenzten Flächen können beide zudem rasenartig gepflanzt werden. Dafür benötigt man von *D. octopetala* 10–12, von *D.* x *suendermannii* 8–10 Exemplare pro m^2.
Pflege: Um das Anwachsen zu sichern, sollte man die Pflanzen möglichst nur mit Ballen ein- oder umsetzen. Danach brauchen sie keine spezielle Pflege mehr. Falls sie sich zu stark ausbreiten und Nachbarpflanzen bedrängen, was besonders bei *D.* x *suendermannii* der Fall sein kann, schneidet man die Polster nach der Blüte einfach zurück.
Vermehrung: Neue Pflanzen lassen sich vom Spätsommer bis zum Herbst durch Teilung und Kopfstecklinge gewinnen. Wichtig ist, daß die Stecklinge flach und schräg in das Substrat gesteckt werden, da sie nur auf diese Weise anwurzeln. Ehe man Stecklingspflanzen an ihren endgültigen Platz versetzt, sollte man warten, bis sie einen üppigen Wurzelballen gebildet haben. Die Silberwurz kann zudem aus Samen angezogen werden, die möglichst frisch sein sollten. Sie sind Kaltkeimer, benötigen also eine Frostperiode zur Keimung. Man sät sie am besten in Gefäße, die man zunächst etwa 2 Wochen feucht und warm hält, dann für 1–2 Monate bei Temperaturen um den Gefrierpunkt ins Freie bringt und anschließend bis zur Keimung mäßig warm stellt.

Dryopteris
Wurmfarn

Familie: Wurmfarngewächse *(Aspidiaceae)*

Die ausdauernd wachsenden Wurmfarne zeichnen sich durch trichterförmig angeordnete, ein- bis dreifach gefiederte Wedel aus, deren Umriß lanzettlich schmal bis breit dreieckig sein kann. Die Sporenhäufchen auf den Blattunterseiten werden von rundlichen bis nierenförmigen Häutchen, dem sog. Schleier, bedeckt.

Verbreitete heimische Arten

Arten: *D. filix-mas* (Wurmfarn, Gewöhnlicher Wurmfarn), *D. affinis* (auch *D. borreri*, *D. pseudomas*, *D. pseudo-mas*, *D. filix-mas* var. *borreri*, *D. paleacea*, Goldschuppenfarn, Schuppiger Wurmfarn), *D.* x *tavelii* (*D. affinis* x *D. filix-mas*, fälschlich auch *D.* x *tavellii*, Bastard-Goldschuppenfarn, Tavels Bastard-Wurmfarn, Braunstielwurmfarn), *D. carthusiana* (auch *D. spinulosa*, *Aspidium spinulosum*, Gewöhnlicher Dornfarn, Schmalblättriger Dornfarn, Schmaler Dornfarn, Dorniger Wurmfarn, Kartäuserwurmfarn), *D. dilatata* (auch *D. austriaca*, *D. spinulosa* var. *dilatata*, *D. spinulosa* var. *americana*, Breitwedelfarn, Breitwedeldornfarn, Breitblättriger Dornfarn, Breiter Wurmfarn, Ausgebreiteter Wurmfarn, Dorniger Nierenfarn)

Herkunft: *D. filix-mas* krautreiche Laub- und Nadelwälder von Europa bis Mittelasien und in Teilen Ostasiens, in Nordamerika, im Westen Südamerikas und in Südafrika, *D. affinis* lichte, auch felsreiche Bergwälder in West-, Mittel- und Südeuropa, im übrigen Mittelmeerraum und in Westasien, *D.* x *tavelii* im Überschneidungsgebiet der beiden vorstehend genannten Arten, *D. carthusiana* feuchte Nadelwälder, Bruchwälder und Moorränder von Europa bis Mittelasien und in Nordamerika, *D. dilatata* krautreiche Laub- und Nadelwälder im gleichen Gebiet sowie in Ostasien

Höhe: *D. filix-mas*, *D. affinis* und *D.* x *tavelii* 40–120 cm, selten auch etwas höher, *D. carthusiana* 30–80 cm, *D. dilatata* 30–100 cm

Merkmale: Der heimische Wurmfarn ist die wohl am häufigsten in Gärten gepflanzte Farnart. Seine großen, doppelt gefiederten, dunkelgrünen und etwas derben Wedel tragen längliche, stumpfe, leicht gezähnte Fiederchen mit den typischen nierenförmigen Sporenhaufen. Die insgesamt recht breit wirkenden Wedel stehen bei jungen Einzelpflanzen streng trichterförmig, doch breiten sich die kurzen Rhizome allmählich aus, so daß im Lauf der Jahre große, vielköpfige Horste mit sich gegenseitig durchdringenden Blättern entstehen. Bereits im Altertum wurde aus den Rhizomen dieses Farns ein – allerdings nicht unbedenkliches – Mittel gegen Bandwürmer gewonnen, was seinen deutschen Namen erklärt. Wurzelstock, Wedelstiele und insbesondere die jungen Triebe enthalten Giftstoffe. Der elegante Goldschuppenfarn, eine weitere verbreitete Gartenart dieser Gattung, ähnelt dem Wurmfarn sehr, unterscheidet sich von ihm jedoch durch die zahlreichen zunächst goldbraunen, später dunkelbraunen Schuppen an den Wedelstielen, die besonders beim Austrieb überaus reizvoll wirken. Außerdem sind seine Blätter ledriger, glänzend dunkelgrün und bis weit in den Winter hinein grün, die Fiederchen zeigen sich nur an den Spitzen leicht gezähnt. Auch die Schleier der Sporenhäufchen bleiben länger erhalten als beim Wurmfarn, nämlich bis zum Herbst. Im Erscheinungsbild zwischen den beiden eben genannten Arten steht der Bastard-Goldschuppenfarn, der in freier Natur ab und zu spontan durch Kreuzung aus ihnen entsteht. Insgesamt ähnelt er stärker dem Goldschuppenfarn, doch variiert seine Gestalt ein wenig. Er erweist sich als besonders wüchsige Form, die ebenfalls weitgehend wintergrün bleibt und im Alter mächtige, sehr schöne Farngruppen bildet. Die beiden heimischen Arten Gewöhnlicher Dornfarn und Breitwedelfarn unterscheiden sich von den bisher beschriebenen Formen durch grober und tiefer sowie zudem sehr spitz gezähnte Fiederabschnitte, auf die sich auch der Name des Gewöhnlichen Dornfarns bezieht. Er bildet relativ schmale Wedel, die deutlich länger gestielt sind als diejenigen des Wurm- und Goldschuppenfarns, so daß die Spreite etwa ebensolang ist wie der mit wenigen, einfarbig blaßbraunen Schuppen besetzte Stiel. Die hellgrünen Wedel stehen straff aufrecht. Der Breitwedelfarn hat dagegen dunkelgrüne, bogig überhängende, derbere Wedel mit einer fast dreieckigen, also ungleich breiteren Spreite, die bis lange in den Winter hinein grün bleibt. Ihr etwas kürzerer Stiel ist ebenfalls mit braunen Schuppen bestanden, die jedoch eine dunklere Mitte aufweisen.

Sorten: Von *D. filix-mas* wurden, ähnlich wie beim Frauenfarn, im letzten Jahrhundert zahllose Sorten kultiviert. Heute sind es wesentlich weniger, obwohl Spezialgärtnereien immer noch eine beträchtliche Formenvielfalt anbieten, darunter wichtige

Dryopteris affinis

Dryopteris filix-mas

Sorten wie 'Barnesii' (Barnes' Wurmfarn, Steiler Wurmfarn; schmale, stärker aufrechte Wedel mit sich teilweise überdeckenden Fiederchen, Höhe 60–100 cm), 'Furcans' (Gabelwurmfarn; Fiedern und das Wedelende mehrfach gegabelt, Höhe 60–100 cm), 'Grandiceps' (Großkopfwurmfarn; starkwüchsig, Fieder- und Wedelspitze mit dichten, kammförmigen Troddeln, Höhe 70–110 cm) und 'Linearis Polydactylon' (Schellenbaumfarn; ähnlich wie 'Furcans', aber mit sehr schmalen, mehrfach gefiederten und viel feiner zerteilten Abschnitten; die Fiederchen zudem mit zurückgebogenen Rändern, so daß sie in größerem Abstand als bei der reinen Art zu stehen scheinen und die Wedel insgesamt überaus sehr zart und fein wirken, Höhe 70–110 cm).
Von *D. affinis* ist die Sortenvielfalt geringer. Häufiger angeboten werden u. a. 'Pinderi' (auch 'Compacta', Schmaler Goldschuppenfarn, Welliger Goldschuppenfarn; deutlich schmalere, zur Spitze und zum Grund hin stark verschmälerte Wedel mit kürzeren Fiedern als bei der reinen Art, Höhe 70–90 cm) und 'Cristata' (König der Goldschuppenfarne, Königsgoldschuppenfarn; besonders schön geformte und regelmäßig gefiederte Wedel mit gleichmäßigen, zerteilten Troddeln, die in der Blattmitte am stärksten ausgeprägt sind, Höhe 80–100 cm).
Standortansprüche: Die genannten Wurmfarnarten bevorzugen einen halbschattigen bis schattigen, luftfeuchten Platz und einen frischen bis mäßig feuchten, lockeren, nährstoff- und humusreichen Boden. Bei ausreichender Bodenfeuchtigkeit gedeihen Wurm- und Goldschuppenfarn sowie ihr Bastard auch in sonnigeren Lagen noch gut. Für den Gewöhnlichen Dornfarn empfiehlt sich ein saures, humusreiches, feuchtes Substrat, das jedoch nicht staunaß sein darf.

Dryopteris carthusiana

Verwendung: Alle erwähnten Wurmfarne sind schöne, eindrucksvolle und teilweise recht große Pflanzen, die man am besten einzeln oder in kleinen Gruppen vor und unter Gehölzen plaziert. Wurmfarn, Gewöhnlicher Dornfarn und Breitwedelfarn bieten sich besonders für naturnahe Gartenteile an, wo sie zusammen mit heimischen Laub- und Nadelgehölzen ausgesprochen harmonisch wirken. Der Goldschuppenfarn und seine Sorten sowie die Sorten des Wurmfarns mit einer auffälligen Wedelgestalt sollten vorzugsweise als Solitäre an ausgesuchten, gut einsehbaren Plätzen stehen und passen besser in Ziergartenbereiche. Vor allem Waldstauden sehen zu den Wurmfarnen hübsch aus, etwa Japanische Anemonen (*Anemone-Japonica*-Hybriden), die Prachtspieren (*Astilbe*), Bergenien (*Bergenia*), Funkien (*Hosta*), hohe Glokkenblumen (*Campanula*), Elfenblumen und viele andere mehr. Dazu harmonieren außerdem Waldgräser wie Waldrispengras, Waldhainsimse oder auch Rasenschmiele sowie andere Farne des Waldes, z. B. Frauenfarn oder Straußfarn.
Pflege: Abgesehen von gelegentlichem Ausputzen im Frühjahr benötigen die Wurmfarne keine speziellen Pflegemaßnahmen. Auf leicht austrocknenden Böden muß man sie allerdings während Trokkenperioden ab und zu durchdringend wässern.
Vermehrung: Man kann ältere Exemplare der Pflanzen gut im Frühjahr oder Frühherbst teilen, die Arten und Sorten aber auch aus den Sporen vermehren, die vom Hochsommer bis zum Frühherbst reifen. Zieht man Sorten aus Sporen an, sollte man aus dem entstehenden Formengemisch die schönsten Exemplare auslesen und nur diese weiterkultivieren.

Nicht heimische Arten

Arten: *D. atrata* (auch *D. hirtipes*, Rüsselfarn, Elefantenrüsselfarn), *D. erythrosora* (Rotschleierfarn, Rotsporiger Nierenfarn), *D. goldiana* (auch *Aspidium filix-mas* var. *goldiana*, Riesenwurmfarn)
Herkunft: *D. atrata* lichte Wälder von Indien bis Japan, *D. erythrosora* Bergwälder in Nordostasien, *D. goldiana* feuchte, schattige Wälder im mittleren und östlichen Nordamerika
Höhe: *D. atrata* 50–80 cm, *D. erythrosora* 40–80 cm, *D. goldiana* 70–130 cm
Merkmale: Einfach gefiederte, kräftig dunkelgrüne, schmal zugespitzte Wedel mit langen, grob gesägten Fiedern kennzeichnen den Rüsselfarn. Seinen eigenartigen Namen erhielt er wegen des charakteristischen Austriebs, die jungen Wedel hängen nämlich bis zum vollständigen Entrollen rüsselartig nach unten. Die etwas ledrigen Blätter, die mit ihren übergebogenen Spreiten sehr elegant wirken, bleiben meist auch den Winter über grün. Wohl eine der schönsten Wurmfarnarten ist der Rotschleierfarn, dessen Name von den leuchtend roten Schleiern der Sporenhaufen auf den Blattunterseiten herrührt. Die Wedel zeigen sich nach dem Austrieb zunächst bronzefarben, später glänzend dunkelgrün. Sie haben einen dreieckigen Umriß

Dryopteris atrata

Dryopteris erythrosora

und sind zweifach gefiedert mit schmalen, lanzettlichen Fiederchen. An nicht allzu rauhen Standorten bleibt auch diese Art wintergrün. Mächtige Trichter aus langgestielten, breiten Wedeln machen den Riesenwurmfarn zu einer beeindruckenden Gartenpflanze. Die doppelt gefiederten, am Ende plötzlich zugespitzten Spreiten bestehen aus länglichovalen Fiederchen, die am Rand regelmäßig gezähnt sind. Einen faszinierenden Anblick bietet auch der leuchtend gelbgrüne Austrieb dieses wintergrünen Farns, der zu den größten innerhalb der Gattung zählt.
Standortansprüche: Im großen und ganzen stellen diese fremdländischen Wurmfarne sehr ähnliche Ansprüche wie die im vorangehenden Abschnitt erwähnten Arten (siehe Seite 165). Der Standort des Rüssel- und des Rotschleierfarns sollte aber vor direkter Wintersonne geschützt sein. Der Riesenwurmfarn benötigt zudem unbedingt einen windgeschützten Platz. Seine Wedel knicken bei stärkeren Windböen nämlich ziemlich leicht um. Dieser Farn gedeiht außerdem am üppigsten auf besonders humusreichen Substraten.
Verwendung: Wie die heimischen Wurmfarne lassen sich auch die außereuropäischen Arten am besten in Verbindung mit Gehölzen verwenden, sei es am halbschattigen Gehölzrand, sei es unter höheren Bäumen oder zwischen Sträuchern. Während man den Rüsselfarn am besten in Szene setzt, indem man ihn in kleinen Gruppen zwischen niedrigere Gehölze, z. B. Rhododendren *(Rhododendron)*, pflanzt, sind die beiden anderen Arten ebenso als Solitärfarne geeignet. Sie vermögen auch einzeln den Charakter einer Pflanzung entscheidend mitzubestimmen. Als Begleitpflanzen zu allen drei Arten passen die bereits bei den heimischen Wurmfarnarten genannten Stauden (siehe Seite 165). Sehr hübsch wirken außerdem einige frühjahrsblühende Zwiebel- und Knollengewächse, etwa Narzissen *(Narcissus)* oder Schneeglöckchen *(Galanthus)*, deren Blüten sich vor den wintergrünen Wedeln gut abheben können. Der Rotschleierfarn kommt am schönsten vor immergrünen Gehölzen zur Geltung, weil dort die prächtige Färbung beim Laubaustrieb am stärksten auffällt. Für den Riesenwurmfarn erweist es sich als günstig, wenn er mit einigen höheren Arten kombiniert wird, an denen er sich etwas abstützen kann. Dafür bieten sich etwa Silberkerzen *(Cimicifuga)*, hohe Glockenblumen *(Campanula)* oder Eisenhut *(Aconitum)* an.
Pflege: Ältere, unschön gewordene Wedel kann man im Frühjahr abschneiden, um die Gesamtwirkung der Farnhorste zu erhöhen. Auf einem leicht austrocknenden Boden sollte man die Farne ab und zu wässern, wenn es längere Zeit nicht geregnet hat. Vor allem Rüssel- und Rotschleierfarn erweisen sich als empfindlich gegen strengere Fröste an Tagen ohne schützende Schneedecke. In rauhen Lagen ist daher ein Winterschutz aus einer Laubschicht, die mit Reisig abgedeckt wird, sehr zu empfehlen.
Vermehrung: wie bei den heimischen Wurmfarnarten (siehe Seite 165)

Duchesnea
Scheinerdbeere, Trugerdbeere

Art: *D. indica* (Indische Erdbeere)
Familie: Rosengewächse *(Rosaceae)*
Herkunft: feuchte, schattige Wälder und an Flüssen in Indien und Ostasien
Blütenfarbe: gelb
Blütezeit: Mai bis August
Höhe: 5–10 cm
Merkmale: Am richtigen Standort breitet sich die mehrjährige Indische Erdbeere durch wurzelschlagende Ausläufer bald zu größeren zusammenhängenden Teppichen aus, die bis in den Winter hinein kräftig grün bleiben. Das aus 3 eiförmigen, gezähnten Teilblättchen bestehende Laub sieht dem der heimischen Walderdbeere *(Fragaria vesca)* täuschend ähnlich. An ihren Blüten und Früchten kann man die Indische Erd-

Duchesnea indica

beere jedoch eindeutig erkennen. Die Blüten werden wie bei der echten Erdbeere aus 5 Blütenblättern gebildet, sind aber gelb gefärbt. Auch die roten Früchte wirken wie Erdbeeren und sind eßbar, schmecken allerdings ziemlich fad.
Standortansprüche: Die Indische Erdbeere bevorzugt halbschattige bis schattige, warme Standorte und einen frischen, nährstoff- und humusreichen, lockeren Boden.
Verwendung: Die sehr pflegeleichten Bodendecker sorgen am Fuß größerer Gehölze, am Gehölzrand und an schattigen Plätzen in Wassernähe für einen dekorativen Bewuchs. 8–12, für besonders dichte Bodenbedeckung sogar bis zu 16 Exemplare pro m^2 sind dafür erforderlich. In den Laubteppich kann man einzelne größere Farne, z. B. Wurm- oder Schildfarn, einbinden, aber auch Zwiebel- und Knollengewächse wie Hasenglöckchen *(Hyacinthoides)*, Dreiblatt *(Trillium)* oder Hundszahnlilie *(Erythronium)*.
Pflege: Die Bodendecker sollten jährlich im Herbst oder Frühjahr sowie immer dann, wenn ihre Wuchskraft nachläßt, mit einer dünnen Schicht aus halbreifem Kompost überzogen werden. In rauhen Lagen empfiehlt sich ein leichter Winterschutz aus Reisig, da die Indische Erdbeere empfindlich auf strenge Fröste ohne Schnee reagiert. Dann gehen häufig die Mutterpflanzen ein, allerdings überleben die jungen Ausläufer meist und wachsen im nächsten Jahr rasch weiter.
Vermehrung: Durch Abtrennen der Ausläufer während der Wachstumszeit bis zum Herbst lassen sich besonders leicht neue Pflanzen gewinnen. Auch eine Aussaat im Frühjahr ist möglich.

E

Epimedium
Elfenblume, Sockenblume

Arten: *E. grandiflorum* (auch *E. macranthum*), *E.* x *perralchicum*, *E. perralderianum*, *E. pinnatum* ssp. *colchicum* (auch *E. pinnatum* 'Elegans'), *E. pubigerum*, *E.* x *rubrum* (auch *E. alpinum* var. *rubrum*), *E.* x *versicolor* (auch *E. macranthum* var. *versicolor*), *E.* x *warleyense* (auch *E. alpinum* x *E. pinnatum* ssp. *colchicum?*), *E.* x *youngianum* (auch *E. diphyllum* x *E. grandiflorum*)

Epimedium grandiflorum

Familie: Berberitzen- oder Sauerdorngewächse *(Berberidaceae)*
Herkunft: Alle Arten, aus denen zahlreiche Kreuzungen hervorgegangen sind, stammen aus Wäldern und Gebüschen, *E. grandiflorum* in Ostasien, *E. perralderianum* in Algerien, *E. pinnatum* ssp. *colchicum* im westlichen Transkaukasien, *E. pubigerum* in Bulgarien bis zum Kaukasus
Blütenfarbe: *E. grandiflorum* und *E.* x *youngianum* weiß, *E.* x *perralchicum*, *E. perralderianum*, *E. pinnatum* ssp. *colchicum* und *E. pubigerum* gelb, *E.* x *rubrum* rotgelb, *E.* x *versicolor* gelbrosa, *E.* x *warleyense* orange
Blütezeit: April bis Mai
Höhe: 20–30 cm, *E. pinnatum* ssp. *colchicum* 25–40 cm, *E.* x *rubrum* 30–40 cm, *E.* x *versicolor* 30–50 cm
Merkmale: Die mehrjährigen Elfenblumen machen ihrem märchenhaften Namen alle Ehre. Zum einen bestechen sie durch ihr anmutiges Laub; die schmal herzförmigen, zugespitzten Blätter schließen sich nämlich zu einer sehr regelmäßig wirkenden Blattdecke zusammen. Zum andern faszinieren auch ihre zierlichen, bisweilen mehrfarbigen Blüten, die orchideenähnlich über dem Laub zu tänzeln scheinen.
E. grandiflorum besitzt mit die größten Blüten. Deutlich erheben sie sich über die nur während der warmen Zeit zierlich beblätterten Horste. Das großflächige, am Rand bedornte Laub von *E.* x *perralchicum* dagegen bleibt im Winter grün, und die Art breitet sich durch ihre Ausläufer rasch aus. Recht ähnlich ist ihr *E. perralderianum*. *E. pinnatum* ssp. *colchicum* behält ihr ledriges Blattwerk ebenfalls den Winter über, auch sie bildet Ausläufer. Mit ihr vergleichen läßt sich *E. pubigerum*, nur ziert diese sich mit kleinerem, frischgrünem Laub und helleren Blüten. *E.* x *rubrum* entwickelt Horste ohne Ausläufer, deren sommergrünes Laub am Anfang interessant rot geädert ist. Die lediglich schwach wuchernde *E.* x *versicolor* treibt im Frühjahr rötlich überhauchte Blätter, die sich dann grün und zum Herbst hin bronzefarben tönen; sie bleiben nur teilweise bis zum nächsten Jahr erhalten. Als überaus starkwüchsig und schnell bodendeckend erweist sich *E.* x *warleyense*, deren Laub im Winter kupfrig leuchtet. *E.* x *youngianum* zeigt filigranes, im Austrieb bronzefarbenes, später ergrünendes Blattwerk, ist sommergrün und bildet keine Ausläufer.

Epimedium pinnatum ssp. *colchicum*

Alle genannten Arten enthalten Giftstoffe.
Sorten: Im Handel sind u. a. erhältlich von *E. grandiflorum* (Höhe jeweils 20–30 cm) 'Elfenkönig' (cremeweiß), 'Lilafee' (purpurviolett), 'Rose Queen' (auch als *E. rubrum* geführt; dunkelrosa), 'Violaceum' (violett); von *E.* x *perralchicum* 'Frohnleiten' (auch als Sorte von *E. perralderianum* geführt; gelb, Höhe 30 cm); von *E.* x *versicolor* werden u. a. angeboten 'Cupreum' (auch als *E.* x *versicolor* f. *cup-*

reum geführt; kupferfarben, Höhe 30–40 cm), 'Sulphureum' (auch als *E. macranthum* var. *sulphureum*, *E. sulphureum* oder *E. ochroleucum* geführt; schwefelgelb, Höhe 30–50 cm); von *E.* x *youngianum* (Höhe jeweils 20–30 cm) 'Niveum' (auch als *E. niveum*, *E. macranthum* var. *niveum* geführt; weiß), 'Roseum' (auch als 'Lilacinum', *E.* x *lilacinum*, *E. musschianum* var. *violaceum* geführt; rosaviolett).
Standortansprüche: Die äußerst anspruchslosen Elfenblumen gedeihen an halbschattigen wie an schattigen Stellen. Allerdings fällt die Blüte um so reicher aus, je mehr Licht sie erhalten. Ein frischer, lockerer, humoser und leicht saurer Boden fördert ihre Wuchskraft. Als gegen Trockenheit unempfindlich gelten *E.* x *perralchicum* und *E. perralderianum*.
Verwendung: Nur wenige andere Blattschmuckpflanzen erweisen sich an schattigen Stellen als derart langlebig wie die Elfenblumen. Die eleganten Bodendecker ergeben unter eingewachsenen Gehölzen und an der Schattenseite von Hängen hübsche Blattteppiche, auch Rhododendren *(Rhododendron)* lassen sich mit ihnen gut untermalen. Für flächige Pflanzungen benötigt man von den starkwüchsigen, sich sehr rasch ausbreitenden Arten *E.* x *perralchicum*, *E. perralderianum*, *E. pinnatum* ssp. *colchicum*, *E. pubigerum* und *E.* x *warleyense* 8–9 Exemplare pro m^2. Von den übrigen, horstig wachsenden Arten sind dagegen 10 bis 12 Stück erforderlich. Kombinieren lassen sich die Stauden mit Farnen, Waldgräsern und Bodendeckern wie Herzblättriger Schaumblüte, Ysander und Golderdbeere, ebenso mit Waldblumen wie Prachtspieren *(Astilbe)*, Glockenblumen *(Campanula)*, Silberkerzen *(Cimicifuga)* und dem Storchschnabel.
Pflege: Elfenblumen sind am richtigen Standort sehr pflegeleicht. Bei den wintergrünen Arten beläßt man das Laub als Zierde bis zum Frühjahr, dann jedoch wird es unschön, und man schneidet es bis knapp über dem Boden ab. Herbstliches Fallaub liefert einen leichten Winterschutz und sorgt überdies für Nährstoffnachschub. Aber auch eine Mulchdecke aus Kompost erfüllt diesen Zweck.
Vermehrung: Die Pflanzen lassen sich sehr einfach teilen, was am besten im späten Frühjahr geschieht.

Epimedium x *warleyense*

Erica
Heide, Glockenheide, Erika

Arten: *E. carnea* (auch *E. herbacea*, *E. mediterranea*, Schneeheide, Winterheide, Frühjahrsheide, Gebirgsheide, Alpenheide), *E.* x *darleyensis* (auch *E. carnea* x *E. erigena*, Englische Heide), *E. cinerea* (Grauheide, Aschheide), *E. vagans* (Sommerheide, Cornwall-Heide, Wanderheide), *E. tetralix* (Glockenheide, Moorheide)
Familie: Erika- oder Heidekrautgewächse *(Ericaceae)*
Herkunft: Heiden und Moore in West- und Nordeuropa, *E. carnea* Kiefernwälder und Heiden in den Gebirgen Mittel- und Südeuropas
Blütenfarbe: *E. carnea* lilarosa, auch weiß, rosa und rot, *E. cinerea* lilarosa, auch rosa und rot, *E.* x *darleyensis* rosa und weiß, *E. vagans* rosa, auch weiß und rosalila, *E. tetralix* rosa, auch weiß
Blütezeit: *E. carnea* Dezember bis Mai, *E.* x *darleyensis* Januar bis Mai, *E. cinerea* Juni bis August, *E. vagans* Juli bis September, *E. tetralix* Juni bis September
Höhe: *E. carnea* 15–25 cm, *E.* x *darleyensis* 25–50 cm, *E. cinerea* 10–35 cm, *E. vagans* 25–50 cm, *E. tetralix* 20–40 cm, bei allen Arten einzelne Sorten bis 50 cm
Merkmale: Diese Heidearten sind, ebenso wie das Gewöhnliche Heidekraut (*Calluna vulgaris*), immergrüne Zwergsträucher. An ihren verholzten Trieben tragen sie nadelartige Laubblättchen. Die krug- bis glockenförmigen Blüten stehen gewöhnlich in dichten Trauben an den Triebspitzen. Die Schneeheide trägt ihren Namen entsprechend der Eigenheit, daß sie ihre Blüten in der Winterzeit, also häufig

Erica carnea

zwischen einer Schneedecke, öffnet. Diese Art ist ein Elternteil der Englischen Heide, die jedoch kräftiger wächst und breite Büsche bildet. Typischerweise erscheinen die neu austreibenden Blätter dieser Kulturform meist heller, bisweilen sogar ganz anders gefärbt, und nehmen erst nach und nach die übliche dunkelgrüne Tönung an. Die Grauheide besitzt steif aufrechte Triebe, an denen die grünen, im Winter graugrünen Blättchen jeweils zu dritt in Quirlen angeordnet sind. Ganzjährig dunkelgrün erscheint dagegen das Laub der Sommerheide, deren dichte, polstrige Büsche im Spätsommer und Herbst von kerzenähnlichen Trauben mit zierlichen, wie Perlen wirkenden Blüten durchsetzt sind. Bei der Glockenheide bestehen die Blütenstände zwar aus weniger bauchigen Glokken, diese sind jedoch außerordentlich groß und fallen dadurch besonders auf. Ihr oberseits grünes, unterseits silbriges Laub unterstreicht deren Wirkung noch.

Sorten: Ähnlich wie beim Gewöhnlichen Heidekraut ist das Sortiment auch bei den Heidearten sehr umfangreich und wechselt je nach Anbieter. Empfehlenswerte Sorten von *E. carnea* sind u. a. 'Aurea' (lilarosa, gelbgrünes bis bronzefarbenes Laub, Höhe 10–15 cm), 'Foxhollow' (hellrosa, hellgrünes Laub, im Winter goldgelb, im Austrieb bronzegelb, Höhe 10–15 cm), 'Lohse's Rubin' (rubinrosa, dunkelgrünes Laub, Höhe 10–15 cm), 'Snow Queen' (weiß, frischgrünes Laub, Höhe 10–15 cm), 'Vivellii Aurea' (lilarosa, grünes Laub, im Winter bronzegelb, Höhe 10–15 cm), 'Myretown Ruby' (weinrot, spätblühend, dunkelgrünes Laub, Höhe 15–25 cm), 'Vivellii' (violettrot, spätblühend, dunkelgrünes Laub, im Winter bronzegrün, berschmelze' (weiß, dunkelgrünes Laub, im Austrieb hellrosa, Höhe 35–40 cm), 'White Perfection' (weiß, hell- bis mittelgrünes Laub, Höhe 35–40 cm). Von *E. cinerea* sind u. a. erhältlich 'Golden Drop' (purpurviolett, gelbgrünes Laub, im Winter orangefarben bis kupferrot, Höhe 10–15 cm), 'Pink Ice' (hellrosa, dunkelgrünes Laub, Höhe 15–20 cm), 'Heidebrand' (dunkel rubinrot, dunkelgrünes Laub, Höhe 20–25 cm), 'Katinka' (dunkelpurpurn, glänzend dunkelgrünes Laub, Höhe 25–30 cm), 'Pallas' (purpurrosa, graugrünes Laub, Höhe 30–35 cm). Von *E. vagans* gibt es u. a. 'St. Keverne' (rosa, kräftig grünes Laub, Höhe 20–30 cm), 'Lyonesse' (rahmweiß, kräftig grünes Laub, Höhe 25–30 cm), 'Mrs. D. F. Maxwell' (lachsrosa,

Erica x *darleyensis*

Höhe 15–25 cm), 'Winter Beauty' (tiefrosa, reich- und frühblühend, dunkelgrünes Laub, Höhe 15–25 cm). Von *E.* x *darleyensis* werden u. a. angeboten 'George Rendall' (dunkelrosa, frischgrünes Laub, im Winter rote Spitzen, Austrieb gelb oder rosa, Höhe 30–35 cm), 'Darley Dale' (hellrosa, dunkel- bis graugrünes Laub, Höhe 35–40 cm), 'Sil- dunkelgrünes Laub, Höhe 30–40 cm), 'Lilacina' (rosalila, mittelgrünes Laub, Höhe 35–45 cm). Von *E. tetralix* werden u. a. angeboten 'Tina' (zartrosa, silbrig graugrünes Laub, Höhe 20–25 cm), 'Alba' (weiß, silbriggrünes Laub, Höhe 25–30 cm), 'Con Underwood' (karminrosa, graugrünes Laub, Höhe 25–30 cm).

Erica vagans

Standortansprüche: Die Zwergsträucher benötigen einen sonnigen bis absonnigen Platz auf durchlässigem Boden. Für Schneeheide und Englische Heide sollte der Untergrund frisch, sandiglehmig und humos sein, sie vertragen schwach saures wie kalkhaltiges Substrat. Die Englische Heide erweist sich als überaus genügsam und gedeiht selbst auf sehr kargen, steinigen Böden. Die übrigen Arten bevorzugen ein frisches bis feuchtes, saures und humoses Substrat, insbesondere die Glockenheide braucht viel Feuchtigkeit.
Verwendung: Alle hier genannten Arten sind schöne Pflanzen für den Heidegarten, wo man sie vor allem flächig ansiedelt. Die Zwergsträucher bilden eine hübsche Ergänzung zum Gewöhnlichen Heidekraut, man kombiniert am besten verschiedene Formen miteinander, damit stets einige blühen und die Laubfarben wechseln. Der Pflanzenbedarf liegt bei 8–10 Stück pro m^2. Zur Auflockerung dürfen natürlich auch hier Gehölze, Stauden und Gräser nicht fehlen.
Pflege: Die Pflanzen bleiben auf Dauer dichtbuschig, wenn man sie alle paar Jahre nach der Blüte um höchstens ein Drittel ihrer Wuchshöhe zurückschneidet. Gleichzeitig kann man bei Bedarf etwas reifen Kompost verabreichen. Eine übermäßige Düngung sollte jedoch unbedingt vermieden werden. Außer der Schneeheide sind alle Arten für einen leichten Winterschutz dankbar, insbesondere die Englische Heide.
Vermehrung: Im Sommer kann man Kopfstecklinge abnehmen.
Krankheiten: Echter Mehltau, Rost, Erikasterben

Eriophorum
Wollgras

Arten: *E. latifolium* (auch *E. polystachion*, Breitblättriges Wollgras), *E. angustifolium* (auch *E. polystachion*, Schmalblättriges Wollgras, Sumpffeder), *E. vaginatum* (Scheidiges Wollgras, Moorwollgras, Schleppenwollgras)
Familie: Sauer-, Ried- oder Halbgräser *(Cyperaceae)*
Herkunft: *E. latifolium* meist kalkhaltige Flachmoore und Sumpfwiesen in Europa, Vorder- und Nordostasien, *E. angustifolium* kalkfreie Flachmoore, Ufer und Gräben fast auf der ganzen Nordhalbkugel sowie in Südafrika, *E. vaginatum* Hochmoore und Waldsümpfe fast auf der ganzen Nordhalbkugel
Blütenfarbe: grau bis braun gescheckt, *E. vaginatum* silbriggrau
Blütezeit: April bis Mai, *E. vaginatum* März bis Mai
Höhe: 20–40 cm, zur Blüte 40–60 cm, *E. vaginatum* 15–30 cm, zur Blüte 40–60 cm

Eriophorum latifolium

Merkmale: Ausgedehnte Wollgrasbestände faszinieren in der freien Natur immer wieder von neuem, wenn im späten Frühjahr und im Frühsommer die weichen, rein weißen Haarbüschel im Sonnenlicht erstrahlen. Es handelt sich bei den weißen Puscheln nicht etwa um die Blüten der ausdauernden Gräser, sondern um haarartige Gebilde der Blütenhülle, die sich zur Fruchtzeit stark verlängern und den daran haftenden Samen als Flugorgane dienen. Die Blüten selbst sind nur klein, recht unscheinbar und ähneln denen der Seggen. Sie bestehen aus mehreren zu einer dichten Ähre angeordneten Einzelblüten, von denen außer den Narben und Staubbeuteln jedoch nur die leicht gescheckten Hüllspelzen sichtbar sind.
Das Breitblättrige Wollgras wird am häufigsten in Gärten gezogen. Es entwickelt sich horstig und bildet hellgrüne, fast 1 cm breite, leicht überhängende Blätter aus. Mehrere Ährchen stehen am Ende des Blütentriebs in einer kurzen Traube beieinander. Sie sind jeweils lang gestielt und hängen locker gebogen nach unten. Sehr ähnlich ist das Schmalblättrige Wollgras, doch trägt es nur etwa halb so breite Blätter und wächst außerdem durch ein kriechendes Rhizom zu flächigen Beständen heran. Kennzeichnend für das zierlichere, horstig bleibende Scheidige Wollgras sind die leicht aufgeblasenen Blattscheiden, die erst im Alter überhängenden Blätter sowie vor allem das einzelnstehende Ährchen, das bei der Fruchtreife ein großes, eiförmiges Haarbüschel ausbildet.

Eriophorum vaginatum

Standortansprüche: Die Pflanzen bevorzugen einen sonnigen Platz und einen humosen, ständig feuchten Boden, der auch staunaß sein darf. Während das Breitblättrige Wollgras auf schwach sauren Substraten gedeiht, benötigen die beiden anderen Arten eine stark saure, kalkfreie, torfige Erde.
Verwendung: Alle drei Wollgrasarten sind eine attraktive Bereicherung für den sumpfigen Teichrand, für flache Wasserränder bis etwa 5 cm Wassertiefe oder für Stillwasserzonen entlang eines Bachlaufs. Die wuchernde schmalblättrige Art empfiehlt sich allerdings vorwiegend für größere Gärten. Schön wirken zu Wollgras heimische Sumpfpflanzen wie die Sumpfsiegwurz *(Gladiolus palustris)*, Trollblume *(Trollius europaeus)*, Sibirische Schwertlilie *(Iris sibirica)*, Mehlprimel *(Primula farinosa)* oder auch Pfeifengras.
Pflege: Die Pflanzen sind am richtigen Standort sehr pflegeleicht und bilden, wenn ihnen die Bedingungen zusagen, bald größere Bestände. Nur von wuchernden Nachbarn sollte man sie freihalten, damit sie nicht überwachsen werden. Wichtig ist sowohl für das Schmalblättrige als auch das Scheidige Wollgras, daß sie bei der Pflanzung und bei Bedarf später etwa jährlich im Frühjahr mit etwas feuchtem Rindenmulch oder Torf versorgt werden, damit der Boden sauer bleibt.
Vermehrung: Durch Teilung nach der Blüte sowie durch Aussaat im Frühjahr lassen sich alle genannten Arten vermehren, das Schmalblättrige Wollgras außerdem durch Abtrennen seiner Ausläufer.

F

Fargesia
Schirmbambus

Arten: *F. nitida* (auch *Sinarundinaria nitida, Arundinaria nitida*, Dunkelgrüner Schirmbambus, Cham-Bambus), *F. murielae* (auch *F. spathacea, Sinarundinaria murielae, Thamnocalamus spathaceus, Arundinaria murielae, A. spathacea*, Hellgrüner Schirmbambus, Immergrüner Schirmbambus)
Familie: Süßgräser *(Poaceae)*
Herkunft: *F. nitida* entlang von Flüssen in Zentralasien, *F. murielae* lichte Wälder in Zentralasien
Höhe: 2–4 m, selten auch höher
Merkmale: Die beiden feinblättrigen, aufrecht wachsenden und spitzenwärts überhängenden Schirmbambusse sind mehrjährige Arten, ausgesprochen frosthart und zählen zu den verbreitetsten Gartenbambussen. Im Unterschied zu vielen anderen Bambussen wachsen die Arten dieser Gattung horstartig. Sie bilden zunächst lockere Tuffs und im Alter dann üppige Dickichte. Durch ihre nach außen hin locker übergeneigten oberen Halmteile wirken sie tatsächlich wie grüne Schirme.
Ganz charakteristisch für die Schirmbambusse ist, daß sie 3 oder auch mehr Zweige pro Halmknoten treiben. Der Dunkelgrüne Schirmbambus schiebt etwa 1–1,5 cm dicke, zunächst noch grüne und

stark bemehlte, bald jedoch purpurfarbene Halme aus seinem Rhizom in die Höhe. Die jungen Sprosse bilden, für die Art typisch, im ersten Jahr keine Seitenzweige, sie überwintern damit als blattlose Triebe. Erst ab dem nächsten Jahr verzweigen sie sich und tragen dann zahlreiche dunkelgrüne, knapp 10 cm lange und 1 cm breite Blätter. Die grünlichen, purpurn überhauchten Halmscheiden bleiben lange an den Trieben haften. Beim Hellgrünen Schirmbambus ist die schirmförmige „Krone" besonders schön ausgeprägt. Im Gegensatz zur vorigen Art färben sich seine Halme, die im Austrieb blaßgrün und weiß bemehlt sind, bald gelbgrün und im Alter gelb. Die zunächst fahlgrünen, sich rasch braun verfärbenden Halmscheiden fallen früh ab. Das hellgrüne Laub ist dem der dunkelgrünen Art ähnlich, erscheint jedoch meist bereits im ersten Jahr.

Für botanisch Interessierte ist anzumerken, daß *F. spathacea* bisher als Synonym zur Art *F. murielae*, dem Hellgrünen Schirmbambus, aufgefaßt wurde. Neuere Untersuchungen der Blüten zeigten aber, daß es sich bei *F. spathacea* wahrscheinlich um eine eigene Art handelt – sie ist möglicherweise auch *F. denudata* zu nennen –, die sich u. a. durch einen etwas zierlicheren Wuchs unterscheidet, aber wie *F. murielae* verwendet und gepflegt wird. Doch werden beide Formen im Handel derzeit überwiegend noch nicht unterschieden und daher auch hier zusammengefaßt.

Fargesia nitida

Sorten: Von *F. nitida* sollte man mit Namen benannte, vegetativ vermehrte Sorten auswählen, denn nur diese zeigen – im Gegensatz zu den aus Samen gezogenen Pflanzen, die zuweilen erhältlich sind – den schönen, locker überhängenden Wuchs. Es werden vorwiegend angeboten 'Nymphenburg' (locker überhängende Triebe mit kleineren und schmaleren Blättern als die Art, Höhe bis 3 m), 'Eisenach' (locker überhängende Triebe, etwas breiteres Laub, starkwüchsig, Höhe bis 4 m).

Standortansprüche: Beide Arten bevorzugen einen halbschattigen, luftfeuchten Platz; der Hellgrüne Schirmbambus gedeiht aber auch gut an sonnigen, jedoch nicht zu heißen Stellen. Ein tiefgründiger, lockerer und humoser, frischer bis feuchter, gut durchlässiger Boden bietet ihnen die besten Voraussetzungen.

Verwendung: Die Schirmbambusse sind ideale Arten zur Anlage eines regelrechten Bambushains. Dabei ist es wichtig, den Pflanzplatz für diese sehr langlebigen Gräser sorgfältig auszuwählen, denn sie sollten in der Folge möglichst unverpflanzt bleiben. Dann werden sie mit zunehmendem Alter immer schöner. Bei der Verwendung im Garten ist vor allem der fernöstliche Charakter der Pflanzen zu berücksichtigen. Besonders hübsch machen sich Schirmbambusse als Sicht- und Windschutz neben Terrassen und am Rand von Gartengewässern, aber auch als Blickfang auf einer freien Fläche im Garten oder Vorgarten. Obwohl die mächtigen Pflanzen am attraktivsten wirken, wenn sie nur von niedrigen Stauden und Gehölzen umgeben sind, können sie auch völlig problemlos in den Gehölzrand oder eine Hecke eingegliedert werden.

Pflege: Gepflanzt werden Schirmbambusse am besten mit Ballen, und zwar im späten Frühjahr. Die Pflanzfläche bedeckt man mit einer dicken Mulchschicht aus halbreifem Kompost, Stroh oder Rindenmulch, die jedes Jahr im Herbst erneuert wird. Das Fallaub der Bambusse sollte man keinesfalls entfernen, denn aus den verrottenden Blättern wird wertvolle Kieselsäure freigesetzt, die über den Boden den Pflanzen wieder zugeführt wird. Sofern das Laub in angrenzenden Pflanzungen stört, recht man es zusammen und verteilt es zwischen den Bambustrieben. Setzt man einen Schirmbambus an den Rand eines Gewässers, ist zu beachten, daß der Pflanzplatz etwa 30 cm oberhalb des Wasserspiegels liegen muß, damit die Wurzeln von schädlicher Staunässe verschont bleiben. Der Boden darf allerdings auch nicht austrocknen, bei Bedarf ist deshalb reichlich und durchdringend zu wässern. Im Frühjahr oder Herbst empfiehlt sich eine Düngung mit halbverrottetem Stallmist. Alternativ kann man vom Austrieb bis etwa Juli mehrmals einen handelsüblichen, stickstoffbetonten und salzarmen Voll-

Fargesia murielae

dünger geben. Zusätzlich hat sich in den ersten Jahren nach der Pflanzung wiederholtes Gießen mit Schachtelhalmbrühe (siehe Seite 89) bewährt. Damit die Pflanzen ihr recht schmuckes Aussehen behalten, entfernt man im Frühjahr die abgestorbenen und unansehnlichen älteren Halme.

Vermehrung: Schirmbambusse können im Frühjahr vor dem Neuaustrieb vorsichtig geteilt werden. Dazu gräbt man den Boden auf und trennt gut entwickelte Rhizomabschnitte, die jeweils einen älteren, reich verzweigten und beblätterten Halm tragen, ab. Der Halm wird bis auf wenige Internodien eingekürzt, so daß noch mindestens 2 Seitenzweige daran verbleiben. Die so gewonnenen Rhizomstücke werden jeweils einzeln eingetopft. Sie bleiben so lange in den Töpfen, bis sich neue Triebspitzen zeigen, und werden erst dann wieder ins Freie verpflanzt.

Festuca
Schwingel

Familie: Süßgräser *(Poaceae)*

Die Schwingel bilden eine große und recht vielgestaltige Gruppe ausdauernder Gräser, in der sowohl sehr niedrige Arten mit feinen, borstenartigen Blättern als auch hohe mit flachem, breitem Laub anzutreffen sind. Die meisten Schwingel sind immergrün und besiedeln offene, magere und steinige Böden, doch finden sich ebenso Waldgräser darunter. Auch zwei der wichtigsten Wiesengräser, die fast in jeder Rasenmischung enthalten sind, gehören zu dieser Gattung: der Ausläufertreibende Rotschwingel *(F. rubra)* sowie der Schafschwingel. Kennzeichnend sind die rispigen, lockeren und zart wirkenden Blütenstände, die denen der Rispengräser ähneln. Sie unterscheiden sich von ihnen jedoch durch die schlankeren, länglicher geformten Ährchen, die zumeist zu feinen Spitzen ausgezogen oder kurz begrannt sind. Alle hier beschriebenen Schwingelarten wachsen horstförmig. Ihr Name bezieht sich im übrigen auf die dünnen, im Wind hin und her schwingenden Halme.

Schwingelarten für Felssteppen und sonnige Freiflächen

Arten: *F. cinerea* (auch *F. cinerea* ssp. *cinerea*, *F. glauca*, *F. ovina* 'Glauca', *F. ovina* var. *glauca*, Blauschwingel), *F. valesiaca* (Walliser Schwingel, Zwergblauschwingel), *F. amethystina* (Regenbogenschwingel, Amethystschwingel), *F. ovina* (Schafschwingel), *F. tenuifolia* (auch *F. ovina* var. *tenuifolia*, *F. capillata*, *F. filiformis*, Haarschwingel, Feinschwingel, Feinhaarschwingel), *F. punctoria* (auch *F. acerosa*, Stachelschwingel, Stachelschweinschwingel)
Herkunft: *F. cinerea* Trockenrasen, felsige und steinige Hänge im südlichen Mitteleuropa, *F. valesiaca* Trockenrasen, felsige und grasige Hänge von Mittel- und Südeuropa bis nach Westasien, *F. amethystina* lichte Kiefernwälder, Gebüsche, Waldränder und Magerrasen im südlichen Mittel- und in Südosteuropa sowie im Kaukasus, *F. ovina* Magerwiesen und -weiden, Heiden, lichte Wälder und Wegränder in Nord- und Mitteleuropa bis Sibirien und in Nordafrika, *F. tenuifolia* sandige Magerrasen und krautarme, lichte, bodensaure Wälder in Nord-, West- und Mitteleuropa, *F. punctoria* trockene, steinige Hänge im Norden der Türkei
Blütenfarbe: grünlich, meist violett gescheckt, *F. punctoria* graugrün
Blütezeit: *F. cinerea* und *F. amethystina* Mai bis Juni, *F. valesiaca* und *F. punctoria* Juni bis Juli, *F. ovina* und *F. tenuifolia* Mai bis Juli

Festuca cinerea

Höhe: *F. cinerea* 15–40 cm, zur Blüte 30–80 cm, *F. valesiaca* 10–15 cm, zur Blüte 20–30 cm, *F. amethystina* 20–40 cm, zur Blüte 30 bis 70 cm, *F. ovina* 10–30 cm, zur Blüte 20–60 cm, *F. tenuifolia* 10–20 cm, zur Blüte 20–40 cm, selten auch höher, *F. punctoria* 5–15 cm und zur Blüte 15–30 cm
Merkmale: Vom Blauschwingel, einer der am häufigsten kultivierten Schwingelarten, gibt es zahlreiche Sorten mit schöner, unterschiedlich ausgeprägter Blaufärbung der Horste. Die richtige Benennung dieser Art bereitet noch immer Schwierigkeiten und ist auch unter Fachleuten umstritten. Die Botaniker unterscheiden gewöhnlich mehrere sehr ähnliche Blauschwingelarten. Gärtnerisch werden sie jedoch schlicht als blaue Formen des Schafschwingels zusammengefaßt und unabhängig von der genauen Abstammung der Sorte unter *F. cinerea* oder dem alten Namen *F. glauca* geführt. Die reinen Arten sind ohnehin selten in Kultur. Der formenreiche Blauschwingel bildet kräftige, dichte, im Umriß halbkugelige Horste aus zahlreichen langen und dünnen, ziemlich straffen Blättern, die nach allen Seiten abstehen und nur an den Spitzen ein wenig überhängen. Sowohl die Blatthorste wie die aufrechten Blütenhalme sind intensiv blaugrün gefärbt, je nach Sorte in einer bestimmten Tönung. Die schlanken Blütenrispen mit den kurz begrannten Ährchen erheben sich allseits ausgebreitet hoch über das Laub und spielen im Wind. Der Walliser Schwingel wirkt wie eine Miniaturausgabe des Blauschwingels. Seine Horste bleiben aber nicht nur wesentlich zierlicher, die Blätter sind auch feiner und außerdem mit einem abwischbaren Reif versehen. Ihre Färbung ist weniger intensiv blau als vielmehr grünlichblau. Eine sichere Unterscheidung ist jedoch nur dem Fachmann anhand des anatomischen Blattaufbaus möglich. Ähnlich feine, blaugrüne Blätter trägt auch der Regenbogenschwingel. Sie sind bei dieser Art allerdings wesentlich länger und weit überhängend, so daß die Pflanzen relativ flache Horste bilden. Wie beim Blauschwingel stehen die Blütenrispen auf hohen Halmen nach allen Seiten ausgebreitet, doch sind die spitz eiförmigen Ährchen im Unterschied zu den anderen Arten unbegrannt. Weil die Farbe der Blätter etwas variiert – meist schwankt sie zwi-

schen Blau- und Meergrün –, stets aber auch einige bräunliche Blätter in den Horsten auftreten und die Blattscheiden zudem oft rotviolett getönt sind, erhielt die Pflanze den Namen Regenbogenschwingel. Dichte Horste bildet der Schafschwingel aus, eine überaus variable Art, die teilweise dem Blauschwingel recht ähnlich sieht. Gewöhnlich sind seine feinen, borstenartigen Blätter jedoch graugrün gefärbt. Die schlanken, länglichen Blütenrispen sitzen auf dünnen, aufrechten Trieben ein ganzes Stück über dem Laub. Eine der zahlreichen dem Schafschwingel nahe verwandten Arten ist der Haarschwingel, der sich durch haardünne, steife Blätter auszeichnet. Seine kompakten Horste sind im Gegensatz zu denen der anderen Arten kräftig grün und zeigen eine schöne Herbstfärbung. Vor allem zur Reifezeit wirken die in zahlreichen straff aufrechten Büscheln erscheinenden Blütentriebe mit den dichten, dann silbrig glitzernden Rispen sehr zierend. Zu den zwergigen Arten der Gattung zählt der seltener gepflanzte Sta-

Festuca valesiaca

Festuca amethystina

chelschwingel. Er entwickelt graugrüne bis stahlblaue, derbe und vergleichsweise kurze, stachelspitze und meist etwas gebogene Blätter und bildet lockere, aber starre Horste, die von kurzen Blütentrieben überragt werden. Zum Schutz vor Austrocknung sind seine Blätter, ähnlich wie bei vielen anderen trockenheitsverträglichen Pflanzen, nach unten eingerollt.

Sorten: Im Handel gibt es von *F. cinerea* zahlreiche Sorten, die sich im wesentlichen in der Blattfärbung und der Wuchshöhe unterscheiden. Empfehlenswert sind u. a. 'Silberreiher' (silbrigblau, kaum blühend, guter Bodendecker, Höhe 20–30 cm), 'Frühlingsblau' (graublau, guter Bodendecker, Höhe 15–25 cm, zur Blüte 30–50 cm), 'Harz' (dunkel olivgrün, teils mit tiefblauen Spitzen, guter Bodendecker, Höhe 15–25 cm, zur Blüte 30–50 cm), 'Azurit' (tief stahlblau, Höhe 20–30 cm, zur Blüte 40–60 cm), 'Blaufink' (blaß silbrigblau, Höhe 20 bis 30 cm, zur Blüte 40–60 cm), 'Meerblau' (intensiv blau, guter Bodendecker, Höhe 20 bis 30 cm, zur Blüte 40–60 cm), 'Blauglut' (leuchtend silberblau, Höhe 20–40 cm, zur Blüte 60–80 cm). Manchmal werden diese Sorten auch fälschlich als Zuchtformen von *F. valesiaca* oder *F. ovina* angeboten. Des weiteren sind erhältlich von *F. amethystina* (Höhe jeweils wie die Art) 'Aprilgrün' (Blätter olivgrün), 'Bronzeglanz' (Blätter bronzefarben überhaucht); von *F. ovina* 'Superba' (Blätter blaugrün, bildet kaum Blüten, Höhe wie die Art).

Standortansprüche: Die Pflanzen bevorzugen einen vollsonnigen, warmen bis heißen, nach Möglichkeit regengeschützten Platz und benötigen einen mäßig trockenen bis frischen, gut durchlässigen, mäßig nährstoffreichen oder aber mageren Boden. Sie gedeihen auch auf sandigsteinigen, flachgründigen Substraten. Während Schaf- und Haarschwingel auf kalkarmer, saurer Erde am besten wachsen, sind für alle anderen genannten Arten kalkhaltige Böden zu empfehlen.

Verwendung: Sonnige Freiflächen, z. B. Steppen-, Heide- und Felssteppenpflanzungen, sind diejenigen Gartenbereiche, auf denen die hier angeführten Schwingelarten vornehmlich eingesetzt werden. Schaf- und Haarschwingel eignen sich außerdem für die Anlage von Wildblumenwiesen. Zum einen sind sie robust und wenig anspruchsvoll, zum andern neigen sie nicht zum Wuchern, so daß neben ihnen zahlreiche Kräuter gedeihen können. Meist werden die Arten gruppenweise gepflanzt, höhere Sorten des Blauschwingels machen sich aber auch als Einzelexemplare recht gut.
Grundsätzlich gilt, daß die blaulaubigen Arten und Sorten, also insbesondere Blau- und Walliser Schwingel, behutsam zu verwenden sind, um ihre Wirkung richtig auszunutzen. Sie lassen sich am besten mit silber- oder graulaubigen Gewächsen sowie mit Blumen in kräftigen Rot-, Blau- oder Gelbtönen kombinieren. Sehr harmonisch wirken in Felssteppenpflanzungen Silberbeifuß, Bergkamille, Filziges Hornkraut, Kugeldisteln *(Echinops)*, Edeldisteln *(Eryngium)*, niedrige Glockenblumen *(Campanula)* und sowohl niedrige als auch hohe Fetthennen. Schließlich eignen sich auch passende andere Gräser wie Federgrasarten, Wimperperlgras oder Zittergras gut als Begleitpflanzen. Einen wunderbaren Hintergrund für die Blautöne der Grashorste schaffen rotlaubige Gehölze, z. B. der Perückenstrauch (*Cotinus coggygria* 'Royal Purple'). Der Blauschwingel und seine Sorten bilden außerdem eine hervorragende Ergänzung zu Rosen *(Rosa)*. Der Regenbogenschwingel fügt sich ausgezeichnet in pflegeleichte, recht naturnahe Pflanzungen mit verschiedenen Kiefern *(Pinus)* und der Schneeheide

ein. Im Heidegarten, wo vor allem Schaf- und Haarschwingel Verwendung finden, sind Heidenelke *(Dianthus deltoides)*, Katzenpfötchen *(Antennaria)* sowie Perlpfötchen *(Anaphalis)* neben verschiedenen Sorten des Gewöhnlichen Heidekrauts schöne Nachbarpflanzen. Der bizarre Stachelschwingel ist ein hervorragender Begleiter für allerlei sukkulente, also dickblättrige, ebenfalls an Trockenheit angepaßte Arten und eignet sich daher für spezielle Pflanzungen an sehr trockenen Plätzen, die steppenhaften Charakter haben. Man kann ihn aber auch an entsprechenden Stellen im Steingarten plazieren. Dazugepflanzt werden etwa Igelpolster, Palmlilien *(Yucca)* oder Hauswurz *(Sempervivum)*. Als Bodendecker kommen sowohl Schaf- wie Regenbogen- und Walliser Schwingel in Frage, insbesondere aber auch der Blauschwingel und einige seiner Sorten. Pro m^2 sollte man für diesen Zweck 9–12 Exemplare vorsehen.

Pflege: Alle genannten Arten sind robust und sehr unempfindlich gegen Trockenheit. Im Gegenteil, je trockener, magerer und wärmer die Standortverhältnisse, desto intensiver fällt meist die Blattfärbung aus. Dünger darf deshalb, wenn überhaupt, nur in geringer bis mäßiger Dosierung gegeben werden; bei zu reichem Nährstoffangebot verkürzt sich außerdem die Lebensdauer der Pflanzen. Wenn die abgeblühten Halme in der Pflanzung stören und eher die Wirkung der Horste betont werden soll, schneidet man die Blütentriebe schon während oder gleich nach der Blüte ab. Für solche Fälle sind überdies die wenigblühenden Sorten empfehlenswert, die von einigen Arten angeboten werden. Den Regenbogenschwingel sollte man seines weit überhängenden Wuchses wegen mit etwa 50 cm Abstand zu den Nachbarpflanzen setzen.

Vermehrung: Die reinen Arten können im Frühjahr sowohl durch Teilung wie auch aus Samen, die Sorten nur durch Teilung vermehrt werden.

Tip: Bei der Wahl der Blauschwingelsorten für den Garten sollte man sich von einer lokal ansässigen Gärtnerei beraten lassen, weil die Eignung der Sorten sowohl vom Boden als auch vom Klima abhängt und sich daher von Gebiet zu Gebiet leicht unterscheidet.

Schwingelarten für den Steingarten

Arten: *F. gautieri* (auch *F. scoparia*, Bärenfellschwingel, Bärenfellgras, Pyrenäen-Schwingel), *F. alpina* (Alpenschwingel), *F. glacialis* (Gletscherschwingel), *F. pallens* (auch *F. cinerea* ssp. *pallens*, *F. cinerea* 'Pallens', *F. glauca* ssp. *glauca*, Blasser Schwingel, Felsenschwingel)

Herkunft: *F. gautieri* Schotterflächen und Felsrasen in Südwestfrankreich und Nordostspanien, *F. alpina* Felsspalten und steinige Hänge in den Alpen und Pyrenäen, *F. glacialis* Felsrasen in den Pyrenäen und Zentralalpen, *F. pallens* sonnige Felsspalten und Felsrasen in Mittel-, Süd- und Osteuropa

Blütenfarbe: grünlich, *F. alpina* gelbgrün, teilweise violett überhaucht

Blütezeit: *F. gautieri* Juni bis August, *F. alpina* und *F. glacialis* Juni bis Juli, *F. pallens* Mai bis Juni

Höhe: *F. gautieri* 10–20 cm, zur Blüte 20–30 cm, *F. alpina*

Festuca gautieri

und *F. glacialis* 5–15 cm, zur Blüte 10–20 cm, *F. pallens* 10–20 cm, zur Blüte 20–40 cm

Merkmale: Unter den Schwingelarten für den Steingarten ist der Bärenfellschwingel eine der beliebtesten. Er bildet flache, breit polsterförmige, stets gepflegt wirkende Horste, die aus zahllosen haarartig feinen, aufrechten bis leicht übergeneigten, kräftig dunkelgrünen Blättern bestehen. Im Alter können sie zu rasenartigen Matten mit bis zu 1 m Durchmesser auswachsen. Aus den Graspolstern entspringen zahlreiche dünne, mehr oder weniger straff aufrechte Blütenhalme, die die sehr schlanken Ährchenrispen tragen. Zunächst grün, verfärben sie sich alsbald gelbbraun und bleiben ausgesprochen lange bestehen. Kleine, halbkugelige Horste aus ebenfalls haarfeinen, frischgrünen Blättern, so präsentiert sich der Alpenschwingel. Seine kleinen Blütenrispen mit den kurz begrannten Ährchen stehen nur wenige Zentimeter über dem Laub. Recht ähnlich wächst auch der Gletscherschwingel, der aber blaß blaugrüne Blätter und unbegrannte Ährchen aufweist. Der Blasse Schwingel ist nahe mit dem Blauschwingel verwandt. Gleich diesem zeichnet er sich durch intensiv blaugrüne, ebenfalls bereifte Blätter aus, die jedoch im Vergleich zu denen des Blauschwingels etwas dicker, außerdem derb und steif sowie stets bogig starr sind. Die begrannten Ährchen stehen in schlanken Rispen recht hoch über dem dichten Horst.

Standortansprüche: Diese Schwingelarten wachsen am besten an einem halbschattigen bis mäßig besonnten, vor Nässe und direkter Wintersonne geschützten Platz. Sie gedeihen auf frischen, sehr gut durchlässigen, mäßig nährstoff- und humusreichen Böden, die möglichst kies- oder feinschotterreich sein sollten, um die Dränage zu sichern. Der Blasse Schwingel kann auch an eine sonnige Stelle mit mäßig trockenem Boden gepflanzt werden. Alpen- und Blasser Schwingel bevorzugen kalk- bzw. basenhaltige Substrate, der Gletscherschwingel dagegen saure Erde.

Verwendung: Man verwendet diese Schwingel überwiegend im Steingarten, wo man sie auf schotterige Flächen oder in Felsspalten setzt, den breitwüchsigen Bärenfellschwingel ebenso zwischen größere Felsen. Sie können sowohl einzeln als auch in kleineren Gruppen gepflanzt werden. Mit den schmucken Gräsern lassen sich zahlreiche niedrige Steingartenpflanzen gut kombinieren, etwa Mannsschild- *(Androsace)*, Gänsekresse- *(Arabis)* oder Felsenblümchenarten *(Draba)* sowie niedrige Glockenblumen *(Campanula)* und Primeln *(Primula)*. Um den Gräsern Halbschatten zu bieten und sie vor intensiver Wintersonne zu schützen, sind einige niedrige Sträucher in unmittelbarer Nähe zu empfehlen, etwa Geißklee- *(Cytisus)* oder Ginsterarten *(Genista)*. Den Bärenfellschwingel kann man bei entsprechenden Bodenverhältnissen gut als Beeteinfassung oder entlang von Wegrändern einsetzen, wo die Horste locker über unschöne Kanten wachsen und diese verdecken. Der Blasse Schwingel eignet sich ausgezeichnet zur Begrünung einer Trocken- oder Natursteinmauer.

Pflege: Den Bärenfellschwingel sollte man möglichst mit Ballen einpflanzen, um sein Anwachsen zu sichern. Man darf die einzelnen Exemplare nicht zu nah nebeneinandersetzen, weil die Polster sonst an den Rändern zum Verkahlen neigen. Ist die Pflanzung im Lauf der Jahre zu dicht zusammengewachsen, gräbt man die Graspolster aus, um sie zu teilen oder zu versetzen. Auch Alpen- und Gletscherschwingel werden aus der Erde genommen, sobald sie in der Mitte zu verkahlen beginnen. Eine solche Verjüngung dient ebenfalls dem Erhalt der schönen, rundlich-kompakten Form der Polster. Bei anhaltender Sommertrockenheit sollte man die Pflanzen ab und zu wässern. Nur der sehr robuste Blasse Schwingel braucht kein zusätzliches Gießen. Für die Düngung gilt dasselbe wie bei den übrigen Schwingelarten (siehe Seite 174). Der Bärenfellschwingel ist durch eine leichte Abdekkung aus Reisig vor allzu intensiver Wintersonne zu schützen.

Festuca alpina

Vermehrung: wie bei den Schwingelarten für Felssteppen und sonnige Freiflächen (siehe Seite 174)

Schwingelarten für den Gehölzrand und das Staudenbeet

Arten: *F. gigantea* (Riesenschwingel), *F. mairei* (Atlas-Schwingel)

Festuca mairei

Herkunft: *F. gigantea* Auwälder, feuchte Waldlichtungen und -ränder in Europa, Westasien und Nordafrika, *F. mairei* Bachränder und feuchte Geröllfelder im Atlasgebirge Nordafrikas
Blütenfarbe: *F. gigantea* blaßgrün, *F. mairei* grünlich
Blütezeit: *F. gigantea* Juli bis August, *F. mairei* Juni bis Juli
Höhe: *F. gigantea* 50–80 cm, zur Blüte 80–150 cm, *F. mairei* 40–60 cm, zur Blüte 80–120 cm, selten auch höher
Merkmale: Im Unterschied zu den bisher genannten Schwingeln zeichnet sich der heimische, immergrüne Riesenschwingel durch flache und recht breite Blätter aus. Er bildet lockere Horste mit bogig aufsteigenden, aufrechten, kräftigen Halmen. Die dunkelgrünen, bis etwa 2 cm breiten Blätter sind typischerweise größtenteils übergeschlagen, so daß ihre glänzende Unterseite nach oben weist. Über dem Laubhorst erscheinen die großen, ausgebreiteten Rispen mit zahlreichen bis 2 cm lang begrannten Ährchen an den meist übergeneigten Trieben. Eine ungemein attraktive, wintergrüne Art, die sich noch nicht lange im Handel befindet, ist der Atlas-Schwingel. Die großen, kugelig erscheinenden Horste sind ausgesprochen formschön und bestehen aus zahllosen graugrünen, etwa 5 mm breiten und sehr langen Blättern, die sich strahlenartig ausbreiten und locker überhängen. Über den Blatthorst erheben sich, ebenfalls strahlig, die duftig und leicht wirkenden, dünnen Blütentriebe mit den sehr schlanken, grünlichen Rispen.
Sorte: von *F. gigantea* 'Striata' (Blätter matt weiß gestreift, sonst wie die Art)
Standortansprüche: Während der Riesenschwingel einen halbschattigen bis schattigen Standort und sehr fri-

schen bis feuchten, nährstoff- und humusreichen, lockeren Boden bevorzugt, braucht der Atlas-Schwingel dagegen einen sonnigen, warmen Platz und frisches bis mäßig trockenes, zudem mäßig nährstoffreiches Substrat.
Verwendung: Der Riesenschwingel eignet sich gut zur Unterpflanzung größerer Gehölze sowie für Gehölzränder in naturnahen Gartenbereichen, wo er auch verwildern kann. Dort läßt er sich bestens mit verschiedenen Wald- und Waldrandstauden kombinieren, z. B. mit Salomonssiegel *(Polygonatum)*, Aronstab *(Arum)*, hohen Glockenblumen *(Campanula)*, Fingerhut *(Digitalis)* und Wiesenrauten *(Thalictrum)*. Auch macht er sich gut mit anderen Waldgräsern wie Waldrispengras oder Waldsegge, ebenso mit höheren Waldfarnen. Den Atlas-Schwingel verwendet man dagegen bevorzugt auf sonnigen Freiflächen oder in großen Staudenbeeten. Er ist ein schöner Begleiter für Stauden mit kräftigen Blütenfarben sowie von Beet- und Strauchrosen. Beide Schwingelarten werden am besten einzeln gepflanzt.
Pflege: Nach dem Einwachsen benötigt der Riesenschwingel keine spezielle Pflege mehr. Auch der Atlas-Schwingel ist sehr robust, man sollte ihn jedoch ab und zu im Frühjahr vor dem Austrieb etwas zurückschneiden, damit der Neuaustrieb angeregt wird und die Horste formschön bleiben. Die rasch verbraunenden Blütenhalme kann man bald nach der Blüte entfernen, damit der Blatthorst wieder uneingeschränkt zur Geltung kommt.
Vermehrung: wie bei den Schwingelarten für Felssteppen und sonnige Freiflächen (siehe Seite 174)

G

Geranium
Storchschnabel

Familie: Storchschnabelgewächse *(Geraniaceae)*

Die verschiedenen mehrjährigen Storchschnabelarten, -hybriden und -sorten besitzen allesamt im Umriß rundliche bis handförmige, ansonsten aber recht vielgestaltige Blätter. Vielfach sind sie dicht mit Duftdrüsen übersät und daher ein wenig klebrig. Das schöne Laub läßt die aparten Schalenblüten gut aufleuchten. Aus den Blüten entwickeln sich schmale, langgestreckte Früchte, die an einen Storchschnabel erinnern und so der Gattung zu ihrem volkstümlichen Namen verhalfen. Die reinen Arten der Storchschnäbel lassen sich nach ihren Blütenfarben grob in zwei Gruppen teilen, wobei die jeweiligen Sorten durchaus auch andere Farben aufweisen können.

Blauviolett- und lilablühende Arten

Arten: *G.* x *magnificum* (auch *G. ibericum* x *G. platypetalum*, fälschlich auch *G. platypetalum*, Prachtstorchschnabel), *G. maculatum*, *G. pratense* (Wiesenstorchschnabel), *G. phaeum* (Brauner Storchschnabel), *G. wlassovianum* (Sibirischer Storchschnabel, Mandschurischer Storchschnabel)

Geranium x *magnificum*

Herkunft: Wiesen, Waldränder und Gebüsche, *G. pratense* und *G. phaeum* in Europa, *G. maculatum* in Nordamerika, *G. wlassovianum* in Asien
Blütenfarbe: blauviolett, *G. pratense* auch weiß, *G. maculatum* lila, *G. phaeum* bräunlich- bis schwarz-violett, auch weiß und lila
Blütezeit: Juni bis August, *G.* x *magnificum* Juni bis Juli, *G. wlassovianum* Juni bis September
Höhe: *G.* x *magnificum* 40–60 cm, *G. maculatum* 20–30 cm, *G. pratense* 30–80 cm, *G. phaeum* 40–50 cm, *G. wlassovianum* 30–60 cm
Merkmale: Der Prachtstorchschnabel bringt eine Fülle großer, blauvioletter Blüten über stumpfgrünem, zottig behaartem Laub hervor. Seine Blätter tönen sich im Herbst prächtig orangefarben bis feuerrot. Durch ihre kurzen Ausläufer kann die starkwüchsige Staude schnell größere Flächen überziehen. Mit dicken Rhizomen erobert sich *G. maculatum* das Terrain. Diese Art blüht ebenfalls sehr reich in intensivem Lila. Ihre behaarten, fiederspaltigen Blätter leuchten im Herbst rötlich. Der heimische Wiesenstorchschnabel hält seine blauvioletten Blüten in verästelten Blütenständen über dem fächrig eingeschnittenen Laub lange Zeit geöffnet. Eine ungewöhnliche Farbe zeigen die Blüten des ebenfalls heimischen Braunen Storchschnabels: ein bräunliches bis fast schwarz übertöntes Violett. Der Sibirische Storchschnabel begeistert durch seine samtigen, präch-

Geranium phaeum

tig blauvioletten, leuchtenden Blüten über behaartem, matt dunkelgrünem Laub, das im Herbst in verschiedenen Rottönen nochmals für eine neue Farbvariante sorgt.
Sorten: Im Handel werden u. a. angeboten von *G. pratense* (Höhe jeweils 50–60 cm) 'Album' (weiß), 'Mrs. Kendall Clark' (weißlich, oft auch blaßblau, rosa überhaucht), 'Plenum Violaceum' (purpurblau, locker gefüllt); von *G. phaeum* (Höhe jeweils 40–50 cm) 'Album' (weiß), 'Lividum' (auch als *G. phaeum* ssp. *lividum* geführt; lila).
Standortansprüche: An halbschattigen, bei reichlicher Wasserversorgung auch an sonnigen Stellen breiten sich diese Storchschnabelarten gut aus. Der Prachtstorchschnabel bevorzugt sogar überwiegend besonnte Lagen. Ist der Boden frisch, locker, humos und nährstoffreich, finden die Pflanzen optimale Wuchsbedingungen.

Geranium wlassovianum

Verwendung: Die hübschen Arten kommen in Gruppen besonders schön am Gehölzrand zur Geltung. Man kann mit ihnen aber auch Böschungen und Hänge begrünen. Pro m^2 sollten 8–9 Pflanzen eingesetzt werden. Hübsche Gesellschaft erhalten die farbenprächtigen Stauden durch große Farne, dekorative Gräser und Waldsaumstauden wie Akeleien *(Aquilegia)*, Primeln *(Primula)* oder Glockenblumen *(Campanula)*.
Pflege: Diese Stauden sind recht anspruchslos. Damit das Blattwerk stets adrett erscheint, kann man die Pflanzen nach der Blüte bis auf eine Handbreit über dem Boden zurückschneiden. Erhalten sie gleichzeitig noch eine Gabe reifen Komposts, treiben sie bald wieder frisch durch.
Vermehrung: Am besten gewinnt man neue Pflanzen durch Teilung im Frühjahr oder nach der Blüte. Die reinen Arten lassen sich auch aussäen. Wiesen- und Sibirischer Storchschnabel sorgen durch reichliche Selbstaussaat für Nachwuchs.
Krankheiten: Echter Mehltau, Rost

Andersfarbig blühende Arten

Arten: *G. sylvaticum* (Waldstorchschnabel), *G. sanguineum* (Blutroter Storchschnabel, Blutstorchschnabel), *G. macrorrhizum* (Balkan-Storchschnabel, Felsenstorchschnabel), *G. endressii* (Rosa Storchschnabel, Pyrenäen-Storchschnabel), *G. nodosum* (Knotiger Storchschnabel, Knotenstorchschnabel), *G.* x *cantabrigiense* 'Biokovo' (auch *G. macrorrhizum* x *G. dalmaticum*), *G. renardii* (Kaukasus-Storchschnabel)
Herkunft: *G. sylvaticum*, *G. macrorrhizum* sowie *G.* x *cantabrigiense* 'Biokovo' Wälder und Gebüsche in Europa, *G. sanguineum* Waldsäume und Magerrasen von Europa bis Kleinasien, *G. endressii* Gebüsche in den Pyrenäen, *G. nodosum* Wald- und Gebüschsäume in Europa, *G. renardii* Felshänge und Bergwiesen im Kaukasus
Blütenfarbe: *G. sylvaticum* rotviolett, auch weiß, rosa und blau, *G. sanguineum* rot, auch rosa und weiß, *G. macrorrhizum* rosa, auch weiß-rosa und rot, *G. endressii* rosa, *G. nodosum* rotviolett, *G.* x *cantabrigiense* 'Biokovo' weiß-rosa, *G. renardii* weiß
Blütezeit: *G. sylvaticum* und *G. macrorrhizum* Mai bis Juli, *G. sanguineum* und *G. endressii* Mai bis September, *G. nodosum* und *G.* x *cantabrigiense* 'Biokovo' Juni bis August, *G. renardii* Juni bis Juli

Geranium macrorrhizum

Höhe: *G. sylvaticum* 40–60 cm, *G. sanguineum* 10–40 cm, *G. macrorrhizum*, *G.* x *cantabrigiense* 'Biokovo' und *G. renardii* 20–30 cm, *G. endressii* 20–40 cm, *G. nodosum* 30–50 cm
Merkmale: Neben Blauviolett und Lila können die Stauden auch mit rotem, rosafarbenem und weißem Flor aufwarten. Bei dem stets straff aufrecht wachsenden Waldstorchschnabel erscheinen zahlreiche rotviolette Blüten mit heller Mitte über großen und handförmig gelappten Blättern. Der Blutrote Storchschnabel treibt weithin leuchtende, karminrote Schalenblüten, die einen kräftigen Kontrast zum kleinen, dunkelgrünen Laub bilden. Wintergrüne, aromatisch duftende Blätter und helle Blüten in Rosa zeichnen den Balkan-Storchschnabel aus. Bei all diesen Arten verfärbt sich das Blattwerk im Herbst rot. Der wuchsstarke Rosa Storchschnabel dagegen behält – allerdings nur in milden Gebieten bzw. bei anhaltend milder Winterwitterung – sein grob strukturiertes, frischgrünes Laub. Seine trichterförmigen Blütenkelche schieben sich von Mai bis Juli in großer

Fülle hervor, anschließend läßt der Blütenreichtum etwas nach. Beim sich üppig versamenden Knotigen Storchschnabel wirkt das gelappte Laub fast glänzend. Die Art zeichnet sich durch einen langanhaltenden Flor aus. Die Hybride *G.* x *cantabrigiense*, von der nur die Sorte 'Biokovo' im Handel ist, behält ihr tiefgrünes Laub teilweise auch den Winter über. Bemerkenswert ist sie vor allem wegen ihrer ungewöhnlich großen Blüten. Durch ihre kräftige, dunkle Äderung sind auch die weißen Blüten des zu schönen Teppichen heranwachsenden Kaukasus-Storchschnabels beeindruckend. Sein samtig wirkendes, runzeliges, graugrünes Laub bleibt in der kalten Jahreszeit weitgehend erhalten.

Sorten: Im Handel sind u. a. von *G. sylvaticum* 'Compactum' (rotviolett, Höhe 30 cm), 'Meran' (dunkelblau, Höhe 50 cm), 'Roseum' (dunkelrosa, Höhe 50 cm), 'Album' (rein weiß, Höhe 60 cm), 'Birch Lilac' (lilablau, Höhe 60 cm), 'Mayflower' (hellblau, Höhe 60 cm); von *G. sanguineum*

Geranium endressii

Geranium renardii

'Lancastriense' (auch als *G. sanguineum* var. *striatum* oder *G. sanguineum* var. *lancastriense* geführt; purpurrot oder hellrosa, dunkle Äderung, reich und lange blühend, Höhe 15 cm), 'Album' (rein weiß, Höhe 20–30 cm); von *G. macrorrhizum* (Höhe jeweils 25–30 cm) 'Bevan' (dunkel kirschrot), 'Ingwersen' (blaßrosa), 'Spessart' (weiß, rosa Mitte), 'Vellebit' (rot); von *G. endressii* 'Wargrave Pink' (leuchtend lachsrosa, kleinblütiger als die Art, Höhe 30 cm), 'Claridge Druce' (rosa, klettert bis 150 cm ins Gesträuch); von *G. renardii* 'Walter Ingwersen' (weiß, lila geädert, oft rosa überhaucht, Höhe 25–30 cm). Von *G.* x *cantabrigiense* ist nur die Sorte 'Biokovo' im Handel (weiß mit rosa Schimmer, Höhe 20–30 cm).

Standortansprüche: Die hier genannten Arten benötigen einen sonnigen bis halbschattigen Platz auf mäßig trockenem bis frischem, durchlässigem, humosem und nährstoffreichem Boden, der für den Blutroten Storchschnabel außerdem kalkhaltig sein sollte. Einzig der Knotige Storchschnabel verträgt auch tiefen Schatten.

Verwendung: Wie die blau- und lilablühenden Arten siedelt man auch die rot, rosa oder weiß blühenden Stauden am besten in großen Gruppen am Gehölzrand, auf Beeten oder an Böschungen an. Da sie nicht ganz so wuchsstark sind, setzt man pro m² 10 bis 12 Exemplare ein, vom Balkan- und Rosa Storchschnabel reichen 8–9 Pflanzen. Interessante Effekte ergeben sich, wenn verschiedene Storchschnabelarten kombiniert werden. Als Begleiter eignen sich neben Gräsern Buschwindröschen *(Anemone nemorosa)*, Primeln *(Primula)* und Lungenkrautarten *(Pulmonaria)*.

Pflege, Vermehrung und Krankheiten: wie bei den blauviolett- und lilablühenden Arten (siehe Seite 177)

Glechoma
Gundermann

Art: *G. hederacea* (auch *Nepeta hederacea*, Gundermann, Gundelrebe)
Familie: Lippenblütler *(Lamiaceae, Labiatae)*
Herkunft: Auwälder, Wiesen und Waldränder von Europa bis Mittelasien und in Japan
Blütenfarbe: blau-, auch rosaviolett
Blütezeit: April bis Juni
Höhe: 10–20 cm, selten auch höher

Merkmale: Der mehrjährige Gundermann entwickelt meterlange, oberirdisch kriechende Ausläufer, die an den Knoten der Stengel wurzeln. Aus ihnen entspringen aufrechte, vierkantige Blütentriebe, die deutlich gestielte, rundlich nierenförmige und am Rand gekerbte, tief dunkelgrüne Blätter tragen. In den Achseln der wintergrünen Blattpaare bilden sich jeweils 2–3 violette Lippenblüten. Die Pflanze enthält in allen Teilen Stoffe, die für Tiere giftig sind. Beim Menschen wurden bisher keine Vergiftungen durch den Gundermann bekannt, vielmehr nutzt man das Kraut als Heilpflanze.

Sorten: Erhältlich sind u. a. (Höhe jeweils wie die Art) 'Rosea' (rosaviolett) und 'Variegata' (blau-, auch rosaviolett, Blätter mit silbrigweißem Rand, etwas empfindlicher als die Art und weniger stark wuchernd).

Standortansprüche: Förderlich für das Wachstum der Staude sind ein halbschattiger Platz und ein frischer bis mäßig feuchter, nährstoff- und humusreicher, lehmiger Boden.

Verwendung: Als Bodendecker mit naturnahem Charakter kann der Gundermann viele Stellen im Garten schmücken. Er eignet sich zur Begrünung mäßig schattiger Plätze und Winkel, an denen sonst keine weitere Bepflanzung geplant ist, z. B. auf der Nordseite einer Mauer oder an einer Garagenwand. Auch unter Gehölzen oder zwischen Sträuchern breitet er rasch seinen Blatt- und Blütenteppich aus. Pro m² braucht man 8–10 Pflanzen. Als Begleiter

Glechoma hederacea

empfehlen sich ebenso wuchskräftige Wildstauden, beispielsweise Günsel, Scharbockskraut *(Ranunculus ficaria)*, sowie Pfennigkraut, Taubnessel oder aber auch frühblühende Veilchen *(Viola)*.
Pflege: Nach dem Anwachsen benötigt der Gundermann keine spezielle Pflege. Ähnlich wie der Günsel kann er abgemäht werden, wodurch man besonders dichte Pflanzungen erhält. Diese Maßnahme sollte jedoch nicht zu häufig, sondern nur etwa ein- bis zweimal im Jahr durchgeführt werden. Bei Bedarf überstreut man die Pflanzung im Frühjahr mit ein wenig reifem, abgelagertem Kompost. Die äußerst wuchskräftige Staude neigt vor allem auf etwas feuchteren Böden dazu, sich sehr stark auszubreiten. Falls sie benachbarte Pflanzen zu überwachsen droht, sollte man Teile von ihr abstechen.
Vermehrung: Durch Abtrennen der Ausläufer läßt sich der Gundermann leicht vermehren. Die reine Art kann man auch aus Samen ziehen. Sie keimen am besten, wenn man sie im Herbst direkt an der vorgesehenen Stelle im Garten aussät.

Glyceria
Schwaden, Süßgras

Arten: *G. maxima* (auch *G. spectabilis*, *G. aquatica*, *Poa aquatica*, Wasserschwaden, Wassersüßgras, Großes Süßgras, Militz), *G. fluitans* (Flutender Schwaden, Flutendes Süßgras, Mannaschwaden)
Familie: Süßgräser *(Poaceae)*
Herkunft: *G. maxima* Röhrichte an Ufern langsam fließender und stehender Gewässer sowie Gräben und Überschwemmungswiesen von Europa bis Mittelsibirien, *G. fluitans* auch in Auwäldern von Europa bis gemäßigte Gebiete in Asien, in Nordafrika, im Nordosten von Nordamerika und in Tasmanien
Blütenfarbe: grünlich, oft violett getönt
Blütezeit: *G. maxima* Juli bis August, *G. fluitans* Mai bis August
Höhe: *G. maxima* 40–80 cm, zur Blüte 60–150 cm, selten auch höher, *G. fluitans* 30–60 cm, zur Blüte 50–100 cm
Merkmale: Der ausdauernd wachsende Wasserschwaden treibt viele kräftige, straff aufrechte und bis etwa 1 cm dicke, schilfrohrartige Halme. Sie entsprießen einem kriechenden Rhizom, das sich durch zahlreiche Ausläufer stark ausbreiten kann. Die beim Austrieb auffallend rötlichen Halme sind üppig mit großen, breiten, schräg nach oben gerichteten Blättern besetzt, deren röhrenartige Blattscheiden den Stengel fest umhüllen. Über dem Blattwerk entfaltet sich die bemerkenswert große und reichblütige, im Umriß eiförmige Blütenrispe, die an den stark verzweigten Seitenästen längliche, unbegrannte, etwa 1 cm lange Ährchen trägt. Dagegen entwickelt der ebenfalls mehrjährige Flutende Schwaden abgeflachte, bogig aufsteigende Triebe. Auch seine Blüten sind zu einer Rispe angeordnet, doch stehen deren Ährchen weitgehend nur nach einer Seite hin ab. Da sie sich aus viel mehr Einzelblüten zusammensetzen als diejenigen des Wasserschwadens, zeigen sie sich zudem deutlich langgestreckter. Bei beiden Arten präsentiert sich die Rispe nur während der Blütezeit in ihrer ausgebreiteten Form, danach legen sich die Seitenästchen wieder eng der Hauptachse an. Den Namen Süßgras trägt die Gattung aufgrund der süß schmeckenden Samen des Flutenden Schwadens, die früher vielerorts geerntet und zu sog. Schwadengrütze verarbeitet wurden.
Sorte: von *G. maxima* 'Variegata' (auch als *G. maxima* var. *variegata* geführt, Bunter Wasserschwaden, Buntes Süßgras, Buntlaubiges Wassersüßgras; Blätter mit breiten, weißen und cremegelben Streifen, gedeiht auch auf frischem Boden, Höhe 40 bis 60 cm, zur Blüte 60–90 cm, zuweilen auch bis 150 cm)
Standortansprüche: Die Pflanzen bevorzugen einen sonnigen bis halbschattigen Platz auf feuchtem bis nassem, auch staunassem, nährstoffreichem, humosem Boden.
Verwendung: Beide Gräser verwendet man am sumpfigen Gewässerrand oder im Flachwasserbereich bis etwa 20 cm Wassertiefe. Die reinen Arten finden ihren Platz vorzugsweise im Naturgarten. Im Ziergarten ist dagegen die Sorte 'Variegata' des Wasser-

Glyceria maxima 'Variegata'

schwadens weit verbreitet, wirkt sie doch durch ihr schönes Blattwerk und die großen Blütenrispen besonders attraktiv. Nicht nur am Gartenteich, auch im Staudenbeet macht sie sich gut, nicht zuletzt weil sie sich dort aufgrund des trockeneren Bodens weniger stark ausbreitet. Als Begleitpflanzen für beide Schwadenarten eignen sich andere Gräser mit buntem Laub, aber auch z. B. blaublättrige Funkien *(Hosta)*, Irisarten für feuchte Standorte (*Iris ensata*, *I. laevigata*, *I. pseudacorus* und *I. sibirica*) oder

Trollblumen *(Trollius)*. Die Blütentriebe des Wasserschwadens finden zudem als schmückendes Beiwerk in bunten Blumensträußen Verwendung.
Pflege: Beide Arten sind am richtigen Standort äußerst pflegeleicht. Ist der Boden jedoch trocken, muß man die Pflanzen wiederholt durchdringend wässern. Wegen des starken Ausbreitungsdrangs setzt man insbesondere den Wasserschwaden in kleineren Gewässern oder eng begrenzten Gartenbereichen entweder nur als Einzelpflanze ein, die sich leichter in ihrem Wuchs kontrollieren läßt, oder aber man pflanzt ihn in ein Gefäß, das in den Boden versenkt wird. Falls Nachbarpflanzen zu sehr bedrängt werden, muß man die Schwaden eindämmen, indem man mit einem scharfen Spaten die Randbereiche des Wurzelstocks einfach absticht.
Vermehrung: Die Schwaden lassen sich im Frühjahr oder Frühherbst durch Abtrennen von Rhizomteilen vermehren; die reinen Arten kann man im Frühjahr außerdem aus Samen nachziehen.

Glyceria fluitans

H

Helictotrichon
Wiesenhafer

Art: *H. sempervirens* (auch *Avena sempervirens*, *A. glauca*, *A. candida*, Blaustrahlhafer)
Familie: Süßgräser *(Poaceae)*
Herkunft: trockene Hänge, steinige Magerwiesen und -weiden in Südwesteuropa
Blütenfarbe: strohfarben
Blütezeit: Juni bis August
Höhe: 30–50 cm, zur Blüte 70–120 cm, selten auch höher
Merkmale: Die intensive, silbrig blaugrüne Färbung der Blätter und Triebe hat dem Blaustrahlhafer den Ruf eines strahlenden Kleinods unter den Gartenziergräsern eingetragen. Er bildet dichte Horste und kann an geeigneten Standorten viele Jahre ausdauern. Während die Triebe im Zentrum des Grasbüschels straff emporragen, neigen sie sich außen in gefälligem Schwung über. Ihre sehr schmalen, wintergrünen Blätter sind teilweise eingerollt, das bodennahe Laub umschließt dabei den ganzen Horst wie ein Kranz. Hoch über dem Laubhorst entfalten sich auf langen Stielen lockere, einseitswendige Blütenrispen, deren deutlich begrannte, längliche Ährchen strohfarben, manchmal auch purpurn überlaufen sind.
Sorten: Im Handel sind u. a. (Höhe jeweils wie die Art) 'Pendula' (Halme und Blütenrispen elegant überhängend), 'Saphirsprudel' (Blätter intensiv stahlblau, besonders robuste Sorte, die als nicht rostanfällig gilt).
Standortansprüche: Die Pflanze bevorzugt einen vollsonnigen Platz auf trockenem bis frischem, gut durchlässigem Boden.
Verwendung: Der farbschöne Blaustrahlhafer läßt sich überaus vielseitig verwenden. Besondere Akzente setzt er auf offenen Freiflächen mit Steppencharakter und im Heidegarten, wo er, locker verteilt oder gruppenweise gepflanzt, mit verschiedensten anderen Gräsern sowie mit Bodendeckern und Kleinsträuchern kombiniert werden kann. Er paßt aber auch gut in Staudenbeete, vor allem in solche mit naturnaher Bepflanzung, sowie in entsprechende Steingartenbereiche. Für kleinere Gartenteile genügt bereits ein einzelnes Exemplar, das durch seine betont aufrechten, bei der Sorte 'Pendula' dagegen schwungvoll überhängenden Halme einen attraktiven Blickfang darstellt. Zu dem Blauton der Horste und dem hellen Braun der Blüten fügen sich Silber-, Gelb-, Rosa- und Rottöne zu einem besonders gelungenen Ensemble. Im Beet harmonieren daher z. B. Türkenmohn *(Papaver orientale)* oder Federborstengras, auf Freiflächen niedrige, teppichartige Fetthennen sowie Kartäuser- und Heidenelken (*Dianthus carthusianorum* und *D. deltoides*).
Pflege: Der Blaustrahlhafer sollte möglichst lange am selben Standort wachsen dürfen. Daher ist schon bei der Pflanzung die Ausdehnung des Horsts im Alter zu berücksichtigen, die immerhin etwa 75–100 cm betragen kann. Weil die alten, gelben Halme dieses langlebigen Grases bis weit in das nächste Jahr hinein erhalten bleiben und den Gesamteindruck stören können, kürzt man die Horste zu Beginn des Frühjahrs bis auf eine Handbreit über dem Boden ein oder schneidet die vorjährigen Triebe nach dem Neuaustrieb gezielt aus. Von einer Düngung ist abzusehen, da die Blaufärbung um so intensiver ausfällt, je magerer der Boden ist. In rauhen Lagen mit strengem Frost empfiehlt sich eine Winterschutzdecke aus Laub und Reisig.

Helictotrichon sempervirens

Vermehrung: Der Blaustrahlhafer und seine Sorten lassen sich durch Teilung vermehren, die am besten noch vor dem Austrieb, also etwa im März, durchgeführt wird. Wichtig ist dabei, daß man die Horste nicht in zu viele Stücke aufteilt, weil die Wuchskraft sonst zu stark nachläßt. Die reine Art kann man außerdem im Frühjahr recht problemlos aus Samen ziehen.
Krankheiten: Bei zu dichter Pflanzung wie auch in regenreichen Sommern kann der Blaustrahlhafer von Rostpilzen (*Puccinia*-Arten) geschädigt

werden. Die Krankheit macht sich vorwiegend durch rostbraune bis schwarze Pusteln oder Streifen auf den Blättern oder auch den Halmen bemerkbar. Einem Befall beugt man am besten vor, indem man den richtigen Standort wählt und eine Überdüngung vermeidet. Infizierte Halme werden ausgeschnitten und vernichtet. Auch eine Spritzung mit Ackerschachtelhalmbrühe hilft gegen den Pilz.

Hordeum
Gerste

Art: *H. jubatum* (Mähnengerste)
Familie: Süßgräser *(Poaceae)*
Herkunft: Schuttplätze, Böschungen, Bahndämme, Straßenränder in ganz Nordamerika, vermutlich auch in Südamerika und in Nordostasien
Blütenfarbe: blaßgrün, teilweise purpurn getönt
Blütezeit: Juni bis August
Höhe: 30–60 cm, zur Blüte 50–70 cm
Merkmale: Die beliebte Mähnengerste wird im Garten einjährig gezogen, in warmen Klimaregionen wächst sie jedoch auch mehrjährig. Sie bildet dichte Horste aus zahlreichen Trieben, die mit aufrechten bis leicht überhängenden Blättern besetzt sind. Ihre auffälligen ährenartigen, nikkenden bis waagrecht abstehenden Blütenstände mit den unzähligen sehr langen, leicht gespreizten Grannen wirken überaus attraktiv. Sie bestehen aus vielen dicht aneinandersitzenden Ährchen, von denen jeweils nur die mittlere Blüte fruchtbar ist, während die seitlichen auf haarartige Grannen reduziert sind. Bei der Reife färbt sich der zunächst grüne bis purpurfarbene Blütenstand blaßgelb und zerfällt in zahlreiche Abschnitte, die mitsamt den Grannen durch den Wind verbreitet werden.
Standortansprüche: Die Mähnengerste bevorzugt einen sonnigen Standort sowie einen frischen, nährstoffreichen, durchlässigen Boden, gedeiht aber auch auf feuchten oder trockenen, mageren und steinigen Substraten.
Verwendung: Das schöne Ziergras empfiehlt sich besonders für Gruppen- und Flächenpflanzungen im Sommerblumen- oder Staudenbeet, da seine flauschigen Ähren in größerer Zahl erst richtig gut zur Geltung kommen. Interessante Kontraste ergeben sich mit breitblättrigen Stauden oder Bodendeckern, etwa Bergenien *(Bergenia)* oder Funkien *(Hosta)*. Auch für die Vase und zum Trocknen eignet sich die Mähnengerste hervorragend. Man schneidet sie dazu am besten während oder kurz vor der Vollblüte, noch bevor die Ähren sich gelb verfärben.
Pflege: Nach dem Anwachsen ist dieses schöne Ziergras denkbar pflegeleicht. In längeren Trockenperioden muß man es allerdings wiederholt wässern. Nach der Blüte werden die Pflanzen meist rasch unansehnlich. Man schneidet sie dann entweder scharf zurück oder entfernt sie ganz. Bei Verwendung im Staudenbeet sollte man auf die Ausbreitung durch Selbstaussaat achten und unerwünschte Jungpflanzen gegebenenfalls frühzeitig entfernen.

Hordeum jubatum

Vermehrung: Die Mähnengerste wird Ende März/Anfang April im Haus oder auch im Frühbeet in Töpfen aus Samen vorgezogen und nach dem Abhärten ab Anfang Mai ausgepflanzt. Man kann sie jedoch auch Ende April direkt an Ort und Stelle aussäen. An Standorten, die ihm zusagen, vermehrt sich das Gras durch Selbstaussaat.

Hypericum
Johanniskraut, Hartheu

Art: *H. calycinum* (Teppichjohanniskraut, Großkelchiges Johanniskraut, Schattenhartheu)
Familie: Johanniskraut- oder Hartheugewächse *(Hypericaceae, Guttiferae)*
Herkunft: steinige Plätze, lichte Wälder und Gebüsche in Bulgarien und der Türkei
Blütenfarbe: goldgelb
Blütezeit: Juli bis September
Höhe: 20–40 cm
Merkmale: Das Teppichjohanniskraut wächst halbstrauchig, was bedeutet, daß seine unteren Triebteile im Lauf des Jahres verholzen. Es bleibt zumindest in geschützten Lagen immergrün und breitet sich durch zahlreiche Ausläufer rasch aus. Das dunkelgrüne Laubwerk mit seinen kreuzförmig gegenständig ansitzenden, schmal elliptischen Blättern verleiht den Büschen ein kompaktes Aussehen. Einzeln an den Triebenden erscheinen bis 8 cm große, leuchtend goldgelbe Sternblüten mit jeweils 5 Kronblättern, die durch einen dichten Kranz feiner, langer Staubfäden mit orangeroten Staubbeuteln besonders reizvoll wirken.
Standortansprüche: Der Halbstrauch bevorzugt einen sonnigen bis halbschattigen Standort auf mäßig trockenem bis frischem, nicht zu nährstoffreichem, lockerem und durchlässigem Boden.
Verwendung: Als pflegeleichter Bodendecker, der sich auch zur Begrünung größerer Flächen eignet, ist das Teppichjohanniskraut sehr beliebt. Man benötigt dazu etwa 4–6 Exemplare pro m^2. Die annähernd blaugrüne Laubfarbe, die recht dominanten Blüten und der starke Ausbreitungsdrang machen eine harmonische Kombination mit anderen Arten nicht immer einfach; deshalb wird der Halbstrauch oft nur für sich allein, vorwiegend auf Freiflächen, gepflanzt. Schön wirkt er aber stets in Gesellschaft bunter Sommerblumen und als Unter- oder Vorpflanzung von Sträuchern.
Pflege: Um besonders dichte Blattbüsche zu erzielen, sollte man die Pflanzen im Frühjahr, Mitte Mai, zurückschneiden

Hypericum calycinum

oder mit der Sense abmähen. Ältere Triebe werden häufig unansehnlich und verkahlen. Dann ist im Frühjahr oder Herbst ein gezielter Rückschnitt angebracht, der mit dem Aufstreuen einer dünnen Schicht reifen Komposts verbunden wird. Auf nährstoffreicheren Substraten breitet sich das Teppichjohanniskraut meist stark aus und kann dann Nachbargewächse beeinträchtigen, so daß man störende Pflanzenteile und Ausläufer abstechen oder abschneiden muß. Düngergaben sollten unter solchen Umständen deshalb ganz unterbleiben oder nur spärlich ausfallen. In rauhen, windoffenen Lagen empfiehlt sich eine Abdeckung aus Reisig als Winterschutz, da der Halbstrauch empfindlich auf strenge Fröste an schneelosen Tagen reagiert.
Vermehrung: Durch Abtrennen bewurzelter Ausläufer lassen sich diese Bodendecker besonders einfach vermehren, ebenso durch Kopfstecklinge, die vor oder nach der Blüte geschnitten werden können, sowie durch Teilung zu den gleichen Zeiten. Auch eine Aussaat ist möglich, jedoch langwierig.

Hystrix
Flaschenbürstengras

Art: *H. patula* (auch *Asperella hystrix*, Flaschenbürstengras)
Familie: Süßgräser *(Poaceae)*
Herkunft: lückige, oft felsreiche Wälder und Grasländer im Osten Nordamerikas
Blütenfarbe: blaßgrün, häufig rötlich überhaucht
Blütezeit: Juni bis Juli
Höhe: 30–60 cm, zur Blüte 50–90 cm
Merkmale: Das Flaschenbürstengras bildet mehrjährige, nicht allzu dichte Horste, deren aufrechte Triebe kräftig grüne, relativ breite, meist gedrehte und übergeneigte Blätter tragen. Es wird hauptsächlich wegen seiner ungewöhnlichen Blütenstände gezogen, die an Flaschenbürsten erinnern. Sie erheben sich deutlich über das Laub und stellen eine aufrechte, etwa 10–20 cm lange Ähre dar, die aus sehr lang begrannten Einzelährchen besteht.
Standortansprüche: Das Gras gedeiht am besten an einem sonnigen bis halbschattigen Platz mit mäßig feuchtem, nährstoff- und humusreichem, gut durchlässigem Boden. Im Winter zeigt es sich empfindlich gegen Staunässe, während der Wachstumszeit gegen pralle Sonne, was beides zu gelben Blättern führt.
Verwendung: Man kann das Flaschenbürstengras einerseits unter lichten Gehölzen oder auf steppen- oder heideartigen Freiflächen verwildern lassen, andererseits bildet es aber auch im Staudenbeet einen schönen Blickfang. Bevorzugt verwendet man es in kleineren oder größeren Gruppen, sollte aber keine starkwüchsigen Arten in unmittelbare Nachbarschaft setzen. Gut geeignete Begleitpflanzen sind z. B. Sonnenhut *(Rudbeckia)*, Salbei *(Salvia)*, Goldruten *(Solidago)* oder Präriemalven *(Sidalcea)*. Die Blütenstände ergeben einen anmutigen Trockenschmuck. Sie sollten für diesen Zweck geschnitten werden, wenn sich die Ähre gerade vollständig entfaltet hat.
Pflege: Die Neupflanzung erfolgt am besten mit dem Ballen, um dem Flaschenbürstengras das Anwachsen zu erleichtern. Bei anhaltender Trockenheit empfiehlt es sich, die Pflanzen reichlich zu wässern, Staunässe ist allerdings unbedingt zu vermeiden. Wuchernde Nachbarpflanzen sollte man zurückschneiden, damit sie das eher schwachwüchsige Gras nicht verdrängen. Obwohl es als recht kurzlebig gilt, muß das Flaschenbürstengras an günstigen Standorten selten eigens vermehrt werden. Durch Selbstaussaat hält es sich meist gut im Garten.
Vermehrung: Die Pflanzen lassen sich im Frühjahr leicht durch Aussaat, aber auch durch Teilung vermehren.

Hystrix patula

I

Indocalamus
Schattenbambus

Art: *I. tesselatus* (auch *Sasa tesselata*, *Sasamorpha tesselata*, *Bambusa tesselata*, Großblättriger Schattenbambus, Großblättriger Chinesischer Schattenbambus)
Familie: Süßgräser *(Poaceae)*
Herkunft: feuchte Wälder Mittelchinas, vermutlich auch in Japan
Höhe: 100–150 cm, selten auch höher
Merkmale: Die ausdauernd wachsende, breitbuschige, immergrüne Bambusart entwickelt von allen Gartenbambussen das größte Laub: Die breitlanzettlichen Blätter können bis zu 60 cm lang und 10 cm breit werden. Von ihrer stumpf dunkelgrünen Fläche heben sich die blaßgelben Mittelnerven wirkungsvoll ab. Die sehr dünnen, grünen Triebe sind nur wenig verzweigt und hängen unter der Last der Blätter meist deutlich über. Besonders in warmen Gebieten breitet sich die Art durch reichliche Ausläuferbildung häufig stärker aus.
Standortansprüche: Der Großblättrige Schattenbambus bevorzugt einen halbschattigen bis schattigen, luftfeuchten, milden und geschützten Platz und gedeiht auf nährstoffreichen, humosen, lockeren, frischen bis feuchten, aber gut durchlässigen Böden. Gegen Staunässe ist er ein wenig empfindlich,

Indocalamus tesselatus

ebenso gegen austrocknende Winterwinde und Frost, insbesondere wenn kein Schnee liegt.

Verwendung: Der Großblättrige Schattenbambus eignet sich hervorragend zur Begrünung stärker beschatteter Gartenpartien, etwa unter größeren Gehölzen. Schattigen Innenhöfen oder Terrassen verleiht er ein beinahe tropisches Flair. Am Gartenteich oder im Hintergrund eines Bachlaufs bildet er eine malerische Kulisse. Bei Teichen ohne feste Einfassung müssen die Pflanzen allerdings an einem Platz stehen, der mindestens 30 cm über dem Niveau des Wassers liegt, da sie empfindlich gegen Staunässe sind. Auch als Kübelpflanze kann man den Großblättrigen Schattenbambus ohne weiteres verwenden.

Pflege: Wird der Bambus im späten Frühjahr gepflanzt und der Boden ringsum mit einer dicken Mulchschicht aus Stroh, halbreifem Kompost oder Rindenmulch bedeckt, wächst er besonders gut an. Die Mulchschicht sollte jedes Jahr im Herbst erneuert werden, wozu sich im Garten anfallendes Herbstlaub anbietet. In rauhen, windausgesetzten Lagen empfiehlt es sich, die Laubschicht als Winterschutz besonders großzügig aufzutragen. In kleineren Gärten sollte man den Schattenbambus stets mit einer Rhizomsperre versehen, um eine ungewollte Ausbreitung zu verhindern (siehe Seite 85). Zusätzlich zur Mulchschicht wird einmal im Frühjahr ein stickstoffbetonter, salzarmer Dünger oder mehrmals im Jahr Schachtelhalmbrühe verabreicht, um dem hohen Nährstoffbedarf gerecht zu werden. Ältere, unansehnlich gewordene Pflanzenteile entfernt man im Frühjahr möglichst bodennah.

Vermehrung: Der Bambus läßt sich durch Teilung vermehren, die man vor dem Austrieb im Frühjahr vornimmt. Einzelne Rhizomstücke werden vorsichtig freigelegt und abgestochen, wobei jedes Teil wenigstens einen intakten Halm oder 3 Internodien mit kräftigen Augen besitzen muß. Bei halmtragenden Rhizomstücken empfiehlt es sich, die Halme zum besseren Anwurzeln einzukürzen, doch sollten mindestens 2 Seitenzweige verbleiben. Die Teilstücke werden eingetopft und in den Gefäßen belassen, bis sich neue Triebspitzen zeigen. Erst dann setzt man die Pflanzen ins Freiland um.

J

Juncus
Binse

Arten: *J. effusus* (auch *J. decipiens*, *J. communis*, Flatterbinse), *J. inflexus* (auch *J. glaucus*, Blaugrüne Binse, Blaubinse), *J. compressus* (Knollenbinse, Zusammengedrückte Binse, Platthalmbinse), *J. ensifolius* (Zwergbinse, Kleine Binse)

Familie: Binsengewächse *(Juncaceae)*

Juncus effusus

Herkunft: *J. effusus* Naßwiesen, Quellmoore und Sümpfe, weltweit in kühl-temperierten Breiten außer in Australien und Neuseeland, *J. inflexus* ebenso, aber nur von Europa bis Mittelasien sowie in Nordafrika und kleinräumig auch in Südafrika, Java und Ceylon, *J. compressus* feuchte Stellen auf Wiesen, Weiden und Wegen sowie Ufer in Eurasien, Nordafrika und im Osten Kanadas, *J. ensifolius* an ähnlichen Stellen wie *J. compressus*, jedoch im Westen Nordamerikas

Blütenfarbe: *J. effusus* blaßbraun bis gelbgrün, *J. inflexus* gelbbraun, *J. compressus* rötlichbraun und grün gescheckt, auch rein grün, *J. ensifolius* glänzend dunkelbraun

Blütezeit: Juni bis August, *J. compressus* von Juli bis September

Höhe: *J. effusus* 30–60 cm, zur Blüte 40–90 cm, selten auch höher, *J. inflexus* 30–50 cm, zur Blüte 40–60 cm, *J. compressus* 15–30 cm, zur Blüte 25–40 cm, *J. ensifolius* 20–30 cm, zur Blüte 30–40 cm

Merkmale: Charakteristisch für alle Binsen sind ihre Blüten, die wie winzige Lilienblüten aufgebaut sind und sie von der Familie der Süßgräser *(Poaceae)* deutlich unterscheiden. Sie bestehen aus 6 fast gleich gestalteten, meistens grünen oder braunen, spel-

zenartigen Blütenblättern, die becher- oder sternförmig ausgebreitet sind und 6 Staubblätter in ihrem Kreis einschließen.
Ihrem Erscheinungsbild nach gliedern sich die Binsen in zwei Gruppen. Arten wie die Flatterbinse und die Blaugrüne Binse scheinen aus aufrechten, runden Halmen zu bestehen, die in der oberen Hälfte einen seitlich abstehenden Blütenstand, aber keine Blätter tragen. Doch der Schein trügt. Oberhalb der dichten, stark verästelten Blütenrispe ist der „Halm" eigentlich ein röhrenartiges Blatt, das den Stengel in gerader Linie fortsetzt. Die mehrjährige Flatterbinse bildet aus einem kriechenden Rhizom dichte Horste und weist hellgrüne, glänzende, weiche Triebe auf. Bei der niedrigeren, ebenfalls mehrjährigen Blaugrünen Binse sind die etwas dünneren, derberen, wintergrünen Halme dagegen blaugrün, matt und deutlich gerieft.
Die zweite Gruppe umfaßt u. a. die Knollen- und die Zwergbinse, zwei ausdauernde Arten, deren Blütenstände im Gegensatz zu denen der zuvor beschriebenen Binsen am Halmende stehen und deren Stengelblätter flach bis rinnig sind. Die heimische Knollenbinse wächst dichtrasig, und sie bildet meist graugrüne, flach zusammengedrückte, beblätterte Halme, die am Grund knollig verdickt erscheinen. Ihre Blütenrispe ist locker ausgebreitet. Die nordamerikanische Zwergbinse sieht ähnlich aus, doch stehen ihre Blüten als dichtes Knäuel am Ende des Triebs.
Sorten: Im Handel sind u. a. erhältlich von *J. effusus* 'Spiralis' (Spiralbinse, Korkenzieherbinse; Halme spiralig gewunden und gedreht, Höhe 30–40 cm, zur Blüte 40–50 cm), 'Aureostriatus' (Triebe gelbweiß längsgestreift, Höhe wie die Art).
Standortansprüche: Alle aufgeführten Binsen brauchen einen sonnigen Platz und einen ständig feuchten bis nassen, nährstoffreichen Boden, der sogar staunaß und verdichtet sein kann.
Verwendung: Binsen sind ideale Gewächse für sumpfige Bereiche und Flachwasserzonen am Rand eines Gartenteichs. Sie vertragen bis etwa 5 cm Wassertiefe. Auch feuchte Stellen auf Freiflächen, auf denen andere Arten nur schwer angesiedelt werden können, lassen sich mit ihnen wiesenartig begrünen. Die größeren Arten pflanzt man dazu einzeln oder zu mehreren, die niedrigeren Arten in Gruppen oder flächig. Man kombiniert sie mit anderen feuchtigkeitsverträglichen, aber nicht wuchernden Gräsern und grasartigen Pflanzen, etwa dem Kleinen Rohrkolben *(Typha minima)*. Auch Bodendecker wie das Pfennigkraut, ebenso Sumpfpflanzen mit kräftigen Blütenfarben, z. B. Goldfelberich *(Lysimachia punctata)* oder Blutweiderich *(Lythrum salicaria)*, ergänzen sich sehr gut mit den Binsen. Die Wildform der Flatterbinse sowie die Blaugrüne Binse neigen stärker zum Wuchern und empfehlen sich daher nur für größere Gartenbereiche; am Teichrand sollte man auf sie völlig verzichten oder sie zumindest in eingesenkten Gefäßen halten.
Pflege: Am geeigneten Standort sind die Binsen äußerst robust und benötigen kaum Pflege. Wenn bei längerer Dürre der Boden stärker austrocknet, müssen die Pflanzen allerdings gewässert werden. Bedrängen wuchernde Binsenarten ihre Pflanzennachbarn oder drohen umgekehrt niedrigere Binsen von wuchsstärkeren Pflanzen überwachsen zu werden, sollte man rechtzeitig regulierend eingreifen und entsprechend auslichten.
Vermehrung: Alle genannten Binsenarten lassen sich im Frühjahr durch Teilung sowie vorzugsweise im Herbst durch Aussaat vermehren, die Sorten nur durch Teilung.

Juncus ensifolius

K

Koeleria
Schillergras, Kammschmiele

Art: *K. glauca* (auch *Poa glauca*, Blaugrünes Schillergras, Blaugrüne Kammschmiele)
Familie: Süßgräser *(Poaceae)*
Herkunft: Sandmagerrasen, Binnendünen und lückige, sandige Kiefernwälder von Mitteleuropa bis Südsibirien
Blütenfarbe: grünlich bis gelblich
Blütezeit: Juni bis Juli
Höhe: 15–30 cm, zur Blüte 30–60 cm
Merkmale: Das Blaugrüne Schillergras bildet dichte, kompakte, ausdauernde Horste. Die am Grund zwiebelartig verdickten Halme tragen meist eingerollte, grau- bis meergrüne Blätter mit weich behaarten Blattscheiden. Über dem niedrigen wintergrünen Laubhorst erheben sich in außergewöhnlich reicher Zahl die typischen kammartig gezackten, enggedrängten ährenförmigen Blütenrispen. In Deutschland sind die Bestände dieser sehr reizvollen Grasart in freier Natur stark gefährdet.
Standortansprüche: Das Blaugrüne Schillergras bevorzugt einen vollsonnigen, warmen Platz auf lockerem, sandig-humosem, nur mäßig nährstoffreichem, sehr gut durchlässigem Boden. Staunasser und schwerer Untergrund ist bei diesem Gras unbedingt zu vermeiden.

Verwendung: Man kann das Blaugrüne Schillergras in den Stein- wie den Heidegarten oder ins Steppenbeet pflanzen, bevorzugt in kleineren Gruppen. Hübsch sehen dazu verschiedene Zwiebelblumen aus, etwa Krokusse *(Crocus)* oder Zierlaucharten *(Allium)*, aber auch Stauden wie z. B. niedrige Fingerkräuter *(Potentilla)*, Heidenelken *(Dianthus deltoides)* oder Kleinsträucher wie Geißklee *(Cytisus)* und Ginster *(Genista)*.
Pflege: Einmal eingewachsen, braucht das Blaugrüne

Koeleria glauca

Schillergras keine spezielle Pflege mehr. Von wuchernden Nachbarpflanzen sollte man es allerdings freihalten. Düngung ist ebensowenig zu empfehlen wie eine Pflanzung in nährstoffreiche Erde, weil die schöne Blattfarbe dann verblaßt.
Vermehrung: Man kann die Pflanzen im Frühjahr teilen oder zur gleichen Zeit auch aus Samen anziehen.

L

Lagurus
Hasenschwanzgras, Sammetgras

Art: *L. ovatus* (Hasenschwanzgras, Sammetgras, Samtgras, Hasenschwänzchen)
Familie: Süßgräser *(Poaceae)*
Herkunft: sandige Stellen, Brachland und Wegränder im Mittelmeerraum und auf den Kanarischen Inseln
Blütenfarbe: blaßgrün
Blütezeit: Mai bis August
Höhe: 10–30 cm, zur Blüte 15–40 cm
Merkmale: Das ein- bis zweijährige Hasenschwanzgras macht seinem Namen alle Ehre, denn die flauschigen, ährenartigen, zur Fruchtzeit cremeweißen Blütenbüschel sehen tatsächlich wie Hasenschwänzchen aus und fühlen sich auch ähnlich weich an. Die Blütenstände erscheinen einzeln an drahtigen Stielen über dem Blattwerk, sind im Umriß kugelig bis eiförmig und bestehen aus vielen dichtstehenden, lang seidig behaarten und begrannten Blüten. Die Pflanzen wachsen horstig, und sie tragen breite, kräftig grüne, zumeist übergebogene Blätter.
Sorte: 'Nanus' (Zwergform, in allen Teilen kleiner als die Art, Höhe nur etwa 10 cm, zur Blüte bis 15 cm)
Standortansprüche: Eine sonnige, warme Stelle mit leichtem, sandigem, gut durchlässigem und nicht zu nährstoffreichem Boden ist der richtige Pflanzplatz für dieses auffällige Ziergras.
Verwendung: Sowohl im Sommerblumenbeet als auch an geeigneten Standorten im Steingarten oder in Einfassungen verbreitet das Hasenschwanzgras seinen unvergleichlichen Charme. Es wird in kleineren oder größeren Gruppen gepflanzt und läßt sich mit Nachbargewächsen in sämtlichen Blütenfarben gut kombinieren. Besonders beliebt ist es für Vasenschmuck und Gestecke, wozu es sich sowohl frisch als auch getrocknet verwenden läßt.
Pflege: Nach dem Einwurzeln beschränkt sich die Pflege darauf, die Pflanzen bei Bedarf zu wässern. Man sollte sie keinesfalls düngen, damit sie möglichst reich blühen.
Vermehrung: Das Hasenschwanzgras wird aus Samen gezogen. Seine Blütezeit kann durch den Zeitpunkt der Aussaat gesteuert werden. Bringt man die Samen ab Ende April direkt ins Freiland aus, lassen die Blüten bis in den Juli auf sich warten. Bei Anzucht im Haus, etwa Anfang März, und Auspflanzung im Mai entfalten sie sich schon im Juni. Sät man dagegen noch im Spätsommer aus, überwintert die Anzuchtgefäße unter frostfreien, luftigen Bedingungen und pflanzt das junge Gras bereits im April ins Freie, kann es schon im Mai blühen.

Lagurus ovatus

Lamiastrum
Goldnessel

Art: *L. galeobdolon* (auch *Lamium galeobdolon*, *L. luteum*, *Galeobdolon luteum*, Goldnessel)
Familie: Lippenblütler *(Lamiaceae, Labiatae)*
Herkunft: krautreiche Laub- und Mischwälder von Europa bis Vorderasien
Blütenfarbe: goldgelb
Blütezeit: Mai bis Juli
Höhe: 15–25 cm, selten auch höher
Merkmale: Alle Triebe der mehrjährigen Goldnessel sind vierkantig und mit immergrünen Laubblättern besetzt, die auf dunkelgrünem Grund eine schöne silbrigweiße Zeichnung zeigen; doch schmückt sich nur ein Teil davon mit Blüten. Die frisch ausgetriebenen Sprosse hängen bogig über, liegen teilweise aber auch dem Boden auf und können durchaus meterlang werden. An ihren Knoten schlagen sie Wurzeln. Im Folgejahr erheben sich die Triebe dann in die Höhe und entwickeln quirlartig aufgereihte, recht große, goldgelbe Lippenblüten, die jeweils zu mehreren in Etagen zusammensitzen und von nach oben zur Triebspitze hin immer kleineren Blättern durchsetzt sind.
Sorten: Im Handel sind einige Sorten (Höhe jeweils 20–25 cm) erhältlich, die sich nur durch Laubfärbung und Wuchskraft von der Art unterscheiden, z. B. 'Florentinum'

(Blätter außen grün gerandet, innen silbrigweiß gefleckt, im Zentrum um die Mittelrippe grün und meist purpurfarben getönt, sehr wuchsstark), 'Silberteppich' (Laub mit intensiv silbrigweißer Zeichnung und grünen Adern, schwachwüchsig), 'Variegatum' (Blätter rundlich bis oval mit grüner, silbrigweiß gezeichneter Mitte, mäßig stark wachsend).
Standortansprüche: Die Goldnessel wächst an halbschattigen bis schattigen Stellen auf frischen, nährstoff- und humusreichen, lockeren Böden. Je schattiger die Pflanzen stehen, desto spärlicher fällt die Blüte aus.
Verwendung: Man verwendet die wuchskräftige, sehr pflegeleichte Staude vor allem als Bodendecker an beschatteten Stellen, die ohne großen Aufwand begrünt werden sollen. Das können etwa Plätze am Stammfuß größerer Gehölze, unter Gehölzgruppen und in Gartenecken sein, denen allgemein wenig Aufmerksamkeit geschenkt wird, etwa rund um den Komposthaufen. In naturnahen Gartenpartien vermag die Goldnessel wie auch ihre Sorten zudem flächig zu verwildern, wobei sie mit der selbst im Winter attraktiven Laubzeichnung Abwechslung in kahle, unattraktive Gartenbereiche bringt und diese ein wenig belebt. Für flächige Pflanzungen setzt man etwa 6 bis 8 Exemplare pro m^2 ein. Die Sorte 'Florentinum' läßt sich wegen ihrer ungezügelten Wuchskraft auf Dauer nur schwer mit anderen Gewächsen kombinieren. Gut eignen sich jedoch einige horstförmige Waldgräser, etwa Waldrispengras oder Waldsegge, die mit ihrem aufstrebenden Wuchs zudem neue Linien in die ansonsten flache Goldnesseldecke bringen. Die Art sowie die anderen Sorten können dagegen mit zahlreichen niedrigen oder hohen Waldrandstauden zusammengepflanzt werden, z. B. mit Waldmeister *(Galium odoratum)*, Salomonssiegel *(Polygonatum)*, Aronstab *(Arum)*, hohen Glockenblumen *(Campanula)* oder auch mit Maiglöckchen *(Convallaria)*.
Pflege: Nach dem Einwachsen benötigen die Stauden keine Pflege mehr. Falls sie zu stark wuchern und dadurch Nachbarpflanzen beeinträchtigen, kann man sie durch Zurückschneiden gut eingrenzen.
Vermehrung: Durch Abtrennen bewurzelter Ausläufer im Frühjahr oder Herbst sowie durch Abnahme von Kopfstecklingen nach der Blüte erhält man schnell Nachwuchs.
Schädlinge: Schnecken

Lamiastrum galeobdolon

Lamium
Taubnessel

Art: *L. maculatum* (Gefleckte Taubnessel)
Familie: Lippenblütler *(Lamiaceae, Labiatae)*
Herkunft: Laubwälder und Gebüsche von Europa bis Kleinasien
Blütenfarbe: purpurrosa bis rot, auch weiß oder rosa
Blütezeit: Mai bis Juli
Höhe: 15–25 cm, selten auch höher
Merkmale: Die Gefleckte Taubnessel ist der Goldnessel im Wuchs sehr ähnlich. Auch sie bildet dichte Teppiche aus kriechenden, an den Stengelknoten wurzelnden Ausläufern. Die vierkantigen Triebe der Staude tragen gegenständige, herzförmige Blätter von dunkelgrüner Farbe, die am Rand nesselartig scharf gesägt sind, aber keine Brennhaare aufweisen. Große Lippenblüten stehen in dichten Quirlen übereinander in einem beblätterten Blütenstand. Ihrer hübsch gemusterten Zeichnung, mit deren Hilfe Insekten leichter ihren Weg ins Blüteninnere finden, verdankt die Art ihren Namen.
Sorten: Im Handel sind u. a. erhältlich (Höhe jeweils 20–25 cm) 'Album' (weiß, Blätter dunkelgrün mit breiter, weißer bis silbriger Mittelzone), 'Beacon Silver' (auch 'Silbergroschen'; purpurrosa,

Lamium maculatum

Blätter fast ganzflächig silbrigweiß mit sehr schmalem, grünem Rand), 'Chequers' (purpurrosa, Blätter dunkelgrün mit schmalem, weißem Mittelstreifen, reichblühend und wuchsstark), 'Shell Pink' (hellrosa, Blätter dunkelgrün mit weißem Mittelstreifen, groß- und reichblühend).
Standortansprüche: Die Waldstaude gedeiht an einem halbschattigen bis schattigen Platz auf frischem, lockerem, nährstoffreichem und humosem Boden am besten.
Verwendung: Der Bodendecker eignet sich vor allem für kleinere Flächen unter und vor Gehölzen, kann aber auch auf beschatteten Freiflächen und an Gewässerrändern eingesetzt werden. Man benötigt etwa 8–10 Exemplare pro m^2. Da die Gefleckte Taubnessel weniger stark wuchert als die Goldnessel, läßt sie sich vielseitiger kombinieren, z. B. mit Stauden des Waldrands wie Lungenkraut *(Pulmonaria)*, Salomonssiegel *(Polygonatum)* oder Primeln *(Primula)* oder mit niedrigen und mittelhohen Waldgräsern, beispielsweise Wald- und Schneehain-

simse sowie Waldrispengras, außerdem mit größeren Waldfarnen wie Wurmfarn- oder Schildfarnarten.
Pflege: Nach dem Einwachsen benötigen die Pflanzen keinerlei Pflege mehr. Bei Bedarf können sie leicht durch Abstechen oder Zurückschneiden eingegrenzt werden.
Vermehrung: Man kann die Gefleckte Taubnessel nach der Blüte teilen oder zum gleichen Zeitpunkt auch Kopfstecklinge abnehmen.

Luzula
Hainsimse, Marbel

Arten: *L. sylvatica* (auch *L. maxima*, Waldhainsimse, Waldmarbel, Waldsimse), *L. nivea* (Schneehainsimse, Schneemarbel, Schneeweiße Hainsimse), *L. pilosa* (Behaarte Hainsimse, Haarmarbel, Haarhainsimse, Frühlingshainsimse, Immergrüne Zwergmarbel)

Luzula sylvatica

Familie: Binsengewächse *(Juncaceae)*
Herkunft: *L. sylvatica* feuchte Laub- und Nadelwälder in den Gebirgen Europas und im Kaukasus, *L. nivea* Laub- und Laubmischwälder von den Pyrenäen bis Zentraleuropa, *L. pilosa* krautreiche Laub- und Nadelwälder von Europa bis Westsibirien
Blütenfarbe: *L. sylvatica* braun oder rotbraun, grün gestreift, *L. nivea* weiß, *L. pilosa* braun
Blütezeit: *L. sylvatica* April bis Juni, *L. nivea* Juni bis August, *L. pilosa* März bis Mai
Höhe: *L. sylvatica* 20 bis 40 cm, zur Blüte 40–80 cm, *L. nivea* 20–40 cm, zur Blüte 40–60 cm, *L. pilosa* 10–20 cm, zur Blüte 20 bis 30 cm
Merkmale: Die mehrjährig wachsenden Hainsimsen werden mit den Binsen, denen sie in vieler Hinsicht ähnlich sind, zu einer Pflanzenfamilie zusammengefaßt. Sie unterscheiden sich von den Binsen jedoch deutlich durch ihre Blätter, die durchweg grasartig und am Rand meist lang und seidig bewimpert sind. Die Blüten präsentieren sich zur Blütezeit flach sternförmig ausgebreitet.
Eine besonders wuchskräftige und robuste Art ist die immergrüne, heimische Waldhainsimse. Mit ihren derben, breiten, abstehend bewimperten Blättern bildet sie einen üppigen, glänzend grünen Laubteppich aus lockeren Horsten, die sich allmählich ausbreiten. Ihre rispigen Blütenstände sind reich verzweigt und erheben sich als dichte Büschel an beblätterten Stengeln hoch über das Laub. Auch die Schneehainsimse ist immergrün und wächst ähnlich wie die vorstehende Art, doch eher aufrecht als teppichartig. Ihre Triebe sind bis weit hinauf mit Blättern besetzt, deren Ränder dicht anliegende Wimpern tragen. Die Stengel werden gekrönt von einem kompakten, aus mehreren schneeweißen Blütenbüscheln bestehenden Blütenstand, den einzelne Blätter noch überragen. Lockere bis dichte, meist ausläuferlose Horste aus zahlreichen vergleichsweise breiten, weiß bewimperten Blättern bildet dagegen die Behaarte Hainsimse aus. Jeweils wenige kleine Blütensterne stehen an langen, gabelig verzweigten, dünnen Stielen und scheinen an den kaum beblätterten Blütentrieben gleichsam über dem Laub zu schweben.
Sorten: Von *L. sylvatica* sind u. a. erhältlich 'Tauernpaß' (Blätter besonders breit, bildet flachere, breitere Horste als die Art, Höhe 20–30 cm, zur Blüte 40–60 cm), 'Hohe Tatra' (auch 'Aurea'; Blätter breit, gelbgrün, im Winter hellgelb, Höhe wie die Art), 'Marginata' (Silberrandmarbel; Blätter mit einem schmalen, cremeweißen Randstreifen, Höhe wie die Art).
Standortansprüche: Die Waldhainsimse bevorzugt einen halbschattigen bis schattigen, luftfeuchten Standort, der vor direkter, austrocknender Wintersonne geschützt ist, und einen frischen bis feuchten, humosen, schwach bis deutlich sauren Boden. Für die beiden anderen Arten sollte der Platz halbschattig bis absonnig sein, die Erde lehmig-humos und nur schwach sauer. Die Schneehainsimse gedeiht dabei gut auf Substraten, die nicht zu rasch austrocknen, die Behaarte Hainsimse dagegen auch auf mäßig trockenen Böden.
Verwendung: Die robuste Waldhainsimse eignet sich hervorragend zur flächigen Pflanzung vor oder unter Gehölzen, sogar im tiefen Schatten und unter flachwurzelnden Bäumen, wo nur wenige andere Pflanzen gedeihen. Dort läßt sie sich mit verschiedenen Waldfarnen kombinieren, etwa Wurm- und Schildfarnen. Dagegen wird die schöne Schneehainsimse eher am Gehölzrand verwendet, an vollschattigen Stellen würde sie nicht so üppig blühen. Sie eignet sich ebenfalls für entsprechende Plätze im Steingarten, zum Verwildern

Luzula nivea

unter lichten Gehölzen im Naturgarten und sogar für die Staudenrabatte, wo sie sich mit allen Blütenfarben gut ergänzt. Man setzt sie bevorzugt in etwas größeren Gruppen ein, so daß die kleinen weißen Blüten ihre Wirkung entfalten können. Die anmutigen Blütenstiele sehen auch in der Vase hübsch aus. Durch ihren frühen Blattaustrieb und die zierlichen Blütenstände bildet die Behaarte Hainsimse eine reizvolle Ergänzung zu den verschiedensten frühblühenden Stauden sowie zu Zwiebel- und Knollengewächsen, z. B. den Hundszahnlilien *(Erythronium)* und Blausternen *(Scilla)*. Man verwendet sie in kleinen Gruppen oder flächig am Gehölzrand, aber auch unter lichten Gehölzen.
Pflege: Alle genannten Hainsimsenarten sollten nur mit Ballen gepflanzt oder versetzt

werden, um das Anwurzeln zu sichern. Bei Bedarf, etwa jährlich im Frühjahr oder Herbst, versorgt man sie mit ein wenig halbreifem Kompost oder Laubmulch, bei anhaltend trockener Witterung müssen sie durchdringend gewässert werden. Im Frühjahr putzt man die unansehnlich braun gewordenen Horste der Waldhainsimse aus. Sie treiben dann bald neu durch. Die Schneehainsimse kann man durch Rückschnitt der Horste nach der Blüte zu frischem Austrieb anregen.
Vermehrung: Die Arten lassen sich, jeweils im Frühjahr, sowohl durch Teilung als auch aus Samen vermehren. Bei den Sorten ist dagegen nur Teilung möglich.

Lysimachia nummularia

Lysimachia
Felberich, Gilbweiderich

Art: *L. nummularia* (Pfennigkraut, Münzkraut)
Familie: Primelgewächse *(Primulaceae)*
Herkunft: Auwälder, Ufer und frische bis feuchte Wiesen in Europa bis zum Kaukasus
Blütenfarbe: gelb
Blütezeit: Mai bis Juli
Höhe: 5 cm
Merkmale: Seinen Namen hat das ausdauernde Pfennigkraut seinen kleinen, rundlichen bis breit eiförmigen Blättern zu verdanken, die wie Münzen auf dem Boden zu liegen scheinen. Diese sitzen gegenständig an flach über den Untergrund kriechenden Trieben. Die Pflanze bildet nach allen Seiten zahlreiche Ausläufer, die an ihren Knoten wurzeln, aber nur flach in den Boden eindringen. Dadurch überzieht die Staude rasch größere offene Bodenflächen. Zumindest in milden Gebieten bleibt das glänzend grüne Laub auch im Winter erhalten. In der Triebmitte erscheinen in den Achseln der Blätter leuchtend gelbe, etwa 1–2 cm große, sternfömige, flache Trichterblüten. Sie streuen hübsche gelbe Tupfer über den dichten Laubteppich.
Sorte: 'Aurea' (mit goldgelben Blättern, sonst wie die Art)
Standortansprüche: Das Pfennigkraut bevorzugt halbschattige Standorte, gedeiht aber sogar in stärker beschatteten und mäßig besonnten Bereichen noch gut. Es benötigt einen frischen bis feuchten, auch nassen Boden, der nährstoffreich und lehmig sein soll und nicht rasch austrocknet.
Verwendung: Der sumpfige Gewässerrand und das Sumpfbeet sind die idealen Gartenbereiche, in denen sich der Bodendecker prächtig entwickelt. Man kann mit ihm unschöne Ränder von Teichbecken kaschieren, ihn jedoch auch zwischen Trittsteine entlang eines Gartenwegs setzen, da selbst gelegentliches Betreten nicht schadet. Schließlich fühlt er sich sogar unter Gehölzen wohl, wenn der Boden nur feucht genug ist. Das Pfennigkraut ist zwar raschwüchsig, aber doch nicht so stark wuchernd, daß es sich nicht mit zahlreichen anderen Stauden des Wasserrands gut kombinieren ließe. Zu empfehlen ist eine Pflanzdichte von etwa 8–10 Stück pro m^2. Günstige Begleiter sind z. B. Bergenien *(Bergenia)*, Schekkenknöterich, Nelkenwurz *(Geum)* und Mädesüß *(Filipendula)*, niedrige Blütensträucher sowie einige höhere Horste aus Pfeifengras, Rasenschmiele, Lampenputzergras oder anderen Gräsern, die sich sehr dekorativ aus der Bodendecke erheben.
Pflege: Die Pflanzen benötigen nach dem Einwachsen keine spezielle Pflege mehr. Nur auf austrocknenden Böden ist regelmäßiges Wässern während der Wachstumszeit notwendig. Bei Bedarf kann man die Pflanzen im Frühjahr mit etwas halbreifem Kompost überstreuen.
Vermehrung: Durch Teilung sowie vor allem durch Abtrennen der bewurzelten Ausläufer läßt sich das Pfennigkraut vom Frühjahr bis zum Spätsommer auf sehr einfache Art und Weise vermehren.

M

Matricaria
Kamille

Art: *M. caucasica* (auch *Tripleurospermum caucasicum*, *Chrysanthemum caucasicum*, Teppichkamille)
Familie: Korbblütler *(Compositae)*
Herkunft: Bergwiesen auf dem Balkan und im Kaukasus
Blütenfarbe: weiß
Blütezeit: Mai bis Juli
Höhe: 5–20 cm
Merkmale: Mit ihren niederliegenden Trieben überzieht die mehrjährige Teppichkamille an geeigneten Stellen den Boden wie ein Rasen. Ihre dunkelgrünen Blätter

Matricaria caucasica

sind unbehaart und ein- bis zweifach fiederschnittig. Den Winter über bleiben sie meist grün. In reicher Zahl schmücken margeritenähnliche Korbblüten den Laubteppich. Sie entfalten sich an nur wenig aufsteigenden Triebspitzen und bestehen aus einem strahlenförmigen Kranz weißer Zungenblüten, der eine flache Scheibe aus gelben, seltener dunkelbraunen Röhrenblüten umschließt.
Standortansprüche: Die Teppichkamille benötigt einen sonnigen Platz und einen frischen, lockeren, nährstoffreichen, lehmigen Boden.
Verwendung: Die pflegeleichten Pflanzen mit ihrem nicht so schnell welkenden Blütenschmuck eignen sich gut für Steingartenbereiche, wo sie zwischen größeren Felsen hübsche Matten entwikkeln. Man verwendet dazu etwa 8–12 Pflanzen pro m². Neben den Kamillenteppich lassen sich andere Polster- und Teppichstauden plazieren, etwa niedrige bis höhere Fetthennen, Kriechendes Schleierkraut *(Gypsophila repens)* oder niedrige Fingerkrautarten *(Potentilla)*. Lebhafte Akzente ergeben sich, wenn im Frühjahr oder Herbst aus dem grünen Blattrasen die Blüten einzelner Zwiebel- und Knollengewächse hervorleuchten, etwa von niedrigen Iris- *(Iris)* und Krokusarten *(Crocus)* oder dem spätblühenden Goldkrokus *(Sternbergia)*.
Pflege: Nach dem Einwachsen benötigen die Stauden kaum noch Pflege. Die abgewelkten Blütentriebe sollte man jedoch wegschneiden und die Pflanzen etwas zurücknehmen, falls sie benachbarte Arten bedrängen.
Vermehrung: Die Teppichkamille läßt sich im Frühjahr leicht durch Teilung, aber auch durch Aussaat vermehren.

Matteuccia
Straußfarn, Straußenfarn, Trichterfarn, Becherfarn

Arten: *M. struthiopteris* (auch *Struthiopteris germanica*, Straußfarn, Deutscher Straußfarn, Trichterfarn), *M. pensylvanica* (auch *M. struthiopteris* var. *pensylvanica*, *Struthiopteris pensylvanica*, Amerikanischer Straußfarn, Amerikanischer Trichterfarn, Pennsylvania-Trichterfarn), *M. orientalis* (auch *Struthiopteris orientalis*, Japanischer Straußenfederfarn, Flachwachsender Straußfarn)
Familie: Frauenfarngewächse *(Athyriaceae)*, von manchen Fachleuten auch zu den Perlfarngewächsen *(Onocleaceae)* oder den Wurmfarngewächsen *(Aspidiaceae)* gestellt

Matteuccia pensylvanica

Matteuccia struthiopteris

Herkunft: Auwälder, Uferbereiche von Bächen und Flüssen, *M. struthiopteris* von Europa bis Ostasien, *M. pensylvanica* in Nordamerika, *M. orientalis* feuchte Wälder von Japan bis China und im Himalaja
Höhe: *M. struthiopteris* 80–130 cm, *M. pensylvanica* 80–150 cm, *M. orientalis* 40–70 cm, alle gelegentlich auch höher
Merkmale: Kennzeichnend für die Gattung der Straußfarne ist wie bei den nahe verwandten Perlfarnen eine unterschiedliche Gestalt der fruchtbaren und unfruchtbaren Wedel. Die fruchtbaren Wedel ähneln Straußenfedern, worauf der deutsche Name der Gattung zurückzuführen ist. Sie schieben sich erst im Sommer aus der Mitte eines Trichters aus sehr großen, unfruchtbaren Wedeln heraus, überwintern als braune, trokkene Blätter und streuen dann im nächsten Frühjahr ihre Sporen aus. Die unfruchtbaren Wedel dagegen sterben über den Winter ab. Ebenfalls typisch für die hier aufgeführten mehrjährigen Arten ist, daß das kriechende Rhizom im Lauf der Jahre aus dem Boden herauswächst und bei älteren Exemplaren ein kurzes, bis zu 20 cm hohes Stämmchen bildet.
Von den Gartenfarnen hat der unter Naturschutz stehende Straußfarn die wohl schönsten und am regelmäßigsten geformten Wedeltrichter, die dank weit kriechender Rhizomausläufer große Gartenbereiche dominieren können. Seine äußerst kurz gestielten unfruchtbaren Wedel sind in der Mitte sehr breit, verschmälern sich aber an beiden Enden stark und sind dicht mit einfachen, tief eingeschnittenen, hellgrünen Fiedern besetzt. Die deutlich schlankeren sporentragenden Wedel erreichen nur etwa die halbe Größe der sterilen Blätter und tragen dicht an dicht starre, anfangs grüne, später braune Fiedern. Sehr ähnlich sieht der Amerikanische Straußfarn aus, der aber noch höher wächst und als größter Gar-

tenfarn Mitteleuropas gilt. Er unterscheidet sich von den anderen Arten in der Hauptsache durch seine länger gestielten, dunkleren Wedel und die Tatsache, daß er weniger wuchert. Breit eiförmig präsentieren sich dagegen die Wedel des Japanischen Straußenfederfarns. Seine etwas bogig nach vorn gerichteten Fiedern gleichen der Form nach denen des Straußfarns, werden zur Wedelbasis hin jedoch immer länger. Diese Art bildet weder Ausläufer noch hohe Trichter, vielmehr sind ihre Blätter am Übergang vom Stiel zur Spreite stark nach außen gebogen und stehen fast waagrecht. Daher wird der Japanische Straußenfederfarn weit weniger hoch als die beiden anderen Arten, obwohl auch seine Wedel in Einzelfällen eine Länge von mehr als 150 cm erreichen können.
Standortansprüche: Die Pflanzen bevorzugen einen halbschattigen oder schwach besonnten, luftfeuchten Platz, der in rauhen Gebieten etwas geschützt liegen sollte. Ein lehmiger, humoser, gleichmäßig feuchter Boden sagt ihnen am meisten zu, Staunässe ist jedoch zu vermeiden.
Verwendung: Straußfarne fühlen sich in Gewässernähe ebenso wohl wie zwischen größeren Gehölzen, solange sie nicht von deren Wurzeln bedrängt werden. Dem heimischen Straußfarn sollten hier größere Flächen zur Verfügung stehen, da er sich unter günstigen Bedingungen stark ausbreitet. Sein amerikanischer Verwandter eignet sich dagegen auch für kleinräumigere Gartenbereiche. Der Japanische Straußenfederfarn wirkt am besten als Einzelpflanze an einer ausgewählten Stelle am Fuß einer Mauer oder im Steingarten, wo die imposanten Wedel gut zur Geltung kommen. Sehr hübsch lassen sich frühblühende Zwiebel- und Knollengewächse, aber auch feuchtigkeitsliebende Stauden, etwa verschiedene Primeln *(Primula)*, Geißbart *(Aruncus)* oder Hortensien *(Hydrangea)* mit den Straußfarnen kombinieren. Doch nicht nur im Garten machen sich die Farne gut; ihre Sporenwedel stellen überdies eine hübsche, außergewöhnliche Ergänzung in Trockengestecken dar.
Pflege: Die Straußfarne, am stärksten der Japanische Straußenfederfarn, beginnen bei anhaltender Trockenheit rasch zu welken, und ihre Wedel färben sich vom Rand her braun. Sofern die Pflanzen nicht direkt am Gartenteich oder an einem Bachlauf im feuchten Boden stehen, müssen sie daher im Sommer häufig und regelmäßig gewässert werden. Etwa einmal jährlich, am besten im Frühjahr zum Austrieb, ist eine Versorgung mit Kompost oder Humus zu empfehlen. Auch ältere Exemplare, deren Rhizome sich bereits aus dem Boden geschoben haben, zeigen sich für eine derartige Maßnahme dankbar. Schüttet man sie mit ein wenig Humus an, wachsen sie deutlich gesünder weiter und sind zudem besser vor Austrocknung geschützt. Der Japanische Straußenfederfarn erweist sich als etwas frostempfindlich und sollte deshalb im Herbst eine Laubschicht als Abdekkung erhalten.
Vermehrung: Die genannten Arten können durch Sporen, die vom Spätherbst bis ins nächste Frühjahr hinein reifen, vermehrt werden; vom heimischen und Amerikanischen Straußfarn gewinnt man auch durch Abtrennen von Ausläufern neue Pflanzen.

Melica
Perlgras

Arten: *M. altissima* (Riesenperlgras, Sibirisches Perlgras, Buschperlgras), *M. ciliata* (auch *M. nebrodensis*, Wimperperlgras), *M. transsilvanica* (Siebenbürger Perlgras), *M. nutans* (Nickendes Perlgras), *M. uniflora* (Einblütiges Perlgras)
Familie: Süßgräser *(Poaceae)*
Herkunft: *M. altissima* lichte Gehölzränder vom östlichen Mitteleuropa über Osteuropa bis Mittelasien, *M. ciliata* lückige Felsrasen und Trockenmauern in Mittel- und Osteuropa sowie im Mittelmeerraum, *M. transsilvanica* Trockenrasen, lichte Wald- und Gebüschränder vom westlichen Europa bis zum Kaukasus, *M. nutans* krautreiche Laub- und Laubmischwälder von Europa bis Zentralsibirien sowie in Ostchina und Japan, *M. uniflora* lichte Laub- und Laubmischwälder mit kalkarmem Boden in Europa, im Mittelmeerraum und in Kleinasien
Blütenfarbe: *M. altissima* weißgrau, auch weiß oder purpurbraun, *M. ciliata* und *M. transsilvanica* blaßgrün, teils purpurn überlaufen, *M. nutans* dunkel- bis purpurbraun, *M. uniflora* bräunlich bis purpurn
Blütezeit: Mai bis Juni
Höhe: *M. altissima* 60–120 cm, zur Blüte 90–150 cm, *M. ciliata* 20–40 cm, zur Blüte 50–70 cm, *M. transsilvanica* 30–50 cm, zur Blüte 70–100 cm, *M. nutans* 20–30 cm, zur Blüte 50–60 cm, *M. uniflora* 20–30 cm, zur Blüte 40–50 cm
Merkmale: Der Name Perlgras bezieht sich auf die wenigblütigen, grannenlosen Ährchen, die bei einigen Arten tatsächlich kleinen Perlen ähneln und in zumeist ährenförmigen Rispen stehen. Unter den genannten, allesamt mehrjährigen Arten ist das Riesenperlgras bei weitem die größte. Es treibt straffe Horste mit saftig grünen, relativ breiten, locker überhängenden Blättern, über die sich weißgraue, sehr lange und schmale, nur mäßig dichte Blütenrispen schieben. Flauschige, walzenförmige Blütenstände aus lang bewimperten Einzelblüten, die alle in dieselbe Richtung weisen, zeichnen das Wimperperlgras aus. Sie stehen auf langen, oft übergeneigten Stielen über dem graugrünen, mit feinen, starr aufrechten Blättern besetzten Horst. Später, wenn die Samen reifen, leuchten die Rispen wunderbar zartgelb in der Sonne auf. Sehr ähnlich erscheint das Siebenbürger Perlgras, doch sind dessen Blütenstände allseitswendig und etwas kompakter, die Blüten noch dichter bewimpert und die Laubhorste frischgrün. Das Nickende Perlgras mit hellgrün beblätterten Trieben zeigt die Perlenform der

Melica altissima

Melica ciliata

Ährchen am ausgeprägtesten. Anmutig hängen sie an kurzen Stielchen in einer einseitswendigen, lockeren Traube herab und wirken dabei äußerst zart. Die Art breitet sich durch kurze Ausläufer bald locker rasenartig aus. Ebenso wächst auch das Einblütige Perlgras, dessen eiförmige Ährchen aufrecht an langen, drahtigen, weit abstehenden Stielen zu einer sehr lockeren, wenig verzweigten Rispe über dem frischgrünen Laub angeordnet sind.
Sorten: Von *M. altissima* sind u. a. erhältlich 'Atropurpurea' (auch 'Purpurea'; Ährchen purpurbraun, schräg herabhängend und sich überlappend, Höhe 60–100 cm, zur Blüte 90–130 cm) sowie 'Alba' (Ährchen rein weiß, Höhe wie die Art).
Standortansprüche: Riesenperlgras, Wimperperlgras und Siebenbürger Perlgras benötigen einen vollsonnigen bis wenig beschatteten, warmen, im Fall des Riesenperlgrases zudem windgeschützten Standort sowie einen mäßig trockenen bis trockenen, sandig-humosen, gut durchlässigen Boden, der für Wimper- und Siebenbürger Perlgras auch felsig oder steinhaltig sein darf. Das Nickende wie das Einblütige Perlgras gedeihen dagegen besser an mäßig beschatteten bis halbschattigen, nach der Blütezeit auch schattigen Plätzen mit frischer, lehmiger, humus- und nährstoffreicher Erde. Für das Einblütige Perlgras sollte das Substrat schwach sauer und kalkarm, für die übrigen Arten jedoch kalkhaltig sein.
Verwendung: Entsprechend ihrer Herkunft und Standortansprüche lassen sich die Perlgrasarten für ganz unterschiedliche Gartenbereiche verwenden. Riesen-, Wimper- und Siebenbürger Perlgras, die an trockene Standortbedingungen angepaßt sind, empfehlen sich insbesondere für den Steppen- und Heidegarten. Das kleinere Wimperperlgras findet auch in geeigneten Steingartenpartien einen passenden Platz, das Riesenperlgras kann ebensogut zwischen lichte Gehölze gesetzt werden. Günstige Begleitpflanzen sind z. B. Großblütige Taubnessel *(Lamium orvala)* und Diptam *(Dictamnus albus)* für das Riesenperlgras sowie Blauschwingel, Kartäusernelke *(Dianthus carthusianorum)*, Königskerzen *(Verbascum)* und Zierlaucharten *(Allium)* für die beiden anderen trokkenheitsverträglichen Arten. Nickendes und Einblütiges Perlgras, die auch Beschattung vertragen, bieten sich schließlich als zwar wenig bekannte, nichtsdestoweniger sehr schöne und pflegeleichte Gräser für eine lockere Bodendecke unter Laubgehölzen an. Am besten machen sie sich im naturnahen Garten, wo man sie verwildern lassen kann. Beide Arten bilden mit der Zeit mäßig dichte Teppiche, in deren Gesellschaft auf Dauer nur ähnlich wuchskräftige Pflanzen gedeihen können, z. B. das Salomonssiegel *(Polygonatum)*, die Waldglokkenblume *(Campanula latifolia)* oder das Gedenkemein *(Omphalodes)*. Auch frühblühende Zwiebel- und Knollengewächse wie Anemonen *(Anemone)*, Aronstab *(Arum)* oder Hasenglöckchen *(Hyacinthoides)* passen gut dazu.
Pflege: Die aufgeführten Perlgräser benötigen nach dem Einwachsen keine besonderen Pflegemaßnahmen. Bei zu feuchtem Stand können jedoch die Triebe des Riesen-, Wimper- und Siebenbürger Perlgrases auseinanderfallen, so daß die Horste jegliche Form verlieren. Abhilfe schafft ein Standort mit gut durchlässigem Boden, beim Riesenperlgras auch ein unauffälliger Stützring. Beim etwas schwachwüchsigen Wimperperlgras sollte man unbedingt darauf achten, daß die Horste nicht von wuchskräftigeren Nachbarpflanzen überwachsen werden.
Vermehrung: Alle genannten Arten lassen sich im Frühjahr sowohl durch Teilung als auch durch eine Aussaat der Samen vermehren.

Melica uniflora

Miscanthus
China-Schilf

Arten: *M. sinensis* (auch *Eulalia japonica*, China-Schilf), *M. floridulus* (auch *M. japonicus*, *M. sinensis* 'Giganteus', Riesen-China-Schilf, Riesen-Miscanthus), *M. sacchariflorus* (auch *Imperata sacchariflora*, Silberfahnengras)
Familie: Süßgräser *(Poaceae)*
Herkunft: lichte Wälder, meist im Bergland, *M. sinensis* in China, Korea, Taiwan, Japan und auf den Kurilen, *M. floridulus* in Japan, Taiwan und Polynesien, *M. sacchariflorus* feuchte Wiesen und Flußufer in Japan, Korea und Nordostchina
Blütenfarbe: *M. sinensis* silbrigweiß bis hellgrau, teilweise bräunlich überhaucht, *M. floridulus* weißlich, *M. sacchariflorus* blaßgrün, durch seidige Haare jedoch silbrigweiß erscheinend
Blütezeit: *M. sinensis* August bis Oktober, *M. floridulus* September bis Oktober, jedoch selten blühend, *M. sacchariflorus* August bis Oktober

Miscanthus sinensis

Höhe: *M. sinensis* 90–200 cm, zur Blüte 120–250 cm, *M. floridulus* 200–350 cm, zur Blüte 250–400 cm, *M. sacchariflorus* 120–150 cm, zur Blüte 150–200 cm

Merkmale: Die mehrjährig wachsenden China-Schilfarten zählen neben dem Pampasgras zu den eindrucksvollsten Gräsern im Garten, sieht man von den Bambussen einmal ab. Insgesamt wirken die mächtigen, reich beblätterten Pflanzen schilfartig, jedoch unterscheiden sie sich davon deutlich in den großen Blütenständen. Ihre zweiblütigen, begrannten Ährchen sind am Grund von einem Haarkranz umgeben. Paarweise nebeneinandersitzend, bilden sie lange, reichblütige und flauschige Ähren, die ihrerseits in Büscheln fingerartig zu einem fahnenartigen Gebilde zusammengefaßt sind.

Die am häufigsten gepflanzte Art ist das China-Schilf mit seinen zahlreichen Sorten. Es wächst horstartig, an seinen kräftigen Halmen stehen, je nach Sorte, steif aufrechte oder locker und elegant überhängende, meist blaugrüne Blätter, die nur etwa 1 cm breit, aber teilweise über 100 cm lang sind. Gekrönt werden die Triebe von großen, federbuschartigen Blütenständen. Viele der Sorten zeigen im Herbst eine intensive bräunliche oder rötliche Färbung. Wegen der späten Blütezeit kommen in Mitteleuropa nicht alle Pflanzen regelmäßig zur Blüte. Neben dem Witterungsverlauf – die Pflanzen brauchen warme und feuchte Sommer – hängt dies auch ganz entscheidend von den Eigenschaften der jeweiligen Sorte ab. Fast doppelt so hohe, besonders umfang- und blattreiche Horste bildet das Riesen-China-Schilf aus. Seine langen, weit überhängenden Blätter sind graugrün gefärbt und bis etwa 3 cm breit. Nur in sehr warmen Sommern kommt diese Art in Mitteleuropa zur Blüte und zeigt dann ihre bis zu 50 cm langen Fahnen. Regelmäßig und reich blüht dagegen das kleiner bleibende Silberfahnengras. Es breitet sich durch kriechende Rhizome allmählich aus und treibt im Vergleich zu den beiden vorherigen Arten etwas steifere, länger zugespitzte Blätter, die meist einen silbrigweißen Mittelstreif aufweisen. Seine besonders zarten Blütenstände teilen sich in zahlreiche dünne, glänzend silbrigweiße Ähren auf, die sich auf den hohen Halmen anmutig im Wind wiegen. Der Herbst färbt das Laub des Silberfahnengrases wunderschön gelb- bis orangebraun.

Sorten: Von *M. sinensis* gibt es eine laufend wachsende Zahl an Sorten mit teilweise recht unterschiedlichem Aussehen und den verschiedensten Standorteignungen. Nicht zuletzt variieren sie stark hinsichtlich ihrer Blühwilligkeit im hiesigen Klima. Zu den empfehlenswerten Sorten zählen u. a. 'Kleine Fontäne' (frühblühend, Blüten silbrigweiß, rosa überhaucht, rotbraune Herbstfärbung, Höhe 90–120 cm, zur Blüte 120 bis 150 cm), 'Graziella' (sicher blühende Auslese von 'Gracillimus', lockerer Wuchs, frühblühend, Blüten silbrigweiß, meist orangebraune Herbstfärbung, Höhe 100–150 cm, zur Blüte 150–170 cm), 'Gracillimus' (Feinhalm-Miscanthus; feiner, graziöser Wuchs, Blätter sehr schmal, in milden Gebieten wintergrün, meist nicht blühend, Höhe 120–180 cm), 'Strictus' (auch 'Zebrinus-Strictus', Stachelschweingras; Blätter steif aufrecht und nur am Ende leicht übergebogen, mit einzelnen goldgelben Querbändern, spät und daher nicht sicher blühend, Blüten silbergrau, Höhe 120–150 cm, zur Blüte 150–180 cm), 'Variegatus' (Weißbuntes China-Schilf; Blätter mit cremeweißen, feinen Längsstreifen, locker überhängend, spät und daher nicht sicher blühend, Höhe 120–150 cm, zur Blüte 150–180 cm), 'Malepartus' (mittelfrüh blühend, Blüten silbrigweiß, rötlich überhaucht, schöne rotbraune Herbstfärbung, Höhe 100–150 cm, zur Blüte 150–200 cm), 'Silberfeder' (mittelfrüh und sicher blühend, Blüten cremeweiß und silbrig glänzend, etwas standschwache Halme, daher nicht für nasse oder feuchte, sondern nur für gut durchlässige, etwas trockenere Substrate geeignet, gelbbraune Herbstfärbung, Höhe 130–180 cm, zur Blüte 200–230 cm); von *M. sacchariflorus* ist vorwiegend die Sorte 'Robustus' (wie die Art, Höhe bis 200 cm, auch zur Blüte) im Handel. Was ihre Eignung als Gartengewächse betrifft, sind die Sorten den reinen Wildarten weit überlegen und daher unbedingt vorzuziehen – ausgenommen *M. floridulus*, von dem man besser die reine Art wählt.

Miscanthus floridulus

Standortansprüche: Die Pflanzen bevorzugen einen sonnigen bis wenig beschatteten, luftfeuchten Platz und einen nährstoffreichen, humosen, frischen bis feuchten, aber durchlässigen Boden, der für das Silberfahnengras auch naß sein darf.

Verwendung: Man pflanzt die ornamentalen Großgräser als Solitäre oder in nur wenigen Exemplaren nebeneinander bevorzugt in die Nähe von Wasser, wo sie ausreichend Luft- und Bodenfeuchtigkeit vorfinden. Sie wirken aber auch in großen Staudenrabatten sowie als Einzelpflanzen auf Freiflächen oder in der Nähe von Wegen und Sitzplätzen attraktiv und eindrucksvoll zugleich. Gut passen wuchskräftige Stauden dazu, z. B. Schaublattarten *(Rodgersia)*, Ligularien *(Ligularia)* oder hohe Herbstastern *(Aster novae-angliae* und *A. novi-belgii)*. Einen sehr interessanten Kontrast bilden außerdem einzeln gesetzte Tuffs der hochwüchsigen Gräser in einem deutlich niedrigeren Teppich aus Bodendeckern wie Schekkenknöterich, Frauenmantel oder Indischer Erdbeere. Die abgeschnittenen Blütenstände ergeben überdies einen wunderbar flaumigen Trockenschmuck.

Pflege: Um das Anwachsen zu sichern, sollten China-Schilfarten möglichst nur im Frühjahr ein- oder umge-

Miscanthus sacchariflorus

pflanzt werden. Während der Wachstumszeit und besonders in längeren Trockenperioden auf leicht austrocknenden Böden muß man die Pflanzen regelmäßig und durchdringend wässern, denn nur dann können sie ihre stattliche Höhe erreichen und viele Blütenstände entwickeln. Aus demselben Grund versorgt man sie entweder im Frühjahr mit halbverrottetem Kompost oder Stallmist oder vom Austrieb bis etwa Juli mit mehreren Volldüngergaben. Weil die Gräserbüsche auch im Winter attraktiv bleiben, schneidet man die Halme möglichst erst im Frühjahr zurück, und zwar bis auf eine Handbreit über dem Boden. Zumindest im ersten Winter nach der Pflanzung, in rauhen Gebieten dagegen alljährlich, sollte man die Horste rundum mit einer Winterschutzdecke aus Falllaub versehen, da die Gräser empfindlich gegen strenge Fröste an schneelosen Wintertagen sind.

Vermehrung: Neue Pflanzen gewinnt man durch Teilung der Horste im Frühjahr; die reinen Arten können zur selben Zeit auch aus Samen gezogen werden. An günstigen Standorten vermehren sich auch die Sorten durch Selbstaussaat. Weil aber die Sämlinge der Sorten in ihren gärtnerisch relevanten Eigenschaften meist deutlich hinter den Mutterpflanzen zurückbleiben, sollte man diese frühzeitig entfernen.

Molinia
Pfeifengras

Arten: *M. caerulea* (auch *M. caerulea* ssp. *caerulea*, *Aira caerulea*, Pfeifengras, Blaues Pfeifengras, Besenried, Benthalm, Moorhexe), *M. arundinacea* (auch *M. caerulea* ssp. *arundinacea*, *M. altissima*, *M. caerulea* ssp. *altissima*, *M. litoralis*, *M. caerulea* ssp. *litoralis*, Riesenpfeifengras, Rohrpfeifengras, Rohrartiges Pfeifengras)

Familie: Süßgräser *(Poaceae)*

Herkunft: Streuwiesen, trokkenfallende Moore, Heiden und lichte Wälder in Europa, östlich bis Vorderasien und Westsibirien, *M. arundinacea* auf weniger sauren Substraten, vorwiegend in lichten Wäldern, Verbreitungsgrenzen nicht genau bekannt

Blütenfarbe: grünlich, bräunlich oder purpurfarben überlaufen

Molinia caerulea

Blütezeit: Juli bis September

Höhe: *M. caerulea* 30–60 cm, zur Blüte 50–100 cm, *M. arundinacea* 30–80 cm, zur Blüte 100–250 cm

Merkmale: Die ausdauernden Pfeifengräser bestechen durch dichte, kompakt bleibende und im Alter recht mächtige Horste aus zahlreichen Halmen, die mit langen, flachen, blaugrünen Blättern besetzt sind. Sie treiben spät aus und blühen dementsprechend erst im Hochsommer. Dann schieben sich langgestreckte Rispen aus dem Blattwerk, die unterschiedlich gefärbt und dicht ährenartig zusammengezogen bis locker ausgebreitet sein können. Eindrucksvoll wirken die Gräser vor allem im Herbst, wenn sie in warmen goldenen oder rotbraunen Tönen aufleuchten. Die beiden Arten, die von manchen Fachleuten nur als zwei verschiedene Unterarten von *M. caerulea* aufgefaßt werden, unterscheiden sich durch einige Details im Bau ihrer Blüten sowie durch die Größe voneinander. Während das Pfeifengras nur etwa hüfthoch wird, erreicht das Riesenpfeifengras mehr als die doppelte Höhe. Es trägt außerdem etwas breitere Blätter und längere Blütenrispen. Die Halme beider Arten haben scheinbar keine Knoten und wurden vielfach als Pfeifenputzer benutzt – daher der Name. Tatsächlich aber stehen die Knoten an der Basis der Triebe dicht übereinander und bilden einen zwiebelartigen Nährstoffspeicher. Die anderen volkstümlichen Namen des Pfeifengrases erinnern an weitere frühere Nutzungsarten als Besenreiser und als Bindehalme, etwa für Weinreben.

Sorten: Von *M. caerulea* sind u. a. im Handel erhältlich 'Variegata' (Buntes Pfeifengras, Buntes Besenried; Blätter dunkelgrün und cremeweiß gestreift, Höhe 30–50 cm, zur Blüte 50–60 cm), 'Moorhexe' (Halme straff aufrecht, Wuchs dadurch schmaler, weniger ausladend, Blüten dunkelpurpurn, Höhe 30–50 cm, zur Blüte 50–80 cm), 'Strahlenquelle' (Halme nach allen Seiten strahlig ausgebreitet mit locker überhängenden Blütenrispen, Höhe 30–60 cm, zur Blüte 60–100 cm); von *M. arundinacea* werden angeboten 'Fontäne' (Halme bogig aufsteigend, fontänenartiges Erscheinungsbild mit überhängenden Rispen, Höhe 30–60 cm, zur Blüte 100 bis 180 cm), 'Transparent' (grazile, lockerblütige, dadurch transparent erscheinende Blütenrispen, Höhe 30–60 cm, zur Blüte 100–180 cm), 'Karl Foerster' (dunkelgrüne, überhängende Blätter, Höhe 30–60 cm, zur Blüte 100 bis 200 cm), 'Windspiel' (standfest, wuchskräftig, bildet mächtige Horste, Blütenrispen fein, goldbraun, Höhe 50–80 cm, zur Blüte 100–250 cm).

Molinia arundinacea

Standortansprüche: Die Pflanzen bevorzugen einen sonnigen bis halbschattigen Platz und einen feuchten bis frischen, tiefgründigen, nicht rasch austrocknenden, humosen Boden.
Verwendung: Beide Pfeifengräser stellen – sowohl als einzelne Exemplare wie auch in kleinen Gruppen gepflanzt – sehr markante Blickpunkte in naturnahen Gartenbereichen dar. Man setzt sie zwischen Wildstauden und Sträucher, etwa im Heidegarten oder am Wasserrand. Sie wirken jedoch auch in größeren Staudenbeeten recht dominant, vor allem im Herbst, wenn ihr warmes Braun die Blütenfarben benachbarter Pflanzen zum Leuchten bringt. Die Pflanzstelle sollte man unbedingt so wählen, daß man die schöne Herbstfärbung gut wahrnehmen kann. Bei tiefstehender Sonne scheinen die Horste dann förmlich aufzulodern. Schöne Begleitpflanzen sind etwa hohe Herbstastern in kräftigen Farbtönen (*Aster novae-angliae* und *A. novi-belgii*), Blutweiderich (*Lythrum salicaria*), Mädesüß (*Filipendula*), hohe Sonnenhutarten (*Rudbeckia*) oder der Virginische Ehrenpreis (*Veronica virginica*).
Pflege: Einmal eingewachsen, benötigen diese langlebigen Ziergräser keine speziellen Pflegemaßnahmen mehr. Bei anhaltender Hitze und Trockenheit sollte man jedoch durch rechtzeitiges gründliches Wässern einer tiefreichenden Austrocknung des Bodens vorbeugen.
Vermehrung: Von den Sorten der Pfeifengräser lassen sich im Frühjahr oder Frühherbst durch Teilung neue Pflanzen gewinnen, von den reinen Arten auch durch Aussaat, die man im Frühjahr vornimmt.

O

Onoclea
Perlfarn, Sinnfarn

Onoclea sensibilis

Art: *O. sensibilis* (Perlfarn)
Familie: Frauenfarngewächse (*Athyriaceae*), von manchen Fachleuten auch zu den Perlfarngewächsen (*Onocleaceae*) gestellt
Herkunft: lichte, feuchte Wälder und Feuchtwiesen in Nordamerika und Nordostasien
Höhe: 30–70 cm, selten auch höher
Merkmale: Aus einem mehrjährigen, kriechenden, sich häufig verzweigenden Rhizom entwickeln sich im Frühjahr zunächst lockere Trichter aus langgestielten, sehr breit dreieckigen, hellgrünen, unfruchtbaren Wedeln. Sie sind tief fiederschnittig mit langen, lanzettlichen, in schöner Regelmäßigkeit und nahezu gegenständig angeordneten Fiedern besetzt. Im Herbst verfärben sie sich goldgelb und sterben dann nach den ersten Frösten ab. Ähnlich wie beim nahe verwandten Straußfarn bildet auch der Perlfarn im Sommer sporentragende Wedel, die völlig anders aussehen als die sterilen Blätter. Die gefiederten Sporenwedel sind nicht nur viel kürzer und deutlich derber, sie bleiben auch den Winter über erhalten. Jede ihrer Fiedern trägt unzählige perlenartige Sporenhaufen, denen der Farn seinen Namen verdankt.
Standortansprüche: Der Perlfarn gedeiht am besten im Halbschatten, bei genügend Bodenfeuchtigkeit aber auch in nicht zu praller Sonne. Er bevorzugt einen vor Spätfrösten geschützten Platz mit humosem, feuchtem, nährstoffreichem Boden, verträgt jedoch auch noch schweres oder mooriges Substrat.
Verwendung: Man pflanzt den Perlfarn vor allem in kleinen Gruppen zwischen oder unter nicht zu hohe, immergrüne Gehölze, etwa Rhododendren (*Rhododendron*), aber auch großflächiger unter Laubgehölze oder in Gewässernähe, in die Sumpfzone am Gartenteich oder an einen

Bachlauf. Stets wird er mit seinen ungewöhnlichen Wedeln die Blicke auf sich ziehen. An günstigen Standorten neigt der wuchskräftige Farn zum Wuchern und überzieht dann bald größere Flächen im Garten. Seine Sporenwedel ergeben einen hübschen Trockenschmuck.
Pflege: Bei anhaltend trockener Witterung und an Standorten, deren Boden nicht dauerhaft feucht ist, muß man den Perlfarn regelmäßig durchdringend wässern. Seinen starken Ausbreitungsdrang dämmt man, insbesondere in kleinen Gärten, am besten durch häufigeres Abtrennen der zu weit gewachsenen Rhizomteile ein. In rauhen Gegenden empfiehlt es sich im Frühjahr, die frisch ausgetriebenen Wedel nachts mit einer Abdeckung vor Spätfrösten zu schützen.
Vermehrung: Neue Pflanzen des Perlfarns lassen sich durch Teilung der Rhizome oder aus den Sporen, die im Herbst reifen, gewinnen. Bei der Anzucht aus Sporen können Formen mit roten Wedelstielen auftreten, die nur etwa 30–50 cm hoch werden und weniger stark wuchern. Teilweise werden sie im Handel auch als Sorten unter den Namen 'Rotstiel' oder 'Rotstielperlfarn' angeboten.

Osmunda
Königsfarn

Arten: *O. regalis* (Königsfarn), *O. claytoniana* (auch *O. interrupta*, Kronenfarn, Teufelsfarn), *O. cinnamomea* (auch *O. imbricata*, Zimtfarn)
Familie: Königsfarn- oder Rispenfarngewächse *(Osmundaceae)*
Herkunft: *O. regalis* Bruchwälder, Gräben und Quellmoore, bevorzugt in Küstennähe, weltweit außer in Nordasien, Indonesien, Australien und im Westen Nordamerikas, *O. claytoniana* feuchte bis mäßig trockene Wälder in Nordamerika und Ostasien, *O. cinnamomea* feuchte bis sumpfige Wälder im gleichen Gebiet sowie im tropischen Südamerika
Höhe: *O. regalis* 50–180 cm, *O. claytoniana* 50–120 cm, *O. cinnamomea* 50–150 cm, alle bisweilen auch höher
Merkmale: Der unter Naturschutz stehende Königsfarn gehört wohl zu den stattlichsten heimischen Farnen und ist zweifellos einer der schönsten Gartenfarne überhaupt. Er trägt große und langgestielte, zweifach gefiederte Wedel mit sehr regelmäßig angeordneten, V-förmig nach vorn gerichteten Fiederpaaren und länglich eiförmigen Fiederchen. Typisch für diese Art ist die Gliederung der inneren, früher austreibenden Wedel in einen unteren unfruchtbaren und einen oberen sporentragenden Bereich. Die deutlich schmaleren fruchtbaren Fiedern tragen am Rand unzählige knäuelige Sporenhaufen. Bei der Sporenreife werden sie braun. Steil aufgerichtet stehen sie dann wie ein Königszepter über dem ausgebreiteten grünen Farnmantel, der im Herbst ein sehr schönes, leuchtendes Goldgelb annimmt. Der Königsfarn kann mehrere Jahrzehnte alt werden. Mit der Zeit schiebt sich der riesige Wurzelstock allmählich hügelartig aus dem Boden und bildet aus zahlreichen Triebköpfen einen hübschen regelrechten Farnwald. Im Unterschied zum Königsfarn trägt der gleichfalls mehrjährige Kronenfarn seine 3 bis 5 fruchtbaren Fiederpaare, die nach der Reife im späten Frühjahr vertrocknen, im mittleren Wedelbereich. Sowohl darüber als auch darunter finden sich die ein- bis zweifach gefiederten, matt hellgrünen unfruchtbaren Spreitenteile. Die Pflanzen zeigen damit eine ganz charakteristische Wuchsform: Inmitten eines flachen Trichters rein unfruchtbarer Blätter, die erst nach den sporentragenden austreiben, stehen mehrere straff aufrechte Wedel, die durch die bereits verwelkten fruchtbaren Fiedern im unteren sichtbaren Teil fast kahl erscheinen und oben von den ausgebreiteten unfruchtbaren Fiedern gekrönt werden. Der Zimtfarn entwickelt dagegen eigenständige sporentragende Wedel, die inmitten eines Trichters unfruchtbarer Blätter stehen. Die schlanken, straff aufrechten Gebilde von zimtbrauner Färbung wirken durch die zuletzt zusammengezogenen Fiedern fast stabförmig und welken bald nach der Sporenreife. Dagegen sind die unfruchtbaren Wedel dieses Farns schlank dreieckig im Umriß, einfach gefiedert mit fiederschnittigen, lanzettlichen Abschnitten und tönen sich im Herbst gold- bis rötlichbraun.

Osmunda regalis

Sorten: Von *O. regalis* sind u. a. im Handel erhältlich 'Gracilis' (auch *O. regalis* var. *gracilis*, *O. gracilis*, Zwergkönigsfarn; schlanke, rotstielige Wedel und stärker aufgerichtete Fiedern als bei der reinen Art, Höhe 50–80 cm), 'Cristata' (Hahnenkammkönigsfarn; an den Enden flächig verbreiterte, mehrfach gegabelte und gelappte, leicht gekräuselte Fiedern, nur wenige sporenbildende Blattteile, keine Herbstfärbung, Höhe 80–100 cm), 'Purpurascens' (Purpurkönigsfarn; rötliche Wedelstiele und Mittelrippen, beim Austrieb rötliche, später dunkelgrüne Blätter, besonders intensive Herbstfärbung, Höhe 100–180 cm).
Standortansprüche: Die Königsfarnarten bevorzugen einen halbschattigen, bei stän-

dig leicht feuchtem Boden auch sonnigen, auf jeden Fall aber luftfeuchten Platz sowie einen humusreichen, nicht zu schnell austrocknenden, schwach sauren Boden. Dem Zimtfarn sollte man einen etwas geschützten Platz zuweisen.
Verwendung: Alle Königsfarne sind sehr eindrucksvolle Pflanzen, die im Alter viel Platz benötigen und deshalb am besten nur einzeln verwendet werden. Man setzt sie als Blickfang an eine augenfällige Stelle, bevorzugt in die Sumpfzone am Gartenteich, bei entsprechend feuchtem Boden auch an den lichten Gehölzrand, wobei jedoch an die ausgeprägte Herbstfärbung der Farne zu denken ist. Besonders hübsche Begleiter sind niedrigere Sumpf- oder Schattenstauden, etwa Blaue Himmelsleiter *(Polemonium caeruleum)*, der grazile Scheinmohn *(Meconopsis)*, die gelbe Sumpfschwertlilie *(Iris pseudacorus)*, oder auch gleichermaßen mittelhohe Gräser wie Waldhainsimse und Pfeifengras.
Pflege: Bei anhaltender Trockenheit und Hitze sollten die Pflanzen, insbesondere der Zimtfarn, durchdringend gewässert werden. Vertrocknete Wedel oder Wedelteile schneidet man vorsichtig ab. Ältere Exemplare der Königsfarnarten lassen sich nur schwer verpflanzen, häufig gehen die Stauden danach ein. In rauhen Gebieten empfiehlt sich für den Zimtfarn ein leichter Winterschutz aus Fallaub und Reisig.
Vermehrung: Die Königsfarne samt den genannten Sorten werden fast ausschließlich aus Sporen vermehrt, die etwa von Mai bis Juni reifen. Entscheidend ist, daß die Sporen geerntet werden, solange die fruchtbaren Wedelteile des Farns noch grün sind. Sie müssen auch sofort ausgesät werden, denn ihre Keimfähigkeit hält jeweils nur wenige Tage an. Eine Teilung des Wurzelstocks ist nicht empfehlenswert.

Osmunda claytoniana

P

Pachysandra
Ysander, Schattengrün

Art: *P. terminalis* (Ysander, Dickmännchen, Dickanthere)
Familie: Buchs- oder Buchsbaumgewächse *(Buxaceae)*
Herkunft: feuchte Wälder in Japan und China
Blütenfarbe: weiß
Blütezeit: April bis Mai
Höhe: 15–30 cm
Merkmale: Der ausdauernde Ysander breitet sich durch sein kriechendes Rhizom und seine unterirdischen Ausläufer allmählich flächendeckend aus und überzieht kahle Bodenbereiche mit einem dichten, immergrünen Laubteppich. Die lanzettlichen, am Ende gekerbten, derb ledrigen Blätter glänzen tief dunkelgrün und stehen in kurzen Abständen an niedrigen, am Grund verholzenden Trieben. Am Ende der Sprosse erscheinen sehr kleine weiße, männliche Blüten in einer kurzen, aufrechten Ähre. Diese Blüten besitzen keine Kronblätter, sondern bestehen nur aus stark verdickten Staubfäden. Daher nennt man die Pflanze auch Dickmännchen oder Dickanthere (Anthere ist der Fachbegriff für Staubbeutel). Unterhalb der zahlreichen männlichen sitzen einige unscheinbare weibliche Blüten mit grünlicher Tönung. Die Pflanzen enthalten in allen Teilen giftige Alkaloide.
Sorten: Erhältlich sind u. a. 'Green Carpet' (weiß, schwachwüchsig, zur Begrünung begrenzter Flächen gut geeignet, Blätter kleiner und schmaler als bei der Art, Höhe etwa 15 cm), 'Variegata' (weiß, weniger wuchsstark als die Art, Blätter gelblich getönt, unregelmäßig weißgelb gerandet und leicht gelblich gefleckt, Höhe 20–30 cm).
Standortansprüche: Die Pflanzen bevorzugen einen halbschattigen bis schattigen Standort und einen frischen, lockeren, humosen, schwach sauren Boden mit geringem Kalkgehalt.

Pachysandra terminalis

Verwendung: Zwischen und unter Gehölzen sowie auf wenig besonnten Freiflächen gedeiht dieser anspruchslose Bodendecker prächtig. Zur Begrünung ausgedehnterer Bereiche sollte man etwa 8–12 Exemplare pro m^2 einsetzen. In kleineren Gärten bietet sich besonders die Sorte 'Green Carpet' an. Meist wird der Ysander nicht mit anderen Stauden kombiniert, sondern art- bzw. sortenrein gepflanzt; er wirkt dann mit seiner tiefgrünen Laubfarbe als schöner, beruhigender Untergrund für Blütensträu-

cher in kräftigen Farben, etwa für Rhododendronbüsche *(Rhododendron)*.
Pflege: Bei der Pflanzung ist es wichtig, die Rhizome flach in einen gut gelockerten Boden einzusetzen, damit sie richtig anwurzeln können. Bei Trockenheit empfiehlt es sich, die Pflanzen regelmäßig zu wässern.
Vermehrung: Im Frühjahr kann man den Halbstrauch teilen oder Kopfstecklinge gewinnen.
Krankheiten: Chlorose auf zu kalkhaltigen Substraten

Panicum
Hirse

Arten: *P. virgatum* (auch *P. coloratum*, Rutenhirse), *P. clandestinum* (auch *Milium clandestinum*, *Dichanthelium clandestinum*, Bambushirse, Hirschzungengras), *P. capillare* (Haarstielhirse, Haarästige Hirse)
Familie: Süßgräser *(Poaceae)*
Herkunft: *P. virgatum* Hochgrasprärien, Grasländer und lichte Wälder vom mittleren und östlichen Nordamerika bis Mittelamerika sowie auf einigen Inseln der Karibik, *P. clandestinum* feuchte, lichte Wälder im mittleren und östlichen Nordamerika, *P. capillare* Äcker, Schuttplätze und andere offene Stellen in Südkanada, den mittleren und östlichen USA und auf den Bermudas
Blütenfarbe: *P. virgatum* bräunlich, oft rötlich überhaucht, *P. clandestinum* silbrigbraun, *P. capillare* grünlich bis purpurfarben
Blütezeit: *P. virgatum* Juli bis September, *P. clandestinum* und *P. capillare* Juli bis August
Höhe: *P. virgatum* 50–130 cm, zur Blüte 70–180 cm, *P. clandestinum* 50–80 cm, zur Blüte 70–100 cm, *P. capillare* 30–50 cm, zur Blüte 60–80 cm
Merkmale: Die drei Hirsearten sind, was das Aussehen ihrer Horste betrifft, recht unterschiedlich, ihre Gemeinsamkeiten liegen in lockeren und fein verästelten Blütenrispen mit nur kleinen, unbegrannten, eiförmigen bis länglich zugespitzten Ährchen.
Die mehrjährige Rutenhirse zählt zu den am häufigsten kultivierten Ziergräsern. Sie wächst horstförmig und breitet sich durch kurze Ausläufer nur langsam aus. Ihre dichtstehenden Triebe sind mit auffallend steil nach oben gerichteten, langen, flachen, grünen bis blaugrünen Blättern bestanden. Besonders attraktiv wirkt ihre außergewöhnliche Herbstfärbung, die von leuchtend gelben bis zu tiefroten Farbtönen reicht und bei den einzelnen Sorten ganz unterschiedlich ausgeprägt ist.
Am Ende der weit hinauf beblätterten Halme erscheinen im Hochsommer die breiten Blütenrispen, die etwa 50 cm lang werden können und noch bis in den Winter hinein einen zarten Schleier über das Blattwerk legen. Die horstige, gleichfalls mehrjährige, in milden Gebieten oft wintergrüne Bambushirse bildet vergleichsweise breite, gras- bis dunkelgrüne Blätter aus, die stark an Bambus erinnern. Sie sitzen an rötlich gefärbten, aufrechten bis übergebogenen Trieben und werden von einer etwa 20 cm langen Rispe gekrönt, deren Ährchen büschelig an den Enden der Seitenästchen beieinanderstehen. Im Herbst zeigt das Laub eine gelbliche bis bräunliche Färbung, die jedoch bei weitem nicht so leuchtet wie die der Rutenhirse. Die einjährige Haarstielhirse schließlich verdankt ihren Namen den haarartig feinen, abgespreizten Seitenästen ihrer aufrechten Blütenrispen. Auch sie wächst horstig. Ihre behaarten, am Rand gewellten, relativ breiten Blätter, die locker überhängen, bilden einen schönen Kontrast zu dem feinen Blütenschmuck.
Sorten: Von *P. virgatum* sind u. a. im Handel 'Hänse Herms' (auch 'Rotstrahlbusch'; Blätter mit weinroter Herbstfärbung, Blüten rötlich überlaufen, Höhe 50–60 cm, zur Blüte 70–90 cm), 'Rehbraun' (auch 'Rotbraun', Kupferhirse; Blätter schon früh hellbraun verfärbt, im Herbst leuchtend rotbraun bis kupferfarben, Höhe 70–90 cm, zur Blüte 90–120 cm), 'Heavy Metal' (Blätter metallisch blaßblau, sehr steif aufrecht, gelbliche Herbstfärbung, Höhe 70 bis 100 cm, zur Blüte 100 bis 130 cm), 'Strictum' (Wuchs steif aufrecht, sehr standfest, hellbraune Herbstfärbung, Höhe 100–130 cm, zur Blüte 130–180 cm).
Standortansprüche: Ruten- und Haarstielhirse bevorzugen einen sonnigen, warmen Platz, die Bambushirse einen halbschattigen bis mäßig besonnten Standort. Die beiden ausdauernden Hirsearten benötigen einen nährstoffreichen, humosen, frischen bis feuchten und durchlässigen Boden, die einjährige Haarstielhirse dagegen eine frische bis mäßig trockene, weniger nährstoffhaltige, aber unbedingt gut durchlässige Erde.
Verwendung: Die Rutenhirse kann sowohl auf sonnigen Freiflächen als auch am Wasserrand und in Staudenbeeten eingesetzt werden. Vorzugsweise pflanzt man sie in Gruppen, denn Laubfärbung

Panicum virgatum

Panicum clandestinum

und Blüten kommen erst in der Vielzahl richtig zur Geltung. Für den Garten ist nur die Verwendung von Zuchtsorten zu empfehlen, die sich durchweg als schöner und straffwüchsiger erweisen als die reine Art. Ihre Triebe neigen, anders als bei der Wildart, im Alter nicht zum Auseinanderfallen. Attraktive Ergänzung finden die Pflanzen in herbstblühenden Stauden wie Astern (*Aster novae-angliae* und *A. novi-belgii*), Goldruten (*Solidago*), Indianernesseln (*Monarda*) oder Virginischem Ehrenpreis (*Veronica virginica*). Getrocknet ergeben die feinen Rispen ein hübsches Beiwerk für Blumengestecke. Die Bambushirse eignet sich am besten zur flächigen Pflanzung unter lichten Gehölzen, wo sie verwildern kann, oder als akzentsetzender Tuff in Wassernähe. Die Haarstielhirse dagegen pflanzt man vorzugsweise als größere, ruhig wirkende Gruppe in ein farbenfrohes Sommerblumenbeet, wo sie sehr vielseitig kombiniert werden kann. Ihre Blütenstände eignen sich hervorragend für den Schnitt.

Pflege: Ruten- und Bambushirse benötigen, um sich zu voller Schönheit entwickeln zu können, genügend Feuchtigkeit. Sie vertragen zwar durchaus zeitweilige Trockenheit, dennoch ist es ratsam, sie bei anhaltender Hitze wiederholt durchdringend zu gießen. Mit dem Rückschnitt wartet man am besten bis zum Frühjahr, weil die Triebe und Blütenrispen auch im Winter noch lange einen schönen Anblick bieten. Die langlebige Rutenhirse sollte möglichst über viele Jahre hinweg unverpflanzt am gleichen Platz bleiben können. Die einjährige Haarstielhirse bedarf nach dem Einwachsen keiner speziellen Pflegemaßnahmen mehr.

Vermehrung: Die beiden ausdauernden Arten werden zumeist durch Teilung im Frühjahr vermehrt, man kann sie aber auch aussäen. Die Haarstielhirse muß man dagegen jährlich aus Samen anziehen. Sie wird ab Anfang März im Haus oder unter Glas ausgesät. Nach dem Vereinzeln der Sämlinge und Abhärten setzt man die Pflänzchen dann ab Mitte Mai, wenn die Eisheiligen vorbei sind, an ihren endgültigen Platz ins Freie.

Pennisetum
Federborstengras, Lampenputzergras

Arten: *P. alopecuroides* (auch *P. compressum*, *P. japonicum*, *P. purpurascens*, Lampenputzergras, Australisches Lampenputzergras), *P. orientale* (Orientalisches Lampenputzergras, Feinähriges Lampenputzergras), *P. incomptum* (auch *P. flaccidum*, Sibirisches Lampenputzergras), *P. setaceum* (auch *P. rueppellii*, *P. rueppellianum*, *P. macrostachyum*, Purpurfederborstengras, Kleines Pampasgras, Fontänengras), *P. villosum* (auch *P. longistylum*, *Cenchrus villosus*, Wolliges Federborstengras)

Familie: Süßgräser (*Poaceae*)

Herkunft: *P. alopecuroides* feuchte Wiesen, Waldlichtungen und Flußufer in Ost- und Südostasien sowie Westaustralien, *P. orientale* ähnlich, jedoch in Nord- und Ostafrika, auf der Arabischen Halbinsel sowie in West- und Mittelasien, *P. incomptum* lichte Wälder und feuchte Berghänge vom Himalaja bis Nordostchina, *P. setaceum* Savannen und offene Grasländer vom tropischen Ostafrika bis Nordafrika, auf Sizilien und der Arabischen Halbinsel sowie in Kleinasien, *P. villosum* ebenso, jedoch im Hochland von Nordostafrika und in Arabien

Blütenfarbe: *P. alopecuroides* grünlichweiß, gelbgrün, rosa oder purpurfarben, *P. orientale* zunächst rein weiß, später silbrigrosa, *P. incomptum* cremeweiß, *P. setaceum* rosa bis purpurfarben, *P. villosum* fast rein weiß, zuweilen auch grünlich, bräunlich oder rötlich überhaucht

Blütezeit: *P. alopecuroides* und *P. orientale* Juli bis Oktober, *P. incomptum* Juli bis September, *P. setaceum* und *P. villosum* August bis Oktober

Höhe: *P. alopecuroides* 30–60 cm, zur Blüte 50–100 cm, *P. orientale* 30–50 cm, zur Blüte 50–90 cm, *P. incomptum* 30–60 cm, zur Blüte 60–120 cm, *P. setaceum* 40–70 cm, zur Blüte 70–120 cm, selten auch höher, *P. villosum* 30–50 cm, zur Blüte 50–70 cm

Merkmale: Mit ihren überaus flauschigen, schlanken, ährenförmigen Blütenständen brauchen die Federborstengräser einen Vergleich mit der Pracht vieler Blütenstauden nicht zu scheuen. Der dekorative Flor erscheint an langen, meist etwas übergeneigten Stielen und besteht aus lauter kleinen Büscheln zweiblütiger, sitzender oder sehr kurz gestielter Ährchen. Diese sind von zahlreichen feinen, langen Borsten umgeben, wodurch der ganze Blütenstand das Aussehen eines Flaschenputzers bekommt. Bis auf das Orientalische Lampenputzergras bilden die Federborstengräser ganz gleichmäßige, fontänenartige Horste. Sie unterscheiden sich in ihren Merkmalen nur geringfügig. Die hier genannten Arten wachsen ausdauernd, allerdings werden Purpur- und Wolliges Federborstengras wegen ihrer mangelnden Frosthärte in Mitteleuropa meist nur einjährig gezogen. Das am häufigsten verwendete Lampenputzergras treibt flache, lange und schmale, locker überhängende, grüne bis graugrüne Blätter sowie kräftige, bis 20 cm lange und 3–5 cm dicke, sehr dichte Ähren. Im Herbst leuchten die Büschel goldgelb auf. Wesentlich lockerer und nur etwa 15 cm lang sind die Ähren des Orientalischen Lampenputzergrases, das zudem kürzere,

Pennisetum alopecuroides

Pennisetum orientale

besonders schmale, graugrüne Blätter trägt. Ähnlich groß wie das Lampenputzergras, doch straffer aufrecht wächst das Sibirische Lampenputzergras, das sich durch Ausläufer stärker ausbreitet. Seine Ähren gleichen denen des Orientalischen Lampenputzergrases, doch sind sie kaum übergeneigt. Das Purpurfederborstengras entwikkelt bis zu 30 cm lange Blütenähren, die längsten der hier beschriebenen Arten. Seine aufrechten, ausnehmend schmalen und oft borstenförmig eingerollten Blätter wirken steif. Das Wollige Federborstengras dagegen zeichnet sich durch besonders aufgeplusterte Blütenstände aus. Die nur etwa 10 cm kurzen, aber 5 cm breiten, walzenartigen „Bürsten" sind meist leicht gekrümmt.

Sorten: Im Handel gibt es u. a. von *P. alopecuroides* 'Hameln' (früher und reicher blühend als die reine Art, Blüten grünlichweiß, rotbraune Herbstfärbung, Höhe 30–40 cm, zur Blüte 50–60 cm); von *P. setaceum* 'Rubrum' (auch 'Cupreum', 'Purpureum' oder 'Atropurpureum'; relativ breite, rötlich purpurfarbene Blätter, Höhe wie die Art). Noch vor kurzem wurde das Lampenputzergras *(P. alopecuroides)* als Australisches Lampenputzergras vom sehr ähnlichen Japanischen Lampenputzergras *(P. japonicum)* und von *P. compressum* unterschieden. Nunmehr hat sich herausgestellt, daß es sich bei allen drei Gräsern nicht um verschiedene Arten, sondern um ein und dieselbe handelt. Beim Kauf sollte man jedoch den wesentlich winterhärteren Pflanzen australischer Herkunft den Vorzug geben. Sorten erfüllen stets dieses Kriterium. Ist keine Sortenbezeichnung angegeben, sollte man auf Exemplare, die als *P. japonicum* geführt werden, verzichten.

Standortansprüche: Die Pflanzen benötigen einen vollsonnigen Platz und frischen bis feuchten, sandig-lehmigen, nährstoff- und humusreichen, gut durchlässigen Boden. Vor allem in Gebieten mit rauhem Klima ist ein gut geschützter, möglichst warmer Standort empfehlenswert, da sonst in Jahren mit feuchtem, kühlem Sommer die Blüte ausfällt.

Verwendung: Lampenputzergras und Orientalisches Lampenputzergras entfalten ihre Reize besonders in Staudenbeeten, wo sie im Spätsommer und Herbst zum prächtigen Blickfang werden. Man kombiniert sie möglichst mit ebenfalls spätblühenden Gewächsen, etwa Astern *(Aster)*, Gold- und Edelgarben (*Achillea filipendulina* und *A.*-Hybriden) oder spätblühenden Sonnenbrautsorten *(Helenium)* sowie mit herbstfärbenden Gräsern wie dem Gartensandrohr. Des weiteren sorgen sie in steppen- oder heideartigen Freiflächen sowie am Wasserrand, ja selbst im Steingarten für filigrane Akzente. Sehr schön wirken beide Arten auch miteinander kombiniert. Das Sibirische Lampenputzergras sollte man bevorzugt auf Freiflächen einsetzen, etwa auf Böschungen oder zwischen sehr licht stehenden Gehölzen, da es im Beet durch seine Ausläufer leicht lästig werden kann. Purpur- und Wolliges Federborstengras lassen sich im Grund ebenso wie das Lampenputzergras verwenden, man bevorzugt sie aber meist für Sommerblumenrabatten. Alle Arten pflanzt man einzeln oder in kleinen Gruppen. Ihre duftigen Blütenstände ergeben ein schönes Beiwerk sowohl für frische Blumensträuße als auch für Trockengestecke.

Pflege: Sämtliche Federborstengräser werden am besten mit Ballen gepflanzt. Zum Anwachsen und bei anhaltender Trockenheit sind sie reichlich und durchdringend zu wässern. Während der Wachstumszeit versorgt man sie einbis zweimal mit einer Düngergabe. Da die ausdauernden Arten auch im Winter, wenn die Ähren von Rauhreif überzogen sind, einen wunderschönen Anblick bieten, sollte man die Pflanzen erst im Frühjahr bis auf eine Handbreit über dem Boden zurückschneiden. Im ersten Jahr, in rauhen Gebieten zeitlebens, benötigen die Horste eine Winterschutzdecke aus Falllaub und Reisig. Zeigen sich die Pflanzen nach einigen Jahren blühfaul, sollte man sie ausgraben und teilen. Die einjährig kultivierten Arten werden nach dem Auspflanzen wie die übrigen Federborstengräser gut gewässert und einbis zweimal gedüngt.

Vermehrung: Die gut winterharten ausdauernden Arten sowie ihre Sorten vermehrt man im Frühjahr durch vorsichtige Teilung in nur wenige Stücke, die reinen Arten auch durch Aussaat. Da die Jungpflanzen anfangs sehr langsam wachsen, sollte man sie stets in Töpfe, nicht direkt in Beete aussäen. Purpur- und Wolliges Federborstengras werden jährlich aus Samen neu herangezogen. Man sät sie gewöhnlich ab Anfang

Pennisetum villosum

März im Haus oder unter Glas aus und pflanzt die Sämlinge nach dem Pikieren und Abhärten etwa Mitte Mai an ihren endgültigen Platz ins Freie. Eine andere Möglichkeit besteht darin, die Samen bereits im Herbst des Vorjahres auszubringen und die Keimlinge in einem kühlen, frostfreien Raum zu überwintern. Ebenfalls im Mai ausgepflanzt, blühen diese Exemplare deutlich früher als die Frühjahrssämlinge. An optimalen Standorten vermehren sich die Federborstengräser auch durch Selbstaussaat.

Phalaris
Glanzgras

Arten: *P. arundinacea* (auch *Typhoides arundinacea, Baldingera arundinacea, Phalaroides arundinacea,* Rohrglanzgras, Militz), *P. canariensis* (Kanariengras, Glanzsamen, Spitzsamen)
Familie: Süßgräser *(Poaceae)*
Herkunft: *P. arundinacea* Uferröhricht entlang schnell fließender Gewässer und an Seen mit schwankendem Wasserstand sowie Auwälder in den gemäßigten Breiten der Nordhalbkugel, *P. canariensis* Wildkrautfluren, Schuttplätze und Wegränder im westlichen Mittelmeerraum und auf den Kanarischen Inseln
Blütenfarbe: *P. arundinacea* blaßgrün bis rötlich, später gelb, *P. canariensis* grün-weiß gescheckt
Blütezeit: *P. arundinacea* Juni bis Juli, *P. canariensis* je nach Aussaattermin Juni bis Oktober
Höhe: *P. arundinacea* 50–100 cm, zur Blüte 100–200 cm, *P. canariensis* 30–80 cm, zur Blüte 60–120 cm
Merkmale: Das mehrjährige Rohrglanzgras treibt aus einem weit kriechenden Rhizom zahlreiche einzelne, hohe, schilfrohrartige Halme, die mit recht breiten, grünen bis graugrünen Blättern besetzt sind. Im Unterschied zum sehr ähnlichen Schilf weisen die Blätter ein langes Blatthäutchen auf. An hoch emporragenden Stielen erscheinen reichblütige, schlanke Rispen, die aus dichten Büscheln einblütiger, seitlich zusammengedrückter, glänzender Ährchen – daher der deutsche Name Rohrglanzgras – bestehen. Das einjährige Kanariengras wächst horstig. Seine Triebe sind ebenfalls mit schilfartigem Laub besetzt, sein Blütenstand ist jedoch zu einem kompakten eiförmigen Gebilde zusammengezogen. Die einzelnen Blüten verbergen sich hinter auffälligen weißen, grün geflügelten Hüllspelzen, der Blütenstand wirkt dadurch insgesamt zweifarbig gemustert. Dieses Gras wird noch heute seiner Samen wegen angebaut, die ein beliebtes Futter für Käfigvögel darstellen – vermutlich daher der Name Kanariengras –, früher diente es aber auch zur Mehl- und Kleistergewinnung.

Phalaris arundinacea 'Picta'

Sorten: Im Handel sind u. a. erhältlich von *P. arundinacea* 'Feesey' (auch 'Feesey's Form', 'Mervyn Feesey'; Blätter mit breitem, weißem Mittelstreifen und mehreren feinen seitlichen Streifen, weniger stark wuchernd als die Art, Höhe 50–80 cm, zur Blüte 100 bis 130 cm), 'Picta' (auch *P. arundinacea* var. *picta*, Buntes Glanzgras; Blätter mit weißen Streifen, meist auf einer Blatthälfte stärker als auf der anderen, Höhe wie die Art), 'Tricolor' (Blätter weiß gestreift, die Streifen purpurrosa überhaucht, Höhe wie die Art).
Standortansprüche: Die Pflanzen gedeihen an sonnigen bis halbschattigen Stellen. Wer bei den Sorten jedoch besonderen Wert auf die sehr schöne Färbung legt, sollte für sie unbedingt einen sonnigen Pflanzplatz wählen. An schattigeren Stellen ist die weiße Streifenzeichnung des Laubs viel schwächer ausgeprägt bzw. verblaßt bald. Das Rohrglanzgras bevorzugt tiefgründige, ausreichend feuchte und nährstoffreiche Böden, wächst aber auch auf frischen oder nassen sowie wechselfeuchten Substraten. Je feuchter der Boden, um so stärker ist das Wachstum. Das Kanariengras gibt sich mit jedem frischen, nährstoffreichen Gartenboden zufrieden.

Phalaris canariensis

Verwendung: Die reine Art des Rohrglanzgrases setzt man in naturnahe Gartenbereiche, und zwar in Gewässernähe, wo z. B. Rohrkolben *(Typha)*, Igelkolben *(Sparganium)*, Wasserdost *(Eupatorium)* und Blutweiderich *(Lythrum salicaria)* sowie die hübschen Blüten der Sumpfschwertlilie *(Iris pseudacorus)* vorzüglich dazu passen. Wesentlich beliebter sind jedoch die buntlaubigen Sorten, die man einzeln oder in kleinen Gruppen am Rand des Gartenteichs oder am Bachlauf, aber ebenso in Staudenrabatten pflanzt. Ansprechende Kombinationen ergeben sich z. B. mit Jakobsleiter *(Polemonium)*, Indischem Blumenrohr (*Canna-Indica*-Hybriden), Lobelien *(Lobelia)* oder Storchschnabelarten *(Geranium)*. Die beblätterten Triebe eignen sich außerdem als zierendes Beiwerk für Blumensträuße. Das kleinere Kanariengras sorgt, gruppenweise gepflanzt, in Sommerblumen- oder Staudenbeeten für hübsche Effekte, wobei es mit den schönen Blüten von Bartfaden (*Penstemon*-Hybriden), Studentenblumen *(Tagetes tenuifolia)* und bunten Margeriten (*Tanacetum coccineum*, vielfach noch *Chrysanthemum coccineum* genannt) besonders gut harmoniert. Seine apart gezeichneten Blütenköpfe ergeben, vor der Samenreife geschnitten, einen schönen Frisch- und Trockenschmuck.
Pflege: Um eine unkontrollierte Ausbreitung des wuchernden Rohrglanzgrases insbesondere in kleinen Gärten zu verhindern, kann man es in Kübel, Fässer oder ähnliche Gefäße pflanzen, die man einsenkt, oder es mit einer Rhizomsperre umgeben

(siehe Seite 85). Das Gras erweist sich als ausgesprochen robust und auf tiefgründigen Böden auch unempfindlich gegen Trockenheit. Auf leichter austrocknenden Substraten ist allerdings bei sommerlicher Trockenheit häufiges und durchdringendes Wässern ratsam. Werden die Halme im Hochsommer durch zeitweiligen Wassermangel unansehnlich und läßt bei den buntlaubigen Sorten die Färbung nach, kann man sie scharf bis auf etwa 20 cm Höhe zurückschneiden. Sie treiben dann frisch durch. Das Kanariengras benötigt nach dem Anwurzeln keine spezielle Pflege mehr.
Vermehrung: Vom Rohrglanzgras lassen sich im Frühjahr sowohl durch Teilung als auch durch Aussaat neue Pflanzen gewinnen, von seinen Sorten jedoch nur durch Teilung, da aus Samen ausschließlich rein grüne Formen hervorgehen. Das Kanariengras wird jährlich aus Samen gezogen. Man sät es etwa ab März im Haus oder im Frühbeetkasten aus. Die Samen keimen rasch, und die Setzlinge werden nach dem Pikieren und Abhärten ab Anfang Mai ins Freiland verpflanzt.

Phragmites
Schilf, Rohr, Schilfrohr

Art: *P. australis* (auch *P. communis*, Schilf, Rohr, Schilfrohr)
Familie: Süßgräser *(Poaceae)*
Herkunft: weltweit im Röhricht stehender und langsam fließender Gewässer, auch in Auwäldern und auf Sumpfwiesen
Blütenfarbe: bräunlich bis purpurfarben
Blütezeit: Juli bis September
Höhe: 1–3 m, zur Blüte 1,5–4 m

Merkmale: Das allbekannte, robuste Schilf vermag sich durch starke, weit kriechende Rhizome flächendeckend auszubreiten. An Standorten, die ihm zusagen, bildet es rasch eindrucksvolle Dickichte. Seine stabilen, hohlen Halme sind mit langen und relativ

Phragmites australis 'Variegatus'

breiten, graugrünen Blättern besetzt. Im Gegensatz zum recht ähnlich erscheinenden Rohrglanzgras weist das Schilf an der Übergangsstelle von Blattspreite und Blattscheide anstelle eines Häutchens einen Kranz kurzer, silbriger Haare auf. Die sehr dichte und große, bei der Reife meist einseitswendig nickende Blütenrispe setzt sich aus unzähligen schlanken, mehrblütigen Ährchen zusammen. Durch lang zugespitzte Spelzen und seidig behaarte Blütenstiele sehen diese weich und fedrig aus. Im Herbst nimmt das ausdauernde Schilf eine schöne rötlichbraune Färbung an. Seine Halme werden von jeher vielseitig genutzt, sie dienen als Material zum Dachdecken, und man verarbeitet sie z. B. zu Rohrmatten, Federhaltern oder Mundstücken für Musikinstrumente.
Sorte: 'Variegatus' (etwas weniger wuchernd als die reine Art, Blätter goldgelb gestreift, Höhe 100–150 cm, zur Blüte 150–200 cm)
Standortansprüche: Damit sich das Schilf zu voller Schönheit entfalten kann, ist ein sonniger bis halbschattiger Platz auf tiefgründigem, feuchtem bis nassem, auch staunassem, nährstoffreichem Boden erforderlich.
Verwendung: Ohne Schilf scheint ein naturnah angelegter Gartenteich kaum denkbar. Zusammen mit anderen Gräsern bildet es dort einen prägnanten Röhrichtgürtel, der bis zu etwa 50 cm Wassertiefe reichen kann. Gruppen- oder reihenweise gepflanzt, ergibt das Schilf aber auch an anderen sumpfigen Stellen eine auffällige, graphisch wirkende Begrünung. Da es stark zum Wuchern neigt, ist es in seiner Eignung allerdings auf größere Gärten und Gartenteile beschränkt – sofern man es nicht von vornherein in seiner Ausbreitung rigoros einschränkt. Vorsicht ist bei der Verwendung in oder am Rand von Folienteichen geboten, weil die Abdichtungsfolie von den harten Rhizomspitzen glattweg durchbohrt werden kann. Als Begleiter bieten sich vorwiegend höhere und auch sehr wuchskräftige heimische Sumpfpflanzen an, etwa Echtes Mädesüß *(Filipendula ulmaria)* und Blutweiderich *(Lythrum salicaria)*, Schwanenblume *(Butomus umbellatus)*, Pfeilkraut *(Sagittaria)* oder die Sumpfschwertlilie *(Iris pseudacorus)*.
Pflege: Eingewurzeltes Schilf benötigt keinerlei Pflege, um gut zu gedeihen. Nachbarpflanzen können allerdings durch die wuchernden Rhi-

Phragmites australis

zome in ihrer Existenz bedroht werden. Deshalb ist es vorteilhaft, das Schilf in eingesenkten Gefäßen zu halten oder es durch Kappen der Halme bis knapp über dem Wasserspiegel immer wieder in seine Grenzen zu weisen. Zu weit gewachsene Rhizome auszugraben gestaltet sich überaus mühsam. Da ist es einfacher, die Ausbreitung des Schilfs durch Rhizomsperren zu verhindern, die gleich beim Einpflanzen mit angebracht werden, doch müssen diese möglichst 100 cm tief reichen (siehe Seite 85). Die alten Triebe sollte man am besten erst im Frühjahr abschneiden. Zum einen dienen sie vielen heimischen Kleintieren als Unterschlupf, was wiederum zahlreiche Vögel und andere Nützlinge in den Garten lockt, und zum andern bringt man sich sonst um den attraktiven Anblick der rauhreif- und schneeüberzogenen Halme.
Vermehrung: Am einfachsten lassen sich die Pflanzen durch Abtrennen von Rhizomstücken vermehren, was man bevorzugt im Frühjahr durchführt. Die abgeschnittenen Sproßteile werden sodann in feuchte Erde gepflanzt oder, durch ein Gewicht beschwert und am Boden gehalten, im Wasser versenkt.

Phyllitis
Hirschzunge

Art: *P. scolopendrium* (auch *Scolopendrium vulgare, S. officinarum, Asplenium scolopendrium*, Hirschzunge, Hirschzungenfarn, Gewöhnliche Hirschzunge)
Familie: Streifenfarngewächse *(Aspleniaceae)*
Herkunft: schattige, luftfeuchte Wälder und Felsritzen in Europa, Vorderasien, Japan und im Osten Nordamerikas
Höhe: 8–40 cm
Merkmale: Ihren auffälligen, lang zungenförmigen, am Grund herzförmigen Blättern verdankt die mehrjährige Hirschzunge – der einzige heimische Farn mit ungeteilten Wedeln – ihren Namen. Die aufrechten bis bogig überhängenden, kurzgestielten Wedel fühlen sich ledrig an und bilden lockere Büsche. Ihr Oberflächenglanz und die kräftig grüne Farbe bleiben auch im Winter erhalten, was diesen Farn zur besonderen Attraktion im Garten macht. Auf der Unterseite der Blattspreiten sitzen die streifenförmigen Sporenhaufen, welche die Verwandtschaft zu den jedoch völlig anders aussehenden, zarten Streifenfarnen erkennen lassen. Die Hirschzunge steht unter strengem Naturschutz.
Sorten: Obwohl man in freier Natur nur selten abweichende Formen beobachtet, gab es im vorigen Jahrhundert über 400 Sorten – mehr als von jeder anderen Farnart. Sie stammten teilweise von vermehrten Wildfunden ab, entstanden aber auch durch züchterische Kreuzungen. Im

Phyllitis scolopendrium, 'Angustifolia'-Gruppe

Fachhandel sind noch heute zahlreiche Sorten erhältlich, die meist – der besseren Übersicht halber – zu Gruppen zusammengefaßt werden. Zur 'Angustifolia'-Gruppe, den Schmalen Hirschzungenfarnen, zählen Formen, die schmalere Blätter als die Wildart aufweisen und 20–40 cm hoch werden. Erhältlich sind u. a. 'Angustifolia' (Schmaler Hirschzungenfarn; Wedel nur etwa halb so breit wie bei der Wildart), 'Angustifolia Omnilacera' (Zahnstangenhirschzunge; Blatt noch schmaler und etwas länger als bei 'Angustifolia', Blattrand der oberen Wedelhälfte mit unregelmäßigen, tiefen, runden Buchten und gegabelten Zähnen). In der 'Cristata'-Gruppe, den Hahnenkamm-Hirschzungenfarnen, findet man Sorten, deren Wedelenden in mehrere am Rand verschieden stark zerteilte Abschnitte gespalten sind. Angeboten werden u. a. 'Cristata' (Hahnenkamm-Hirschzungenfarn; Wedel nur etwa halb so lang wie bei der Wildart, am Ende in mehrere fächerartig nebeneinanderstehende Lappen mit zerschlitzten Rändern zerteilt, die Lappen etwa ebensolang wie der unzerteilte Wedelabschnitt, Höhe 15–25 cm), 'Capitata' (Troddelhirschzungenfarn; ähnlich wie 'Cristata', Fächerung jedoch auf das obere Wedeldrittel beschränkt, Lappen kürzer, weniger tief zerteilt, Höhe 20–40 cm).
Die 'Marginata'-Gruppe, die Doppelrand-Hirschzungenfarne, umfaßt die Sorten, deren Wedelrand zur Unterseite umgeschlagen ist. Sie werden meist 20–40 cm hoch. Im Handel sind u. a. 'Marginata' (Doppelrand-Hirschzungenfarn; typische Wuchsform dieser Gruppe), 'Marginata Fimbriata' (Gefranster Doppelrand-Hirschzungenfarn; ähnlich wie 'Marginata', aber mit schmaleren Blättern, am Rand unregelmäßig gelappt oder kerbig eingeschnitten), 'Marginata Angustissima' (Zwerg-Doppelrand-Hirschzungenfarn; ähnlich wie 'Marginata', aber wie eine Zwergausgabe dieser Sorte und mit deutlich schmaleren, am Rand häufig verdickten und kurz eingeschnittenen Blättern, Höhe 8–15 cm).
Weitere häufige Sorten, die

Phyllitis scolopendrium

keiner der vorher genannten Gruppen zugeordnet werden, sind u. a. (Höhe jeweils 20–40 cm) 'Crispa' (auch als 'Undulata' geführt, Krauser Hirschzungenfarn; Blätter vom Rand zur Mittelrippe hin stark und regelmäßig gewellt, keine fruchtbaren Wedel bildend, heller grün als die Wildart, Blattspreite nicht so derb, daher vor direkter Sonne schützen), 'Inequale Varians' (überwiegend aufrechte, am Rand unregelmäßig zerschlitzte Blätter, oft auch am Ende mehr oder weniger tief gegabelt), 'Ramosa' (Zwillingshirschzungenfarn; Wedel meist am oberen Stielende in 2, selten auch 3 gleichgestaltete Abschnitte zerteilt, wobei jeder Abschnitt für sich der Wildform gleicht, jedoch schmaler ist) sowie 'Undulata' (Gewellter Hirschzungenfarn; ähnlich wie 'Crispa', aber nicht so stark und eher nur am Rand gewellt, sporenbildend, Blätter fester und dunkler grün, Pflanze daher weniger empfindlich).

Standortansprüche: Die Hirschzunge benötigt einen halbschattigen bis schattigen, luftfeuchten, vor ganz direkter Sonne geschützten Platz und einen humusreichen, lockeren Boden. Sie bevorzugt ein kalkhaltiges Substrat, gedeiht aber auch gut auf schwach saurer Erde.

Verwendung: Die Art und ihre vielen Sorten eignen sich hervorragend zur Pflanzung unter Blütensträuchern wie Rhododendren *(Rhododendron)*, Zaubernuß *(Hamamelis)*, Scheinhasel *(Corylopsis)* oder Blutjohannnisbeere *(Ribes sanguineum)*, deren dekorative Wirkung die Farne mit ihrem attraktiven Grün noch verstärken. Für eine flächendeckende Pflanzung benötigt man von den größeren Formen 8–9, von den kleinen 10–12 Exemplare pro m^2. Die Hirschzunge stellt aber auch eine gelungene Bereicherung für schattige, felsige Partien eines Steingartens dar.

Phyllitis scolopendrium 'Crispa'

Pflege: Unschön gewordene Wedel werden im Frühjahr entfernt. Bei anhaltender Trokkenheit sowie auf schnell austrocknenden Böden sollte man die Pflanzen regelmäßig wässern sowie ab und zu beregnen oder übersprühen. Zu empfehlen ist außerdem eine jährliche Nährstoffversorgung in Form von Fallaub, das man im Spätherbst aufbringt und mit etwas Reisig abdeckt, oder eine Kompostgabe im Frühjahr. Wichtig für ein gutes Gedeihen der Farne ist zudem, auch im Winter eine direkte Besonnung zu vermeiden. Bei Bedarf sollten die Pflanzen schattiert werden, was am besten mit einigen in den Boden gesteckten Koniferenzweigen geschieht.

Vermehrung: Die Hirschzunge läßt sich prinzipiell sowohl teilen als auch aus Sporen ziehen. Versucht man jedoch, Sorten durch Sporen zu vermehren, entstehen zumeist stark voneinander abweichende Formenmischungen. Zudem sind einige Sorten steril, bilden also überhaupt keine Sporen. Man vermehrt Hirschzungen deshalb am besten im Herbst durch Blattstielstecklinge. Dazu gräbt man eine Pflanze aus, säubert sie vorsichtig mit der Hand und wäscht anhaftende Erdreste ab. Dann bricht man die am Rhizom noch vorhandenen Reste ehemaliger Wedel, die verdickte Basis der Stiele, nach unten ab, um aus ihnen neue Pflanzen zu ziehen. Hat man behutsam gearbeitet und nur wenige solcher Stengel abgetrennt, kann man die Farnpflanze anschließend wieder in den Boden setzen, andernfalls ist sie wegzuwerfen. Man kann aber auch intakte Wedel abbrechen, die Blattfläche entfernen und den Stiel auf wenige Zentimeter einkürzen. Die so gewonnenen Blattstielstecklinge, die später an ihrer ehemaligen Ansatzstelle am Rhizom neue Pflanzen bilden werden, steckt man nunmehr einzeln, mit ihrem oberen Ende nach unten, so in feuchten Sand, daß die Rhizomansatzstellen bündig mit der Substratoberfläche abschließen. Oft wurzeln die Blattstielstücke selbst dann an, wenn sie nur einfach auf feuchtem Sand ausgelegt werden. Anschließend deckt man das Anzuchtgefäß mit einer Glasplatte ab und hält das Substrat immer leicht feucht. Nach etwa 2–3 Monaten entwickeln sich Jungpflanzen, die schließlich vorsichtig in ein torfhaltiges Substrat pikiert und wie üblich weiterkultiviert werden.

Phyllostachys
Unrund

Arten: *P. aurea* (auch *P. bambusoides* var. *aurea*, Goldrohrbambus), *P. aureosulcata* (Gelbfurchenbambus, Gelbgrubenunrund), *P. flexuosa* (auch *Bambusa flexuosa*, Zickzackbambus, Schmiegsamer Bambus), *P. nigra* (auch *P. nigra* var. *nigra*, *P. puberula*, *Bambusa nigra*, Schwarzrohrbambus, Schwarzer Unrund), *P. nigra* var. *henonis* (auch *P. henonis*, *P. nigra* 'Henon' oder 'Henonensis', Grüner Schwarzrohrbambus), *P. viridiglaucescens* (auch *P. viridi-glaucescens*, *P. elegans*,

Phyllostachys aurea

Phyllostachys aureosulcata

Bambusa viridiglaucescens, Grünblauer Bambus)
Familie: Süßgräser *(Poaceae)*
Herkunft: Bambushaine und lichte Wälder, häufig im Bergland, *P. aurea* in Südostchina, *P. aureosulcata* in Nordostchina, *P. flexuosa* in Nordchina, *P. nigra* und *P. nigra* var. *henonis* sowie *P. viridiglaucescens* in Ostchina
Höhe: *P. aurea* 2–2,5 m, Sorten bis 4 m, *P. aureosulcata* 3–8 m, *P. flexuosa* 2–5 m, *P. nigra* und *P. nigra* var. *henonis* 2–6 m, *P. viridiglaucescens* 3–7 m
Merkmale: Die ausdauernden, ausläufertreibenden Unrundarten lassen sich leicht an der typischen rinnenartigen Furche erkennen, die sich an den Halmen jeweils auf derjenigen Seite entlangzieht, auf der die Seitenzweige entspringen. Charakteristisch ist überdies neben den meist mittelgroßen, lanzettlichen, bei den einzelnen Arten annähernd gleich aussehenden Blättern und dem überwiegend straff aufrechten Wuchs die Art der Verzweigung. Diese Bambusarten bilden nämlich fast ausnahmslos 2 Seitenzweige an jedem Knoten, von denen einer deutlich dünner als der andere ausfällt.
Der aufrecht wachsende, dicht belaubte und mäßig winterharte Goldrohrbambus prunkt mit Stengeln, die sich im Jugendstadium glänzend grün, später dann goldbraun präsentieren. Die Halme, deren untere Abschnitte stark verkürzt und häufig rundlich verdickt sind, werden in ihrer Heimat vielseitig genutzt, z. B. zu Schirm- und Besteckgriffen verarbeitet. Der Gelbfurchenbambus entwickelt hellgrüne, etwas kräftigere, im unteren Bereich häufig zickzackartig gebogene Halme mit gelber Furche und leicht verdickten Knoten. Im Alter färben sich die Triebe bisweilen völlig braun- oder goldgelb. Die Art ist ausgesprochen frosthart, sie wächst ebenfalls aufrecht und breitet sich durch lange Ausläufer stark aus. Bogig überhängende Triebe kennzeichnen dagegen den nicht minder winterharten Zickzackbambus. Er verdankt seinen Namen dem oft bis weit hinauf reichenden, zickzackartigen Wuchs zumindest einiger Halme. An den zunächst mattgrünen, später gelblich gefärbten Sprossen entstehen im Lauf der Jahre sich vergrößernde, schwärzliche Flecken, die im Alter den ganzen Halm schwarz färben können. Noch auffallender ist die schwarze oder schwarzpurpurne Halmfärbung des aufrecht wachsenden Schwarzrohrbambusses. Die intensive Tönung der Triebe bildet sich ab dem zweiten Jahr aus, vorher erscheinen sie blaßgrün. Eine anfängliche dichte, weißliche Bepuderung verliert sich bald wieder. Die Blätter dieser winterharten Pflanze sind etwas breiter als die der vorstehend genannten Arten, die ungewöhnlichen Triebe werden gern für edle Handwerksarbeiten, etwa Möbelstücke oder Spazierstöcke, verwendet.
Vom Schwarzrohrbambus gibt es mehrere Formen. Die typische wird auch oftmals als *Phyllostachys* var. *nigra* bezeichnet; sie zeigt die eben beschriebenen Merkmale und erreicht nur selten 4 m Höhe. Eine weitere verbreitete Form ist der Grüne Schwarzrohrbambus, der vielfach als die eigentliche Wildform des Schwarzrohrbambusses angesehen wird. Seine bis 6 m hohen Halme färben sich nicht schwarz, sondern bleiben grün oder graugrün. Deshalb ist diese Varietät jedoch nicht weniger attraktiv, sie besticht durch reiche Belaubung und schönen Wuchs.
Der winterharte Grünblaue Bambus wird um einiges größer als der Schwarzrohrbambus und bildet, ähnlich wie der Gelbfurchenbambus, lange Ausläufer. Seine dunkelgrünen Halme sind im unteren Teil häufig etwas gebogen, zeigen purpurfarbene Knoten und anfangs eine deutliche Bemehlung. Die Blätter erscheinen oberseits kräftig grün, unterseits blaugrün.
Sorten: Es sind u. a. im Handel von *P. aurea* (Höhe jeweils bis 4 m) 'Holochrysa' (Halme gelb, goldorange oder blaßrot gefärbt, manchmal grün gestreift), 'Koi' (Halme hellgelb mit grüner Furche); von *P. aureosulcata* 'Aureocaulis' (auch *P. aureosulcata* f. *aureocaulis*; Halme leuchtend gelb, färben sich in der Sonne rot, Höhe bis 7 m), 'Spectabilis' (auch *P. aureosulcata* f. *spectabilis*; Halme hellgelb mit hellgrüner Furche oder mehreren hellgrünen Streifen in der Furche, Höhe bis 8 m); von *P. nigra* 'Boryana' (auch *P. nigra* var. *nigra* f. *boryana*, *P. nigra* f. *boryana*; Halme olivgrün mit unregelmäßigen, braunen Flecken, Höhe bis 6 m).
Standortansprüche: Die Unrundarten gedeihen am besten an einem halbschattigen bis sonnigen Standort, der für den Goldrohrbambus besonders geschützt sein sollte. Sie brauchen einen nährstoffreichen, humosen, lockeren, frischen bis feuchten, aber durchlässigen Boden. Alle Arten sind empfindlich gegen Staunässe, der Goldrohrbambus zudem gegen austrocknende Winterwinde und strenge Fröste ohne eine schützende Schneedecke.

Phyllostachys viridiglaucescens

Verwendung: Den Platz für die großen Bambusse muß man äußerst sorgfältig auswählen, denn die langlebigen Riesengräser sollten möglichst nicht mehr verpflanzt werden. Alle diese hochwüchsigen, auffällig gefärbten Unrundarten lassen sich sehr gut einzeln als Blickfang im Garten verwenden, ebenso kann man einen schönen Bambushain damit anlegen. Auch als Sicht- und Windschutzhecke sehen die Pflanzen ausgesprochen attraktiv aus, uneingeschränkt eignen sich dafür jedoch nur die völlig frostharten Arten: Gelbfurchen- und Zickzackbambus. Da die Unrundarten, mit Ausnahme des Grünblauen und des Gelbfurchenbambusses, besonders in kühleren Gebieten nur kurze Ausläufer bilden, kann man mit ihnen sogar relativ kleine Pflanzflächen und räumlich beengte Gärten gestalten.
Pflege: Beste Pflanzzeit für sämtliche Unrundarten ist das späte Frühjahr. Erhalten sie eine dicke Mulchschicht aus Stroh, Rindenmulch oder halbreifem Kompost, wachsen sie besonders gut an. Diese Schicht sollte man jährlich im Herbst erneuern und den Pflanzen dabei noch eine zusätzliche Düngung mit halbverrottetem Stallmist gönnen. Vor dem Austrieb im Frühjahr kann ein stickstoffbetonter, salzarmer Volldünger ausgebracht werden; auch mehrmals im Jahr mit Schachtelhalmbrühe gegossen zu werden sagt den Bambussen zu. Bei Heckenpflanzungen und in kleinen Gärten ist eine Rhizomsperre sinnvoll (siehe Seite 85), bei den sich stärker ausbreitenden Arten, dem Grünblauen und dem Gelbfurchenbambus, sollte diese künstliche „Wurzelbremse" grundsätzlich eingesetzt werden. In einer Bambushecke entfernt man beim Auslichten im Frühjahr auch jeweils die Triebe, die unten stark verkahlt sind.
Vermehrung: Alle Formen lassen sich vermehren, indem man sie im Frühjahr teilt. Dazu gräbt man Rhizomstücke mit mindestens einem Halm oder aber längere Stücke mit mindestens 3 Internodien, die kräftige Triebknospen aufweisen, vorsichtig aus dem Boden aus und pflanzt sie in Töpfe. Bei halmtragenden Teilen empfiehlt es sich, die Halme bis auf wenige Internodien einzukürzen, so wachsen sie besser an. Doch sollten noch mindestens 2 Seitenzweige verbleiben. Zeigen sich frische Triebspitzen, dürfen die Jungpflanzen ins Freiland umgesetzt werden.

Pleioblastus
Buschbambus

Arten: *P. chino* (auch *Arundinaria chino, Nipponocalamus chino*, Dichtbuschbambus, Buschbambus), *P. humilis* var. *pumilus* (auch *P. chino* var. *viridis* f. *pumilus, P. argenteostriatus* f. *pumilus, Arundinaria pumila, A. gauntlettii, A. humilis, Sasa pumila, S. humilis*, fälschlich auch als *P. pygmaeus* angeboten, Mattenbuschbambus), *P. auricomus* (auch *P. viridistriatus, P. kongosanensis* 'Auricomus', *Arundinaria auricoma, A. viridistriata, Sasa auricoma*, Gelbbunter Buschbambus), *P. pygmaeus* (auch *Arundinaria pygmaea, Sasa pygmaea, Nipponocalamus pygmaeus*, Dichtbüschelbambus), *P. simonii* (auch *Arundinaria simonii, Nipponocalamus simonii*, Simons-Bambus)

Pleioblastus humilis var. pumilus

Pleioblastus auricomus

Familie: Süßgräser *(Poaceae)*
Herkunft: *P. chino* und *P. humilis* var. *pumilus* Bambuswälder in Zentraljapan, *P. auricomus* Japan, natürlicher Standort unbekannt, möglicherweise eine kultivierte und später verwilderte Form von *P. kongosanensis*, *P. pygmaeus* nur in Kultur bekannt, *P. simonii* lichte Wälder in Zentral- und Südjapan
Höhe: *P. chino* 100–200 cm, *P. humilis* var. *pumilus* 50–120 cm, *P. auricomus* 50–200 cm, *P. pygmaeus* 20–40 cm, *P. simonii* 200–400 cm
Merkmale: Alle Buschbambusarten bilden Ausläufer, doch bleiben diese häufig sehr kurz, weshalb die ausdauernden Pflanzen weit weniger zum Wuchern neigen als etwa die Zwergbambusse. Kennzeichnend sind eine reiche Verzweigung – an den oberen Knoten entspringen gewöhnlich je 3–7 Seitenzweige – sowie lange an der Pflanze bleibende, oft kräftig entwickelte Halmscheiden. Es gibt sowohl mittelhohe als auch niedrige und zwergige Formen in dieser Gattung. Die hier genannten Buschbambusse sind immergrün, mäßig bis gut winterhart und wachsen überwiegend breitbuschig.
Der Dichtbuschbambus, eine der am häufigsten verwendeten Arten, zeigt sich in seinen Merkmalen recht variabel.

Gewöhnlich aber treibt er relativ dünne, grüne bis purpurfarbene Halme und bildet etwa 20 cm lange, schmale, kräftig grüne, meist unbehaarte Blätter. Weitere Formen der typischen Art werden in der Rubrik Sorten aufgeführt. Eine niedrigere Varietät des bis zu 2 m hohen *P. humilis* stellt der Mattenbuschbambus dar, der oft ebenfalls zum Dichtbuschbambus gerechnet wird und unter dem Namen *Sasa pumila* als Bodendecker bekannt ist. Die Pflanzen ähneln der oben beschriebenen Art, haben jedoch einen auffälligen Kranz gelblicher, langer Haare an den Knoten sowie am Grund der Halmscheiden; ihr dichtes Laub präsentiert sich zudem in noch kräftigerem Grün. Besonders attraktiv wirken die Blätter des Gelbbunten Buschbambusses, der als einer der schönsten Vertreter dieser Gattung gilt. Seine grünen Halme tragen beidseitig behaarte Blätter, die auf der ganzen Fläche mit zahlreichen leuchtend gelben Streifen überzogen sind. Um diese schon lange in den Gärten verwendete Art herrscht einige Verwirrung, was die genaue botanische Bezeichnung anbelangt. Erst kürzlich stellte sich heraus, daß es sich bei der verbreiteten Gartenform wahrscheinlich nicht um eine eigene Art, sondern eine Kulturform des japanischen Buschbambusses *P. kongosanensis* handelt. Besonders dicht stehende, reich verzweigte und sehr kurze Triebe zeichnen den Dichtbüschelbambus aus. Die nur etwa 7 cm langen und 1 cm breiten, blaßgrünen Blätter sind in zwei Reihen angeordnet und vertrocknen im Herbst meist vom Rand her, so daß sie schließlich fast weiß erscheinen. Bei strengem Frost kommt es zudem zu stärkerem Blattfall, der jedoch durch den nächstjährigen Austrieb wieder ausgeglichen wird. Der Simons-Bambus wird von den genannten Arten am höchsten, bleibt aber auch im Alter angenehm kompakt und breitet sich nur wenig aus. Er zeigt dunkelgrüne Halme und typische nach unten gebogene Blattspitzen. Seine schlanken Blätter stehen dicht und strahlig angeordnet vorwiegend an den Enden der Zweige. Sie sind auf der Oberseite kräftig grün, unterseits oft auf einer Hälfte auffallend graugrün, in der Jugend auch weißlich gefärbt.

Pleioblastus pygmaeus

Sorten: Von *P. chino* sind im Handel verschiedene Formen zu finden, so f. *angustifolius* (auch *P. angustifolius*; Blätter besonders schmal, meist mehr oder weniger stark weiß gestreift, Höhe 100–200 cm) und f. *gracilis* (auch *P. chino* f. *elegantissimus*, *P. chino* 'Elegantissimus', *Arundinaria chino* var. *argenteostriata* f. *elegantissima*; Blätter überwiegend dunkelgrün mit feinen, weißen Streifen, daneben aber auch rein grüne und rein weiße Blätter, Höhe 100 bis 200 cm). Von *P. humilis* var. *pumilus* gibt es die Sorte 'Albostriatus' (Blätter weiß gestreift, sonst wie die Art); von *P. pygmaeus* 'Minimus' (Blätter nur etwa 0,5 cm breit und auch kürzer als bei der reinen Art, schwachwüchsig und zierlich, Höhe 20–40 cm).

Standortansprüche: Buschbambusse bevorzugen einen halbschattigen, etwas geschützten Standort, gedeihen aber auch in nicht zu praller Sonne. Der Boden sollte nährstoffreich, humos, locker, frisch bis feucht, aber unbedingt durchlässig sein. Alle Arten erweisen sich nämlich als empfindlich gegen Staunässe. Auch austrocknende Winterwinde und strenge Fröste während schneeloser Tage vertragen sie nur schlecht.

Verwendung: Die relativ niedrigen Buschbambusarten werden überwiegend als Unterpflanzung oder Bodendecker unter Gehölzen genutzt, wobei man 2–3 Exemplare pro m² einsetzen sollte. Vor allem mit den buntlaubigen Arten und Sorten lassen sich dabei schattige Gartenpartien optisch gut aufhellen. Wohl am besten eignet sich für diesen Zweck der Gelbbunte Buschbambus mit seinem schön gezeichneten Laub, der sich insbesondere vor immergrünen Gehölzen prachtvoll abhebt. Er sollte möglichst mit grünlaubigen Gewächsen zusammengepflanzt werden, da diese seine Wirkung noch unterstreichen. Die besonders niedrigen Arten, Mattenbusch- und Dichtbüschelbambus, sind ideale flächige Bodendecker, die man aber nur mit starkwüchsigen Stauden wie Prachtspieren *(Astilbe)*, Funkien *(Hosta)* und Purpurglöckchen *(Heuchera)* oder aber mit Gehölzen kombinieren sollte. Der hoch wachsende Simons-Bambus bildet im Alter formschöne Büsche und ist daher vor allem zur Einzelstellung prädestiniert. Der Dichtbuschbambus kann zur Anlage einer aparten mittelhohen Wind- oder Sichtschutzhecke verwendet werden.

Pflege: Alle Arten pflanzt man am besten im späten Frühjahr und versieht sie anschließend mit einer dicken Mulchschicht aus halbreifem Kompost, Stroh oder Rindenmulch. Jeweils im Herbst wird diese Schicht erneuert. Anfallendes Laub sollte man nicht entfernen, sondern liegenlassen, damit die bei der Verrottung daraus freigesetzte Kieselsäure den Pflanzen wieder zugute kommt. Bei großer Trockenheit ist durchdringend zu wässern. Im Frühjahr oder im Herbst empfiehlt sich eine Düngung mit halbverrottetem Stallmist oder einem salzarmen, stickstoffbetonten Volldünger, auch mit Schachtelhalmbrühe kann gegossen werden. Um zu vermeiden, daß Buschbambusarten in benachbarte Pflanzungen eindringen, ist eine Rhizomsperre anzulegen (siehe Seite 85). In einer Bambushecke entfernt man beim Auslichten im Frühjahr die stärker verkahlten Triebe. Alle niedrigen Arten vertragen einen Rückschnitt gut, selbst einen Formschnitt lassen sie zu. Werden Mattenbusch- und Dichtbüschelbambus als Bodendecker eingesetzt, können sie sogar mit der Sense oder einer langstieligen Handheckenschere getrimmt werden.

Vermehrung: Neue Pflanzen kann man gewinnen, indem man die Bambusse im Frühjahr vorsichtig teilt. Dazu werden Rhizomstücke mit mindestens einem intakten Halm oder längere Teile mit mindestens 3 Internodien, die starke Triebknospen aufweisen, abgetrennt und in einen Topf gepflanzt. Bei halmtragenden Teilen können die Halme zur besseren Anwurzelung eingekürzt werden. Zeigen sich die neuen Triebspitzen, ist es Zeit, die Jungpflanzen ins Freiland umzusetzen.

Poa
Rispengras

Arten: *P. chaixii* (auch *P. sudetica*, Waldrispengras, Bergrispengras, Chaixs Rispengras), *P. glauca* (auch *P. caesia*, Blaugrünes Rispengras, Blaues Rispengras), *P. alpina* var. *alpina* (Alpenrispengras), *P. alpina* var. *vivipara* (Lebendgebärendes Alpenrispengras)

Poa alpina var. *vivipara*

Familie: Süßgräser *(Poaceae)*
Herkunft: *P. chaixii* lichte Laub- und Laubmischwälder vorwiegend des Berglands sowie Gebirgswiesen in Mitteleuropa, den Pyrenäen und Teilen Osteuropas bis zum Kaukasus, *P. glauca* Steinschutt und steinige Plätze in den Gebirgen im nördlichen Eurasien, in Grönland und im Norden von Nordamerika, *P. alpina* var. *alpina* und var. *vivipara* Fettweiden und -wiesen sowie steinige Flächen der Gebirge in nördlichen Breiten der Nordhalbkugel
Blütenfarbe: grünlich, oft purpurn überlaufen
Blütezeit: *P. chaixii* und *P. glauca* Juni bis Juli, *P. alpina* var. *alpina* und var. *vivipara* Juni bis August
Höhe: *P. chaixii* 20–50 cm, zur Blüte 60–100 cm, *P. glauca* 5–15 cm, zur Blüte 20–40 cm, *P. alpina* var. *alpina* sowie var. *vivipara* 5–10 cm, zur Blüte 20–40 cm
Merkmale: Typisch für die meisten Rispengräser sind ihre längsgefalteten Blätter sowie die wenig bis reich verzweigten Blütenrispen mit eiförmigen, unbegrannten, mehrblütigen Ährchen. Alle hier genannten Arten wachsen mehrjährig und bilden kompakte Horste aus.
Zu den hochwüchsigsten heimischen Arten zählt das Waldrispengras mit seinen seitlich stark zusammengedrückten Trieben und den langen, kräftig grünen Blättern. Seine große, im Umriß kegelförmige Rispe steht locker verzweigt auf straff aufrechten Stielen und hängt an der Spitze ein wenig über. Sehr viel kleiner bleibt das Blaugrüne Rispengras, das durch eine intensiv blaugrüne Färbung und eine weißliche Bereifung der steif abgespreizten Blätter auffällt. Die Rispen erheben sich auf festen Stielen über die Blatthorste, ihre kurzen Seitenäste sind kaum ausgebreitet, so daß der ganze Blütenstand schlank und länglich erscheint. Ähnlich zierlich wirkt auch das Alpenrispengras, das jedoch kürzere, grasgrüne bis nur schwach blaugrüne Blätter trägt und dessen Halme am Grund durch die alten, noch nicht verwelkten Blattscheiden oft verdickt werden. Die gewöhnliche Form dieser Art, die man als *P. alpina* var. *alpina* bezeichnet, bildet etwas breitere Rispen aus als das Blaugrüne Rispengras, jedoch mit sehr ähnlichen Ährchen. Neben dieser „normalen" Pflanze gibt es vom Alpenrispengras auch eine Varietät, die wegen ihrer besonderen vegetativen Vermehrungsweise den Namen Lebendgebärendes Alpenrispengras trägt. Bei dieser Form entwickeln sich in den Ährchen Brutknospen, die austreiben, noch ehe das Gras zum Blühen kommt. Auf diese Weise hängen die Blütenstände bald voller Jungpflänzchen mit kleinen gekrümmten Blättern, die schon von weitem gut zu erkennen sind. Schließlich werden die Rispen so schwer, daß sie sich zu Boden neigen, wo die Jungpflanzen sogleich Wurzeln schlagen.

Standortansprüche: Das Waldrispengras bevorzugt einen halbschattigen bis schattigen Platz mit humoser, nährstoffreicher, lehmiger, frischer, schwach saurer Erde. Die anderen Arten gedeihen an vollsonnigen bis kaum beschatteten Stellen auf frischem bis mäßig trockenem, auch flachgründigem Boden. Das Substrat für sie sollte mäßig nährstoffreich, lehmig-humos oder auch sandig-steinig und gut durchlässig sein.

Poa glauca

Verwendung: Entsprechend ihrer Herkunft aus ganz verschiedenen Lebensräumen werden die Rispengrasarten in unterschiedlichen Gartenbereichen verwendet. Das hohe Waldrispengras eignet sich vor allem zum Verwildern in naturnahen Gartenteilen vor und unter höheren Gehölzen oder zwischen Strauchgruppen, wo es gut mit anderen Gräsern, z. B. dem Waldrispengras oder auch der Waldhainsimse, mit hochwüchsigen Farnen – einigen Wurmfarnen oder etwa dem Straußfarn – sowie mit Waldstauden, etwa Lungenkraut *(Pulmonaria)* oder Goldnessel, kombiniert werden kann. Die

beiden niedrigen Arten, das Blaugrüne und die Formen des Alpenrispengrases, sind dagegen wie geschaffen für den Steingarten, wo man sie am besten in kleinen Gruppen einsetzt. Zu ihnen passen andere kleinwüchsige Gräser wie Zittergras oder Schwingelarten, aber ebenfalls verschiedenste Steingartenpflanzen, z. B. niedrige Fingerkräuter *(Potentilla)* oder Enziane *(Gentiana)*.
Pflege: Einmal eingewachsen, benötigen die Rispengräser keine besonderen Pflegemaßnahmen mehr. Die beiden kleinwüchsigen Arten sollte man bei Bedarf jedoch von wuchernden Nachbarpflanzen freihalten.
Vermehrung: Alle genannten Arten können im Frühjahr durch Teilung wie auch durch Aussaat vermehrt werden. Vom Lebendgebärenden Alpenrispengras lassen sich außerdem die Jungpflänzchen ganz einfach von den Rispen abnehmen und am gewünschten Ort dann wie Samen ausstreuen.

Polygonum
Knöterich

Art: *P. affine* (auch *Persicaria affinis*, Scheckenknöterich, Teppichknöterich)
Familie: Knöterichgewächse *(Polygonaceae)*
Herkunft: felsige, feuchte Hänge, Wiesen und Geröllufer im Hochgebirge von Afghanistan bis zum Himalaja
Blütenfarbe: rosa
Blütezeit: Juni bis Oktober
Höhe: 15–30 cm
Merkmale: Mit seinen weithin kriechenden, an den Knoten wurzelnden Trieben, die von zahllosen schmalelliptischen Blättern bestanden sind, bildet der ausdauernde Scheckenknöterich einen

Polygonum affine

überaus dichten, dunkelgrünen Laubteppich, der sich im Herbst rötlich bronzefarben tönt. Aus den Blattachseln entspringen meist schlanke, walzenförmige Blütenähren, die aus einer Fülle sehr kleiner, zunächst weißlicher, später kräftig rosafarbener Blüten bestehen. Da diese Blütenkerzen nach und nach aufblühen, entsteht der gescheckte Eindruck, der den Pflanzen den Volksnamen verlieh.
Sorten: Im Handel sind u. a. erhältlich 'Donald Lowndes' (auch 'Lowndes Variety'; leuchtend rosa, walzenförmige Ähren, Höhe 15 cm), 'Superbum' (hellrosa, starkwüchsig, Höhe 25 cm) 'Darjeeling Red' (tiefrosa, schmale Ähren, Höhe 20–30 cm).
Standortansprüche: Die Pflanzen brauchen sonnige bis halbschattige Plätze auf frischen bis feuchten, nährstoff- und humusreichen Böden.
Verwendung: Der Scheckenknöterich läßt sich als Bodendecker sehr vielseitig nutzen. Man kann ihn am Gewässerrand, im Vordergrund oder als Einfassung von Rabatten einsetzen sowie zur rasenartigen Unterpflanzung nicht zu eng beieinanderstehender Gehölze verwenden. Der dichte Pflanzenteppich verhindert dauerhaft das Aufkommen unerwünschter Wildkräuter. Es empfehlen sich 6–8 Exemplare pro m^2. Diese wuchskräftigen Pflanzen können nur mit ebenfalls starkwüchsigen Arten kombiniert werden. Dafür eignen sich Mädesüß *(Filipendula)*, Wasserdost *(Eupatorium)*, Frauenmantel *(Alchemilla)*, Bergenien *(Bergenia)* oder Jakobsleiter *(Polemonium)* sowie einige höhere Gräser mit schöner Herbstfärbung, z. B. Pfeifengras oder Rutenhirse, die hervorragend mit dem Laubteppich und den hübschen Blüten harmonieren. Gut macht sich der Scheckenknöterich überdies als Rasenersatz im Gehölzbereich, wo er, ohne daß weitere Arten dazugepflanzt werden müssen, auch ganz allein sehr attraktiv wirkt.
Pflege: Die Stauden sind auf schnell austrocknenden Substraten in Trockenperioden regelmäßig zu wässern, da sie sonst unansehnliche braune Blätter bekommen. Davon abgesehen ist der Scheckenknöterich denkbar pflegeleicht. Sollten sich die Pflanzenteppiche stark ausbreiten und die Nachbarpflanzen bedrängen, lassen sie sich einfach mit dem Spaten abstechen und eingrenzen. Zeigen sich hingegen Lücken, sollte man diese mit etwas reifem Kompost bedecken, um das Wachstum anzuregen. Die neuen Triebe füllen die Kahlstellen dann meist rasch aus. Noch schneller schließt sich die Bodendecke wieder, wenn man an anderer Stelle abgestochene Pflanzenteile oder Stecklinge, die schon Wurzeln gebildet haben, dazwischensetzt. Normalerweise behält der Scheckenknöterich seine Wuchskraft nur einige Jahre. Läßt sie nach und zeigen sich immer weniger Blüten, sollte man die Stauden teilen.
Vermehrung: Nach der Blüte lassen sich durch Teilung und Kopfstecklinge leicht neue Pflanzen gewinnen, von der reinen Art außerdem durch Samen, die im Frühjahr ausgebracht werden.

Polypodium
Tüpfelfarn

Arten: *P. vulgare* (Tüpfelfarn, Gewöhnlicher Tüpfelfarn, Engelsüß), *P. interjectum* (auch *P. vulgare* ssp. *prionodes*, Gesägter Tüpfelfarn, Großer Tüpfelfarn)
Familie: Tüpfelfarngewächse *(Polypodiaceae)*
Herkunft: *P. vulgare* lichte Eichenwälder, schattige Felsen, auch als sog. Epiphyt, d. h. als Aufsitzerpflanze auf Baumstämmen, von Europa bis Nordostasien, in Südafrika und Nordamerika, *P. interjectum* Felsspalten und schattige, steinige Hänge in Europa, vorwiegend in Küstennähe
Höhe: *P. vulgare* 10–30 cm, *P. interjectum* 10–40 cm, beide gelegentlich auch höher

Merkmale: Der Tüpfelfarn ist eine der wenigen heimischen Arten, die nicht nur auf dem Boden wachsen, sondern, gleich vielen tropischen Farnen, auch in Rindenspalten älterer Baumstämme zu finden sind, sofern sich dort ein wenig Humus angesammelt hat. Seinen ungewöhnlichen Volksnamen Engelsüß verdankt der kleine Farn seinem süß schmeckenden Rhizom, das früher gegessen und als Hustenmittel verwendet wurde. Aus dem ausdauernden, langsam kriechenden Rhizom schieben sich langgestielte, ledrige, fiederschnittige Wedel von satt dunkelgrüner Farbe in lockeren Büscheln nach oben. Diese werden in jedem Frühsommer erneuert, sind also wintergrün. Auf der Unterseite der spitzen bis rundlichen Fiederchen leuchten auffällig gelbe, runde Sporenhaufen, die in regelmäßiger Reihe zu beiden Seiten der Mittelrippe angeordnet sind. Sehr ähnlich sieht der ebenfalls ausdauernde Gesägte Tüpfelfarn aus, der sich durch ovale Sporenhaufen, längere und etwas spitzere, am Rand meist gesägte Fiederabschnitte vom Tüpfelfarn unterscheidet. Zudem bildet diese Art vom Sommer bis zum Herbst laufend neue Wedel.

Sorten: Im Handel sind u. a. erhältlich von *P. vulgare* 'Ramosum' (Zwillingstüpfelfarn; Wedel bereits ab der Basis mehrfach gegabelt, dadurch fast ebenso breit wie lang, Höhe 10–20 cm), 'Bifido-Multifidum' (auch als 'Bifido Grandiceps' geführt, Gabeltüpfelfarn; schmalere Wedel, deren Abschnitte an ihren Enden kurz und am Wedelende mehrfach und dichtstehend gegabelt sind, so daß sich kurze Troddel bilden, Wedel manchmal auch in der Mitte in zwei gleiche Abschnitte gegabelt, Höhe 20–30 cm); von *P. interjectum* (Höhe jeweils 10–40 cm) 'Cambricum' (auch als 'Plumosum' geführt, Walliser Federtüpfelfarn; Wedel relativ breit, doppelt gefiedert, Fiederblättchen überlappen sich schräg und verleihen dem Blatt ein federartiges Aussehen), 'Cornubiense' (auch 'Elegantissimum', Cornwall-Federtüpfelfarn; breit dreieckige, zweifach gefiederte oder fiederschnittige, relativ derbe Wedel mit schmalen, gesägten Abschnitten; schlägt oft in die Stammart zurück und bildet plötzlich deren Wedelform oder aber gegabelte Wedel aus; man sollte diese entfernen, um die reine Sorte zu erhalten), 'Hadwinii' (auch 'Cambricum Hadwinii', Hadwins Federtüpfelfarn; breitelliptische, sich stark überdeckende, am Rand tief gesägte Fiedern), 'Semilacerum' (auch 'Hibernicum', Irischer Federtüpfelfarn; Fiedern im unteren Wedelbereich an den Enden verbreitert und mehrfach tief fiederschnittig, im oberen Bereich dagegen wie bei der Wildart).

Polypodium vulgare

Standortansprüche: Die Pflanzen benötigen einen halbschattigen bis schattigen, nicht direkt besonnten Platz und einen humosen, lockeren Boden, der auch flachgründig sein darf. Für den Tüpfelfarn sollte das Substrat möglichst schwach sauer reagieren und kalkfrei sein.

Verwendung: Beide Farne lassen sich im Garten sehr vielseitig einsetzen und bieten noch im Winter einen hübschen Anblick. Man kann sie z. B. im Steingarten zwischen Geröll plazieren und zur Begrünung kaum besonnter Mauerritzen und Steinfugen verwenden. Auch unter Gehölzen machen sie sich gut, sie wachsen sogar in sehr flachgründigen Bereichen zwischen Baumwurzeln, die allerdings nicht zu trocken sein dürfen. Auf keinen Fall aber sollte man den Tüpfelfarnen allzu starkwüchsige Nachbarn beigesellen, gegen die sie sich auf Dauer kaum durchsetzen könnten.

Pflege: Die Tüpfelfarne werden flach in den Humus gesetzt oder, wenn man sie als Aufsitzerpflanzen ziehen will, zunächst mit Draht an der Unterlage befestigt, bis sie sich selbst mit ihren Wurzeln halten können. Bei längerem Ausbleiben von Regen oder leicht austrocknendem, flachgründigem Substrat müssen sie gewässert werden. Bis sie richtig angewachsen sind, sollte man sie außerdem häufig übersprühen. Im Frühjahr ist auch eine Versorgung mit Humus oder reifem Kompost ratsam. Wuchernde Nachbarpflanzen nimmt man bei

Polypodium interjectum 'Cornubiense'

Bedarf zurück, damit sie die Farne nicht bedrängen. Da der Gesägte Tüpfelfarn etwas frostempfindlich ist und kalte, austrocknende Winde nicht verträgt, empfiehlt sich für ihn in rauhen Gebieten ein leichter Winterschutz aus Laub und Reisig.

Vermehrung: Beide Arten können durch Teilung der Rhizome – am besten im Spätsommer –, aber auch aus Sporen vermehrt werden, die im Hochsommer reifen. Da viele Sorten unfruchtbar sind, vermehrt man diese fast ausschließlich durch Teilung.

Polystichum
Schildfarn, Schwertfarn

Familie: Wurmfarngewächse *(Aspidiaceae)*

Die meisten der allesamt mehrjährigen Schildfarnarten sind aufgrund ihrer immergrünen, schön geformten Blätter sehr beliebte Zierpflanzen. Ihren volkstümlichen Namen erhielt die Gattung zum einen nach den schildförmigen Schleiern, die die Sporenhaufen bedecken, zum andern wegen der bei einigen Arten schwertförmigen Gestalt der Fiederblättchen. Nach der Zergliederung ihrer Blattspreiten lassen sich die Schildfarne in Gruppen einteilen: in Arten mit einfach und solche mit doppelt gefiederten Wedeln.

Arten mit einfach gefiederten Wedeln

Arten: *P. lonchitis* (Lanzenfarn, Lanzenschildfarn), *P. acrostichoides* (auch *Aspidium acrostichoides*, Weihnachtsfarn, Amerikanischer Weihnachtsfarn, Dolchfarn), *P. munitum* (Schwertfarn, Kalifornischer Schwertfarn)
Herkunft: *P. lonchitis* felsdurchsetzte Gebirgswälder, Geröllhalden und Felsspalten in Gebirgen Europas, Mittel-, Nord- und Nordostasiens sowie Nordamerikas, *P. acrostichoides* schattige, fels- und humusreiche Wälder im östlichen Nordamerika, *P. munitum* feuchte, humose Nadelwälder im westlichen Nordamerika
Höhe: 20–50 cm, *P. munitum* 20–80 cm
Merkmale: Die derben, ledrigen, tief dunkelgrünen Blätter dieser Schildfarne bringen mit ihrem lanzettlichen Umriß, der für Farne ansonsten ungewöhnlich ist, willkommene Abwechslung und neue Formen in eine Farnpflanzung. Der Lanzenfarn, die einzige heimische Art innerhalb dieser Gruppe, steht unter Naturschutz. Seine langen, nur etwa 4–5 cm breiten, schmallanzettlichen Blätter sind äußerst kurz gestielt. Sie stehen zunächst aufrecht in einer Trichterform, später hängen sie meist weit über, besonders die älteren Blätter liegen dann häufig flach dem Boden auf. Die einzelnen Fiedern haben eine eigenartige, an einen Kahn oder eine breite Sichel erinnernde Form. An ihrer Basis weisen sie einen breiten, zur Wedelspitze hin gerichteten Zahn auf, der sich oft bereits mit der nächsten Fieder überlappt. Am Rand sind die Fiederblättchen fein und spitz gezähnt.
Die Blätter der beiden amerikanischen Arten zeigen einen sehr ähnlichen Bau, Unterschiede finden sich vorwiegend in den Ausmaßen und im Umriß. Der Weihnachtsfarn, so genannt, weil er in seiner Heimat als Weihnachtsdekoration verwendet wird, ähnelt im Blatt der heimischen Art am stärksten, doch wird sein Wedel etwa 10 cm breit. Er hat außerdem einen deutlich längeren Stiel, seine lanzettlichen Fiedern sind schlanker und langgestreckter, und die untersten weisen meist zum Boden hin. Im Gegensatz zur Mehrzahl der anderen Schildfarne weichen überdies seine fruchtbaren Wedel in der Gestalt deutlich von den unfruchtbaren ab, denn sie sind im oberen, sporentragenden Teil stark verschmälert. Noch breiter als die Blätter des Weihnachtsfarns werden die Wedel des Schwertfarns, am Grund erreichen sie bis zu 15 cm Breite. Sie heben sich auf langen Stielen empor, und ihre schmallanzettlichen Fiedern stehen auf der ganzen Blattspreite besonders dicht, so daß diese flächig wirkt.
Standortansprüche: Die Pflanzen bevorzugen einen halbschattigen bis schattigen, luftfeuchten Platz und einen frischen bis feuchten, humusreichen, schwach sauren Boden. Der Lanzenfarn kommt auch mit kalkhaltigem Substrat zurecht. Für den Weihnachtsfarn sollte der Standort windgeschützt sein, der etwas weniger winterharte Schwertfarn braucht möglichst frostgeschützte Plätze.
Verwendung: Diese stattlichen Schildfarne eignen sich ausgezeichnet für Bereiche, die im Schatten größerer Bäume oder am wenig besonnten Gehölzrand liegen, wobei sie ihrer Herkunft entsprechend gut zu höheren Nadelgehölzen passen. Meist pflanzt man sie in kleineren Gruppen, doch wirken auch entsprechend plazierte Einzelexemplare sehr schön. Vor allem der Lanzenfarn, aber ebenso die anderen Arten sind überaus langlebig und sollten daher stets einen sorgsam gewählten Platz erhalten, an dem sie viele Jahre ungestört wachsen können. Als Pflanznachbarn bieten sich eine Vielzahl von Waldstauden an, z. B. apart blühende Zwiebel- und Knollengewächse wie Knotenblumen *(Leucojum)*, Schneeglöckchen *(Galanthus)*, Narzissen *(Narcissus)*, Dreiblatt *(Trillium)* oder Hundszahnlilien *(Erythronium)*. Besonders für frühblühende Arten gibt das wintergrüne Laub der Farne einen äußerst ansprechenden Hintergrund ab.

Polystichum munitum

Polystichum lonchitis

Der Lanzenfarn kann auch in felsigen, aber kaum besonnten Steingartenpartien einen Platz finden, wo er mit seinen langen, tiefgrünen Wedeln die Szenerie beherrscht. Weihnachtsfarn und Schwertfarn werden gern als gut haltbares Schnittgrün für Blumensträuße und -gestecke verwendet.
Pflege: Da die Rhizome nicht wie sonst üblich waagrecht im Boden verlaufen, sondern aufsteigend bis senkrecht wachsen, müssen sie bei der Pflanzung auch dementsprechend eingesetzt werden. Bei anhaltender Trockenheit und leicht austrocknendem Boden sollte man die Farne regelmäßig wässern. Alle paar Jahre ist eine Versorgung mit verrottetem Stallmist oder halbreifem Kompost zu empfehlen, die man im Frühjahr vornimmt. Um die Blätter vor dem Austrocknen durch die Wintersonne zu schützen, sollten die Pflanzen an besonnten Standorten mit Reisig abgedeckt werden. In rauhen Lagen benötigt der Schwertfarn einen wirksamen Frostschutz. Man überschüttet ihn dazu mit etwas Laub und bedeckt es mit einigen Zweigen.
Vermehrung: Überwiegend werden die Pflanzen aus Sporen nachgezogen, die im Hoch- bis Spätsommer reifen. Die heranwachsenden Jungpflanzen sollten zunächst möglichst wenig Sonne erhalten, bis sie kräftiger geworden sind. Eine Teilung ist bei den Schildfarnen nur schwer möglich, da sich das Rhizom kaum verzweigt.

Arten mit doppelt gefiederten Wedeln

Arten: *P. setiferum* (auch *P. angulare*, *P. aculeatum*, *Aspidium angulare*, Weicher Schildfarn, Südlicher Schildfarn, Borstiger Schildfarn), *P. aculeatum* (auch *P. lobatum*, Glanzschildfarn, Harter Schildfarn, Gelappter Schildfarn), *P. braunii* (Brauns Schildfarn, Haarschildfarn, Zarter Schildfarn), *P. polyblepharum* (auch *P. aculeatum* var. *japonicum*, *P. japonicum*, Japanischer Glanzschildfarn, Vielgewimperter Schildfarn, Bärentatzenfarn, Bornimer Schildfarn)

Polystichum setiferum 'Proliferum Plumosum Densum'

Herkunft: *P. setiferum* schattige Laubmischwälder in West- und Südosteuropa sowie in Teilen Mitteleuropas, im Mittelmeerraum und im Kaukasus, *P. aculeatum* schattige, felsreiche Laub- und Nadelmischwälder, Fels- und Geröllflächen in Süd- und Westeuropa, Nordafrika, Kleinasien und im Kaukasus, vermutlich auch in tropischen Gebirgen, *P. braunii* schattige, feuchte, farnreiche Laub- und Nadelmischwälder im Gebirge, oft entlang von Bächen, in ganz Europa bis zum Kaukasus, in China und Japan, Nordamerika und auf den Hawaii-Inseln, *P. polyblepharum* feuchte Wälder in China, Korea und Japan
Höhe: *P. setiferum* und *P. aculeatum* 30–100 cm, *P. braunii* und *P. polyblepharum* 30–60 cm
Merkmale: Unter den Schildfarnen mit doppelt gefiederten Blättern ist der Weiche Schildfarn für den Garten bei weitem der beliebteste, vor allem auch, weil es von ihm eine Vielzahl sehr schöner Sorten gibt. Wie alle heimischen Schildfarnarten steht er unter Naturschutz. Er bildet große Trichter aus übergebogenen, matt dunkelgrünen Wedeln, die in nicht zu rauhen Lagen den Winter über grün bleiben. Sowohl der Stiel als auch die Mittelrippe der Blattspreiten sind dicht mit rot- bis hellbraunen, nach oben zu immer feiner werdenden Spreuschuppen besetzt. Die elliptischen, oben zugespitzten Wedel bestehen aus zahlreichen dichtstehenden, lanzettlichen Fiedern mit langgezogener Spitze. An den Fiedern sitzen die kurzgestielten, spitz eiförmigen bis lanzettlichen Fiederchen zweiter Ordnung ebenfalls sehr eng beieinander. An ihrem gezähnten Rand ist der unterste Zahn deutlich vergrößert. Sämtliche Zähne laufen in eine kurze, weiche Borste aus, worauf sich die volkstümlichen Namen des Farns beziehen. Die übrigen Arten dieser Gruppe unterscheiden sich vom Weichen Schildfarn nur in Details. So hat der ebenfalls geschützte Glanzschildfarn in der Regel deutlich schmalere Wedel, seine Fiedern werden im unteren Wedelteil kürzer, so daß die Spreite beidseitig zugespitzt erscheint. Insgesamt wirken seine Fiedern etwas grober zerteilt. Die Fiederchen sind ungestielt, und meist ist das innerste auffallend vergrößert. Weil aber sowohl der Weiche wie der Glanzschildfarn in ihrem Erscheinungsbild ziemlich variieren, können sie sich, zumindest bei Wildformen, auch zum Verwechseln ähnlich sehen. Mit Bestimmtheit vermag man sie nur mikroskopisch anhand der Sporengröße auseinanderzuhalten. Brauns Schildfarn, gleichfalls eine heimische, geschützte Art, unterscheidet sich von den anderen Arten durch die haarartigen, krausen Schuppen, die seine Fiedern oberseits überziehen und ihre Oberfläche fettig glänzen lassen. Die Wedelspreite verjüngt sich nach unten zu ebenso deutlich wie beim Glanzschildfarn. Als einzige der auf-

Polystichum setiferum 'Proliferum Herrenhausen'

Polystichum aculeatum

geführten Arten ist Brauns Schildfarn nur sommergrün. Vor allem während des Austriebs fällt er auf, denn die sich entrollenden Wedel sind ganz von weißwolligen Schuppen bedeckt. Der Japanische Glanzschildfarn hat wunderschön bogig überhängende Wedel, die auf ihrer Oberseite intensiv dunkelgrün glänzen. Ihre untersten Fiederpaare sind auffällig zum Grund hin gerichtet, die Fiederchen zweiter Ordnung wie beim Weichen Schildfarn kurzgestielt. Einen besonders hübschen Anblick bietet der Austrieb der stark beschuppten Wedel, die in Japan mit einer Bärentatze verglichen werden – daher auch der volkstümliche Name Bärentatzenfarn.

Polystichum braunii

Sorten: Von *P. setiferum* existiert ein enorm großes Sortiment, von dem für den Hausgarten jedoch vorwiegend die Sorten aus der sog. 'Proliferum'-Gruppe von Bedeutung sind. Ihrer filigranartig zarten Fiederung wegen bezeichnet man diese Brutknospen bildenden Farne auch als Brutknospen-Filigranfarne oder einfach als Filigranfarne. Angeboten werden u. a. 'Proliferum' (Brutfiligranfarn, Schmaler Filigranfarn; Wedel schmal, meist flach ausgebreitet, mit lanzettlichen, stark zerteilten Fiedern, reichlich Brutknospen bildend, Höhe 30–50 cm), 'Proliferum Herrenhausen' (auch 'Herrenhausen', Herrenhäuser Filigranfarn, Großer Filigranfarn; flach und breit wachsend, weniger stark zerteilte Fiedern als 'Proliferum', reichlich Brutknospen ansetzend, Höhe 30–50 cm), 'Proliferum Plumosum Densum' (auch 'Plumosum Densum', Flaumfeder-Filigranfarn; Fiedern sehr fein zerteilt und sich gegenseitig überdeckend, nur wenige Brutknospen ansetzend, Höhe 40–60 cm), 'Dahlem' (auch 'Proliferum Dahlem', Dahlemer Schildfarn, Bulbenschildfarn; kräftig und breit wachsend, Laub weniger fein zerteilt als bei 'Proliferum', einige Brutknospen bildend, nur für windgeschützte Stellen geeignet, Höhe 50–100 cm). Daneben gibt es noch eine Vielzahl weiterer Sorten, die sich teilweise kaum voneinander unterscheiden und bisweilen fälschlich *P. aculeatum* zugerechnet werden. Die meisten von ihnen sind jedoch nur für ausgesprochene Farnliebhaber und -sammler interessant.

Standortansprüche: Die Schildfarne dieser Gruppe stellen grundsätzlich dieselben Ansprüche wie die Arten mit einfach gefiederten Wedeln (siehe Seite 210), wobei der Weiche Schildfarn bei gleichmäßiger Bodenfeuchtigkeit auch an sonnigen Stellen gut gedeiht. Für Brauns Schildfarn und den etwas weniger winterharten Japanischen Glanzschildfarn ist unbedingt ein geschützter Standort erforderlich. Diese Arten können sehr früh austreiben und die Blätter daher leicht von Spätfrösten geschädigt werden, was möglicherweise zum Absterben der Pflanzen führt.

Verwendung: Ähnlich wie die anderen Schildfarne werden auch diese Arten im Garten vorwiegend unter und vor Gehölzen verwendet. Der Weiche Schildfarn und insbesondere seine filigran gefiederten Sorten, die unter den größeren Farnen zu den schönsten und feinsten überhaupt zählen, eignen sich dabei als prächtige Solitärpflanzen. Außer im Gehölzbereich machen sie sich auch an entsprechenden Stellen im Steingarten hervorragend, ebenso auf heideartigen Freiflächen und sogar im Staudenbeet.

Als passende Begleitpflanzen kommen all diejenigen in Frage, die schon bei den Arten mit einfach gefiederten Wedeln genannt sind (siehe Seite 210 f.). Vor allem der Weiche Schildfarn kann aber auch gut mit Elfenblumen, Silberkerzen

Polystichum polyblepharum

(Cimicifuga), Lilien *(Lilium)* und Herbstanemonen *(Anemone hupehensis)* kombiniert werden. Die immergrünen Schildfarnarten harmonieren sehr schön mit immergrünen Gehölzen, besonders mit Rhododendren *(Rhododendron)*, und immergrüne Gräser wie die Japan-Segge runden das Bild dann noch ab.

Pflege: Grundsätzlich sind diese Schildfarnarten wie diejenigen mit einfach gefiederten Wedeln zu pflegen (siehe Seite 211). In rauhen Lagen benötigt der Japanische Glanzschildfarn als Frostschutz eine dicke Laubschicht, die mit Reisig bedeckt wird. Stehen die immergrünen Arten an Standorten, die der Wintersonne ausgesetzt sind, muß man sie unbedingt mit Reisig vor dem Austrocknen schützen.

Vermehrung: Nachwuchs erhält man auf gleiche Art wie bei den anderen Schildfarnen (siehe Seite 211). Die meisten Brutknospen-Filigranfarne können außerdem besonders einfach durch Abnahme der Brutknospen vermehrt werden, die je nach Sorte mehr oder weniger reichlich am Ansatz der Fiedern entlang der Wedelmittelrippe gebildet werden. Man schneidet dazu brutknospentragende Wedel am besten im Herbst, noch vor den ersten Frösten, ab, kürzt sie auf etwa die Hälfte ihrer Länge ein und legt sie flach in Anzuchtkisten oder -schalen, die mit sandig-humosem Vermehrungssubstrat oder käuflichem Torfkultursubstrat gefüllt sind. Die Mittelrippe wird in voller Länge gerade so tief in das Substrat gedrückt, daß die Brutknospen eben Erdkontakt haben oder höchstens bis zur Hälfte in der Erde stecken. Zusätzlich kann man die Blattspreite mit etwas Torf oder Torf-Sand-Gemisch überstreuen. Damit die Wedel in genau dieser Lage bleiben, befestigt man sie mit Drahtklammern oder Haarnadeln. Die Anzuchtgefäße werden stets leicht feucht gehalten und bei Bedarf besprüht. Man stellt sie an einem hellen, aber nicht direkt besonnten Platz bei etwa 18 °C auf und deckt sie mit einer Glasscheibe dicht ab, um die nötige Luftfeuchtigkeit zu gewährleisten. Schon bald treiben die Brutknospen aus, und es bilden sich junge Pflänzchen, die man durch zeitweiliges Belüften abhärtet und – nachdem das Glas entfernt wurde – in Töpfe pikiert, sobald sich 3 Wedel entwickelt haben. Im Frühjahr, nach den letzten Spätfrösten, können sie bereits ins Freiland ausgepflanzt werden, wo man sie bis zum Herbst noch in einem schattigen Beet kultiviert, um sie dann an ihren endgültigen Platz zu versetzen.

Pseudosasa
Pseudosasa

Art: *P. japonica* (auch *Arundinaria japonica*, *Sasa japonica*, *Yadakea japonica*, *Bambusa metake*, Pfeilbambus, Breitblattbambus)
Familie: Süßgräser *(Poaceae)*
Herkunft: feuchte Wälder in Zentral- und Südjapan sowie in Südkorea
Höhe: 2–4 m
Merkmale: Der ausdauernde, mäßig bis gut winterharte Pfeilbambus breitet sich durch lange Ausläufer aus, und er bildet dichte, breite Büsche aus aufrechten, reich beblätterten Trieben. Typisch für ihn ist, daß die olivgrünen, etwa 1–2 cm starken Halme in ihrem oberen Bereich an jedem Knoten jeweils einen einzelnen Seitenast entwikkeln. An diesen leicht übergeneigten Seitentrieben entfalten sich dunkelgrüne, etwa 20–35 cm lange und 2–3 cm breite Blätter, die oft fächerartig zu mehreren beieinanderstehen. Hell strohfarbene, üppig behaarte Blattscheiden, die lange an den Trieben haften, verleihen den Halmen ein schönes Streifenmuster.
Standortansprüche: Der Pfeilbambus gedeiht am besten an halbschattigen bis schattigen, luftfeuchten, milden und geschützten Stellen auf nährstoffreichem, humosem, frischem bis feuchtem, lockerem und gut durchlässigem Boden. Sowohl gegen Staunässe als auch gegen austrocknende Winterwinde und strenge Fröste an schneelosen Wintertagen erweist er sich als empfindlich.
Verwendung: Ob in Einzelstellung oder in Gruppen gepflanzt, der prächtige Bambus wirkt stets attraktiv. Man setzt ihn meist unter höhere Gehölze, zwischen immergrüne Sträucher oder in Wassernähe. Bei einem Teich ohne festes Becken muß der Pfeilbambus aber mindestens 30 cm oberhalb des Wasserspiegels stehen, um vor Schäden durch Staunässe bewahrt zu bleiben. Durch seine hohen, dicht belaubten und nur wenig übergeneigten Triebe eignet er sich in milden Gegenden auch sehr gut zur Anlage einer Sicht- und Windschutzhecke.
Pflege: Gepflanzt wird der Bambus im späten Frühjahr, dann wächst er besonders leicht an. Es ist ratsam, die Pflanzfläche mit einer dicken Mulchschicht aus halbreifem Kompost, Rindenmulch oder Stroh zu bedecken. Obwohl der Busch Ausläufer bildet, wird er selten durch Wuchern lästig. Eine Rhizomsperre (siehe Seite 85) ist daher nur nötig in unmittelbarer Nähe anderer Pflanzungen, in die der Pfeilbambus nicht eindringen soll. Wird er als Hecke verwendet, empfiehlt es sich, beim Auslichten im Frühjahr auch die unten stark verkahlten Triebe zu entfernen. In rauhen Lagen ist diese Art nicht in jedem Fall ausreichend winterhart. Man setzt sie in solchen Gegenden tunlichst nur an besonders geschützte Stellen im Garten. Zudem ist dort eine dicke herbstliche Mulchschicht als Winterschutz unverzichtbar. In den vergangenen Jahren blühte der Pfeilbambus mancherorts immer wieder – allerdings nur schwach. Normalerweise sterben die Pflanzen danach ab. Da es sich hier jedoch um keine Vollblüte handelt, kann man in einem solchen Fall versuchen, die Lebenskraft der geschwächten Pflanzen zu erhalten, indem man sie reichlich düngt, z. B. mit halbverrottetem Stallmist, einem stickstoffbetonten, salzarmen Volldünger oder mehreren Gaben von Schachtelhalmbrühe, und sie zusätzlich wässert.
Vermehrung: Im Frühjahr, noch vor dem Austrieb, kann der Bambus geteilt werden. Man gräbt dazu den Boden auf, entnimmt Rhizomstücke mit mindestens einem intakten Halm oder längere Teile mit mindestens 3 Internodien, die kräftige Triebknospen aufweisen, und setzt diese in einen Topf. Zum besseren Anwurzeln können bei halmtragenden Teilen die Stengel eingekürzt werden. Zeigen sich neue Triebspitzen, setzt man die Pflanzen ins Freie.

Pseudosasa japonica

R

Rhynchelytrum
Natal-Gras

Art: *R. repens* (auch *R. roseum*, *Tricholaena repens*, *T. rosea*, teilweise auch fälschlich als *R. nerviglume* angeboten, Wollhaargras, Natal-Gras, Rubingras, Weingras)
Familie: Süßgräser *(Poaceae)*
Herkunft: Savannen im tropischen Afrika und östlichen Südafrika
Blütenfarbe: grünlich, später blaß- bis purpurrosa
Blütezeit: Juli bis August
Höhe: 30–50 cm, zur Blüte 50–70 cm
Merkmale: Das Wollhaargras, in seiner Heimat und in anderen warmen Gebieten der Erde eine ausdauernde Pflanze, wird in Mitteleuropa nur einjährig gezogen. Die lockeren Horste bauen sich aus Halmen mit sehr schmalen, hellgrünen, abstehenden bis apart übergebogenen Blättern auf. Seidige, rosafarbene bis rötliche Haare bedecken die zweiblütigen Ährchen, die in fein verzweigten, reichblütigen, lockeren Rispen stehen. Diese duftig wirkenden Blütenstände machen das Wollhaargras so reizvoll. Nicht nur, daß im tiefstehenden Sonnenlicht die seidige Behaarung besonders schön erstrahlt, vom Aufblühen bis zur Fruchtreife zeigen die Blütenrispen auch ein faszinierendes Farbspiel von zunächst grünlichen über purpurrosa bis zu silbrigrosa Tönen.
Standortansprüche: Das Wollhaargras bevorzugt einen vollsonnigen, warmen Standort und einen frischen bis feuchten, nährstoffreichen, sandig-humosen und gut durchlässigen Gartenboden.

Rhynchelytrum repens

Verwendung: Dieses anmutige, spätblühende Gras lockert Sommerblumen- und Staudenpflanzungen ebenso auf wie Freiflächen an Böschungen oder am sonnigen Gehölzrand. Man verwendet es am besten in größeren Gruppen. Sehr schön wirken die Wollhaargräser, wenn sie in unterschiedlicher Anzahl in eine flächige Bepflanzung eingestreut werden, besonders dann, wenn diese aus nur einer einzigen Art besteht, etwa aus hohen Herbstastern in verschiedenen Farbtönen (*Aster novae-angliae* oder *A. novi-belgii*). Andere passende Begleitpflanzen sind Stauden wie z. B. Fackellilien *(Kniphofia)*, Prachtscharten *(Liatris)* oder Bartfaden *(Penstemon)* sowie einjährige bunte Salbeiarten *(Salvia)*. Die grazilen Blütenrispen eignen sich sowohl frisch wie auch trocken gut als Beiwerk für Blumensträuße.
Pflege: Das Gras benötigt nach dem Einwachsen keine weitere Pflege mehr.
Vermehrung: Neue Pflanzen erhält man jährlich durch Anzucht aus Samen. Man kann die Aussaat entweder schon Anfang März im Haus oder Frühbeet vornehmen oder die Samen ab Mitte April bis Anfang Mai direkt an der vorgesehenen Stelle im Garten ausbringen. Die im Haus gezogenen Sämlinge werden nach dem Pikieren und Abhärten ab Mitte Mai, nach den Eisheiligen, ins Freie gesetzt.

Rhynchelytrum repens

S

Sagina
Mastkraut

Art: *S. subulata* (auch *S. pilifera*, Sternmoos, Pfriemenmastkraut)
Familie: Nelkengewächse *(Caryophyllaceae)*
Herkunft: lückige, feuchte Stellen meist auf sandig-steinigen Böden in Südwest-, Mittel- und Nordeuropa
Blütenfarbe: weiß
Blütezeit: Juni bis August
Höhe: 3–10 cm
Merkmale: Durch zahllose niederliegende Triebe, die sich ständig nachbilden und immer wieder Wurzeln schlagen, breitet sich das zierliche Sternmoos mit der Zeit zu dichten, wintergrünen Rasen aus. Die Triebe der Stauden tragen feine, stachelspitze, dunkelgrüne Blätter, die nur etwa 0,5 cm lang sind und sehr eng beieinanderstehen, wodurch die Pflanze fast wie ein Moos aussieht. Ähnlich winzig bleiben auch die zarten weißen Blütensterne, die sich auf meist unbelaubten Stielen relativ deutlich über den Blatteppich erheben.
Sorte: 'Aurea' (häufig fälschlich als *Minuartia verna* 'Aurea' angeboten; weiß, Blätter gelbgrün, Höhe 3–10 cm)
Standortansprüche: Die Art bevorzugt einen halbschattigen bis nicht zu sonnigen Platz, die Sorte 'Aurea' darf jedoch nicht an direkt besonnte Stellen gepflanzt werden. Das Sternmoos

Sagina subulata

wächst auf jedem frischen, sandig- oder kiesig-humosen, durchlässigen Boden, der nicht zu rasch austrocknet.
Verwendung: Die Pflanzen eignen sich einerseits zur Anlage kleiner Rasen im Steingarten, andererseits sind sie ideale Lückenfüller, denn mit ihnen lassen sich Fugen in einem Plattenweg und in Treppen oder die Zwischenräume von Trittsteinen eines Gartenpfads hübsch mit frisch wirkendem Grün auffüllen. Gewöhnlich pflanzt man sie für sich allein und gesellt ihnen keine Begleiter hinzu. Im Steingarten können sie die Stämme verschiedener Zwerggehölze, etwa von Wacholder *(Juniperus)* oder Kiefern *(Pinus)*, umschmiegen. Um einen dichten Sternmoosrasen zu erzielen, empfehlen sich 15–18 Pflanzen pro m^2.
Pflege: Der Bodendecker benötigt so gut wie keine Pflege. Vorteilhaft ist es, wenn man die Rasen im Frühjahr mit etwas halbreifem Kompost überstreut.
Vermehrung: Durch Teilung nach der Blüte sowie bei der reinen Art auch durch Aussaat im Frühjahr lassen sich leicht neue Pflanzen gewinnen. Da die Samen nur bei reichlicher Belichtung keimen, darf man sie auf dem Substrat lediglich andrücken oder die Saat höchstens ganz dünn mit Erde übersieben.

Sasa
Zwergbambus, Waldbambus

Arten: *S. palmata* (auch *Bambusa palmata*, *Arundinaria palmata*, Palmwedelbambus, Immergrüner Palmwedelbambus, Immergrüner Halbrohrbambus), *S. veitchii* (auch *Bambusa veitchii*, *Sasa albomarginata*, Weißrandzwergbambus, Silberrandzwergbambus, Silberrandwaldbambus), *S. kurilensis* (Kurilen-Zwergbambus)
Familie: Süßgräser *(Poaceae)*
Herkunft: Bergwälder und feuchte Standorte, *S. palmata* in Japan und auf Sachalin, *S. veitchii* in Südwestjapan, *S. kurilensis* in Japan und Korea sowie auf den Kurilen-Inseln und Sachalin
Höhe: *S. palmata* 100–200 cm, *S. veitchii* 50–150 cm, *S. kurilensis* 100–200 cm
Merkmale: Die niedrigen bis mittelhohen, ausläuferbildenden, mehrjährigen Zwergbambusarten zeichnen sich durch Halmscheiden aus, die kürzer als die jeweiligen Internodien sind und lange Zeit an den Stengeln haften, sowie durch Triebe, die entweder unverzweigt bleiben oder nur einen einzigen Seitenzweig entwikkeln. Alle Arten erweisen sich als gut winterhart und bilden verhältnismäßig dünne und kurze Halme mit meist breiten Blättern aus.
Eine der am häufigsten in Gärten gepflanzten Arten ist der Palmwedelbambus, so genannt wegen der fächerartigen Anordnung seiner glänzend tiefgrünen Blätter, die entfernt denen einer Fächerpalme ähneln. Die bis etwa 30 cm langen und 10 cm breiten Blätter stehen, waagrecht oder schräg nach unten weisend, gebüschelt an den Zweigenden. Sie zeigen einen meist blaßgelben Mittelnerv sowie zahlreiche deutliche Seitennerven. Die grünen Internodien der Halme werden lange von den blaß strohfarbenen Halmscheiden bedeckt. Im Handel sind fast ausschließlich Formen erhältlich, deren Halmabschnitte purpurbraune, sich im Alter vergrößernde Flecken aufweisen. Sie werden botanisch als *S. palmata* f. *nebulosa* bezeichnet, in manchen Gärtnereien aber auch als eigene Sorte 'Nebulosa' von *S. palmata* geführt.
Der Weißrandzwergbambus trägt etwas kleinere Blätter, die jedoch durch ihre breiten, weißen Randstreifen alle Blicke auf sich ziehen. Die dekorative Zeichnung entsteht dadurch, daß die Blätter bald nach dem Entrollen vom Rand her eintrocknen und das Blattgrün aus diesem Gewebe abgezogen wird. Im Unterschied zum Palmwedelbambus sind die Halmscheiden bei dieser Art dicht und lang behaart. Der Kurilen-Zwergbambus schließlich ähnelt in seiner gesamten Erscheinung dem Palmwedelbambus, doch sind seine Blätter weniger breit und stärker zugespitzt. Auch sie trocknen vom Rand her ein, der sich bildende weiße Saum bleibt jedoch viel schmaler als beim Weißrandzwergbambus.
Standortansprüche: Diese Bambusse gedeihen an halb-

Sasa palmata f. *nebulosa*

Sasa veitchii

schattigen bis sonnigen, luftfeuchten Plätzen und benötigen einen nährstoffreichen, humosen, lockeren, frischen bis feuchten, aber durchlässigen Boden. Sie sind nicht nur empfindlich gegen Staunässe, sondern auch gegen austrocknende Winterwinde.
Verwendung: Alle genannten Arten lassen sich hervorragend flächig unter Gehölzen, an Böschungen oder an Gewässerufern anpflanzen, man benötigt etwa 3 Exemplare pro m^2. An Gartenteichen ohne feste Wassereingrenzung müssen sie aber mindestens 30 cm über dem Wasserspiegel stehen, um nicht unter Staunässe zu leiden. Wegen ihres dichten Rhizomsystems eignen sich die Zwergbambusse sogar zur Befestigung erosionsgefährdeter Hänge. Aus Palmwedelbambus oder Kurilen-Zwergbambus kann man überdies eine mäßig hohe Bambushecke ziehen. Der Weißrandzwergbambus mit seinem attraktiven Laub paßt auch in größere Staudenbeete, doch ist dann der Einbau einer Rhizomsperre ratsam (siehe Seite 85).
Pflege: Beste Pflanzzeit für Zwergbambusse ist das späte Frühjahr. Rundum sollte man die Erde mit einer dicken Mulchschicht aus Stroh, halbreifem Kompost oder Rindenmulch bedecken. Diese Lage ist jährlich im Herbst zu erneuern, wofür auch das anfallende Herbstlaub der Bambusse mitverwendet werden kann. Eine eventuell erforderliche Rhizomsperre legt man am besten gleich im Zuge der Pflanzung an. Bei einer Hecke aus Zwergbambussen sollte man beim Auslichten im Frühjahr auch die unten stark verkahlten Triebe entfernen. Jährlich im Frühjahr oder Herbst empfiehlt sich eine Düngung mit halbverrottetem Stallmist, alternativ die Gabe eines handelsüblichen stickstoffbetonten, aber salzarmen Volldüngers im Frühjahr. Zusätzlich können die Pflanzen mehrmals im Jahr mit Schachtelhalmbrühe gegossen werden.
Vermehrung: Im Frühjahr, noch vor dem Austrieb, lassen sich die Pflanzen durch vorsichtige Teilung vermehren. Man entnimmt dazu entweder Rhizomstücke mit jeweils einem intakten Halm oder längere Abschnitte, die mindestens 3 Internodien mit gut ausgebildeten Triebknospen aufweisen. Bei halmtragenden Teilen können die Halme zum besseren Anwurzeln bis auf wenige Internodien eingekürzt werden, doch sollten zumindest 2 Seitenzweige verbleiben. Die Teilstücke werden danach in Töpfe gesetzt und erst dann ins Freiland verpflanzt, wenn sich neue Triebspitzen zeigen.

Scirpus
Simse, Binse

Arten: *S. lacustris* ssp. *lacustris* (auch *Schoenoplectus lacustris*, Seesimse, Teichsimse, Seebinse, Teichbinse, Flechtsimse, Sumpfbinse), *S. lacustris* ssp. *tabernaemontani* (auch *S. tabernaemontani*, *S. lacustris* ssp. *glaucus*, *Schoenoplectus tabernaemontani*, Graue Seesimse, Salzteichsimse, Salzbinse, Steinsimse), *S. sylvaticus* (Waldsimse, Gewöhnliche Simse, Strandsimse)
Familie: Sauer-, Ried- oder Halbgräser *(Cyperaceae)*
Herkunft: *S. lacustris* ssp. *lacustris* Röhrichtzone stehender und langsam fließender Gewässer, Ufer und Gräben, fast weltweit, vor allem aber in den gemäßigten Breiten Eurasiens, *S. lacustris* ssp. *tabernaemontani* ebenso, jedoch meist auf salzhaltigen Böden, von Europa und Nordafrika bis Ostasien, *S. sylvaticus* Naßwiesen und Auwälder, auch Teichränder von Europa bis Sibirien
Blütenfarbe: rotbraun, *S. sylvaticus* dunkelbraun und grün gescheckt
Blütezeit: Juni bis August, *S. sylvaticus* Mai bis August
Höhe: *S. lacustris* ssp. *lacustris* 1–3 m, *S. lacustris* ssp. *tabernaemontani* 60–120 cm, *S. sylvaticus* 30–60 cm, zur Blüte 60–100 cm
Merkmale: Die sehr langen, dunkelgrünen, runden und sich nach oben hin allmählich verjüngenden, scheinbar blattlosen Halme der ausdauernden Seesimse entspringen einem weit kriechenden Rhizom. In lockeren Gruppen ragen sie leicht überhängend hoch über den Wasserspiegel auf. An den Spitzen tragen sie eine dichte Rispe aus zahlreichen schlank eiförmigen Ährchen, die auf recht kurzen Stielen sitzen. Die Ährchen selbst bestehen aus mehreren Blüten, von denen jedoch meist nur die rotbraunen, zugespitzten, äußeren Spelzen sichtbar sind. Nur unten am Grund der Triebe, also unter Wasser, entwickeln sich einige Büschel bis 100 cm langer, im Wasser flutender Blätter sowie ein paar bräunliche Blattscheiden. Die sehr ähnliche, gleichfalls ausdauernde Graue Seesimse unterscheidet sich von der Seesimse vor allem durch eine geringere Größe und die graugrüne Farbe ihrer Triebe sowie dadurch, daß die Ährchen des Blütenstands meist dichter beieinanderstehen. Ganz anders erscheint dagegen die Waldsimse, die deshalb von vielen Fachleuten als einzige der genannten Arten in der Gat-

Scirpus lacustris ssp. *lacustris*

tung *Scirpus* belassen wird, während sie die beiden anderen neuerdings zur Gattung *Schoenoplectus* stellen. Die Waldsimse wächst zwar ebenfalls mehrjährig und lockerrasig, bildet auch Ausläufer, doch sind ihre stumpf dreikantigen Halme mit langen, etwa 1 cm breiten, hellgrünen bis grünen, überhängenden Blättern besetzt. Der Blütenstand, eine locker ausgebreitete, reich verästelte Rispe, setzt sich aus mehreren langgestielten, kopfigen Blütenbüscheln zusammen.
Sorte: von *S. lacustris* ssp. *tabernaemontani* 'Zebrinus' (Zebrasimse; Halme mit kräftiger, breiter, gelblichweißer Querbänderung, weniger starkwüchsig als die Art, Höhe 60–120 cm)
Standortansprüche: Seesimse und Graue Seesimse bevorzugen einen sonnigen bis mäßig beschatteten Platz und gedeihen am besten, wenn sie 5–30 cm tief im Wasser stehen. Abgesehen von der Sorte, der Zebrasimse, wachsen sie aber selbst noch in 100 cm tiefem Wasser. Nährstoffreiches, lehmighumoses, schwach saures Substrat ist ideal für sie. Die Waldsimse kann dagegen sogar im Schatten stehen. Sie benötigt einen ständig feuchten bis nassen, auch staunassen, nährstoffreichen, humosen Boden.
Verwendung: Alle genannten Simsen werden in das Wasser oder in dessen Nähe gesetzt, Seesimse und Graue Seesimse in den Gartenteich, die Waldsimse an den sumpfigen Teichrand oder ins Sumpfbeet. Die reinen Arten eignen sich besonders zum Verwildern in naturnahen Gartenbereichen, die attraktive Zebrasimse bildet dagegen im Zierteich einen einzigartigen Blickfang. Man pflanzt

Scirpus sylvaticus

alle Simsen, je nach verfügbarem Platz, stets in kleineren oder größeren Gruppen. Schöne Ensembles ergeben sich z. B. mit Rohrkolben *(Typha)*, Schilf, Igelkolben *(Sparganium)* und Seekanne *(Nymphoides)*. Die Waldsimse kann zudem mit anderen heimischen, höheren Sumpfstauden kombiniert werden, etwa mit Blutweiderich *(Lythrum salicaria)*, Echtem Mädesüß *(Filipendula ulmaria)*, Amstelraute *(Thalictrum aquilegifolium)* oder Irisarten *(Iris)* sowie mit Riesensegge und Scheinzypergrassegge. Mit ihr lassen sich schattige Zonen am Teichrand, die anderweitig schwierig zu bepflanzen sind, wirkungsvoll begrünen.
Pflege: Vor allem in kleineren Gärten sollte man die Simsen am besten in eingesenkte Gefäße pflanzen, um unerwünschtes Wuchern zu vermeiden. Nach dem Anwachsen ist am richtigen Standort keine besondere Pflege mehr notwendig. Nur falls der Boden einmal austrocknet, sollte die Waldsimse wiederholt durchdringend gewässert werden. Beginnt die Zebrasimse allmählich zu vergrünen, setzt man sie an einen anderen Platz um, nachdem man sie zuvor bei Bedarf geteilt hat. Am neuen Standort entwickelt sich die Zeichnung in aller Regel bald wieder zu voller Schönheit.
Vermehrung: Alle Simsen können leicht durch Abtrennen von Ausläufern vermehrt werden, am besten im Frühjahr oder Herbst. Eine Nachzucht aus Samen ist bei den reinen Arten zwar grundsätzlich ebenfalls möglich, aber weit umständlicher und daher nicht zu empfehlen.

Sedum

Fetthenne, Mauerpfeffer, Fettblatt

Arten: *S. floriferum*, *S. spurium* (Teppich-Sedum, Kaukasus-Sedum), *S. kamtschaticum* (auch *S. aizoon* ssp. *kamtschaticum*, Kamtschatka-Sedum), *S. hybridum*, *S. sexangulare* (auch *S. mite*, *S. boloniense*, Goldmoos-Sedum, Milder Mauerpfeffer)
Familie: Dickblattgewächse *(Crassulaceae)*
Herkunft: steinige Hänge, Felsen und Mauern von Europa bis Asien
Blütenfarbe: gelb, *S. spurium* rosa, rot oder weiß
Blütezeit: *S. floriferum* Juli bis September, *S. spurium* und *S. hybridum* Juli bis August, *S. kamtschaticum* August bis September, *S. sexangulare* Juni bis Juli
Höhe: 10–25 cm, *S. hybridum* 5–20 cm, *S. sexangulare* 3–5 cm
Merkmale: Allen Fetthennen gemeinsam sind ihre mehr oder weniger fleischig verdickten Laubblätter, mit deren Hilfe sie Wasser speichern und auch längere Trockenperioden problemlos überstehen können. Die hier genannten Arten breiten sich rasch zu dicht schließenden Matten aus. Zur Blütezeit schmücken sich diese ausdauernden Bodendecker mit zierlichen Sternblüten, die sich an Rispen knapp über den Laubteppich erheben. *S. floriferum* entwickelt

Sedum floriferum

unzählige Rosetten aus lanzettlichen, sattgrünen Blättern, die das ganze Jahr über adrett aussehen. Auch beim Teppich-Sedum stehen viele Büschel aus rhombischen, leicht glänzenden, grünen Blättern dicht nebeneinander. Hellgrünes, schwach gekerbtes Laub treibt das Kamtschat-

ka-Sedum, das sich im Herbst oft malerisch ins Rötliche verfärbt. Bei *S. hybridum* wiederum zeigen die Blätter eine längliche, keilförmige Gestalt; sie bleiben auch im Winter weitgehend grün. Das Goldmoos-Sedum trägt seinen Namen nach den goldgelben Blütchen und dem moosähnlichen Wuchs, da seine Triebe über und über mit winzigen, walzenförmigen Blättern besetzt sind.
Sorten: Im Handel sind u. a. erhältlich von *S. floriferum* 'Weihenstephaner Gold' (goldgelb, dunkelgrünes, sehr dichtes Laub, purpurne Herbstfärbung, Höhe 15 cm); von *S. spurium* (Höhe jeweils 10 cm) 'Album Superbum' (weiß, blüht selten, frischgrünes Laub), 'Fuldaglut' (karminrot, rötliches Laub), 'Schorbuser Blut' (dunkelrot, braunrotes Laub), 'Tricolor' (rosa, rosa-weiß-grün marmoriertes Laub); von *S. kamtschaticum* 'Variegatum' (orangegelb, gelb bis weiß gerandetes Laub, Höhe 15 cm); von *S. hybridum* 'Immergrünchen' (gelb, auch den Winter über frischgrün, auch für den Halbschatten, Höhe 15 cm), 'Vera Jameson' (dunkelrosa, silbrig graublaues Laub, Höhe 20 cm); von *S. sexangulare* 'Weiße Tatra' (cremegelb, grünes Laub, Höhe 3 cm).
Standortansprüche: Sämtliche genannten Arten bevorzugen sonnige, sogar prallsonnige Stellen auf sehr gut durchlässigem, sandigem bis kiesigem Boden.
Verwendung: Die rasenbildenden Fetthennen wachsen zu hübschen Bodendecken heran, ob man sie nun großflächig oder nur in kleinen Beetflecken einsetzt. Trotz ihrer geringen Größe reichen 8–10 Exemplare pro m^2 völlig aus. Alle Arten lassen sich gut im Steingarten ansiedeln. *S. floriferum* und das Teppich-Sedum sowie deren Sorten werden gern für Beeteinfassungen oder zur Grabbepflanzung genutzt. Das Kamtschatka-Sedum und *S. hybridum* dulden sogar gelegentliches Betreten. Besonders reizvolle Effekte ergeben sich, wenn man verschiedene Formen der dickblättrigen Bodendecker vor farbig belaubten Gehölzen kombiniert.
Pflege: Spezielle Handgriffe sind für die Stauden nicht erforderlich. Nur in den ersten Jahren nach der Pflanzung, solange sie noch nicht zu dichten Teppichen zusammengewachsen sind, sollte man Unkraut sehr sorgfältig jäten.

Sedum spurium

Vermehrung: Vom Frühjahr bis zum Herbst kann man ganz einfach einzelne Pflanzen vom Teppich abteilen oder Kopf- bzw. Blattstecklinge schneiden, die man sofort wieder in den Boden bringt.
Schädlinge und Krankheiten: Blattälchen; Wurzelfäule bei Staunässe, Verticillium-Welke

Semiarundinaria
Säulenbambus

Art: *S. fastuosa* (auch *Arundinaria fastuosa*, *Bambusa fastuosa*, *Phyllostachys fastuosa*, Japanischer Säulenbambus)
Familie: Süßgräser *(Poaceae)*
Herkunft: Wälder und feuchte Standorte in Zentral- und Südjapan
Höhe: 2–6 m
Merkmale: Den Namen Säulenbambus erhielt diese ausdauernde, aber nur mäßig winterharte Art wegen ihrer hohen, kerzengerade wachsenden Halme. Sie bildet wie die meisten Gartenbambusse Ausläufer, die jedoch recht kurz bleiben und sich erst im Alter stärker bemerkbar machen. Ihre Halme weisen eine charakteristische Längsfurche auf, die allerdings – und das unterscheidet den Säulenbambus von den Unrundarten – lediglich im oberen Stengelbereich deutlich erkennbar ist. Vorwiegend im oberen Teil der Pflanze entwickeln sich pro Knoten jeweils ein dickerer Mittelzweig und 2 dünnere Triebe, im Alter können auch mehr als 3 Zweige an einem Knoten entstehen. Die Halme sind zunächst grün, später purpurbraun gefärbt und tragen an den recht kurzen Seitenzweigen lang zugespitzte Blätter. Im Lauf der Jahre wachsen Japanische Säulenbambusse zu prächtigen hohen, dabei aber relativ

Semiarundinaria fastuosa

geschlossenen, schmalkronigen Exemplaren heran.
Standortansprüche: Die Pflanze bevorzugt einen halbschattigen bis schattigen, luftfeuchten, milden und geschützten Platz. Soll sie gut gedeihen, braucht sie einen nährstoffreichen, humosen, lockeren, frischen bis feuchten, aber durchlässigen Boden. Sie reagiert auf Staunässe ebenso empfindlich wie auf austrocknende Winterwinde und strenge Fröste ohne schützende Schneedecke.
Verwendung: Der Japanische Säulenbambus eignet sich gut zur Pflanzung eines größeren Bambushains sowie zur Anlage von Sicht- und Windschutzhecken. Als Bambus mit geringer Ausbreitungstendenz und sehr aufrechtem Wuchs empfiehlt sich diese Art besonders für kleinere Gärten.
Pflege: Der Säulenbambus wird im späten Frühjahr gepflanzt und erhält dabei gleich eine Mulchdecke aus halbreifem Kompost, Rinden-

mulch oder Stroh, die man in jedem Herbst erneuern sollte. Dann läßt sich auch Fallaub mitverwenden. Auf diese Weise führt man die aus den verrottenden Blättern freigesetzte wertvolle Kieselsäure der Pflanze wieder zu. Darüber hinaus tut es dem Bambus gut, wenn man ihm einmal im Jahr, im Frühjahr, einen handelsüblichen stickstoffbetonten, salzarmen Volldünger oder zweimal im Jahr, im Frühjahr und Herbst, eine Portion halbverrotteten Stallmist verabreicht. Mehrmaliges Gießen mit Schachtelhalmbrühe fördert das Wachstum zusätzlich. In direkter Nähe anderer Pflanzungen ist eine Rhizomsperre anzuraten (siehe Seite 85). Der Japanische Säulenbambus ist wenig schnittempfindlich, seine Halme lassen sich bei Bedarf im Frühjahr vor dem Austrieb ohne weiteres bis zum Boden einkürzen. Doch sollte man stets nur einen Teil der Triebe herausschneiden, um die Pflanze nicht zu sehr zu schwächen. An exponierten Orten sollte man sie durch Aufstellen einer Rohrmatte vor austrocknenden Winden schützen.

Vermehrung: Am besten läßt sich der Japanische Säulenbambus durch Rhizomteilung vermehren. Man verwendet dazu vorsichtig ausgegrabene Rhizomteile mit mindestens einem intakten Halm oder wenigstens 3 Internodien mit gut entwickelten Triebknospen. Halmtragende Teile wachsen besser an, wenn die Halme bis auf wenige Internodien eingekürzt werden, wobei mindestens 2 Seitenzweige verbleiben sollten. Die Teilstücke werden in Töpfe gesetzt und darin belassen, bis sich die neuen Triebspitzen zeigen. Dann pflanzt man sie ins Freiland aus.

Sesleria
Blaugras, Kopfgras

Arten: *S. albicans* (auch *S. caerulea* ssp. *varia*, *S. caerulea* ssp. *calcarea*, *S. varia*, Kalkblaugras, Blaugras, Blaues Kopfgras), *S. caerulea* (auch *S. uliginosa*, *S. caerulea* ssp. *uliginosa*, Moorblaugras), *S. autumnalis* (auch *S. elongata*, Herbstkopfgras, Adria-Blaugras), *S. argentea* (auch *S. cylindrica*), *S. heufleriana* (auch *S. heufleriana*, *S. heuffeliana*, Grünes Kopfgras, Ungarisches Blaugras), *S. nitida* (Nestkopfgras, Italienisches Blaugras), *S. rigida* (auch *S. filifolia*, *S. haynaldiana*, Balkan-Blaugras)
Familie: Süßgräser *(Poaceae)*

Sesleria caerulea

Herkunft: *S. albicans* kalkreiche Fels- und Trockenrasen sowie lichte Kiefern- und Buchenwälder in West- und Mitteleuropa, *S. caerulea* Naßwiesen und Kalkflachmoore in Teilen Nord-, Mittel- und Osteuropas, *S. autumnalis* lichte Wälder und Waldränder an der Adriaküste von Italien bis Albanien, *S. argentea* steinige Stellen mit karger Vegetation sowie lückige Grasländer von Italien bis Süd- und Ostspanien, *S. heuffleriana* lichte Wälder und schattige Felsspalten im Osten Mitteleuropas, *S. nitida* steinige, offene Plätze und lückig bewachsenes Grasland von Mittel- bis Süditalien, *S. rigida* ebenso, jedoch auf dem Balkan

Sesleria argentea

Blütenfarbe: *S. albicans* und *S. caerulea* grünlich, bläulich überhaucht, *S. autumnalis* und *S. argentea* silbrigweiß bis weißgrau, *S. heuffleriana* grüngelb, *S. nitida* weißgrau, *S. rigida* silbergrau, oft violett überhaucht
Blütezeit: *S. albicans* und *S. caerulea* sowie *S. rigida* März bis April, *S. autumnalis* September bis Oktober, *S. argentea* Juni bis Juli, *S. heuffleriana* und *S. nitida* April bis Mai
Höhe: *S. albicans* und *S. caerulea* 10–20 cm, zur Blüte 20–40 cm, *S. autumnalis* und *S. argentea* 20–30 cm, zur Blüte 40–50 cm, *S. heuffleriana* 30–50 cm, zur Blüte 50–70 cm, *S. nitida* 30–50 cm, zur Blüte 60–80 cm, *S. rigida* 10–20 cm, zur Blüte 15–20 cm

Merkmale: Die durchweg ausdauernden, horstig wachsenden Blaugräser sind kleine, zierliche Gestalten im Garten, die sich durch meist längsgefaltete Blätter und ährenartige, oft sehr kurze und rundliche Blütenstände auszeichnen. Während der Blütezeit erscheinen diese bei einigen Arten bläulich gefärbt. Die beiden heimischen Arten, Kalkblaugras und Moorblaugras, sehen sich so ähnlich, daß sie in der Vergangenheit selbst von Fachleuten häufig verwechselt und zur selben Art gezählt wurden. Sie stammen jedoch von völlig verschiedenen Naturstandorten und werden heute botanisch als zwei wenn auch nahe verwandte, so doch eigenständige Arten aufgefaßt. Das Kalkblaugras bildet matt graugrüne, flache, etwas derbe, wintergrüne Blätter und länglichovale, violett bis stahlblau überhauchte, etwa 3 cm große Blütenstände, die sich auf dünnen Stielen deutlich über den niedrigen Blatthorst erheben. Das Moorblaugras unterscheidet sich vom Kalkblaugras durch die oberseits bläulich bereiften und zudem gefalteten Blätter, die sich bei Trockenheit einrollen, sowie durch die meist nur halb so langen, beinahe kugeligen Ähren. Das höhere Herbstkopfgras fällt mit seinen sehr schmalen, bis 10 cm langen Blütenständen aus dem für Blaugräser üblichen Rahmen. Seine silbrigweißen bis weißgrauen Ähren stehen in reicher Fülle über den grasgrünen, kompakten Blatthorsten. Recht ähnlich wirkt *S. argentea*, doch blüht es bereits im Frühsommer und zeigt noch etwas weißere Blüten. Die Blütenstände, die auf den straff aufrechten Halmen des Grünen Kopfgrases sitzen, sind ebenso klein wie die des Kalkblaugrases, allerdings gelblichgrün gefärbt. Die Art bildet dunkelgrüne Horste mit oberseits stark bläulich bereiften Blättern. Beim Nestkopfgras zeigen sich die blaß graublauen Blätter auffallend steif. Über den igelartigen Horsten erheben sich langgestielte, breitovale Ähren. Als Zwerg unter den Blaugräsern erweist sich das Balkan-Blaugras, dessen silbergraue, höchstens 2 cm lange Blütenähren kaum die feinblättrigen, graublauen Horste überragen.

Standortansprüche: Für die Blaugräser eignen sich sonnige bis halbschattige, warme Plätze. Die Mehrzahl der Arten gedeiht auf mäßig trockenen bis trockenen, humosen, mäßig nährstoffreichen, lockeren, bevorzugt flachgründig steinigen oder sandigen Böden. Für das Herbstkopfgras wie für das Grüne Kopfgras sollte das Substrat jedoch mäßig trokken bis frisch, nährstoffreich und sandig-lehmig sein, für das Moorblaugras frisch bis feucht, sehr humos, locker und mäßig nährstoffreich. Zur Kultur sämtlicher Arten ist kalkhaltige Erde zu empfehlen.

Verwendung: Alle Blaugräser sind pflegeleichte, schlichte Schönheiten, die sich für naturnahe, steppen- oder heideartige Pflanzungen auf Freiflächen sowie für entsprechende Steingartenpartien anbieten. Aus den etwas unterschiedlichen Ansprüchen der einzelnen Arten an den Boden ergibt sich, daß man Kalkblaugras, *S. argentea*, Nestkopfgras und Balkan-Blaugras am besten an freie, trockene Böschungen und in felssteppenartige Bereiche plaziert, z. B. zusammen mit Federgräsern und Lein *(Linum)*. Herbst- und Grünes Kopfgras sind dagegen bevorzugt an den Gehölzrand oder zwischen einzelne Sträucher zu setzen. Sie können gut mit verschiedenen Storchschnabelarten, etwa Kaukasus-Storchschnabel und Blutrotem Storchschnabel, mit Zeitlosen *(Colchicum)*, Zierlauch *(Allium)*, Wimperperlgras, Fuchsroter Segge und Bergastern *(Aster amellus)* kombiniert werden. Das Moorblaugras findet im feuchten Heidegarten einen passenden Platz, wo es zusammen mit Trollblumen *(Trollius)*, Großem Wiesenknopf *(Sanguisorba officinalis)* und Sumpfziest *(Stachys palustris)* ein hübsches Bild ergibt. Keine der Blaugrasarten sollte neben sehr starkwüchsige Nachbarn gesetzt werden. Als Begleitpflanzen an trockenen wie feuchten Standorten eignen sich daher z. B. die Kartäusernelke *(Dianthus carthusianorum)*, Polsterglockenblumen *(Campanula)* und auch die niedrigen Ehrenpreisarten *(Veronica)*.

Pflege: Die Gräser werden mitsamt Ballen gepflanzt, nach dem Einwachsen benötigen sie dann keine weitere spezielle Pflege mehr. Nur von wuchernden Nachbarn sind die meist langsam wachsenden Blaugräser freizuhalten. Auf eine Düngung sollte man bei Kalkblaugras, *S. argentea*, Nestkopfgras und Balkan-Blaugras verzichten, andernfalls geht die schöne Färbung verloren.

Vermehrung: Blaugräser lassen sich im Frühjahr leicht durch Teilung, aber auch durch Aussaat vermehren.

Setaria
Borstenhirse

Art: *S. italica* (auch *Panicum italicum*, *P. germanicum*, *Chaetochloa italica*, Kolbenhirse, Vogelhirse)
Familie: Süßgräser *(Poaceae)*
Herkunft: unbekannt, vermutlich warme Gebiete Asiens, wahrscheinlich eine aus der Grünen Borstenhirse *(Setaria viridis)* entstandene Kulturform
Blütenfarbe: grünlich, oft rötlich überlaufen
Blütezeit: Juli bis August
Höhe: 40–90 cm, zur Blüte 60–100 cm

Setaria italica

Merkmale: Die Kolbenhirse ist eine uralte Kulturpflanze, die schon seit fast 5000 Jahren vom Menschen genutzt wird. Sie wächst einjährig in lockeren Horsten aus festen, aufrechten Halmen, die bis fast zu den Blütenständen hinauf mit relativ breiten, mattgrünen, schwungvoll überhängenden Blättern besetzt sind. Die Ährchen weisen lange Borsten auf, sie stehen in dichten Büscheln zusammen und bilden insgesamt eine etwas gelappte, dick kolbenförmige Blütenähre, die zur Fruchtzeit herabhängt und unter deren Gewicht sich auch die Halme meist stärker überneigen. Die etwa 2 mm großen Früchte der Kolbenhirse können weiß, gelb, rot, braun oder schwarz gefärbt sein. Sie enthalten einen hohen Anteil an Kohlenhydraten und Eiweiß und sind vor allem als Futter für Käfigvögel bekannt. Im Garten locken sie die verschiedensten Vogelarten an.

Standortansprüche: Die Kolbenhirse bevorzugt einen vollsonnigen, warmen Stand-

ort auf nährstoffreichen und gut durchlässigen, lockeren Böden.
Verwendung: Man kann die kräftigen Pflanzen mit den auffälligen Blüten- und Fruchtständen gut gruppenweise in Sommerblumenbeete setzen, am besten zwischen höhere Arten wie etwa Bechermalven *(Lavatera)*, Ziertabak *(Nicotiana)* oder Schmuckkörbchen *(Cosmos)*, die in leuchtenden Farben blühen. Aber auch einzeln auf entsprechende Freiflächen gepflanzt, geben sie einen ungewöhnlichen Blickfang ab. Besonders beliebt sind sie als Beiwerk für Blumensträuße und als Trockenschmuck für Gestecke und Gebinde.
Pflege: Während der Wachstumszeit braucht das dekorative Getreide ausreichende Wassermengen, doch ist es gegen zeitweilige Trockenheit recht unempfindlich.
Vermehrung: Man kann die Kolbenhirse sehr leicht aus Samen ziehen. Sie keimt problemlos und wird am einfachsten ab Mitte April bis Anfang Mai direkt an den gewünschten Pflanzplatz ausgesät. Wenn die Saat aufgegangen ist, werden zu dicht stehende Sämlinge vereinzelt.

Sorghastrum
Sorghastrum

Art: *S. nutans* (auch *S. avenaceum*, *Chrysopogon nutans*, *Andropogon nutans*, Goldbartgras, Indianergras)
Familie: Süßgräser *(Poaceae)*
Herkunft: Langgrasprärien und lichte Wälder in Nordamerika
Blütenfarbe: goldgelb bis rotbraun
Blütezeit: August bis Oktober
Höhe: 60–100 cm, zur Blüte 100–150 cm
Merkmale: Das mehrjährige Goldbartgras bildet kompakte Horste und ist eines der schönsten nordamerikanischen Gräser, die in die Gärten Einzug gehalten haben.

Sorghastrum nutans

Seine dichtstehenden, bräunlich getönten Halme treiben recht spät im Jahr aus. Sie sind mit langen, matt dunkelgrünen Blättern besetzt. Auf hohen Trieben erheben sich im Spätsommer dann langgestreckte, reichblütige Rispen über das Blattwerk. An ihren stark verzweigten Ästchen tragen sie einblütige, lang begrannte Ährchen mit deutlich sichtbaren, gelben Staubbeuteln. Das Gras besticht durch sein herrliches Farbspiel, das bis in den Winter hinein anhält.
Sorte: 'Sioux Blue' (Wuchs straff aufrecht, Blätter graublau, schöne gelborangefarbene Herbsttönung, Höhe wie die Art)
Standortansprüche: Dieses Ziergras benötigt einen sonnigen, etwas geschützten Platz. Am besten wächst es auf frischen bis feuchten, nährstoffreichen, tiefgründigen und gut durchlässigen Böden, es gedeiht aber auch willig in ungünstigeren Substraten.
Verwendung: Man kann das Goldbartgras, sei es als einzelnen Horst, sei es als kleinere Gruppe, in steppen- oder heideartige Freiflächen, doch ebenso in Staudenbeete integrieren. Besonders gut macht es sich in Kombination mit hohen, spätblühenden Stauden, die gleichfalls aus Nordamerika stammen, etwa mit Sonnenhut *(Rudbeckia)*, Sonnenblumen *(Helianthus)*, Herbstastern *(Aster)*, Nachtkerzen *(Oenothera)* oder Prachtscharten *(Liatris)*, sowie mit anderen höheren Gräsern. Bei der Pflanzung sollte man einen augenfälligen Platz wählen, um die schöne Herbstfärbung sowie die schmückende Wirkung der abgeblühten Horste bis weit in den Winter hinein zur Geltung zu bringen.
Pflege: Wenn eben möglich, pflanzt man das Goldbartgras im Frühjahr, damit es gut einwurzeln kann. Einmal eingewachsen, zeigt es sich robust und gewöhnlich recht unempfindlich gegen zeitweilige Trockenheit. In heißen Sommern sollte man es dennoch ausreichend wässern. Man verhindert damit, daß das Gras vorzeitig welkt, und erhöht die Haltbarkeit seiner Blütenstände. Es lohnt sich, diese nicht bereits im Herbst, sondern erst im Frühjahr abzuschneiden. Der Einfachheit halber kann man auch gleich die ganzen Horste bis auf eine Handbreit über dem Boden zurückschneiden oder abmähen. In rauhen Gebieten ist zumindest im ersten Jahr eine Laub- und Reisigdecke als Winterschutz zu empfehlen.
Vermehrung: Neue Pflanzen erhält man durch Teilung oder durch Aussaat im Frühjahr. Das Gras vermehrt sich aber auch durch Selbstaussaat.

Spartina
Schlickgras, Seilgras

Art: *S. pectinata* (auch *S. michauxiana*, Süßwasserseilgras, Prärieseilgras)
Familie: Süßgräser *(Poaceae)*
Herkunft: Süßwassersümpfe, feuchte Prärien und Salzwassermarschen in Nordamerika
Blütenfarbe: grünlich
Blütezeit: Juli bis September
Höhe: 70–130 cm, zur Blüte 100–180 cm

Spartina pectinata 'Aureomarginata'

Merkmale: Das mehrjährige Süßwasserseilgras beeindruckt durch seine hohen Halme, die mit bis zu 100 cm langen, riemenartigen, weit und locker überhängenden, glänzend grünen Blättern besetzt sind. Die Stengel sprießen büschelweise aus einem kriechenden, ausläuferbildenden Rhizom und werden von ungewöhnlichen Blütenständen gekrönt: Sehr schlanke, bis etwa 10 cm lange Ährchen, denen zahlreiche kurze Grannen ein kammartiges Aussehen verleihen, sitzen

in einer langen Traube. Im Herbst zeigt die ganze Pflanze eine ausgeprägte, leuchtend orangebraune Färbung.
Sorte: 'Aureomarginata' (Goldbandleistengras; Blätter mit schmalem, goldgelbem Rand, manchmal auch mit einzelnen feinen, goldgelben Streifen auf der Blattfläche, Höhe wie die Art)
Standortansprüche: Das Süßwasserseilgras bevorzugt einen vollsonnigen bis mäßig beschatteten Platz und einen nährstoffreichen, feuchten bis nassen, sogar staunassen Boden. Auch auf nur frischen Substraten gedeiht es, wächst dort aber weniger üppig.
Verwendung: Das stattliche Ziergras kann man entweder an feuchten Plätzen in naturnahen Gartenpartien verwildern lassen oder aber an Teich- und Bachränder pflanzen, die es rasch zu begrünen vermag. Man setzt es stets in größeren Gruppen flächen- oder linienförmig zusammen. Ansprechende Kombinationen ergeben sich dabei z. B. mit China-Schilf, Straußfarnen, Sibirischer Schwertlilie *(Iris sibirica)* und Schneefelberich *(Lysimachia clethroides)*. Weil das Süßwasserseilgras dichte, hohe Bestände bildet, kann es auch zur Anlage eines Sichtschutzstreifens verwendet werden. Seine blühenden Halme ergeben zudem einen schönen, ungewöhnlichen Vasenschmuck.
Pflege: Am besten pflanzt man das Süßwasserseilgras im Frühjahr, damit es bis zum Winter gut einwurzeln kann. Breitet es sich zu stark aus, sticht man die entsprechenden Ausläufer kurzerhand ab. Durch das Anbringen einer Rhizomsperre bei der Pflanzung (siehe Seite 85) läßt sich dem Wuchern aber von vornherein vorbeugen. Nur bei ausreichender und gleichmäßiger Wasserversorgung werden die Pflanzen groß und prächtig. Sie sind jedoch sehr robust, und zeitweilige Trokkenheit schadet ihnen nicht, allerdings bleiben sie dann deutlich kleiner. Da die hohen Halmbüschel und Blütenstände auch noch im Winter überaus attraktiv wirken, schneidet man sie möglichst erst im Frühjahr bis knapp über dem Boden zurück.
Vermehrung: Süßwasserseilgras läßt sich im Frühjahr leicht durch Abtrennen von Ausläufern vermehren, die reine Art kann man zudem aus Samen nachziehen.

Stachys
Ziest

Art: *S. byzantina* (auch *S. lanata, S. olympica*, Wollziest, Eselsohren, Hasenohren)
Familie: Lippenblütler *(Lamiaceae, Labiatae)*
Herkunft: felsige Hänge und Gebüsche im Kaukasus und in Kleinasien

Stachys byzantina

Blütenfarbe: rosa
Blütezeit: Juni bis August
Höhe: 10–30 cm
Merkmale: Seine überaus reich mit hellgrauen Haaren überzogenen Triebe und Blätter verleihen dem ausdauernden Wollziest eine interessante Struktur. Er bildet bogig aufsteigende Triebe, die mit breitovalen, bis etwa 10 cm langen, gegenständigen Blättern besetzt sind und sich durch unterirdische Ausläufer allmählich teppichartig ausbreiten. Bei blühenden Sorten erscheinen im Sommer am Ende der Triebe dichte Ähren aus mehreren Quirlen kleiner rosa Lippenblüten, die jedoch nur wenig auffallen, da sie zwischen den Wollhaaren der Blütenstiele nahezu verschwinden.
Sorten: Im Handel erhältlich sind u. a. 'Silver Carpet' (rosa, blüht nur selten, flachwüchsig, Höhe 10–20 cm), 'Primrose Heron' (dunkelrosa, Blätter gelblich, Höhe 20–30 cm).
Standortansprüche: Der Wollziest bevorzugt einen sonnigen, warmen Standort, gedeiht aber auch noch im Halbschatten. Er benötigt einen trockenen bis frischen, durchschnittlichen, aber auch mageren, gut durchlässigen Boden und ist ein wenig empfindlich gegen Staunässe.
Verwendung: Wegen ihrer geringen Standortansprüche und der angenehm neutralen Wirkung läßt sich die Staude sehr vielseitig einsetzen und kombinieren. Man verwendet sie als Bodendecker und Begleitung im Vordergrund von Staudenbeeten, für Rosenanlagen, aber auch für steppenartige Freiflächen und Böschungen. Für bodendeckende Pflanzungen sind 6–8 Exemplare pro m^2 einzusetzen. Vortrefflich zu den wolligen Blättern passen Gewächse mit leuchtenden Blütenfarben, beispielsweise verschiedene rotblühende Rosen *(Rosa)*, Salbei *(Salvia)*, Bergaster *(Aster amellus)* und Lichtnelken *(Lychnis)*.
Pflege: Der Wollziest erfordert nach dem Einwachsen keine spezielle Pflege und verträgt auch Trockenperioden recht gut. Legt man vor allem auf die bodendeckende Wirkung Wert, sollte man die Blütenstände nach der Blüte zurückschneiden, falls nicht ohnehin die nur in Ausnahmefällen blühende Sorte 'Silver Carpet' verwendet wird. Jährlich im Frühjahr sind unschöne alte Blattreste abzuzupfen oder auszuharken.
Vermehrung: Neue Pflanzen gewinnt man durch Teilung nach der Blüte. Bei der reinen Art ist auch Aussaat möglich, doch keimen die Samen meist schwer und unregelmäßig. Sie werden wie Kaltkeimer behandelt und am besten im Herbst in ein Gefäß ausgesät, das den Winter über im Freien bleibt. Selbst dann kann es länger als ein Jahr dauern, bis die Keimung erfolgt.

Stipa gigantea

Stipa
Federgras, Pfriemengras

Arten: *S. capillata* (Büschelhaargras, Büschelfedergras, Pfriemengras), *S. gigantea* (auch *S. lagascae*, *Macrochloa arenaria*, Riesenfedergras, Pyrenäen-Federgras), *S. barbata* (Reiherfedergras, Spätes Federgras), *S. pennata* (Flauschfedergras, Zierliches Federgras, Frühes Federgras), *S. pulcherrima* (auch *S. grafiana*, Prachtfedergras), *S. tirsa* (auch *S. stenophylla*, Roßschweiffedergras, Schmalblättriges Federgras)
Familie: Süßgräser *(Poaceae)*
Herkunft: Steppen- und Trockenrasen, *S. capillata* vom südlichen Mittel- und Südeuropa bis Sibirien, *S. gigantea* im Süden der Iberischen Halbinsel und in Nordwestafrika, *S. barbata* von Südeuropa bis Sibirien, *S. pennata* auch Felssteppen, von Südskandinavien bis Südeuropa und Ostsibirien, *S. pulcherrima* in Mittel- und Südosteuropa sowie Kleinasien, *S. tirsa* von Mittel- und Südeuropa bis Westsibirien
Blütenfarbe: blaßgrün, bei *S. gigantea* oft rötlich überhaucht
Blütezeit: *S. capillata* und *S. gigantea* Juli bis August, *S. barbata* und *S. tirsa* Juni bis Juli, *S. pennata* und *S. pulcherrima* Mai bis Juli
Höhe: *S. capillata* 40–60 cm, zur Blüte 80–120 cm, *S. gigantea* 50–70 cm, zur Blüte 100–200 cm, *S. barbata* und *S. pennata* 20–50 cm, zur Blüte 50–80 cm, *S. pulcherrima* 20–40 cm, zur Blüte 50–70 cm, *S. tirsa* 20–30 cm, zur Blüte 40–60 cm
Merkmale: Federgräser gelten als eigenwillige Gestalten unter den Gräsern. Sie bilden ausdauernde, lockere, meist graugrüne Horste aus langen, häufig sehr dünnen, oft zu regelrechten Borsten eingerollten Blättern und zahlreichen aufrechten bis übergeneigten Blütentrieben. Die schütteren Rispen bestehen aus einblütigen Ährchen, die sich durch eine besonders lange Granne auszeichnen. Während der Blütezeit noch wenig auffällig, ziehen die Federgräser zur Fruchtzeit alle Blicke auf sich. Dann bewegen sie ihre langen, seidigen Grannen sanft im Wind und beschwören damit das Bild ihrer Steppenheimat herauf, wo sie ganze Landstriche dominieren. An der Basis der Grannen hängen die Samen. Bei der Reife werden sie samt Granne vom kleinsten Luftzug fortgetragen. Am Landeplatz bewegt sich der untere, kürzere und meist abgewinkelte Teil der Granne, der bei vielen Arten stark gedreht ist, durch wechselnde Wasseraufnahme und Austrocknung hin und her und bohrt so die Samen allmählich in den Boden. Alle heimischen Federgrasarten sind in ihrem Bestand erheblich bedroht und stehen unter strengem Naturschutz. Büschelhaar- und Riesenfedergras unterscheiden sich durch ihre kahlen Grannen von allen anderen aufgeführten Arten. Das Büschelhaargras vermag seine ohnehin sehr schmalen Blätter bei Trockenheit zu borstenartigen Gebilden einzurollen, um den Wasserverlust durch Verdunstung auf ein Minimum zu beschränken. Seine langen Blütenrispen erheben sich auf hohen Stielen über das Laub und zeigen zahlreiche stark gespreizte und oft eingedrehte, bis etwa 20 cm lange Grannen. Die größte unter den hier beschriebenen Arten ist das Riesenfedergras, das straffe Halme und blaugrüne Blätter entwickelt. Seine Blüten sind oft etwas rötlich überhaucht und sitzen in besonders lockeren, feinen Rispen beisammen, die bis 50 cm lang werden können. Die übrigen Arten haben fedrig behaarte Grannen, ansonsten unterscheiden sie sich nur geringfügig voneinander. Die langen, silbrig glänzenden Grannen des Reiherfedergrases hängen in Büscheln schwungvoll bogig über. Beim Flauschfedergras tragen die ebenfalls silbrigen Grannen eine sehr dichte, weiche Behaarung. Das Prachtfedergras gilt als eine der schönsten Arten, denn seine fedrigen Blütengrannen werden besonders lang und fallen damit weithin auf, sie biegen sich mitsamt den Halmen lokker über. Etwas empfindlich ist das Roßschweiffedergras mit seinen ausgesprochen feinblättrigen Horsten. Es kommt in Mitteleuropa nicht jedes Jahr zur Blüte, weil es dazu anhaltende Wärme benötigt, die es in kühlen Sommern nicht findet. Bei günstigem Witterungsverlauf aber überzeugt das insgesamt sehr zarte Gras mit einer reichen Blütenfülle.
Standortansprüche: Die Pflanzen brauchen einen vollsonnigen, warmen Platz, der für das Roßschweiffedergras zudem etwas geschützt sein sollte. Am besten gedeihen sie, wenn der Boden sandig bis lehmig, humos, kalkhaltig und sehr gut durchlässig ist.
Verwendung: Ihrer Herkunft gemäß setzt man die Federgräser vorzugsweise in ein Steppenbeet, bei geschickter Wahl des Pflanzplatzes kann

Stipa pennata

man sie auch in den Steingarten integrieren. Die kleineren Arten sollte man dabei gruppenweise oder, besser noch, flächig pflanzen, sonst kommen sie nicht recht zur Geltung. Die Wirkung der eleganten Gräser wird zusätzlich unterstrichen, wenn man aus dem lockeren Federgrasteppich nur einzelne niedrige bis mittelhohe Stauden herausragen läßt, z. B. Küchenschellen *(Pulsatilla)* oder Frühlingsadonisröschen *(Adonis vernalis)*, sowie frühjahrs- oder herbstblühende Zwiebel- und Knollengewächse wie Krokusse *(Crocus)* und Zierlauch

Stipa pulcherrima

(Allium). Pflanzt man früh- und spätblühende Federgrasarten zusammen, kann man sich länger an dem feder- oder haarartigen Fruchtschmuck erfreuen. Als einzige Art entfaltet das große Riesenfedergras auch als Solitärpflanze seine Reize. Es bietet sich sogar für das Staudenbeet an, kombiniert etwa mit Kugeldisteln *(Echinops)*, Edeldisteln *(Eryngium)*, Eberwurz *(Carlina)*, Königskerzen *(Verbascum)* oder, besonders effektvoll, mit Wildarten der Pfingstrose *(Paeonia)*. Auch in der Gesellschaft von Rosen *(Rosa)* macht es sich hervorragend. Federgräser dürfen keinesfalls neben starkwüchsige oder wuchernde Arten gesetzt werden, deren Ausbreitungsdrang sie bald unterliegen würden. Man sollte ihnen zudem stets genügend Platz einräumen, damit der elegante Schwung ihrer Halme und Blütenstände gut zur Geltung kommt. Vor einem dunklen Hintergrund heben sich die weißlich oder graubraun in der Sonne leuchtenden Grannenbüschel ganz besonders schön ab.
Pflege: Alle Federgräser sind möglichst mit Ballen zu pflanzen, um ihnen das Anwurzeln zu erleichtern. Sie wachsen in der Regel recht langsam und brauchen zur Entfaltung ihrer vollen Schönheit und zur Erhaltung ihrer Lebenskraft immer ein wenig Freiraum um ihre Horste. Zu dicht daneben stehende Pflanzen, besonders wenn es sich um wuchskräftige Arten handelt, bedrängen die Federgräser mit der Zeit so stark, daß diese dahinkümmern oder nur eine kurze Lebensdauer besitzen. Es ist daher wichtig, die zu nahe gerückten Nachbarpflanzen regelmäßig zurückzunehmen und den Boden wieder etwas freizumachen. Davon abgesehen sind Federgräser sehr pflegeleicht. Auch länger andauernde Trockenheit vertragen sie noch gut. Nach dem Ende der Fruchtzeit, wenn sich die Samen abgelöst haben, kann man die nunmehr etwas unansehnlich wirkenden Horste zurückschneiden. Das Riesenfedergras sollte, vor allem in rauhen Lagen, den Winter über mit einer leichten Laub- und Reisigdecke vor Frösten geschützt werden.
Vermehrung: Mit Ausnahme von Reiher- und Roßschweiffedergras lassen sich von allen Arten im Frühjahr durch vorsichtige Teilung neue Pflanzen gewinnen. Allerdings ist diese Methode nicht immer erfolgreich, da die Teilstücke häufig nur schlecht anwachsen. Überwiegend wird daher durch Aussaat vermehrt. Dazu steckt man die reifen Samen, sobald sie sich vom Fruchtstand abzulösen beginnen, einzeln in kleine Töpfe. Da die Federgräser Kaltkeimer sind, werden die Töpfe im Freien in der Erde versenkt und dort überwintert. Im nächsten Frühjahr treibt daraus ein zarter Sämling, der bis zum Herbst oder folgenden Frühling ausreichend stark ist, um ihn an seinen endgültigen Platz im Garten versetzen zu können.

T

Thelypteris
Sumpffarn, Lappenfarn

Arten: *T. phegopteris* (auch *Phegopteris connectilis*, Buchenfarn), *T. hexagonoptera* (Amerikanischer Buchenfarn, Flügelfarn), *T. decursivepinnata* (Ostasiatischer Lappenfarn, Tausendfüßlerfarn), *T. palustris* (auch *Dryopteris thelypteris*, Sumpffarn, Sumpflappenfarn, Wasserfarn)
Familie: Sumpffarngewächse *(Thelypteridaceae)*
Herkunft: krautreiche, schattige Buchen- und Mischlaubwälder, *T. phegopteris* in der gemäßigten Zone der Nordhalbkugel, *T. hexagonoptera* im Osten der USA, *T. decursivepinnata* steinige Bergwälder in Ostasien, *T. palustris* Bruchwälder, Moorränder und Sumpfwiesen von Europa bis Ostasien, in Nordwestafrika und Nordamerika
Höhe: *T. phegopteris* 15–30 cm, *T. hexagonoptera* 15–40 cm, *T. decursivepinnata* 20–50 cm, *T. palustris* 40–50 cm, selten auch höher
Merkmale: Zur Gattung der Sumpf- oder Lappenfarne zählen mehrere schöne, ausdauernde Arten von recht unterschiedlicher Gestalt. Gemeinsam ist ihnen, daß die untersten Fiederabschnitte ihrer Wedel häufig breite, am Wedelstiel herablaufende Lappen bilden. Über die genauen Verwandtschaftsverhältnisse dieser Farne herrscht unter Fachleuten immer wieder Uneinigkeit. Sie wurden und werden daher wiederholt umbenannt und den verschiedensten Gattungen zugerechnet, etwa *Oreopteris*, *Phegopteris*, *Lastrea*, *Nephrodium* oder *Aspidium*, und sind möglicherweise auch noch unter diesen Gattungsnamen, in Kombination mit dem jeweiligen Artnamen, im Handel erhältlich.
Der Buchenfarn, ein kleiner Waldfarn mit kriechendem

Thelypteris decursivepinnata

Rhizom, besitzt einfach gefiederte, im Umriß dreieckige, scharf zugespitzte, langgestielte Blätter. Die lanzettlichen, tief eingeschnittenen Fiedern sind exakt gegenständig angeordnet, wobei sich das unterste Paar auffallend nach unten, zum Stielansatz hin, ausrichtet. Recht ähnlich sieht der etwas größere Amerikanische Buchenfarn aus, er weist jedoch eine breitere Blattspreite auf, und seine unteren Fiedern stehen seitwärts oder leicht nach vorn.

Thelypteris palustris

Am Wedelansatz bilden die Fiedern dieser Art deutliche Lappen oder Flügel aus, die in der Regel sechseckig geformt sind. Diesen Strukturen verdankt der Farn seinen botanischen Namen, denn *hexagonoptera* bedeutet „sechskantig geflügelt". Im Herbst verfärben sich die hellgrünen Wedel gelblichweiß. Beide Buchenfarnarten wachsen eher rasenartig und entwickeln keine Trichter. Eine sehr schöne und auffällige Erscheinung ist der Ostasiatische Lappenfarn. Die besonders regelmäßige Anordnung seiner schmallanzettlichen, sich nach unten zu ganz allmählich vergrößernden Fiedern sowie deren gleichmäßige Kerbung gaben ihm in Japan den Namen Tausendfüßlerfarn. Seine kurzgestielten, hellgrünen Wedel stehen in dichten Büscheln beieinander, die durch die anmutig übergebogene Form der Blätter ausgesprochen attraktiv wirken. Der Sumpffarn schließlich hat sich an den für Farne ungewöhnlichen Lebensraum Wasser angepaßt. Er verträgt auch über längere Zeit hinweg 20–30 cm hohe Wasserstände. Seine einfach gefiederten, länglichen Wedel tragen lanzettliche, fiederschnittige Blättchen und entsprießen einzeln und straff aufrecht in unregelmäßiger Folge dem kriechenden Rhizom. Die gelblichgrünen Blätter bilden keine Trichter, sondern wachsen rasenartig. Erst im Frühsommer zeigen sich auch sporentragende Wedel. Sie sind länger gestielt und wirken schmaler, weil sich die Ränder der Fiederabschnitte nach unten einrollen.

Standortansprüche: Bis auf den Sumpffarn, der besser sonnig bis halbschattig steht, bevorzugen die Arten einen halbschattigen bis schattigen, nicht direkt besonnten, luftfeuchten Standort, der für den Ostasiatischen Lappenfarn etwas geschützt liegen sollte. Alle brauchen sie einen humosen, lockeren, lehmigen und nährstoffreichen Boden; die beiden Buchenfarne gedeihen am besten, wenn er zudem möglichst kalkarm und schwach sauer ist. Der Sumpffarn benötigt ständig feuchten oder nassen Boden, kann aber auch direkt im flachen Wasser stehen.

Verwendung: Entsprechend ihrer unterschiedlichen Herkunft lassen sich mit den Farnen dieser Gattung sehr gegensätzliche Gartenbereiche bepflanzen. Heimischer und Amerikanischer Buchenfarn eignen sich als unproblematische Bodendecker für den Einsatz unter lichten Gehölzen – dafür sind 12–14 Exemplare pro m^2 erforderlich – und in nicht direkt besonnten Steingartenpartien. Den aparten Ostasiatischen Lappenfarn setzt man an einen augenfälligen Platz, an dem er sich gut entfalten kann, etwa zwischen einige langsam wachsende Blütensträucher oder an eine besondere Stelle im Steingarten. Er sollte aber nicht unmittelbar zwischen den Wurzeln benachbarter Gehölze oder flachwurzelnder Stauden stehen. Der Sumpffarn paßt ideal in die Sumpfzone des Gartenteichs oder an einen Bachlauf. Sein schmuckes Grün unterstreicht die leuchtenden Blütenfarben und die Wuchsformen anderer relativ hochwüchsiger Sumpfpflanzen, etwa entsprechender Irisarten *(Iris)*, oder lockert höhere Röhricht- und Strauchbestände auf.

Pflege: Alle aufgeführten Arten sind recht pflegeleicht. Bei anhaltender Trockenheit sollte man sie durchdringend wässern, insbesondere den Sumpffarn. Breiten sich die beiden Buchenfarnarten zu stark aus, lassen sie sich durch Entfernen der zu weit gewachsenen Rhizomteile leicht wieder eingrenzen. Den schwächerwüchsigen Ostasiatischen Lappenfarn muß man möglichst von ihn bedrängenden Nachbargewächsen freihalten und diese bei Bedarf zurücknehmen. In rauhen Lagen empfiehlt sich für ihn ein Winterschutz aus Fallaub und Reisig.

Vermehrung: Neue Pflanzen der genannten Arten können besonders leicht durch Teilung der Rhizome, die man im Frühjahr vornimmt, gewonnen werden. Aber auch aus den Sporen, die im Spätsommer reifen, ist eine Nachzucht möglich. Vegetativ vermehrte Jungpflanzen des Ostasiatischen Lappenfarns sollte man zunächst in Pflanzgefäßen halten und erst im übernächsten Jahr nach der Teilung auspflanzen.

Thymus
Thymian, Quendel

Arten: *T. serpyllum* (Quendel, Feldthymian, Wilder Thymian), *T. pseudolanuginosus* (auch *T. lanuginosus*, Wolliger Thymian), *T. doerfleri* (auch *T. hirsutus* var. *doerfleri*, Albanischer Quendel)
Familie: Lippenblütler *(Lamiaceae, Labiatae)*
Herkunft: sonnige Hänge und sandige Stellen, *T. serpyllum* in Europa, *T. doerfleri* in Albanien, Herkunft von *T. pseudolanuginosus* unbekannt
Blütenfarbe: rosa, auch rot, violett und weiß
Blütezeit: *T. serpyllum* Mai bis Oktober, *T. pseudolanugi-*

Thymus serpyllum

nosus Juni bis Juli, *T. doerfleri* Mai bis Juni
Höhe: 5–10 cm
Merkmale: Die Zwergsträucher entwickeln verholzende Triebe, die dicht mit winzigen, nadelförmigen Blättern besetzt sind. Vor allem beim Vorbeistreichen oder beim Zerreiben verströmen sie einen intensiven, würzigen Duft.
Der heimische Quendel bildet dichte, dem Boden ganz eng angeschmiegte Teppiche, die sich über eine lange Zeit mit hübschen rosaroten Blütenköpfchen schmücken. Beim Wolligen Thymian sind die Blättchen von einem grauen Filz überzogen. Er blüht zwar nur schwach, doch werden seine kompakten Bodenmatten sehr geschätzt. Den Albanischen Quendel zieren ebenfalls grau behaarte Blättchen, er entwickelt sich bald zu dichten Polstern. Alle genannten Arten sind immergrün.
Sorten: Im Handel sind u. a. erhältlich von *T. serpyllum* (Höhe jeweils 5–10 cm) 'Albus' (weiß), 'August Moon' (lila), 'Coccineus' (karminrot), 'Coccineus Major' (karminrot, rundliche Blätter); von *T. doerfleri* 'Bressingham Seedling' (rosa, Höhe 5 cm).
Standortansprüche: Langlebige Teppiche können die Pflanzen nur in warmer, sonniger Lage ausbilden. Zudem muß der Boden gut durchlässig, leicht sauer und vorwiegend trocken sein. Am besten eignet sich ein sandiges oder mit feinem Kies durchsetztes Substrat.
Verwendung: Die flachen Polster sorgen im Stein- und Heidegarten für eine harmonische Bodenbedeckung, können jedoch auch entlang von Platten, Wegen oder Treppen verwendet werden. Für flächige Pflanzungen sollte man 8–10 Exemplare pro m^2 einsetzen. Spannungsreich wirken straff aufrechte Gräser oder Stauden wie Iris *(Iris)* dazu. Eine hübsche Ergänzung finden die Thymiane aber ebenso in polstrig wachsenden Arten, z. B. Katzenpfötchen *(Antennaria)*, Heidenelke *(Dianthus deltoides)* oder niedrigen Glockenblumen *(Campanula)*.
Pflege: Damit sie nicht verkahlen, sollte man die anspruchslosen Zwergsträucher alle paar Jahre zurückschneiden. Eine Düngung wirkt sich eher nachteilig aus: Die Pflanzen zeigen sich weniger winterhart und nicht so farbkräftig.
Vermehrung: Der Quendel breitet sich durch Selbstaussaat von allein aus, kann aber auch gut aus Samen nachgezogen werden. Alle Arten und Sorten lassen sich durch Kopfstecklinge vermehren, die man am besten im Frühjahr schneidet.
Krankheiten: Wurzelfäule bei Staunässe

Thymus doerfleri

Tiarella
Schaumblüte

Art: *T. cordifolia* (Herzblättrige Schaumblüte, Waldschaumkerze)
Familie: Steinbrechgewächse *(Saxifragaceae)*
Herkunft: Wälder und Waldränder in Nordamerika
Blütenfarbe: weiß
Blütezeit: April bis Mai
Höhe: 20–30 cm

Tiarella cordifolia

Merkmale: Jedes Jahr treiben die kleinen Stauden eine solche Fülle duftiger weißer Blütenrispen, daß ihr sattgrünes Laub kaum noch zu sehen ist. Dafür sorgen die rundlichen, am Rand fein gesägten Blätter im Spätherbst und Winter für Effekte, wenn sie sich nämlich bronze- bis kupferfarben tönen. Mit ihren kriechenden Rhizomen überzieht die blühfreudige Pflanze leicht größere Flächen.
Standortansprüche: Die Art gedeiht am besten in halbschattiger bis schattiger Lage. Der Boden sollte humos, nährstoffreich, gut durchlässig und nicht zu trokken sein. Auf leicht saurem Untergrund erweist sich die

Waldstaude als besonders langlebig.
Verwendung: Die Herzblättrige Schaumblüte ergibt sehr schöne Bodendecken, vorzugsweise unter eingewachsenen Gehölzen, z. B. unter Rhododendren *(Rhododendron)*. Für einen dicht schließenden Teppich werden 8–10 Pflanzen pro m^2 benötigt. Kombinieren kann man sie einerseits mit anderen Bodendeckern, z. B. Elfenblumen, Ysander

oder Golderdbeeren, andererseits aber auch mit wuchsstarken Stauden wie Geißbart *(Aruncus)*, Gedenkemein *(Omphalodes)* oder Lungenkraut *(Pulmonaria)*. Hübsch wirken überdies Farnbüschel und Grashorste zwischen ihrem Laub, etwa von Japan-Segge oder Rasenschmiele, und nicht zuletzt Zwiebelblumen wie der Märzenbecher *(Leucojum vernum)*.
Pflege: Spezielle Maßnahmen sind am richtigen Standort nicht erforderlich.
Vermehrung: Gleich nach der Blüte werden größere Pflanzen geteilt. Bewurzelte Ausläufer kann man vom Frühjahr bis zum Spätsommer abtrennen.

V

Vinca
Immergrün, Singrün

Vinca minor

Arten: *V. major* (Großes Immergrün), *V. minor* (Kleines Immergrün)
Familie: Hundsgift- oder Immergrüngewächse *(Apocynaceae)*
Herkunft: Laubwälder in Süd-, West- und Mitteleuropa
Blütenfarbe: blau, auch weiß und rot
Blütezeit: April bis Mai
Höhe: *V. major* 20–30 cm, *V. minor* 10–15 cm
Merkmale: Anmutige Laubdecken, im späten Frühjahr durch grazile Blütenkelche geschmückt, kennzeichnen die Immergrünarten. Da ihre eiförmigen, zugespitzten Blätter sehr dicht an den kriechenden Trieben stehen und überdies auch den Winter über erhalten bleiben, eignen sich die Laubwaldpflanzen hervorragend als Bodendecker. Insgesamt sind sich die beiden Arten äußerst ähnlich: Das Große Immergrün wird in allen Teilen etwas größer, das Kleine Immergrün wuchert stärker. Die Halbsträucher, die in der Gartenpraxis zu den Stauden gezählt werden, enthalten in allen Teilen Giftstoffe.
Sorten: Im Handel werden u. a. angeboten von *V. major* (Höhe jeweils 20–30 cm) 'Reticulata' (hellblau, Laub mit netzförmiger, gelber Zeichnung), 'Variegata' (hellblau, weiß bis gelb gezeichnetes Laub); von *V. minor* (Höhe jeweils 10–15 cm) 'Alba' (weiß, großblumig, wuchskräftig), 'Azurea Plena' (blau, gefüllt), 'Gertrude Jekyll' (weiß, Blüten stehen über dem Laub, wuchskräftig, schmale Laubblätter), 'Grüner Teppich' (hellblau, breite Blätter, sehr dicht belaubt), 'Rubra' (rot), 'Variegata' (blau, weiß geflecktes Laub).
Standortansprüche: Beide Arten gedeihen bei halbschattigen bis schattigen Verhältnissen am besten. Der Boden sollte humos, nährstoffreich und gut durchlässig sein. Für das empfindlichere Große Immergrün sind zudem ein möglichst warmer Standort und ein eher trockener Boden erforderlich, während das robuste Kleine Immergrün einen feuchteren Boden auch an kühlen Stellen bevorzugt.
Verwendung: Ihrem natürlichen Vorkommen entsprechend plaziert man diese dekorativen Pflanzen unter eingewachsene Gehölze.

Vinca major

Sie sorgen für einen adretten Teppich, wenn man etwa 8–10 Exemplare pro m² einsetzt. Sehr hübsch wirken sie zudem an Böschungen und Abhängen, wo sie mit ihren Wurzeln das Erdreich festigen. Zur Auflockerung kann man in die flächendeckenden Matten einzelne Stauden wie Lerchensporn *(Corydalis)*, Nieswurz *(Helleborus)* oder Salomonssiegel *(Polygonatum)* einfügen, auch Farne und Waldgräser machen sich ganz ausgezeichnet.
Pflege: Gepflanzt wird am besten im Frühjahr oder Frühherbst. Beide Immergrünarten sind vor allem in den ersten Jahren für einen leichten Winterschutz dankbar. Dies trifft besonders auf das Große Immergrün zu, das in schneelosen Wintern sehr empfindlich gegen Frost ist. Man läßt deshalb im Herbst entweder das Fallaub auf den Bodendeckern liegen oder überzieht sie mit einer dünnen Lage trockenen Laubs. Durch dessen Verrottung werden zugleich wieder Nährstoffe eingebracht, so daß sich eine Düngung erübrigt. Andernfalls sollte man den Boden zwischen den Pflanzen auf jeden Fall etwa alle 3 Jahre mit Kompost mulchen.
Vermehrung: Beide Arten lassen sich teilen, am besten nach der Blüte. Auch durch Kopfstecklinge, die man bevorzugt im Frühsommer schneidet, oder durch Abtrennen bereits bewurzelter Seitentriebe kommt man problemlos zu neuen Pflanzen.
Tip: Wer größere Flächen mit Immergrün überziehen möchte, sollte keinesfalls zur Sorte 'Bowles Variety' des Kleinen Immergrüns greifen, da diese sehr kompakt wächst, kaum Ausläufer bildet und sich daher als Bodendecker weniger eignet.

W

Waldsteinia geoides

Waldsteinia
Golderdbeere, Waldsteinie, Ungarwurz

Arten: *W. ternata* (auch *W. sibirica*, *W. trifolia*, *W. ternata* ssp. *trifolia*, Teppichwaldsteinie), *W. geoides*
Familie: Rosengewächse *(Rosaceae)*
Herkunft: Wälder in Südosteuropa und Asien
Blütenfarbe: gelb
Blütezeit: April bis Juni
Höhe: *W. ternata* 5–10 cm, *W. geoides* 20–25 cm
Merkmale: Der deutsche Gattungsname Golderdbeere läßt erahnen, welche Vorzüge die immergrünen Stauden zu bieten haben. Über einem dichten Teppich aus schönem grünem Laub erheben sich im Frühsommer gelbe Blütchen, aus denen bald rote Früchte heranreifen. Nicht nur die Blütenform erinnert auf verblüffende Weise an die von Walderdbeeren *(Fragaria vesca)*, sondern auch die Früchte, die man sogar essen kann, deren Geschmack jedoch fad ist. Die Teppichwaldsteinie erobert mittels reichlich gebildeter Ausläufer rasch größere Flächen, die dann vollends unter ihrem glänzend grünen, gelappten ledrigen Laub verschwinden. *W. geoides* entwickelt dagegen keine Ausläufer, sondern dichte, kompakte Horste aus herz- bis nierenförmigen, sattgrünen, behaarten Blättern.

Waldsteinia ternata

Standortansprüche: Beide Arten fühlen sich an halbschattigen bis schattigen Stellen auf humosem, lockerem Boden wohl.
Verwendung: Mit den wüchsigen Pflanzen kann man den Boden unter großen Gehölzen ebenso begrünen wie schmale Streifen am Gehölzrand. Ansehnlich wirken sie auch an Böschungen und Hängen. Zur Bodenbedekkung braucht man pro m² 10–12 Exemplare der Teppichwaldsteinie. *W. geoides* sollte mit 12–14 Exemplaren pro m² etwas dichter gepflanzt werden. Beide Arten widerstehen selbst starker Wurzelkonkurrenz, sie schieben sich sogar noch aus dichtem Wurzelfilz eng beieinanderstehender Büsche hervor. Problemlos kombinieren lassen sie sich nur mit sehr wuchsstarken Begleitern wie Kriechendem Günsel, Scheckenknöterich oder Immergrün. Stauden, z. B. Lungenkraut *(Pulmonaria)*, Prachtspieren *(Astilbe)* oder Fingerhut *(Digitalis)*, lockern eine Matte aus Golderdbeeren zwar angenehm auf, jedoch müssen diese

Pflanzen dann vor dem Überwachsen geschützt werden.
Pflege: Die widerstandsfähigen Stauden brauchen kaum Pflege. In den ersten Jahren nach dem Einsetzen sollte man Unkraut zwischen den Pflanzen sehr sorgfältig jäten, damit es sie nicht überwuchert. Zur Nährstoffversorgung reicht es aus, Fallaub von Gehölzen an Ort und Stelle verrotten zu lassen oder alle 2–3 Jahre mit einer dünnen Kompostschicht zu mulchen.
Vermehrung: Nachwuchs erhält man durch Teilung im Frühjahr oder Herbst.

Woodsia
Wimperfarn

Arten: *W. alpina* (auch *W. hyperborea*, *W. ilvensis* ssp. *arvonica*, Alpenwimperfarn, Nördlicher Wimperfarn, Geröllwimperfarn), *W. ilvensis* (Südlicher Wimperfarn, Rostbrauner Wimperfarn, Rasiger Wimperfarn), *W. obtusa* (Großer Wimperfarn), *W. polystichoides* (Fernost-Wimperfarn)
Familie: Wurmfarngewächse *(Aspidiaceae)*
Herkunft: Felsspalten und Geröll, *W. alpina* in Mittel- und Nordeuropa, Nordamerika und Nordasien, *W. ilvensis* ebenso, dabei aber kalkmeidend, *W. obtusa* in den Gebirgen Nord- und Südamerikas, *W. polystichoides* in Nordostasien
Höhe: *W. alpina* 5–15 cm, *W. ilvensis* und *W. polystichoides* 10–20 cm, *W. obtusa* 10–40 cm
Merkmale: Bei den Wimperfarnen ist der Schleier, das häutige Gewebe, das die Sporenhaufen bedeckt, in feine, haarartige Zipfel zerteilt, so daß die Blattunterseite wie mit Wimpern besetzt erscheint – daher der Gattungsname. Es handelt sich durchweg um hübsche, sommergrüne, meist zart gefiederte, ausdauernde Kleinfarne. Mit ihrem büscheligen oder locker rasigen Wuchs und den schlank dreieckigen, wenig gefiederten Blättern erinnern sie stark an manche Blasenfarnarten. Einer der kleinsten unter ihnen ist der Alpenwimperfarn. Er trägt einfach gefiederte, gelbgrüne Wedel mit gelappten, eiförmigen Fiedern. Auffällig sind der dunkelbraune Wedelstiel und die reiche Behaarung der Blätter. Sehr ähnlich sieht ihm der Südliche Wimperfarn, doch sind dessen rotbraun gestielte Wedel etwas breiter und noch üppiger behaart, ihre Fiedern drängen sich dichter aneinander. Beide Arten stehen unter Naturschutz. Deutlich höher wird der Große Wimperfarn, der sich durch eine stärkere, meist zweifache Fiederung, kräftig grüne Wedel und rötliche, schuppige Blattstiele auszeichnet. Die wohl schönste Art jedoch ist der Fernost-Wimperfarn. Mit seinen an den Rändern nach oben gebogenen, derberen Wedeln und den ungeteilten, lanzettlichen, am Rand gekerbten Fiedern hebt er sich deutlich von den übrigen Wimperfarnen ab. Er wirkt wie eine Miniaturausgabe des immergrünen Lanzenfarns oder auch des Weihnachtsfarns, präsentiert sein dekoratives Laub allerdings nur im Sommer. Die braunen, dank der aufgebogenen Blattränder auch von oben gut sichtbaren Sporenhaufen ergeben einen hübschen Farbkontrast zur kräftig grünen Lauboberseite.
Standortansprüche: Wimperfarne bevorzugen einen halbschattigen, hellen, aber nicht direkt besonnten Platz und einen humosen, lockeren, ausreichend feuchten Boden.

Woodsia obtusa

Alpenwimperfarn und Großer Wimperfarn vertragen Kalk, die anderen Arten gedeihen am besten auf schwach saurem, möglichst kalkfreiem Substrat. Der Fernost-Wimperfarn sollte an etwas geschützten Stellen stehen.
Verwendung: Wie in der freien Natur fühlen sich die Wimperfarne auch im Garten in kleinen Ritzen und Spalten zwischen Steinen, in die ihre Wurzeln vordringen können, am wohlsten. Man pflanzt sie deshalb am besten in den Steingarten oder auch auf die beschattete Seite einer Natursteinmauer. Sehr hübsche Kombinationen ergeben sich mit Zwiebel- und Knollengewächsen, etwa dem Alpenveilchen *(Cyclamen)*, ebenso mit niedrigen Stauden wie Primeln *(Primula)* oder dem zarten Steinbrech *(Saxifraga)* und überdies mit anderen Kleinfarnen.
Pflege: Einmal eingewachsen, benötigen die Wimperfarne kaum noch Pflege. Alte, unansehnlich gewordene Wedel schneidet man im Frühjahr einfach ab. In rauhen Lagen sollte man dem Fernost-Wimperfarn einen leichten Winterschutz aus Reisig geben.
Vermehrung: Alle Arten können durch Teilung oder aus den im Hochsommer reifenden Sporen vermehrt werden.

Woodsia polystichoides

Register

Halbfette Seitenzahlen bedeuten, daß es sich um einen ausführlichen Eintrag handelt. *Kursive* Seitenzahlen weisen auf eine Abbildung hin.

A

abiotische Schäden 52
Acaena (Stachelnüßchen) 110, 115, 118, 124, **134**
– *buchananii* **134**
– *caesiiglauca* **134**
– *glauca* **134**
– *glaucophylla* **134**
– *magellanica* **134**
– *microphylla* **134**, *134*
Acantholimon glumaceum (Igelpolster) 115, 122, **135**, *135*
Achnatherum calamagrostis (Silberährengras) 80, 83, **135**, *135*
Adiantum (Frauenhaarfarn) 99, 105, **136**
– *pedatum* 99, **136**, *136*
– *venustum* 22, **136**, *136*
Adria-Blaugras (*Sesleria*) **219**
Aegonychon purpurocaeruleum siehe *Buglossoides* **146**, *147*
Aerifizieren 49, *49*
Agrostis (Straußgras) 33, 93, **137**
– *calamagrostis* siehe *Achnatherum* **135**, *135*
– *canina* 33, 43
– *capillaris* 33, 35, 43, 68, 94
– *nebulosa* **137**, *137*
– *stolonifera* 33, 43, 68
Ährenheide (*Bruckenthalia*) 126
Aira caerulea siehe *Molinia* **193**, *193*
Aira cespitosa siehe *Deschampsia* **162**, *162*
Aira flexuosa siehe *Deschampsia* **162**, *163*
Ajuga reptans (Kriechender Günsel) 24, 59, 69, 70, 111, 118, 122, 123, **137**, *138*
Albanischer Quendel (*Thymus*) 115, **225**, *226*
Alchemilla mollis (Schleierfrauenmantel) 116
Alpenfrauenfarn (*Athyrium*) **142**, *143*
Alpenheide (*Erica*) **168**, *168*
Alpenrispengras (*Poa*) **207**
Alpenschwingel (*Festuca*) 84, **174**, *175*
Alpenwiesenfarn (*Athyrium*) **142**, *143*
Alpenwimperfarn (*Woodsia*) 103, **229**
Amerikanischer Buchenfarn (*Thelypteris*) **224**
Amerikanischer Straußfarn (*Matteuccia*) 99, **189**, *189*
Amerikanischer Trichterfarn (*Matteuccia*) **189**, *189*
Amerikanischer Weihnachtsfarn (*Polystichum*) **210**
Amethystschwingel (*Festuca*) **172**, *173*
Anaphalis triplinervis (Perlpfötchen) 116
Andromeda polifolia (Lavendelheide) 126
Andropogon nutans siehe *Sorghastrum* **221**, *221*
Anisantha sterilis siehe *Bromus* **146**
Anmutiges Venushaar (*Adiantum*) **136**, *136*
Antennaria dioica (Gewöhnliches Katzenpfötchen) 116
Anthemis (Hundskamille) **138**
– *biebersteiniana* **138**, *138*
– *marschalliana* 122, **138**, *138*
– *nobilis* siehe *Chamaemelum* **157**, *157*
– *tinctoria* 94
Anthoxanthum odoratum (Ruchgras) 68
Arctostaphylos uva-ursi (Bärentraube) 126
Arrhenatherum (Glatthafer) 58, 86, **138**
– *bulbosum* **138**
– *elatius* ssp. *bulbosum* **138**
– *elatius* ssp. *bulbosum* 'Variegatum' 79
– *elatius* ssp. *elatius* 17, 59, 68, **138**, *139*
– *elatius* var. *bulbosum* **138**
– *tuberosum* **138**
Artemisia (Beifuß) 14, 111, 123, 124, **139**
– *schmidtiana* 28, 118, **139**, *139*
– *stelleriana* 114, **139**
Aruncus (Geißbart) 114
Arundinaria auricoma siehe *Pleioblastus* **205**, *205*
Arundinaria chino siehe *Pleioblastus* **205**
Arundinaria fastuosa siehe *Semiarundinaria* **218**, *218*
Arundinaria gauntlettii siehe *Pleioblastus* **205**, *205*
Arundinaria humilis siehe *Pleioblastus* **205**, *205*
Arundinaria japonica siehe *Pseudosasa* **213**, *213*
Arundinaria murielae siehe *Fargesia* **170**, *171*
Arundinaria nitida siehe *Fargesia* **170**, *171*
Arundinaria palmata siehe *Sasa* **215**
Arundinaria pumila siehe *Pleioblastus* **205**, *205*
Arundinaria pygmaea siehe *Pleioblastus* **205**, *206*
Arundinaria simonii siehe *Pleioblastus* **205**
Arundinaria spathacea siehe *Fargesia* **171**, *171*
Arundinaria viridistriata siehe *Pleioblastus* **205**, *205*
Arundo donax (Pfahlrohr) 10, 80, 81, 87, **140**, *140*
Asarum europaeum (Haselwurz) 23, 99, 111, 114, **141**, *141*
Aschheide (*Erica*) **168**
Asperella hystrix siehe *Hystrix* **182**, *182*
Aspidium acrostichoides siehe *Polystichum* **210**
Aspidium angulare siehe *Polystichum* **211**
Aspidium filix-mas var. *goldiana* siehe *Dryopteris* **165**
Aspidium spinulosum siehe *Dryopteris* **164**, *165*
Asplenium (Streifenfarn) 22, 101, 103, **141**
– *ceterach* siehe *Ceterach* **156**, *157*
– *filix-femina* siehe *Athyrium* **142**, *142*
– *ruta-muraria* 101, 106, **141**, *141*
– *scolopendrium* siehe *Phyllitis* **202**, *202*
– *septentrionale* **141**, *142*
– *trichomanes* 101, **141**
– *viride* **141**
Aster-Dumosus-Hybriden (Kissenastern) 116
Astilbe chinensis var. *pumila* (Zwergastilbe) 116, 118
Athyrium (Frauenfarn) 22, 99, **142**
– *alpestre* **142**, *143*
– *distentifolium* **142**, *143*
– *filix-femina* 13, 99, **142**, *142*
– *goeringianum* **142**
– *niponicum* 104, **142**
– *niponicum* 'Metallicum' *143*
Atlas-Schwingel (*Festuca*) **175**, *175*
Aufrechte Trespe (*Bromus*) 68
Ausgebreiteter Wurmfarn (*Dryopteris*) **164**
Ausläufertreibender Rotschwingel (*Festuca*) 43, 94
Australisches Lampenputzergras (*Pennisetum*) **198**, *198*
Avena candida siehe *Helictotrichon* **180**, *180*
Avena elatior siehe *Arrhenatherum* **138**, *139*
Avena glauca siehe *Helictotrichon* **180**, *180*
Avena sempervirens siehe *Helictotrichon* **180**, *180*
Avenella flexuosa siehe *Deschampsia* **162**, *163*

B

Baldingera arundinacea siehe *Phalaris* **200**, *200*
Balkan-Blaugras (*Sesleria*) **219**
Balkan-Storchschnabel (*Geranium*) 115, *122*, **177**, *177*
Bambus 11, 17, 19, *80*, 82, *82*, 85, *85*, 88, *88*, 89, 110, 111, 118, 122
Bambusa fastuosa siehe *Semiarundinaria* **218**, *218*
Bambusa flexuosa siehe *Phyllostachys* **203**
Bambusa metake siehe *Pseudosasa* **213**, *213*
Bambusa nigra siehe *Phyllostachys* **203**
Bambusa palmata siehe *Sasa* **215**
Bambusa tesselata siehe *Indocalamus* **182**, *183*
Bambusa veitchii siehe *Sasa* **215**, *216*
Bambusa viridiglaucescens siehe *Phyllostachys* **203–204**, *204*
Bambushirse (*Panicum*) 78, **197**, *197*
Bärenfellgras (*Festuca*) **174**, *174*
Bärenfellschwingel (*Festuca*) 78, 94, **174**, *174*
Bärentatzenfarn (*Polystichum*) **211**, *212*
Bärentraube (*Arctostaphylos*) 126
Bastard-Goldschuppenfarn (*Dryopteris*) **164**
Becherfarn (*Matteuccia*) **189**, *189*
Behaarte Hainsimse (*Luzula*) 87, **187**
Beifuß (*Artemisia*) 14, 111, 122, 123, 124, **139**, *139*

Belüftung des Rasens 49
Benthalm (*Molinia*) **193**, *193*
Bergbaumheide (*Erica*) 127
Bergblasenfarn (*Cystopteris*) 22, **160**
Bergenia (Bergenie) 116, 119
Bergenie (*Bergenia*) 116, 119
Bergkamille (*Anthemis*) 122, **138**, *138*
Bergreitgras (*Calamagrostis*) *128*, **147**, *148*
Bergrispengras (*Poa*) **207**
Bergsegge (*Carex*) **152**, *152*
Bergwald-Sagopalmenfarn (*Cyrtomium*) **159**, *159*
Besenheide (*Calluna*) **148**, *148*, *149*
Besenried (*Molinia*) **193**, *193*
Binse (*Juncus*) 19, 28, 60, 84, 86, **183**, *183*, *184*
Binse (*Scirpus*) **216**, *216*, *217*
Blasenfarn (*Cystopteris*) 101, 103, **160**, *160*
Blasser Schwingel (*Festuca*) **174**
Blaubinse (*Juncus*) **183**
Blaues Kopfgras (*Sesleria*) **219**
Blaues Pfeifengras (*Molinia*) **193**, *193*
Blaues Rispengras (*Poa*) **207**, *207*
Blaugras (*Sesleria*) 80, 81, 85, 86, *86*, **219**, *219*
Blaugraues Stachelnüßchen (*Acaena*) **134**
Blaugrüne Binse (*Juncus*) 79, 87, **183**
Blaugrüne Kammschmiele (*Koeleria*) **184**, *185*
Blaugrüne Segge (*Carex*) 68
Blaugrünes Rispengras (*Poa*) 80, **207**, *207*
Blaugrünes Schillergras (*Koeleria*) 10, 68, 80, 86, **184**, *185*
Blaugrünes Stachelnüßchen (*Acaena*) **134**
Blauheide (*Phyllodoce*) 126
Blauroter Steinsame (*Buglossoides*) 14, *14*, 24, **146**, *147*
Blauschwingel (*Festuca*) *26–27*, 80, *80*, *128*, **172**, *172*
Blaustrahlhafer (*Helictotrichon*) 83, 86, *86*, 89, 125, *128*, **180**, *180*
Blechnum (Rippenfarn) 21, 104, **144**
– *penna-marina* 99, **144**, *144*
– *spicant* **144**, *144*
Bleiwurz (*Ceratostigma*) 119, **156**, *156*
Blumenwiesen **54–75**, *54–55*, *56*, *64*, *65*
– Aussaat 69–72, *72*
Blumenwiesen Forts.
– Gräser für Blumenwiesen 68
– Knollenpflanzen für Blumenwiesen 73
– Kräuter für Blumenwiesen 70–71
– Pflege 65–75, *67*
– Planung 61–64
– Saatgut 67–69, *67*
– Standort 64
– Stauden für Blumenwiesen 73
– Zwiebelpflanzen für Blumenwiesen 73
Blutroter Storchschnabel (*Geranium*) 121, **177**
Blutstorchschnabel (*Geranium*) **177**
Boden **38–42**
Bodendecker *8–9*, *10*, 13–15, *15*, 23–24, *24*, *25*, *26–27*, 63, *99*, **108–131**, *122*
– Blütenstauden 116–117
– Bodenvorbereitung 120
– Krankheiten 123–124
– Laubgehölze 112
– Nadelgehölze 113
– Pflanzung 120, *120*, 121, *121*
– Pflege 121–122
– Pilzkrankheiten 124, *124*
– Schädlinge 123–124
– Vermehrung 23, 122–123, *123*
– Verwendungsbereiche 113–118
– Wuchsformen 110–113
Bodendeckerrose (*Rosa*) 110, *111*, 112
Bornholmer Zwergfrauenfarn 100
Bornimer Schildfarn (*Polystichum*) **211**, *212*
Borstenhirse (*Setaria*) **220**, *220*
Borstgras (*Nardus*) 68
Borstiger Schildfarn (*Polystichum*) **211**
Böschungsmyrte (*Lonicera*) 14, 111, 112
Bouteloua (Bouteloua) **144**
– *gracilis* **144**, *145*
– *oligostachya* 84, 85, 86, **144**, *145*
Brachypodium (Zwenke) 19
Braunblättriges Stachelnüßchen (*Acaena*) **134**, *134*
Brauner Storchschnabel (*Geranium*) **176**, *176*
Brauner Streifenfarn (*Asplenium*) **141**
Brauns Schildfarn (*Polystichum*) **211**, *212*
Braunstieliger Streifenfarn (*Asplenium*) **141**
Braunstielwurmfarn (*Dryopteris*) **164**
Brechwurz (*Asarum*) **141**, *141*
Breitblattbambus (*Pseudosasa*) **213**, *213*
Breitblättriger Dornfarn (*Dryopteris*) **164**
Breitblättriges Wollgras (*Eriophorum*) 86, **169**, *170*
Breitblattsegge (*Carex*) 84, 87, *87*, **150**, *151*
Breiter Wurmfarn (*Dryopteris*) **164**
Breitwedeldornfarn (*Dryopteris*) **164**
Breitwedelfarn (*Dryopteris*) 101, **164**
Briza (Zittergras) 58, **145**
– *gracilis* **145**
– *major* **145**
– *maxima* **145**
– *media* 68, 86, **145**, *145*
– *minor* 84, **145**
– *rubra* **145**
Bromus (Trespe) 19, 58, **146**
– *brizaeformis* **146**
– *briziformis* **146**
– *erectus* 68
– *jubatus* **146**
– *lanceolatus* **146**
– *lanceolatus* var. *lanuginosus* **146**, *146*
– *lanuginosus* **146**, *146*
– *macrostachys* **146**
– *macrostachys* var. *lanuginosus* **146**, *146*
– *secalinus* **146**
– *sterilis* 18, **146**
Bruchheide (*Erica*) 127
Bruckenthalia spiculifolia (Ährenheide) 126
Brunnera macrophylla (Kaukasus-Vergißmeinnicht) 116
Brutknospenblasenfarn (*Cystopteris*) 99, **160**, *160*
Buchanan-Stachelnüßchen (*Acaena*) **134**
Buchenfarn (*Thelypteris*) 99, **224**
Buglossoides purpurocaerulea (Blauroter Steinsame) 14, 24, **146**, *147*
Bunter Wasserschwaden 83
Buntes Glanzgras (*Phalaris*) 79
Buntes Reitgras (*Calamagrostis*) **147**, *148*
Buschbambus (*Pleioblastus*) 15, 82, 111, **205**, *205*, *206*
Büschelfedergras (*Stipa*) **223**
Büschelhaargras (*Stipa*) 68, **223**
Buschperlgras (*Melica*) **190**, *190*

C

Calamagrostis (Reitgras) 79, **147**
– x *acutiflora* **147**, *147*
– *arundinacea* x *Calamagrostis epigejos* **147**, *147*
– *epigejos* 147
– *varia* **147**, *148*
Calluna vulgaris (Gewöhnliches Heidekraut) 111, 115, 125, 127, 129, 131, **148**, *148*, *149*
Carex (Segge) 19, 60, 81, 84, 87, 111, 118, **149**
– *baldensis* 29, 84, 86, **152**
– *buchananii* 80, **152**
– *comans* **152**
– *conica* **152**
– *conica* 'Variegata' *153*
– *digama* **152**
– *digitata* **150**
– *elata* **154**, *154*
– *excisa* **152**
– *firma* **152**, *153*
– *flacca* 68
– *fortunei* **150**, *150*
– *fraseri* **150**
– *fraseriana* **150**
– *fraserianus* **150**
– *grayi* 80, **154**, *154*
– *hachijoensis* **150**
– *hachijoensis* 'Evergold' 79
– *hudsonii* **154**, *154*
– *humilis* 94, **152**, *152*
– *japonica* **150**, *150*
– *latifolia* **150**, *151*
– *maxima* **150**, *150*
– *montana* **152**, *152*
– *morrowii* 89, 115, **150**, *150*
– *muskingumensis* **154**, *155*
– *ornithopoda* 83, **150**, *151*
– *pendula* 79, **150**, *150*
– *plantaginea* 84, 87, **150**, *151*
– *polyrrhiza* **150**
– *pseudocyperus* **154**
– *pulchella* **152**
– *stricta* **154**, *154*
– *sylvatica* **150**
– *tenax* **152**
– *umbrosa* 10, 79, 86, **150**
Cassiope tetragona (Schuppenheide) 126
Cenchrus villosus siehe *Pennisetum* **198**, *199*
Cerastium (Hornkraut) 24, 115, **155**
– *biebersteinii* **155**
– *columnae* 155
– *repens* **155**
– *tomentosum* **155**, *155*
– *tomentosum* 'Columnae' 155

Cerastium Forts.
– *tomentosum* var. *columnae* 115, 155
Ceratostigma plumbaginoides (Enzianbleiwurz) 23, 111, 118, **156**, *156*
Ceterach officinarum (Schriftfarn) 29, 101, 104, **156**, *157*
Chaetochloa italica siehe *Setaria* **220**, *220*
Chaixs Rispengras (*Poa*) **207**
Chamaedaphne calyculata (Torfgränke) 126
Chamaemelum nobile (Römische Kamille) 14, 24, 32, 114, 117, 122, **157**, *157*
Cham-Bambus (*Fargesia*) **170**, *171*
Chasmanthium latifolium (Plattährengras) 89, **157**, *158*
China-Schilf (*Miscanthus*) 12, 17, *17*, 20, *26–27*, 63, 78, 81, 83, 86, **191**, *192*, *193*
China-Wacholder (*Juniperus*) 113
Chinesische Bleiwurz (*Ceratostigma*) **156**, *156*
Chrysanthemum biebersteinianum siehe *Anthemis* **138**, *138*
Chrysanthemum caucasicum siehe *Matricaria* **188**, *188*
Chrysopogon nutans siehe *Sorghastrum* **221**, *221*
Coix lacryma-jobi (Hiobstränengras) 80, **158**, *158*
Convallaria majalis (Maiglöckchen) 99, 116
Convolvulus (Winde) 113
Cornus canadensis (Teppichhartriegel) 111, 112
Cornwall-Heide (*Erica*) **168**, *169*
Cortaderia (Pampasgras) **158**
– *argentea* **158**, *159*
– *selloana* 12, 78, 86, 87, **158**, *159*
Corynephorus canescens (Silbergras) 60, 68
Cotoneaster (Zwergmispel)
– *dammeri* 112, 121
– *horizontalis* 112
– *praecox* 112, 114
– *salicifolius* var. *floccosus* 112
Cymophyllus fraseri siehe *Carex* **150**
Cynosurus cristatus (Kammgras) 35, 43, 68
Cyrtomium fortunei (Schmaler Ilex-Farn) 104, **159**, *159*
Cystopteris (Blasenfarn) 103, **160**
– *bulbifera* 99, **160**, *160*
– *dickieana* **160**
– *fragilis* 101, **160**, *160*
Cystopteris Forts.
– *fragilis* 'Dickieana' **160**
– *fragilis* ssp. *dickieana* **160**
– *fragilis* var. *dickieana* **160**
– *montana* 22, **160**

D

Daboecia (Irische Heide) 127, **161**
– *azorica* x *Daboecia cantabrica* **161**
– *cantabrica* **161**, *161*
– x *scotica* **161**
Dachbegrünung **90–95**, *90*, *91*, *92*, *93*
Dactylis (Knäuelgras) **161**
– *glomerata* 17, **161**, *162*
– *glomerata* 'Variegata' 79
Deschampsia (Schmiele) **162**
– *caespitosa* **162**, *162*
– *cespitosa* 60, 68, 89, 128, 129, **162**, *162*
– *flexuosa* 83, **162**, *163*
Deutscher Straußfarn (*Matteuccia*) **189**, *189*
Deutsches Weidelgras (*Lolium*) 19, 34, 35, *42*, 43, 68
Dianthus deltoides (Heidenelke) *127*, 128
Dichanthelium clandestinum siehe *Panicum* **197**, *197*
Dichtbuschbambus (*Pleioblastus*) **205**
Dichtbüschelbambus (*Pleioblastus*) **205**, *206*
Dickanthere (*Pachysandra*) **196**, *196*
Dickies Blasenfarn (*Cystopteris*) **160**
Dickmännchen (*Pachysandra*) **196**, *196*
Dicksonia 12
Dolchfarn (*Polystichum*) **210**
Doppelrand-Hirschzungenfarn (*Phyllitis*) 202
Dorniger Nierenfarn (*Dryopteris*) **164**
Dorniger Wurmfarn (*Dryopteris*) **164**, *165*
Dorset-Heide (*Erica*) 127
Douglas-Teppichphlox (*Phlox*) 117
Drahtschmiele (*Deschampsia*) 83, **162**, *163*
Dränage 40, *41*, 87
Dryas (Silberwurz) 110, 115, **163**
– *drummondii* x *Dryas octopetala* **163**
– *octopetala* **163**, *163*
– x *suendermannii* **163**
Dryopteris (Wurmfarn) 99, 101, **163**
– *affinis* 101, **163**, *164*
– *affinis* x *Dryopteris filix-mas* **164**
– *atrata* **165**, *165*
– *austriaca* **164**
– *borreri* **163**, *164*
– *carthusiana* 99, 101, **164**, *165*
– *dilatata* 101, **164**
– *erythrosora* **165**, *166*
– *filix-mas* 21, 22, 99, 104, **163**, *164*
– *filix-mas* var. *borreri* **163**, *164*
– *goldiana* **165**
– *hirtipes* **165**, *165*
– *paleacea* **163**, *164*
– *pseudomas* **163**, *164*
– *pseudo-mas* **163**, *164*
– *spinulosa* **164**, *165*
– *spinulosa* var. *americana* **164**
– *spinulosa* var. *dilatata* **164**
– x *tavelii* **164**
– x *tavellii* **164**
– *thelypteris* siehe *Thelypteris* **224**, *225*
Duchesnea indica (Indische Erdbeere) 14, 23, 123, **166**, *166*
Duftsteinrich (*Lobularia*) 113
Düngen von Ziergräsern 86, 87
Düngung bei Farnen 104
Düngung des Rasens 47–48
Düngung einer Blumenwiese 75
Dunkelgrüner Schirmbambus (*Fargesia*) **170**, *171*

E

Echtes Johanniskraut (*Hypericum*) 71
Edeldistel (*Eryngium*) 125
Edelraute (*Artemisia*) **139**, *139*
Efeu 113, *115*
Eibe (*Taxus*) 111
Einblütiges Perlgras (*Melica*) **190**, *191*
Elefantenrüsselfarn (*Dryopteris*) **165**, *165*
Elfenblume (*Epimedium*) 24, *26–27*, 63, *99*, 110, *110*, 111, 114, 118, *118*, 119, 123, **167**, *167*, *168*
Empetrum nigrum ssp. *hermaphroditum* (Krähenbeere) 126
Engelsüß (*Polypodium*) **208**, *209*
Englische Heide (*Erica*) 129, **168**, *169*
Enzianbleiwurz (*Ceratostigma*) 23, 111, *117*, 118, **156**, *156*
Epimedium (Elfenblume) 110, 111, 114, 119, **167**
Epimedium Forts.
– *alpinum* x *Epimedium pinnatum* ssp. *colchicum?* **167**, *168*
– *alpinum* var. *rubrum* **167**
– *diphyllum* x *Epimedium grandiflorum* **167**
– *grandiflorum* **167**, *167*
– *macranthum* **167**, *167*
– *macranthum* var. *versicolor* **167**
– x *perralchicum* 24, **167**
– *perralderianum* **167**
– *pinnatum* 'Elegans' **167**, *167*
– *pinnatum* ssp. *colchicum* 24, **167**, *167*
– *pubigerum* **167**
– x *rubrum* **167**
– x *versicolor* **167**
– x *warleyense* **167**, *168*
– x *youngianum* **167**
Erdsegge (*Carex*) 94, **152**, *152*
Erica (Heide) 111, 115, 127, 129, 131, **168**
– *arborea* var. *alpina* 127
– *carnea* 125, 129, **168**, *168*
– *carnea* x *Erica erigena* **168**, *169*
– *ciliaris* 127
– *cinerea* **168**
– x *darleyensis* 129, **168**, *169*
– *erigena* 127
– *herbacea* **168**, *168*
– *mediterranea* **168**, *168*
– x *stuartii* 127
– *tetralix* 129, **168**
– *vagans* **168**, *169*
– x *watsonii* 127
– x *williamsii* 127
Erika (*Erica*) **168**, *168*, *169*
Eriophorum (Wollgras) 10, 80, 83, **169**
– *angustifolium* 89, **169**
– *latifolium* 86, **169**, *170*
– *polystachion* **169**, *170*
– *vaginatum* **169**, *170*
Eryngium (Edeldistel) 125
Eselsohren (*Stachys*) **222**, *222*
Eulalia japonica siehe *Miscanthus* **191**, *192*
Euonymus fortunei (Kriechspindel) 111, 112
Europäische Haselwurz (*Asarum*) **141**, *141*

F

Fächermispel (*Cotoneaster*) 112
Fächerwacholder (*Microbiota*) 113
Falsche Alraune (*Tellima*) 117
Färberkamille (*Anthemis*) 94, *95*

Fargesia (Schirmbambus) 82, **170**
– *denudata* 171
– *murielae* **170**, *171*
– *nitida* **170**, *171*
– *spathacea* **170**, 171, *171*
Farne *8–9*, 12–13, *15*, 20–23, *21*, *22*, *23*, *25*, *26–27*, 64, **96–107**, *98*, *99*, *101*, *102*, *103*, *104*, 114
– Begleitpflanzen 100
– Bodenvorbereitung 102–103
– Pflanzung 103
– Pflege 103–104
– Vermehrung 22, 105–107, *105*, *106*, *107*
Federborstengras (*Pennisetum*) *78*, 86, 89, **198**, *198*, *199*
Federgras (*Stipa*) 80, 83, 85, 87, **223**, *223*, *224*
Feinähriges Lampenputzergras (*Pennisetum*) **198**, *199*
Feinhaarschwingel (*Festuca*) **172**
Feinschwingel (*Festuca*) **172**
Felberich (*Lysimachia*) **188**, *188*
Feldthymian (*Thymus*) 95, **225**, *226*
Felsenblasenfarn (*Cystopteris*) **160**, *160*
Felsenmauerpfeffer (*Sedum*) 95
Felsenmispel (*Cotoneaster*) 112, 114
Felsenschwingel (*Festuca*) **174**
Felsenstorchschnabel (*Geranium*) **177**, *177*
Fernost-Wimperfarn (*Woodsia*) 103, **229**, *229*
Fertigrasen 45
Festuca (Schwingel) 79, 81, 85, 93, 111, **172**
– *acerosa* **172**
– *alpina* 84, **174**, *175*
– *amethystina* 87, **172**, *173*
– *capillata* **172**
– *cinerea* 80, **172**, *172*
– *cinerea* 'Pallens' **174**
– *cinerea* ssp. *cinerea* **172**, *172*
– *cinerea* ssp. *pallens* **174**
– *filiformis* **172**
– *gautieri* 94, **174**, *174*
– *gigantea* 99, **175**
– *glacialis* 10, 84, **174**
– *glauca* **172**, *172*
– *glauca* ssp. *glauca* **174**
– *mairei* **175**, *175*
– *nigrescens* 33, 35, 42, 43, 68
– *ovina* 35, 43, 68, 86, 94, 128, **172**
– *ovina* 'Glauca' **172**, *172*
– *ovina* var. *glauca* **172**, *172*
– *ovina* var. *tenuifolia* **172**
– *pallens* **174**
– *punctoria* 86, **172**
Festuca Forts.
– *rubra* 33, 43, 94
– *scoparia* **174**, *174*
– *tenuifolia* 68, **172**
– *valesiaca* 86, **172**, *173*
Fettblatt (*Sedum*) **217**, *217*, *218*
Fetthenne (*Sedum*) 29, 95, 110, 115, 118, 123, *123*, 124, **217**, *217*, *218*
Fettwiese 59, *59*, 61, *65*, 66, 68
Feuchtwiese 57, 59, 60, *60*, 66, *66*, 68
Feuerland-Rippenfarn (*Blechnum*) **144**, *144*
Filziges Hornkraut (*Cerastium*) **155**, *155*
Fingersegge (*Carex*) **150**
Fingerstrauch (*Potentilla*) 111, 112
Flachwachsender Straußfarn (*Matteuccia*) **189**
Flaschenbürstengras (*Hystrix*) 85, 128, **182**, *182*
Flatterbinse (*Juncus*) *20*, **183**, *183*
Flauschfedergras (*Stipa*) **223**, *223*
Flechtsimse (*Scirpus*) **216**
Fleißiges Lieschen (*Impatiens*) 113
Flügelfarn (*Thelypteris*) **224**
Flutender Schwaden (*Glyceria*) **179**, *180*
Flutendes Süßgras (*Glyceria*) **179**, *180*
Fontänengras (*Pennisetum*) **198**
Fortunes Sichelfarn (*Cyrtomium*) **159**, *159*
Französisches Raygras (*Arrhenatherum*) **138**, *139*
Frauenfarn (*Athyrium*) 13, *13*, 22, 99, **142**, *142*, *143*
Frauenhaarfarn (*Adiantum*) 99, 105, **136**, *136*
Frauenmantel *119*
Frühes Federgras (*Stipa*) **223**, *223*
Frühjahrsheide (*Erica*) **168**, *168*
Frühlingsgedenkemein (*Omphalodes*) 116
Frühlingshainsimse (*Luzula*) **187**
Frühlingsschneesegge (*Carex*) **150**
Fuchsrote Segge (*Carex*) 80, 87, **152**

G

Gabelblattsilberwermut (*Artemisia*) **139**, *139*
Gabelstreifenfarn (*Asplenium*) **141**, *142*
Galeobdolon luteum siehe *Lamiastrum* **185**, *186*
Galium odoratum (Waldmeister) 116
Gartensandrohr (*Calamagrostis*) *26–27*, *128*, **147**, *147*
Gaultheria procumbens (Scheinbeere)126
Gebirgsfrauenfarn (*Athyrium*) **142**, *143*
Gebirgsheide (*Erica*) **168**, *168*
Gebrauchsrasen 33–35, 46
Gefleckte Taubnessel (*Lamium*) *26–27*, 114, **186**, *186*
Geißbart (*Aruncus*) 114
Gelappter Schildfarn (*Polystichum*) **211**, *212*
Gelbbunter Buschbambus (*Pleioblastus*) 79, **205**, *205*
Gelbfurchenbambus (*Phyllostachys*) **203**, *204*
Gelbgrubenunrund (*Phyllostachys*) **203**, *204*
Geranium (Storchschnabel) 14, 63, 111, 114, 124, **176**
– x *cantabrigiense* 178
– x *cantabrigiense* 'Biokovo' **177**, *178*
– *endressii* **177**
– *ibericum* x *Geranium platypetalum* **176**, *176*
– *macrorrhizum* 115, **177**, *177*
– *macrorrhizum* x *Geranium dalmaticum* **177**, *178*
– *maculatum* **176**
– x *magnificum* **176**, *176*
– *nodosum* **177**
– *phaeum* **176**, *176*
– *platypetalum* **176**, *176*
– *pratense* 71, **176**
– *renardii* **177**, *178*
– *sanguineum* **177**
– *sylvaticum* **177**
– *wlassovianum* **176**, *177*
Geröllwimperfarn (*Woodsia*) **229**
Gerste (*Hordeum*) 19, **181**, *181*
Gesägter Tüpfelfarn (*Polypodium*) 29, **208**
Geschlängelte Schmiele (*Deschampsia*) **162**, *163*
Gewöhnliche Eibe (*Taxus*) 113
Gewöhnliche Hirschzunge (*Phyllitis*) **202**, *202*
Gewöhnliche Mahonie (*Mahonia*) 14, 112
Gewöhnlicher Blasenfarn (*Cystopteris*) **160**, *160*
Gewöhnlicher Dornfarn (*Dryopteris*) 99, 101, **164**, *165*
Gewöhnlicher Dost (*Origanum*) 116
Gewöhnlicher Efeu (*Hedera*) 15, 112
Gewöhnlicher Felberich (*Lysimachia*) 71
Gewöhnlicher Rippenfarn (*Blechnum*) **144**, *144*
Gewöhnlicher Tüpfelfarn (*Polypodium*) **208**, *209*
Gewöhnlicher Wacholder (*Juniperus*) 113
Gewöhnlicher Wurmfarn (*Dryopteris*) **163**, *164*
Gewöhnliches Heidekraut (*Calluna*) 111, 115, 125, *125*, 127, 129, 131, **148**, *148*, *149*
Gewöhnliche Simse (*Scirpus*) **216**, *217*
Gewöhnliches Katzenpfötchen (*Antennaria*) 116
Gilbweiderich (*Lysimachia*) **188**, *188*
Glanzgras (*Phalaris*) **200**, *200*
Glanzsamen (*Phalaris*) **200**, *200*
Glanzschildfarn (*Polystichum*) *26–27*, 99, **211**, *212*
Glatthafer (*Arrhenatherum*) 17, 58, 59, 68, 86, *86*, 89, **138**, *139*
Glechoma hederacea (Gundermann) 111, 118, 122, **178**, *179*
Gletscherschwingel (*Festuca*) 10, 84, 87, **174**
Glockenheide (*Erica*) 129, **168**, *168*, *169*
Glyceria (Schwaden) 84, **179**
– *aquatica* **179**
– *fluitans* **179**, *180*
– *maxima* 20, **179**
– *maxima* 'Variegata' *179*
– *spectabilis* **179**
Goldährengras (*Achnatherum*) **135**, *135*
Goldbaldrian (*Patrinia*) 117, 118
Goldbandleistengras (*Spartina*) 79
Goldbartgras (*Sorghastrum*) 84, 87, 89, **221**, *221*
Golderdbeere (*Waldsteinia*) 111, 114, **228**, *228*
Goldfelberich (*Lysimachia*) 63
Goldfingerkraut (*Potentilla*) 117, 118
Goldhafer (*Trisetum*) 68
Goldmoos-Sedum (*Sedum*) *29*, 32, 117, **217**
Goldnessel (*Lamiastrum*) 24, 110, 114, 118, 123, *124*, **185**, *186*
Goldrohrbambus (*Phyllostachys*) **203**, *203*
Goldschuppenfarn (*Dryopteris*) 101, 111, **163–164**, *164*

Gränke (*Andromeda*) 126
Gräser (siehe auch Ziergräser) 10–12, 17–20, *25*, *26–27*, *42*, 63, 68, **76–89**, *76–77*, *84*, *87*, 114, 128, *128*
Graue Seesimse (*Scirpus*) **216**
Grauheide (*Erica*) **168**
Großblättriger Chinesischer Schattenbambus (*Indocalamus*) **182**, *183*
Großblättriger Schattenbambus (*Indocalamus*) **182**, *183*
Großblumiger Ziest (*Stachys*) 63
Große Braunelle (*Prunella*) 117, 118
Großer Tüpfelfarn (*Polypodium*) **208**
Großer Wimperfarn (*Woodsia*) 103, **229**, *229*
Großes Immergrün (*Vinca*) 114, **227**, *227*
Großes Süßgras (*Glyceria*) **179**
Großes Zittergras (*Briza*) **145**
Großkelchiges Johanniskraut (*Hypericum*) **181**, *182*
Grünblauer Bambus (*Phyllostachys*) **204**, *204*
Gründüngungspflanzen 40, *40*, 60, *120*, 121
Grüner Schwarzrohrbambus (*Phyllostachys*) **203**
Grüner Streifenfarn (*Asplenium*) 100, **141**
Grünes Kopfgras (*Sesleria*) 29, 84, **219**
Grüne Steinfeder (*Asplenium*) **141**
Grünstieliger Streifenfarn (*Asplenium*) **141**
Gundelrebe (*Glechoma*) **178**, *179*
Gundermann (*Glechoma*) 32, 111, 118, 122, **178**, *179*
Günsel (*Ajuga*) **137**, *138*

H

Haarästige Hirse (*Panicum*) **197**
Haarhainsimse (*Luzula*) **187**
Haarmarbel (*Luzula*) **187**
Haarschildfarn (*Polystichum*) **211**, *212*
Haarschotengras (*Bouteloua*) **144**, *145*
Haarschwingel (*Festuca*) 68, 84, **172**
Haarstielhirse (*Panicum*) 84, **197**
Hahnenkamm-Hirschzungenfarn (*Phyllitis*) 202
Hainrispengras (*Poa*) 39, 68
Hainsimse (*Luzula*) 19, 28, 79, 80, 81, 83, 86, 99, 111, 114, **187**, *187*
Hängesegge (*Carex*) **150**, *150*, **154**, *154*
Harter Schildfarn (*Polystichum*) **211**, *212*
Hartheu (*Hypericum*) **181**, *182*
Haselwurz (*Asarum*) 23, *24*, 99, 111, 114, **141**, *141*
Hasenohren (*Stachys*) **222**, *222*
Hasenpfeffer (*Asarum*) **141**, *141*
Hasenschwänzchen (*Lagurus*) **185**, *185*
Hasenschwanzgras (*Lagurus*) 17, 80, 84, *88*, **185**, *185*
Heckenmyrte (*Lonicera*) 112, 119
Hedera helix (Gewöhnlicher Efeu) 15, 112
Heide (*Erica*) 111, 115, 127, 129, 131, **168**, *168*, *169*
Heidegarten 101, **125–131**, *125*, *129*, *130*
– Gestaltung 127–129
– Pflanzenschutz 130–131
– Pflanzung 129–130
– Pflege 130–131
– Vermehrung 131, *131*
Heidekraut (*Calluna*) **148**, *148*, *149*
Heidekräuter **108–131**
Heidelbeere (*Vaccinium*) 126
Heidenelke (*Dianthus*) *127*, 128
Helictotrichon sempervirens (Blaustrahlhafer) 83, 86, 89, **180**, *180*
Hellgrüner Schirmbambus (*Fargesia*) *19*, **170**, *171*
Herbstheide (*Calluna*) **148**, *148*, *149*
Herbstkopfgras (*Sesleria*) *128*, **219**
Herzblättrige Schaumblüte (*Tiarella*) 99, 111, 114, *114*, 119, **226**, *226–227*
Herzzittergras (*Briza*) 68, 86, **145**, *145*
x *Heucherella tiarelloides* (Teppichpurpurglöckchen) 116
Himalaja-Frauenhaarfarn (*Adiantum*) 22, **136**, *136*
Himalaja-Venushaarfarn (*Adiantum*) **136**, *136*
Hiobsträne (*Coix*) **158**, *158*
Hiobstränengras (*Coix*) 80, **158**, *158*
Hippophaë (Sanddorn) 125
Hirschzunge (*Phyllitis*) 21, 22, *26–27*, 98, 99, *101*, 104, **202**, *202*, *203*
Hirschzungenfarn (*Phyllitis*) **202**, *202*
Hirschzungengras (*Panicum*) **197**, *197*
Hirse (*Panicum*) 11, 79, **197**, *197*
Hordeum jubatum (Mähnengerste) 18, 83, **181**, *181*
Hornbleiwurz (*Ceratostigma*) **156**, *156*
Hornkraut (*Cerastium*) 24, *24*, 32, 115, **155**, *155*
Hornnarbe (*Ceratostigma*) **156**, *156*
Horstrotschwingel (*Festuca*) 33, 35, 42, 43, 68
Hosta lancifolia (Lanzenfunkie) 116, 123
Hufeisenfarn (*Adiantum*) **136**, *136*
Hundskamille (*Anthemis*) **138**, *138*
Hundsstraußgras (*Agrostis*) 33, 43
Hydrangea anomala ssp. *petiolaris* (Kletterhortensie) 113
Hypericum (Johanniskraut) **181**
– *calycinum* 115, 121, 122, **181**, *182*
– *perforatum* 71
Hystrix patula (Flaschenbürstengras) 85, 128, **182**, *182*

I

Iberis sempervirens (Immergrüne Schleifenblume) 115, 116
Igelpolster (*Acantholimon*) 115, 122, **135**, *135*
Ilex-Farn (*Cyrtomium*) 100, **159**, *159*
Immergrün (*Vinca*) 14, *14*, 15, 111, *117*, 123, **227**, *227*
Immergrüner Halbrohrbambus (*Sasa*) **215**
Immergrüner Palmwedelbambus (*Sasa*) **215**
Immergrüner Schirmbambus (*Fargesia*) **170**, *171*
Immergrüne Schleifenblume (*Iberis*) 115, 116, 118
Immergrüne Strauchmispel (*Cotoneaster*) 112
Immergrüne Zwergmarbel (*Luzula*) **187**
Impatiens walleriana (Fleißiges Lieschen) 113
Imperata sacchariflora siehe *Miscanthus* **191**, *193*
Indianergras (*Sorghastrum*) **221**, *221*
Indische Erdbeere (*Duchesnea*) 14, 23, 110, 119, 123, **166**, *166*
Indocalamus tesselatus (Großblättriger Schattenbambus) **182**, *183*
Irische Glockenheide (*Daboecia*) **161**, *161*
Irische Heide (*Daboecia*) 127, **161**, *161*
Irische Heide (*Erica*) 127
Italienisches Blaugras (*Sesleria*) **219**

J

Japanischer Frauenfarn (*Athyrium*) 99, 104, 111, **142**
Japanischer Glanzschildfarn (*Polystichum*) **211**, *212*
Japanischer Säulenbambus (*Semiarundinaria*) **218**, *218*
Japanischer Straußenfederfarn (*Matteuccia*) **189**
Japanische Strauchspiere (*Spiraea*) 111
Japan-Segge (*Carex*) 89, 115, **150**, *150*
Johanniskraut (*Hypericum*) **181**, *182*
Juncus (Binse) 19, 28, 60, 84, 86, **183**
– *communis* **183**, *183*
– *compressus* **183**
– *decipiens* **183**, *183*
– *effusus* **183**, *183*
– *effusus* 'Spiralis' 84
– *ensifolius* 84, **183**, *184*
– *glaucus* **183**
– *inflexus* 79, 87, **183**
Juniperus (Wacholder) 111
– *chinensis* 113
– *communis* 113
– *horizontalis* 113
– *sabina* 113
– *squamata* 113

K

Kalifornischer Schwertfarn (*Polystichum*) **210**, *210*
Kalkblaugras (*Sesleria*) 84, **219**
Kamille (*Matricaria*) 32, **188**, *188*
Kammgras (*Cynosurus*) 35, 43, 68
Kammschmiele (*Koeleria*) **184**, *185*
Kamtschatka-Beifuß (*Artemisia*) 114, **139**

Kamtschatka-Sedum (*Sedum*) **217**
Kanariengras (*Phalaris*) **200**, *200*
Kantabrische Bergheide (*Daboecia*) **161**, *161*
Kapuzinerkresse (*Tropaeolum*) 40, *40*, 113, *113*
Kartäuserwurmfarn (*Dryopteris*) **164**, *165*
Kaukasus-Sedum (*Sedum*) **217**, *218*
Kaukasus-Storchschnabel (*Geranium*) **177**, *178*
Kaukasus-Vergißmeinnicht (*Brunnera*) 116
Kaukasus-Wallwurz (*Symphytum*) 117
Kissenastern (*Aster-Dumosus-Hybriden*) 116
Kleefarne (*Marsileaceae*) 21
Kleine Binse (*Juncus*) **183**, *184*
Kleines Immergrün (*Vinca*) 114, **227**, *227*
Kleines Pampasgras (*Pennisetum*) **198**
Kleines Zittergras (*Briza*) 84, **145**
Kletterhortensie (*Hydrangea*) 113
Knäuelgras (*Dactylis*) 17, **161**, *162*
Knaulgras (*Dactylis*) **161**, *162*
Knollenbinse (*Juncus*) **183**
Knollenglatthafer (*Arrhenatherum*) **138**
Knotenstorchschnabel (*Geranium*) **177**
Knöterich (*Polygonum*) **208**, *208*
Knotiger Storchschnabel (*Geranium*) **177**
Koeleria glauca (Blaugrünes Schillergras) 10, 68, 80, 86, **184**, *185*
Kolbenhirse (*Setaria*) 84, **220**, *220*
Königsfarn (*Osmunda*) 22, *26–27*, *98*, 99, 101, 105, 106, 107, **195**, *195*, *196*
Kopfgras (*Sesleria*) **219**, *219*
Krähenbeere (*Empetrum*) 126
Krauser Pfauenradfarn 100
Kräuterrasen *34*, *36–37*, 59–60, *59*, *61*, 62
Kriechender Günsel (*Ajuga*) 24, *24*, 59, *62*, 69, 70, 111, 118, 119, 122, 123, **137**, *138*
Kriechender Knöterich (*Polygonum*) 113
Kriechspindel (*Euonymus*) 111, 112, 115
Kriechwacholder (*Juniperus*) 113
Kriechweide (*Salix*) 118
Kronenfarn (*Osmunda*) **195**, *196*
Krummholzkiefer (*Pinus*) 113
Kupferhirse (*Panicum*) 79, 197
Kurilen-Zwergbambus (*Sasa*) **215**

L

Lagurus ovatus (Hasenschwanzgras) 17, 80, 84, **185**, *185*
Lamiastrum galeobdolon (Goldnessel) 24, 110, 114, 118, 123, **185**, *186*
Lamium (Taubnessel) **186**
– *galeobdolon* siehe *Lamiastrum* **185**, *186*
– *luteum* siehe *Lamiastrum* **185**, *186*
– *maculatum* 114, **186**, *186*
Lampenputzergras (*Pennisetum*) 78–79, **198**, *198*, *199*
Lanzenfarn (*Polystichum*) **210**, *210*
Lanzenfunkie (*Hosta*) 116, 119, 123
Lanzenschildfarn (*Polystichum*) **210**, *210*
Lappenfarn (*Thelypteris*) **224**, *224*, *225*
Lasiagrostis calamagrostis siehe *Achnatherum* **135**, *135*
Lavendelheide (*Andromeda*) 126, *129*
Lebendgebärendes Alpenrispengras (*Poa*) **207**, *207*
Ledum palustre (Sumpfporst) 126
Lehmboden 38, 39
Leiophyllum buxifolium (Sandmyrte) 126
Leucothoë walteri (Traubenheide) 126
Limonium (Meerlavendel) 125
Lithospermum purpurocaeruleum siehe *Buglossoides* **146**, *147*
Lobelia erinus (Männertreu) 113
Lobularia maritima (Duftsteinrich) 113
Lolium perenne (Deutsches Weidelgras) 19, 34, 35, 43, 68
Lonicera (Heckenkirsche)
– *nitida* 112
– *pileata* 14, 111, 112
Lorbeerkirsche (*Prunus*) 112, 119
Lungenkraut (*Pulmonaria*) 117
Luzula (Hainsimse) 19, 28, 79, 80, 81, 83, 86, 99, 111, **187**
– *maxima* **187**, *187*
– *multiflora* 19
– *nivea* **187**, *187*
Luzula Forts.
– *pilosa* 87, **187**
– *sylvatica* 85, 129, **187**, *187*
Lysimachia (Felberich) **188**
– *nummularia* 28, 110, 118, 119, 123, **188**, *188*
– *punctata* 63
– *vulgaris* 71

M

Macrochloa arenaria siehe *Stipa* **223**, *223*
Magerwiese 57, *57*, 60, 61, 66, *69*
Mähen 34, 44, *44*, 46–47, *46*, *47*, 74–75
Mähnengerste (*Hordeum*) 18, 83, 89, **181**, *181*
Mahonia aquifolium (Gewöhnliche Mahonie) 112
Maiglöckchen (*Convallaria*) 99, 116
Mandschurischer Storchschnabel (*Geranium*) **176**, *177*
Mannaschwaden (*Glyceria*) **179**, *180*
Männertreu (*Lobelia*) 113
Marbel (*Luzula*) **187**, *187*
Marsileaceae (Kleefarne) 21
Mastkraut (*Sagina*) **214**, *215*
Matricaria caucasica (Teppichkamille) 114, **188**, *188*
Mattenbuschbambus (*Pleioblastus*) 110, **205**, *205*
Matteuccia (Straußfarn) 101, 105, **189**
– *orientalis* **189**
– *pensylvanica* **189**, *189*
– *struthiopteris* 104, **189**, *189*
– *struthiopteris* var. *pensylvanica* **189**, *189*
Mauerpfeffer (*Sedum*) 95, **217**, *217*, *218*
Mauerraute (*Asplenium*) 101, 106, **141**, *141*
Mauerstreifenfarn (*Asplenium*) **141**, *141*
Meerlavendel (*Limonium*) 125
Melica (Perlgras) 28, 83, 89, **190**
– *altissima* 20, **190**, *190*
– *ciliata* 68, 84, 94, **190**, *191*
– *nebrodensis* **190**, *191*
– *nutans* 20, 85, **190**
– *transsilvanica* **190**
– *uniflora* **190**, *191*
Mentha pulegium (Poleiminze) 15
Microbiota decussata (Fächerwacholder) 113
Milder Mauerpfeffer (*Sedum*) **217**
Militz (*Glyceria*) **179**
Militz (*Phalaris*) **200**, *200*
Milium clandestinum siehe *Panicum* **197**, *197*
Milzfarn (*Ceterach*) **156**, *157*
Miscanthus (China-Schilf) 12, 17, 20, 78, 81, 86, **191**
– *floridulus* **191**, *192*
– *japonicus* **191**, *192*
– *sacchariflorus* **191**, *193*
– *sinensis* **191**, *192*
– *sinensis* 'Giganteus' **191**, *192*
Mittelmeer-Heide (*Erica*) 127
Molinia (Pfeifengras) 79, 87, 128, **193**
– *altissima* **193**, *194*
– *arundinacea* 81, **193**, *194*
– *caerulea* 60, 68, **193**, *193*
– *caerulea* ssp. *altissima* **193**, *194*
– *caerulea* ssp. *arundinacea* **193**, *194*
– *caerulea* ssp. *caerulea* **193**, *193*
– *caerulea* ssp. *litoralis* **193**, *194*
– *litoralis* **193**, *194*
Mondraute *12*
Monte-Baldo-Segge (*Carex*) **152**
Moorblaugras (*Sesleria*) **219**, *219*
Moorheide (*Erica*) **168**
Moorhexe (*Molinia*) **193**, *193*
Moorwollgras (*Eriophorum*) **169**, *170*
Moosbeere (*Vaccinium*) 126
Moos im Rasen 51
Morgensternsegge (*Carex*) 80, *80*, **154**, *154*
Moskitogras (*Bouteloua*) 84, 85, 86, **144**, *145*
Münzkraut (*Lysimachia*) **188**, *188*

N

Nardus stricta (Borstgras) 68
Natal-Gras (*Rhynchelytrum*) **214**, *214*
Nebelgras (*Agrostis*) **137**, *137*
Nebelstraußgras (*Agrostis*) 78, 89, **137**, *137*
Nepeta hederacea siehe *Glechoma* **178**, *179*
Nephrolepis exaltata (Schwertfarn) 29
Nestkopfgras (*Sesleria*) **219**
Neuseeland-Segge (*Carex*) **152**
Nickendes Perlgras (*Melica*) 20, 85, **190**
Nipponocalamus chino siehe *Pleioblastus* **205**
Nipponocalamus pygmaeus siehe *Pleioblastus* **205**, *206*
Nipponocalamus simonii siehe *Pleioblastus* **205**

Nördlicher Streifenfarn (*Asplenium*) **141**, *142*
Nördlicher Wimperfarn (*Woodsia*) **229**

O

Omphalodes verna (Frühlingsgedenkemein) 116
Onobrychis viciifolia (Spanisches Kleegras) 32
Onoclea sensibilis (Perlfarn) 101, 105, **194**, *194*
Orientalisches Lampenputzergras (*Pennisetum*) **198**, *199*
Origanum vulgare (Gewöhnlicher Dost) 116
Ormenis nobilis siehe *Chamaemelum* **157**, *157*
Osmunda (Königsfarn) 101, 105, 106, 107, **195**
– *cinnamomea* **195**
– *claytoniana* **195**, *196*
– *imbricata* **195**
– *interrupta* **195**, *196*
– *regalis* 22, **195**, *195*
Ostasiatischer Lappenfarn (*Thelypteris*) **224**, *224*

P

Pachysandra terminalis (Ysander) 15, 111, 118, 119, 124, **196**, *196*
Palmwedelbambus (*Sasa*) **215**
Palmwedelsegge (*Carex*) **154**, *155*
Pampasgras (*Cortaderia*) 12, 78, *78*, *85*, 86, 87, *132–133*, **158**, *159*
Panicum (Hirse) 11, 79, **197**
– *capillare* 84, **197**
– *clandestinum* 78, **197**, *197*
– *coloratum* **197**, *197*
– *germanicum* siehe *Setaria* **220**, *220*
– *italicum* siehe *Setaria* **220**, *220*
– *virgatum* 78, **197**, *197*
– *virgatum* 'Rehbraun' 79
Patrinia triloba (Goldbaldrian) 117, 118
Pennisetum (Federborstengras) 86, **198**
– *alopecuroides* 78–79, **198**, *198*
– *compressum* **198**, *198*
– *flaccidum* **198**
– *incomptum* **198**
– *japonicum* **198**, *198*
Pennisetum Forts.
– *longistylum* **198**, *199*
– *macrostachyum* **198**
– *orientale* **198**, *199*
– *purpurascens* **198**, *198*
– *rueppellianum* **198**
– *rueppellii* **198**
– *setaceum* 84, **198**
– *villosum* **198**, *199*
Pennsylvania-Trichterfarn (*Matteuccia*) **189**, *189*
Perlfarn (*Onoclea*) 100, 101, 105, **194**, *194*
Perlgras (*Melica*) 28, 83, 89, **190**, *190*, *191*
Perlpfötchen (*Anaphalis*) 116
Pernettya mucronata (Torfmyrte) 126
Persicaria affinis siehe *Polygonum* **208**, *208*
Petersbart (*Dryas*) **163**, *163*
Pfahlrohr (*Arundo*) 10, 80, 81, 87, **140**, *140*
Pfauenradfarn (*Adiantum*) 99, 111, **136**, *136*
Pfeifengras (*Molinia*) 60, 68, 79, *79*, 80, 83, 87, 128, *128*, **193**, *193*, *194*
Pfeilbambus (*Pseudosasa*) **213**, *213*
Pfennigkraut (*Lysimachia*) *24*, 28, 110, 118, 119, 123, **188**, *188*
Pfriemengras (*Stipa*) **223**, *223*, *224*
Pfriemenmastkraut (*Sagina*) **214**, *215*
Phalaris (Glanzgras) **200**
– *arundinacea* **200**, *200*
– *arundinacea* 'Picta' 79
– *canariensis* **200**, *200*
Phalaroides arundinacea siehe *Phalaris* **200**, *200*
Phegopteris connectilis siehe *Thelypteris* **224**
Phleum pratense (Wiesenlieschgras) 17, 58, 68
Phlox-Douglasii-Hybriden 117
Phlox-Subuluta-Hybriden 117
Phragmites (Schilf) 84, **201**
– *australis* 11, **201**, *201*
– *australis* 'Variegatus' *201*
– *communis* **201**, *201*
pH-Wert des Bodens 39
Phyllitis (Hirschzunge) **202**
– *scolopendrium* 21, 22, 99, 104, **202**, *202*
– *scolopendrium*, 'Angustifolia'-Gruppe *202*
– *scolopendrium*, 'Cristata'-Gruppe *203*
Phyllodoce empetriformis (Blauheide) 126
Phyllostachys (Unrund) **203**
– *aurea* **203**, *203*
– *aureosulcata* **203**, *204*
– *bambusoides* var. *aurea* **203**, *203*
– *elegans* **203**, *204*
– *fastuosa* siehe *Semiarundinaria* **218**, *218*
– *flexuosa* **203**
– *henonis* **203**
– *nigra* **203**
– *nigra* 'Henon' **203**
– *nigra* 'Henonensis' **203**
– *nigra* var. *henonis* **203**
– *nigra* var. *nigra* **203**
– *puberula* **203**
– var. *nigra* 203
– *viridiglaucescens* **203**, *204*
– *viridi-glaucescens* **203**, *204*
Pinus mugo ssp. *mugo* (Krummholzkiefer) 113
Plattährengras (*Chasmanthium*) 89, **157**, *158*
Platthalmbinse (*Juncus*) **183**
Pleioblastus (Buschbambus) 82, 111, **205**
– *argenteostriatus* f. *pumilus* **205**, *205*
– *auricomus* 79, **205**, *205*
– *chino* **205**
– *chino* var. *viridis* f. *pumilus* **205**, *205*
– *humilis* var. *pumilus* **205**, *205*
– *kongosanensis* 'Auricomus' **205**, *205*
– *pygmaeus* **205**, *205*, *206*
– *simonii* **205**
– *viridistriatus* **205**, *205*
Poa (Rispengras) 81, 87, 93, **207**
– *alpina* var. *alpina* **207**
– *alpina* var. *vivipara* **207**, *207*
– *aquatica* siehe *Glyceria* **179**
– *caesia* **207**, *207*
– *chaixii* 83, **207**
– *glauca* 80, **207**, *207*
– *glauca* siehe *Koeleria* **184**, *185*
– *nemoralis* 39, 68
– *palustris* 68
– *pratensis* 35, 43, 68, 94
– *sudetica* **207**
Poleiminze (*Mentha*) 15
Polsterphlox (*Phlox*) *24*, 117
Polstersegge (*Carex*) **152**, *153*
Polygonum (Knöterich) **208**
– *affine* 111, 118, 119, 121, **208**, *208*
– *bistorta* 71
– *capitatum* 113
Polypodium (Tüpfelfarn) 104, **208**
– *filix-femina* siehe *Athyrium* **142**, *142*
– *interjectum* 29, **208**
– *interjectum* 'Cornubiense' *209*
– *vulgare* 129, **208**, *209*
– *vulgare* ssp. *prionodes* **208**
Polystichum (Schildfarn) 99, 101, 105, **210**
– *acrostichoides* **210**
– *aculeatum* 99, **211**, *212*
– *aculeatum* var. *japonicum* **211**, *212*
– *angulare* **211**
– *braunii* **211**, *212*
– *falcatum* var. *fortunei* siehe *Cyrtomium* **159**, *159*
– *japonicum* **211**, *212*
– *lobatum* **211**, *212*
– *lonchitis* **210**, *210*
– *munitum* **210**, *210*
– *polyblepharum* **211**, *212*
– *setiferum* 99, 101, **211**
– *setiferum* 'Proliferum Herrenhausen' *211*
– *setiferum* 'Proliferum Plumosum Densum' *211*
Potentilla (Fingerkraut)
– *aurea* 117
– *fruticosa* 111, 112
Prachtfedergras (*Stipa*) 68, **223**, *224*
Prachtstorchschnabel (*Geranium*) *14*, *108–109*, *119*, **176**, *176*
Prärieseilgras (*Spartina*) **221**
Preiselbeere (*Vaccinium*) 126
Prunella grandiflora (Große Braunelle) 117
Prunus laurocerasus (Lorbeerkirsche) 112
Pseudosasa japonica (Pfeilbambus) **213**, *213*
Pulmonaria saccharata (Lungenkraut) 117
Purpurblauer Steinsame (*Buglossoides*) **146**, *147*
Purpurfederborstengras (*Pennisetum*) *26–27*, *83*, 84, **198**
Pyrenäen-Federgras (*Stipa*) **223**, *223*
Pyrenäen-Schwingel (*Festuca*) **174**, *174*
Pyrenäen-Storchschnabel (*Geranium*) **177**

Q

Quendel (*Thymus*) 95, 115, **225**, *226*

R

Ränkgras (*Achnatherum*) **135**, *135*
Raoulia australis (Schafsteppich) 117
Rasen 11, 21, **30–53**, *30–31, 32, 33, 35, 38, 44*
– Anlage 42–45
– Aussaat 43–44, *43*
– Belüftung 49
– Bewässerung 48–49, *48*
– Düngung 47–48
– Fertigrasen 45
– Gebrauchsrasen 33–35, 46
– Kräuterrasen *34, 36–37*, 59–60, *59, 61*, 62
– Mähen *44*, 46, *46*
– Rasengräser 43
– Rasenpflege 46–53
– Rasenplatten *44–45*
– Rasensoden *42, 44*
– Rollrasen 45, *45*
– Schäden in Rasenflächen 49–50, 51, *51*, 52, *52*, 53
– Spielrasen 33–35, 42, 43
– Strapazierrasen *26–27*, 35, 42, 43
– Zierrasen *26–27*, 33, *34, 36–37*, 42, 43, 46, 47
Rasenschmiele (*Deschampsia*) *26–27*, 60, 68, *88*, 89, 128, 129, **162**, *162*
Rasiger Wimperfarn (*Woodsia*) **229**
Rauhgras (*Achnatherum*) **135**, *135*
Rauschbeere (*Vaccinium*) 126
Rebhuhnbeere (*Gaultheria*) 126
Regenbogenschwingel (*Festuca*) *87*, **172**, *173*
Reiherfedergras (*Stipa*) **223**
Reitgras (*Calamagrostis*) 79, **147**, *147, 148*
Rhododendron-Repens-Hybriden (Zwergrhododendron) 112
Rhynchelytrum (Natal-Gras) **214**
– *nerviglume* **214**, *214*
– *repens* 80, **214**, *214*
– *roseum* **214**, *214*
Riesen-China-Schilf (*Miscanthus*) **191**, *192*
Riesenfedergras (*Stipa*) 81, **223**, *223*
Riesen-Miscanthus (*Miscanthus*) **191**, *192*
Riesenperlgras (*Melica*) 20, **190**, *190*
Riesenpfeifengras (*Molinia*) 81, **193**, *194*
Riesenschilf (*Arundo*) **140**, *140*
Riesenschwingel (*Festuca*) 99, **175**
Riesensegge (*Carex*) 79, *84*, **150**, *150*
Riesenwurmfarn (*Dryopteris*) **165**
Rippenfarn (*Blechnum*) 21*, 104, **144**, *144*
Rispengras (*Poa*) 81, 87, 93, **207**, *207*
Roggentrespe (*Bromus*) **146**
Rohr (*Phragmites*) **201**, *201*
Rohrartiges Pfeifengras (*Molinia*) **193**, *194*
Rohrglanzgras (*Phalaris*) *79*, **200**, *200*
Rohrpfeifengras (*Molinia*) **193**, *194*
Rollrasen 45, *45*
Römische Kamille (*Chamaemelum*) 14, *15*, 24, 32, 114, 117, 122, *122*, **157**, *157*
Rosa (Bodendeckerrose) 110, 112
Rosa Storchschnabel (*Geranium*) **177**
Rosmarinheide (*Andromeda*) 126
Roßschweiffedergras (*Stipa*) **223**
Rostbrauner Wimperfarn (*Woodsia*) **229**
Rotbraune Segge (*Carex*) **152**
Rotes Straußgras (*Agrostis*) 33, 35, 43, 68, 94
Rotklee (*Trifolium*) 54, 58
Rotschleierfarn (*Dryopteris*) 98, 100, **165**, *166*
Rotschwingel (*Festuca*) 33
Rotsporiger Nierenfarn (*Dryopteris*) **165**, *166*
Rubingras (*Rhynchelytrum*) **214**, *214*
Ruchgras (*Anthoxanthum*) 68
Rüsselfarn (*Dryopteris*) *26–27*, **165**, *165*
Rutenhirse (*Panicum*) 78, 79, **197**, *197*

S

Saatgut 42–43, 67–69, *67*, 88
Sadebaum (*Juniperus*) 113
Sagina (Mastkraut) **214**
– *pilifera* **214**, *215*
– *subulata* 28, 110, 117, **214**, *215*
Salix repens (Kriechweide) 118
Salvia pratensis ssp. *pratensis* (Wiesensalbei) 58
Salzbinse (*Scirpus*) **216**
Salzteichsimse (*Scirpus*) **216**
Sammetgras (*Lagurus*) **185**, *185*
Samtgras (*Lagurus*) **185**, *185*
Sandboden 38, *38*, 39, 40, 125
Sanddorn (*Hippophaë*) 125
Sandmyrte (*Leiophyllum*) 126
Sasa (Zwergbambus) 111, **215**
– *albomarginata* **215**, *216*
– *auricoma* siehe *Pleioblastus* **205**, *205*
– *humilis* siehe *Pleioblastus* **205**, *205*
– *japonica* siehe *Pseudosasa* **213**, *213*
– *kurilensis* **215**
– *palmata* **215**
– *palmata* f. *nebulosa* 215, *215*
– *pumila* siehe *Pleioblastus* **205**, *205*
– *pygmaea* siehe *Pleioblastus* **205**, *206*
– *tesselata* siehe *Indocalamus* **182**, *183*
– *veitchii* **215**, *216*
Sasamorpha tesselata siehe *Indocalamus* **182**, *183*
Sauergräser 19, *19*
Säulenbambus (*Semiarundinaria*) **218**, *218*
Säuregrad des Bodens 39
Schafschwingel (*Festuca*) 35, 43, 68, *81*, 86, 94, 128, **172**
Schafsteppich (*Raoulia*) 117
Scharfer Mauerpfeffer (*Sedum*) *92*, 95
Schattenbambus (*Indocalamus*) **182**, *183*
Schattengrün (*Pachysandra*) **196**, *196*
Schattenhartheu (*Hypericum*) **181**, *182*
Schattenrasen *39*
Schattensegge (*Carex*) 10, 79, 86, **150**
Schaumblüte (*Tiarella*) 14, **226**, *226–227*
Scheckenknöterich (*Polygonum*) 110, 111, 118, 119, 121, **208**, *208*
Scheidiges Wollgras (*Eriophorum*) **169**, *170*
Scheinbeere (*Gaultheria*) 126
Scheinerdbeere (*Duchesnea*) **166**, *166*
Scheinzypergrassegge (*Carex*) **154**
Scheinzypersegge (*Carex*) **154**
Schildfarn (*Polystichum*) 99, 101, 104, 105, **210**, *210, 211, 212*
Schilf (*Phragmites*) 11, 84, **201**, *201*
Schilfrohr (*Phragmites*) **201**, *201*
Schillergras (*Koeleria*) 11, **184**, *185*
Schirmbambus (*Fargesia*) 82, **170**, *171*
Schleierfrauenmantel (*Alchemilla*) *26–27*, 116
Schleppenwollgras (*Eriophorum*) **169**, *170*
Schlickgras (*Spartina*) **221**, *221*
Schluffboden 38, 39
Schmalblättriger Dornfarn (*Dryopteris*) **164**, *165*
Schmalblättriges Federgras (*Stipa*) **223**
Schmalblättriges Wollgras (*Eriophorum*) 89, **169**
Schmaler Dornfarn (*Dryopteris*) **164**, *165*
Schmaler Hirschzungenfarn (*Phyllitis*) 202
Schmaler Ilex-Farn (*Cyrtomium*) 29, 104, **159**, *159*
Schmiegsamer Bambus (*Phyllostachys*) **203**
Schmiele (*Deschampsia*) 11, **162**, *162, 163*
Schneehainsimse (*Luzula*) *20*, **187**, *187*
Schneeheide (*Erica*) 125, 129, **168**, *168*
Schneemarbel (*Luzula*) **187**, *187*
Schneesegge (*Carex*) 29, 84, 86, **152**
Schneeweiße Hainsimse (*Luzula*) **187**, *187*
Schoenoplectus lacustris siehe *Scirpus* **216**
Schoenoplectus tabernaemontani siehe *Scirpus* **216**
Schopfsegge (*Carex*) **150**
Schottische Glockenheide (*Daboecia*) **161**
Schottischer Blasenfarn (*Cystopteris*) **160**
Schriftfarn (*Ceterach*) 29, 98, 100, 101, 104, **156**, *157*
Schuppenheide (*Cassiope*) 126, *127*
Schuppiger Wurmfarn (*Dryopteris*) **164**, *164*
Schwaden (*Glyceria*) 84, **179**, *179, 180*
Schwarzbraune Steinfeder (*Asplenium*) **141**
Schwarzer Unrund (*Phyllostachys*) **203**
Schwarzrohrbambus (*Phyllostachys*) **203**
Schwertfarn (*Nephrolepis*) 29
Schwertfarn (*Polystichum*) **210**, *210, 211, 212*
Schwingel (*Festuca*) 11, 79, 81, 83, 85, 89, 93, 111, **172**, *172, 173, 174, 175*

Scirpus (Simse) 19, 28, 84, 85, **216**
– *lacustris 216*
– *lacustris* ssp. *glaucus* **216**
– *lacustris* ssp. *lacustris* **216**
– *lacustris* ssp. *tabernaemontani* **216**
– *lacustris* ssp. *tabernaemontani* 'Zebrinus' 84
– *sylvaticus* **216**, *217*
– *tabernaemontani* **216**
Scolopendrium officinarum siehe *Phyllitis* **202**, *202*
Scolopendrium vulgare siehe *Phyllitis* **202**, *202*
Sedum (Fetthenne) 29, 110, 115, 118, 123, 124, **217**
– *acre* 95
– *aizoon* ssp. *kamtschaticum* **217**
– *album* 95
– *boloniense* **217**
– *cauticolum* 95
– *floriferum* 95, 115, **217**, *217*
– *hybridum* **217**
– *kamtschaticum* **217**
– *mite* **217**
– *reflexum* 95
– *sexangulare* 95, 117, **217**
– *spurium* **217**, *218*
Seebinse (*Scirpus*) **216**
Seefeder (*Blechnum*) 99, **144**, *144*
Seefederrippenfarn (*Blechnum*) **144**, *144*
Seesimse (*Scirpus*) *19*, **216**
Segge (*Carex*) 19, 60, 81, 83, 84, 87, 111, 118, **149**, *150*, *151*, *152*, *153*, *154*, *155*
Seilgras (*Spartina*) **221**, *221*
Semiarundinaria fastuosa (Japanischer Säulenbambus) **218**, *218*
Sesleria (Blaugras) 80, 81, 85, 86, **219**
– *albicans* 84, **219**
– *argentea* **219**, *219*
– *autumnalis* **219**
– *caerulea* **219**, *219*
– *caerulea* ssp. *calcarea* **219**
– *caerulea* ssp. *uliginosa* **219**, *219*
– *caerulea* ssp. *varia* **219**
– *cylindrica* **219**, *219*
– *elongata* **219**
– *filifolia* **219**
– *haynaldiana* **219**
– *heuffeliana* **219**
– *heuffleriana* 29, **219**
– *heufleriana* **219**
– *nitida* **219**
– *rigida* **219**
– *uliginosa* **219**, *219*
– *varia* **219**
Setaria italica (Kolbenhirse) 84, **220**, *220*
Sibirischer Storchschnabel (*Geranium*) **176**, *177*
Sibirisches Lampenputzergras (*Pennisetum*) **198**
Sibirisches Perlgras (*Melica*) **190**, *190*
Sichelfarn (*Cyrtomium*) **159**, *159*
Siebenbürger Perlgras (*Melica*) **190**
Silberährengras (*Achnatherum*) *26–27*, 80, 83, **135**, *135*
Silberbeifuß (*Artemisia*) 28, 115, 118, **139**, *139*
Silberfahnengras (*Miscanthus*) **191**, *193*
Silbergras (*Corynephorus*) 60, 68
Silberhaariges Rauhgras (*Achnatherum*) **135**, *135*
Silberhornkraut (*Cerastium*) **155**
Silberkamille (*Anthemis*) **138**, *138*
Silberrandwaldbambus (*Sasa*) **215**, *216*
Silberrandzwergbambus (*Sasa*) **215**, *216*
Silberraute (*Artemisia*) **139**, *139*
Silbersprudelgras (*Dactylis*) 79
Silberwurz (*Dryas*) 110, 115, *115*, 119, **163**, *163*
Simons-Bambus (*Pleioblastus*) **205**
Simse (*Scirpus*) 19, 28, 84, 85, **216**, *216*, *217*
Sinarundinaria murielae siehe *Fargesia* **170**, *171*
Sinarundinaria nitida siehe *Fargesia* **170**, *171*
Singrün (*Vinca*) **227**, *227*
Sinnfarn (*Onoclea*) **194**, *194*
Sockenblume (*Epimedium*) **167**, *167*, *168*
Sommerheide (*Erica*) **168**, *169*
Sommerschneesegge (*Carex*) **152**
Sorghastrum (Sorghastrum) **221**
– *avenaceum* **221**, *221*
– *nutans* 84, 87, **221**, *221*
Spanisches Kleegras (*Onobrychis*) 32
Spartina (Schlickgras) **221**
– *michauxiana* **221**
– *pectinata* 19, 89, **221**
– *pectinata* 'Aureomarginata' 79, *221*
Spätes Federgras (*Stipa*) **223**
Spielrasen 33–35, 42, 43
Spiraea japonica (Japanische Strauchspiere) 111
Spiralbinse (*Juncus*) 84
Spitzsamen (*Phalaris*) **200**, *200*
Sportrasen 46
Spreuschuppiger Milzfarn (*Ceterach*) **156**, *157*
Spreuschuppiger Schriftfarn (*Ceterach*) **156**, *157*
Stachelnüßchen (*Acaena*) 110, 115, 118, 119, 124, **134**, *134*
Stachelschweingras *81*, 192
Stachelschweinschwingel (*Festuca*) **172**
Stachelschwingel (*Festuca*) 86, **172**
Stachys (Ziest) **222**
– *byzantina* 118, **222**, *222*
– *grandiflora* 63
– *lanata* **222**, *222*
– *olympica* **222**, *222*
Stechnelke (*Acantholimon*) **135**, *135*
Steife Segge (*Carex*) **154**, *154*
Steinfeder (*Asplenium*) *21*, 101, **141**
Steinsame (*Buglossoides*) *26–27*, **146**, *147*
Steinsimse (*Scirpus*) **216**
Sternmoos (*Sagina*) *24*, 28, 110, 117, **214**, *215*
Stipa (Federgras) 80, 83, 85, **223**
– *barbata* **223**
– *calamagrostis* siehe *Achnatherum* **135**, *135*
– *capillata* 68, **223**
– *gigantea* 81, **223**, *223*
– *grafiana* **223**, *224*
– *lagascae* **223**, *223*
– *pennata* **223**, *223*
– *pulcherrima* 68, **223**, *224*
– *stenophylla* **223**
– *tirsa* **223**
Storchschnabel (*Geranium*) 14, 63, 111, 114, *114*, 118, 119, *119*, 123, 124, **176**, *176*, *177*, *178*
Strandsimse (*Scirpus*) **216**, *217*
Strapazierrasen *26–27*, 35, 42, 43
Straußenfarn (*Matteuccia*) **189**, *189*
Straußfarn (*Matteuccia*) *29*, *96–97*, 101, 104, 105, *105*, 111, **189**, *189*
Straußgras (*Agrostis*) 33, 93, **137**, *137*
Streifenfarn (*Asplenium*) 22, 101, 103, **141**, *141*, *142*
Streuwiese 58, *58*, 60
Struthiopteris germanica siehe *Matteuccia* **189**, *189*
Struthiopteris orientalis siehe *Matteuccia* **189**
Struthiopteris pensylvanica siehe *Matteuccia* **189**, *189*
Südlicher Schildfarn (*Polystichum*) **211**
Südlicher Wimperfarn (*Woodsia*) 103, **229**
Sumpfbinse (*Scirpus*) **216**
Sumpffarn (*Thelypteris*) 28, 101, 105, **224**, *224*, *225*
Sumpffeder (*Eriophorum*) **169**
Sumpflappenfarn (*Thelypteris*) **224**, *225*
Sumpfporst (*Ledum*) 126
Sumpfrispengras (*Poa*) 68
Sumpfschmiele (*Deschampsia*) **162**, *162*
Süßgras (*Glyceria*) **179**, *179*, *180*
Süßgräser 17–19, *18*
Süßwasserseilgras (*Spartina*) 19, 78, 89, **221**
Symphytum grandiflorum (Kaukasus-Wallwurz) 117

T

Taube Trespe (*Bromus*) 18, **146**
Taubnessel (*Lamium*) 115, **186**, *186*
Tausendfüßlerfarn (*Thelypteris*) **224**, *224*
Tavels Bastard-Wurmfarn (*Dryopteris*) **164**
Taxus baccata (Gewöhnliche Eibe) 113
Teichbinse (*Scirpus*) **216**
Teichsimse (*Scirpus*) **216**
Tellima grandiflora (Falsche Alraune) 117
Teppichhartriegel (*Cornus*) 111, *111*, 112, 119
Teppichjohanniskraut (*Hypericum*) 15, 115, 121, 122, **181**, *182*
Teppichkamille (*Matricaria*) 114, **188**, *188*
Teppichknöterich (*Polygonum*) **208**, *208*
Teppichmispel (*Cotoneaster*) 118, 112, 121
Teppichpurpurglöckchen (x *Heucherella*) 116
Teppich-Sedum (*Sedum*) *110*, **217**, *218*
Teppichwaldsteinie (*Waldsteinia*) **228**, *228*
Teufelsfarn (*Osmunda*) **195**, *196*
Thamnocalamus spathaceus siehe *Fargesia* **170**, *171*
Thelypteris (Sumpffarn) 105, **224**
– *decursive-pinnata* **224**, *224*
– *hexagonoptera* **224**
– *palustris* 28, 101, **224**, *225*
– *phegopteris* 99, **224**
Thymian (*Thymus*) 15, 29, 32, *32*, 115, *115*, 117, 122, 124, **225**, *226*

Thymus (Thymian) 15, 29, 115, 117, 124, **225**
– *doerfleri* **225**, *226*
– *hirsutus* var. *doerfleri* **225**, *226*
– *lanuginosus* **225**
– *pseudolanuginosus* 119, **225**
– *serpyllum* 95, 115, **225**, *226*
Tiarella cordifolia (Herzblättrige Schaumblüte) 99, 111, 114, 119, **226**, *226–227*
Tonboden 38, *38*, 39
Torfgränke (*Chamaedaphne*) 126
Torfmyrte (*Pernettya*) 126, *129*
Tränengras (*Coix*) **158**, *158*
Traubenheide (*Leucothoë*) 126
Trespe (*Bromus*) 19, 58, 89, **146**, *146*
Tricholaena repens siehe *Rhynchelytrum* **214**, *214*
Tricholaena rosea siehe *Rhynchelytrum* **214**, *214*
Trichterfarn (*Matteuccia*) **189**, *189*
Trifolium pratense (Rotklee) 58
Tripleurospermum caucasicum siehe *Matricaria* **188**, *188*
Trisetum flavescens (Goldhafer) 68
Trockenrasen 66, 68
Trockenwiese 57
Tropaeolum (Kapuzinerkresse) 40, 113
Trugerdbeere (*Duchesnea*) **166**, *166*
Tüpfelfarn (*Polypodium*) 98, 100, 101, 104, 129, **208**, *209*
Typhoides arundinacea siehe *Phalaris* **200**, *200*

U

Ungarisches Blaugras (*Sesleria*) **219**
Ungarwurz (*Waldsteinia*) **228**, *228*
Uniola latifolia siehe *Chasmanthium* **157**, *158*
Unkräuter im Rasen 51
Unrund (*Phyllostachys*) **203**, *203*, *204*

V

Vaccinium (Heidelbeere)
– *myrtillus* 126
– *oxycoccos* 126
– *uliginosum* 126
– *vitis-idaea* 126
Venushaar (*Adiantum*) **136**, *136*
Verbena (Verbene) 113
Verbene (*Verbena*) 113
Vermehrung
– Bodendecker 23, 122–123, *123*
– Farne 22, **105–107**, *105*, *106*, *107*
– Heide 131, *131*
– Ziergräser 86–89
Vertikutieren 49, *49*
Vielblütige Hainsimse (*Luzula*) 19
Vielgewimperter Schildfarn (*Polystichum*) **211**, *212*
Vinca (Immergrün) 14, 15, 111, 123, **227**
– *major* 114, **227**, *227*
– *minor* 114, **227**, *227*
Vogelfußsegge (*Carex*) 83, **150**, *151*
Vogelhirse (*Setaria*) **220**, *220*

W

Wacholder (*Juniperus*) 111
Waldbambus (*Sasa*) **215**, *215*, *216*
Waldfrauenfarn (*Athyrium*) **142**, *142*
Waldhainsimse (*Luzula*) *26–27*, *83*, 85, 129, **187**, *187*
Waldmarbel (*Luzula*) **187**, *187*
Waldmeister (*Galium*) 116
Waldrispengras (*Poa*) 83, **207**
Waldschaumkerze (*Tiarella*) **226**, *226–227*
Waldschmiele (*Deschampsia*) **162**, *163*
Waldsegge (*Carex*) **150**
Waldsimse (*Luzula*) **187**, *187*
Waldsimse (*Scirpus*) **216**, *217*
Waldsteinia (Golderdbeere) 111, 114, **228**
– *geoides* **228**, *228*
– *sibirica* **228**, *228*
– *ternata* **228**, *228*
– *ternata* ssp. *trifolia* **228**, *228*
– *trifolia* **228**, *228*
Waldsteinie (*Waldsteinia*) **228**, *228*
Waldstorchschnabel (*Geranium*) 16, *26–27*, **177**
Walliser Schwingel (*Festuca*) 86, **172**, *173*
Wanderheide (*Erica*) **168**, *169*
Wasserbültensegge (*Carex*) **154**, *154*
Wasserfarn (*Thelypteris*) **224**, *225*
Wasserschwaden (*Glyceria*) 20, **179**
Wassersüßgras (*Glyceria*) **179**
Wegerichsegge (*Carex*) **150**, *151*
Weicher Schildfarn (*Polystichum*) 99, 101, 111, **211**
Weihnachtsfarn (*Polystichum*) **210**
Weingras (*Rhynchelytrum*) **214**, *214*
Weißbunter Knollenglatthafer (*Arrhenatherum*) 79
Weißer Mauerpfeffer (*Sedum*) 95
Weißes Straußgras (*Agrostis*) 33, 43, 68
Weißrandzwergbambus (*Sasa*) **215**, *216*
Wiesenhafer (*Helictotrichon*) **180**, *180*
Wiesenknöterich (*Polygonum*) 71
Wiesenlieschgras (*Phleum*) 17, *17*, 58, 68
Wiesenrispengras (*Poa*) 35, 43, 68, 94
Wiesensalbei (*Salvia*) 58
Wiesenstorchschnabel (*Geranium*) 71, **176**
Wilder Thymian (*Thymus*) **225**, *226*
Wimperfarn (*Woodsia*) 101, 103, 105, **229**, *229*
Wimperheide (*Erica*) 127
Wimperperlgras (*Melica*) 68, *83*, 84, *89*, 94, **190**, *191*
Winde (*Convolvulus*) 113
Winterheide (*Erica*) **168**, *168*
Winterschutz 87, 104
Wollgras (*Eriophorum*) 10, *10*, 80, 83, *86*, **169**, *170*
Wollhaargras (*Rhynchelytrum*) 78, 80, **214**, *214*
Wolliger Thymian (*Thymus*) 119, **225**
Wolliges Federborstengras (*Pennisetum*) **198**, *199*
Wollziest (*Stachys*) 115, 118, *123*, **222**, *222*
Woodsia (Wimperfarn) 101, 103, 105, **229**
– *alpina* 103, **229**
– *hyperborea* **229**
– *ilvensis* 103, **229**
– *ilvensis* ssp. *arvonica* **229**
– *obtusa* 103, **229**, *229*
– *polystichoides* 103, **229**, *229*
Wurmfarn (*Dryopteris*) 21, 22, 99, *100*, 101, 104, **163**, *164*, *165*, *166*

Y

Yadakea japonica siehe *Pseudosasa* **213**, *213*
Ysander (*Pachysandra*) 15, 111, 114, 118, *118*, 119, 124, **196**, *196*

Z

Zarter Schildfarn (*Polystichum*) **211**, *212*
Zebrasimse (*Scirpus*) 84
Zeigerpflanzen 64
Zenobia pulverulenta (Zenobie) 126
Zenobie (*Zenobia*) 126
Zerbrechlicher Blasenfarn (*Cystopteris*) **160**, *160*
Zerna sterilis siehe *Bromus* **146**
Zickzackbambus (*Phyllostachys*) **203**
Ziergräser *15*, *26–27*, **76–89**, *76–77*, 99
– Aussaat 88
– Bewässern 86
– Düngen 86, 87
– Pflanzen 85–89
– Pflegen 85–89
– Pilzbefall 89
– Rückschnitt 86–87
– Saatgut 88
– Standort 83–84
– Vermehrung 86–89
Zierliches Federgras (*Stipa*) **223**, *223*
Zierrasen *26–27*, 33, *34*, *36–37*, 42, 43, 46, 47
Ziest (*Stachys*) **222**, *222*
Zimtfarn (*Osmunda*) **195**
Zittergras (*Briza*) 58, 78, **145**, *145*
Zittergrasartige Trespe (*Bromus*) **146**
Zusammengedrückte Binse (*Juncus*) **183**
Zwenke (*Brachypodium*) 19
Zwergastilbe (*Astilbe*) *110*, 119, 116, 118
Zwergbambus (*Sasa*) 111, **215**, *215*, *216*
Zwergbinse (*Juncus*) 84, **183**, *184*
Zwergblauschwingel (*Festuca*) **172**, *173*
Zwerglorbeer (*Chamaedaphne*) 126
Zwergmispel *15*, *26–27*
Zwergpolstersegge (*Carex*) 84, **152**, *153*
Zwergrhododendron (*Rhododendron-Repens*-Hybriden) 112
Zypergrasähnliche Segge (*Carex*) **154**
Zypersegge (*Carex*) **154**
Zypressenheide (*Cassiope*) 126

Adressen

Pflanzenliebhaber-gesellschaften
Gesellschaft der Staudenfreunde e.V.
Meisenweg 1
65795 Hattersheim

Fachgruppe Gräser und Farne
Arthur Winkelmann
Zieglerweg 13
86447 Aindling

Schweizerische Vereinigung der Farnfreunde
Institut für systematische Botanik
Zolliker Straße 107
CH-8008 Zürich

The British Pteridological Society
Department of Botany
British Museum/Natural History
Cromwell Road
GB-London SW7 5BD

Die Adressen erheben keinen Anspruch auf Vollständigkeit. Wer Genaueres wissen möchte, wendet sich am besten schriftlich an diese Organisationen. Schriftlichen Anfragen sollte stets ein frankierter Rückumschlag bzw. ein internationaler Rückantwortschein beiliegen.

Bildnachweis

Titelfoto: M. Pforr, Langenpreising
Archiv für Kunst und Geschichte, Berlin: 32 r.
A-Z Botanical Collection, GB-Herts: 173 u., 197 o.
J. Becker, Hilden: 8/9, 28 r., 33, 34 u., 35, 38 l.o., 39, 67 u., 82, 84, 101 l., 114 u., 115 l.u., 118 o., 119 o., 119 u., 123 u., 177 o., 226/227
U. Borstell, Essen: 10 u., 12 l.o., 17 l., 17 r.u., 19 o., 20 l., 21 o., 25, 30, 30/31, 78 l., 79 r.o., 83 l.u., 83 r.u., 85 o., 86 l.o., 87 o., 98 l., 102 l., 110 l.u., 122 r.o., 132, 138 o., 143 u., 150 o., 171 u., 177 u., 205 u., 216 u., 229 o.
R. Bühl, Stuttgart: 52 l.M., 52 r.M., 131 r.
Die Grüne Fotoagentur, Bonn:
–/Henseler 51 o., 131 l.
Baumschule Eberts, Baden-Baden:
–/Crampton 183 o.
H. Eisenbeiss, Egling: 10 o., 54/55, 59 r.u., 60 o., 141 u., 227 o.
florastar Bildarchiv, Karben: 138 u.
T. Hagen, Dachau: 80 l.u., 81 o., 85 u., 87 u., 95 o., 96, 101 r.o., 135 u., 139 r., 144 o., 150 u., 151 l., 153 o., 159 u., 160 u., 165 u., 180 r., 187 l., 191 u., 192 o., 194 r., 199 r., 203 u., 204 o., 204 u., 209 l., 209 r., 210 u., 212 l.u., 216 o., 228 u.
Bildarchiv Hansmann, München: 11 l., 11 r.
F. Hecker, Kiel: 14. r., 74 l.u., 92 r.u., 94 u., 129 r., 168 o.
P. Himmelhuber, Regensburg: 29 l., 40, 83 o., 89 r., 91 r., 93 o., 147 r., 158 u., 159 o., 170 o., 181, 185 l., 186 o., 188 r., 189 o., 193 l., 194 l., 201 u., 213, 218 u., 229 u.
Institut für botanisch-ökologische Beratung, München: 19 u., 137, 148 o., 160 o., 163 l., 220
S. & O. Mathews, GB-Isle of Wight: 79 l., 81 u., 104 r.o., 118 r.u., 122 r.u., 161, 166 o., 169 u., 203 o., 226 o.
E. Pforr, Langenpreising: 96/97, 123 o.
M. Pforr, Langenpreising: 12 l.u., 12 r., 17 r.o., 20 r., 22 o., 58 u., 59 l.u., 61 l., 65 r., 69, 74 o., 78 r., 80 r., 94 M.,104 l., 104 r.u., 105 r.o., 118 l.u., 124 r., 129 l.o., 130 l., 153 u., 154 o., 157 o., 170 u., 171 o., 187 r., 223 r.
Plant Pictures World Wide, NL-Haarlem: 146, 175 u.
W. Redeleit, Bienenbüttel: 41, 44 l., 46, 48, 90 o., 90 l.u., 90 r.u., 92 l.o., 92 r.o., 92 l.u., 93 u.
Reinhard-Tierfoto, Heiligkreuzsteinach-Eiterbach: 13 u., 24 u., 32 l., 57 u., 60 u., 63 u., 64 o., 67 o., 88 o., 89 l., 95 M., 103 u., 105 r.u., 120, 134, 135 o., 139 l., 142 r., 145 r., 147 l., 149 u., 152 u., 158 o., 162 o., 165 o., 166 u., 173 o., 176 u., 183 u., 186 u., 195, 196 r., 202 u., 206, 217 o., 219 u.
Bildarchiv M. Ruckszio, Taunusstein: 15, 54, 66, 76, 91 l., 108/109, 111 r., 136 o., 149 o., 176 o.
Bildarchiv Sammer, Neuenkirchen: 62 l., 86 l.u., 117 r., 129 l.u., 152 o., 190, 198, 207 r., 219 o., 223 l.
B. Schaefer, Berlin: 52 l.o., 52 r.u., 124 l.u.
J. Schimmitat, München: 180 l.
M. Schneiders, Lindau: 58 r.o.
T. Schneiders, Lindau: 76/77
U. Schneiders, Breitbrunn: 8, 65 l., 75, 80 l.o., 122 l.
S. Seidl, Altdorf-Eugenbach: 16 o., 86 r.o.,110 r.u., 111 l., 127 r., 140, 142 l., 143 o., 154 u., 157 u., 163 r., 167 l., 167 r., 168 u., 169 o., 172, 175 o., 178 o., 178 u., 182 o., 188 l., 189 u., 191 o., 193 r., 196 l., 201 o., 207 l., 210 o., 211 u., 212 l.o., 212 r., 214 u., 215 u., 224 o., 224 u., 225, 226 u.
Silvestris Fotoservice, Kastl:
–/de Cuveland 132/133
–/Heine 115 l.o.
–/Jacobi 21 u., 103 o., 202 o.
–/Kerscher 34 o.
–/König 200 u.
–/Krahmer 101 r.u.
–/Layer 227 u.
–/Lehmann 95 u.
–/Partsch 56
–/Redeleit 38 l.u., 38 r., 125 u.
–/Riedmiller 42 u., 114 o., 162 u.
–/Skibbe 179 l.
–/Struck 22 u.
–/Walz 94 o.
–/Wernicke 58 l.o.
–/Willner 64 u.
–/Wörle 72
S.O.A., GB-London:
–/Glover 29 r., 98 r.
G. u. S. Stein, Vastorf: 28 l., 42 o., 43, 44 r., 45, 61 r.u.
F. Strauß, Au/Hallertau: 1, 14 l.o., 14 l.u., 62 r., 63 o., 79 r.u., 86 r., 88 l.u., 88 r.u., 110 o., 113, 117 l., 136 u., 141 o., 144 u., 145 l., 148 u., 151 r., 155 l., 155 r., 156, 164 o., 164 u., 174, 179 r., 182 u., 184, 185 r., 192 u., 197 u., 199 l., 208, 211 o., 214 o., 217 u., 221 l., 221 r., 222, 228 o.
T. Wengel, Zepernick: 16 u., 24 o., 61 r.o., 74 r.u., 100, 102 r., 108, 125 o., 127 l., 130 r.
M. F. Wetterwald, Offenburg: 13 o., 115 r., 200 o., 205 o., 215 o., 218 o.
M. Wunsch, Uelzen: 51 u., 57 o.

Abbildungen im Inhaltsverzeichnis und auf der Rückseite des Einbandes: aus dem Inhalt